증보판

역사교수가 겪은

80년 광주 5·18

역사의 증언

저자 약력

- 1937년 9월 2일 전남 장성 출생
- 광주북중, 광주고, 서울대 사대 역사과 졸업
- 전남대 대학원(석사), 충남대 대학원(박사) 졸업
- 전남여고, 중앙여고 교사, 전남대 사학과 교수
- 80년 광주 5·18로 투옥 및 해직
- 전남대 평의원회의장, 전남사학회회장, 인문대학장 역임
- 광주시문화재위원, 광주·전남동학농민혁명기념사업회 대표
- 문학박사, 전남대학교 명예교수

■ 저서 : 『義鄕』, 『전남동학농민혁명사』, 『한국근대사 요강』 등
■ 논문 : 「19세기말 한국의 민중운동연구」, 동학농민혁명, 한말의병, 광주학생독립운동에 관한 논문 다수

증보판

역사교수가 겪은

80년 광주 5·18

역사의 증언

2022년 8월 15일 인쇄
2022년 8월 25일 발행

지은이 | 이상식
펴낸이 | 정성택
펴낸곳 | 전남대학교출판문화원
주소 | 61186 광주광역시 북구 용봉로 77
전화 | (062) 530-0571~3 팩스 | (062) 530-0579
등록 | 1981. 5. 21. 제53호
홈페이지 | http://www.cnup.co.kr
이메일 | cnup0571@hanmail.net

값 15,000 원

ISBN 978-89-6849-898-5 (03900)

역사교수가 겪은 80년 광주 5·18

이 책은 80년 광주항쟁의 중요한 분야인 상무대 영창과 법정 그리고 교도소에서 동지들이 전개한 처절한 투쟁과정에서 흘린 피눈물의 기록들이다. 나는 어떠한 어려움을 겪더라도 이 소중한 싸움들을 모아서 역사의 증언으로 남기려 했다.

역사의 증언

증보판

전남대학교 명예교수 문학박사
이상식 저

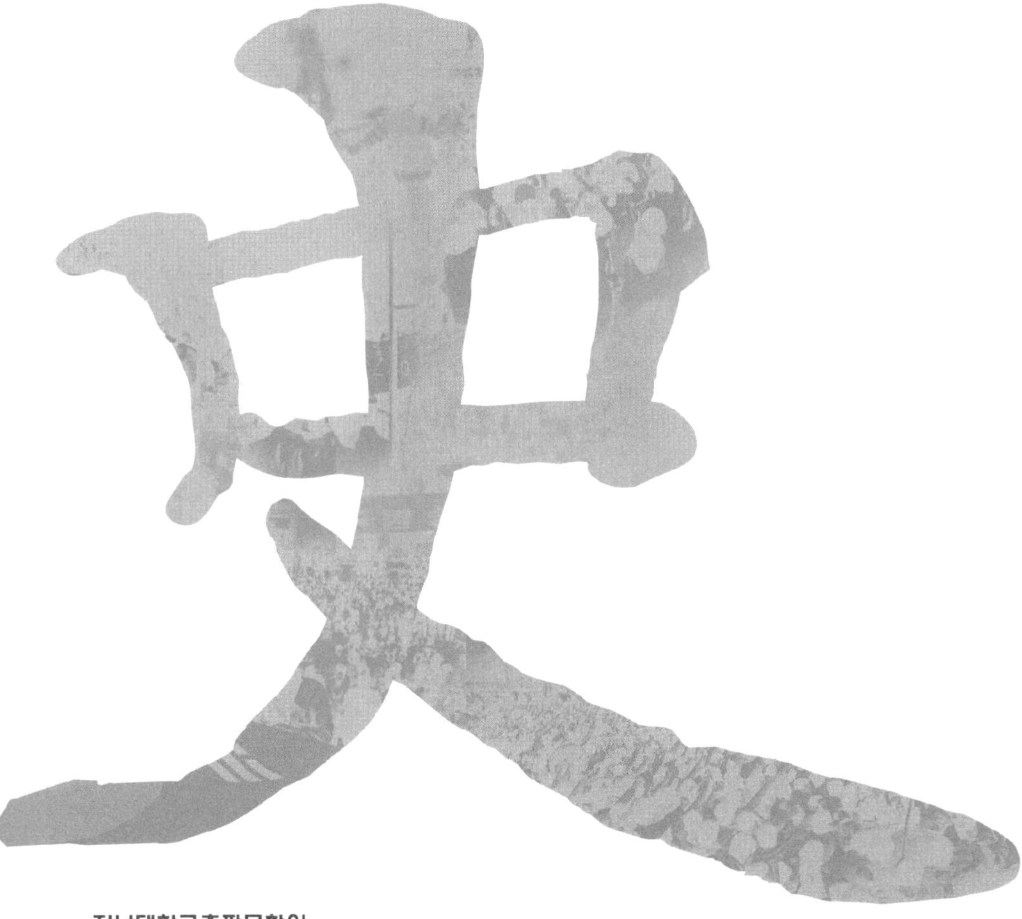

전남대학교출판문화원

전남대학교 민중항쟁도 벽화 복원 추진 ⓒ 한국일보

6월항쟁 기념행사 (광주 민주광장) ⓒ YTN

동학농민혁명 법정기념일 선정을 위한 공청회(2018) ⓒ NEWS 1

이상식 명예교수 녹두대상(고창군) 상금 전남대 발전기금 쾌척 ⓒ 도민일보

1차 민주성회('80년 5월 14일, 광주 도청앞 분수대)

전남대 학생·교수 가두시위(80년 5월 14일, 광주 금남로)

상무대 영창

보통·고등 군법회의 군사재판소

전남대 정문

시민과 군인

버스와 택시를 앞세워 돌진하는 시위대

■ 증보판을 내면서

한국 근·현대사를 전공하여 뜨거운 역사의 현장인 전남대에서 한국사 교수로 근무했다. 정의가 승리하고 역사는 발전한다는 확신을 갖고 그것을 강조하면서 학생들을 가르쳤고 많은 저술을 남겼다. 그 중의 하나가 바로 「역사의 증언」으로 직접 실험장에 들어가서 그것을 입증한 것이다.

그런데 많은 관심자들이 계셔서 4판까지 발행했으나 절판되고 말았다. 보수 기득권자들이 얼마나 악랄하고 억세든지 나의 소신에 대해서 의심할 때가 있었으나 드디어 정의는 승리하고 역사는 발전했다. 그리하여 더 굳은 믿음을 가지고 증보판을 내기로 했는데 그것은 우리 헌정사 전부를 조명하게 되었고 특별하게 나와 관련되는 문제들이 포함되기도 했다.

우리 역사는 나라의 주인인 국민의 뜻과 관계없이 수 천 년간 지배자들의 마음먹기에 따라 유지되다가 일제침략자들에게 나라를 빼앗겼고 우리의 힘으로 독립을 쟁취하지 못했기 때문에 분단과 외세의존자들이 나라를 분단시키고 대립과 적대 끝에 전쟁까지 치르게 되었고 세계에서 유일한 분단국이 되있다.

그러나 훌륭한 우리 민족은 모든 어려움을 극복하고 놀라운 발전을 이룩해 세계적으로 명성을 떨치고 많은 나라들의 부러움을 사고 있으니 그것을 바로 우리 헌정사가 증명하고 있는 것이다.

우리는 분단국이면서 놀라움과 부러움을 받고 있지만 이제 남은 과제인 분단 극복을 실현시켜 민족역량을 모은다면 경의적인 발전을 이룩할 수 있다고 확신한다.

나는 세계문화유산인 광주민주화운동의 발상지요 중심인 전남대에서 조그마한 역할이나마 할 수 있었다는 영광과 자랑으로 생각하고 있으며 전남대가 그 본분을 잊지 않고 꾸준하게 발전할 수 있기를 간절히 바란다.

끝으로 이 책의 교정을 맡아준 제자인 전용호 님에게 감사를 드리며 이 책이 출판되도록 도움을 주신 정성택 총장님과 전남대출판문화원의 송미숙 과장님과 직원 여러분, 그리고 이 책을 정리해준 며느리 배정이 장학사에게 감사를 드린다.

2022년 8월

이상식

■ 책을 내면서

세상이 많이 변했다. 20여 년 전의 처절한 상황은 사라지고 우리가 간절하게 바라고 원하던 것이 이루어졌다. 말하자면 많은 사람들의 희생적인 싸움을 통해 역사가 괄목할 만큼 발전한 것이다. 몇 차례 사선(死線)을 넘나들던 김대중 대통령도 민주주의와 분단극복에 헌신한 업적으로 노벨평화상을 받았고, 광주항쟁을 일으킨 주인공들이나 민주화운동에 기여한 수많은 사람들도 어느 정도의 명예회복과 보상을 받았거나 추진 중이다. 그러나 수 십 년 혹은 수 천 년간 기득권을 누린 자들과 이에 야합한 일부 언론들의 보수·반동의 책동도 만만치 않다.

나는 역사를 공부하는 사람으로서 80년 광주의 한가운데서 우리의 피눈물나는 투쟁을 놓치지 않으려고 그날그날의 일들을 기록해 놓았다. 그러나 이것을 세상에 내놓지 않고 20여년이나 참아 새 천년을 맞이하세 되있다. 그것은 광주를 짓밟고 피로 물들인 군사독재자들의 보복이 무서워서가 아니라 나 자신을 과시하기 싫었고 우리를 도와준 많은 분들에게 누를 끼치지 않기 위해서였다.

그러나 요즘 나는 이것을 세상에 보여야 하겠다고 결심하게 되었다. 그것은 이 나라의 민주화와 분단극복을 갈구했던 많은 사람들이 지난날의 참상과 처절한 투쟁을 망각하려 하고 있고, 80년의 주인공인 광주시민들까지도 5·18을 식상해하는 것 같기 때문이다. 그리고 사이비(似而非) 5·18 관련자들이 망월동의 영령들이나 부상자들 및 용감하게 싸운 구속자 동지들을 모독하고 있기 때문이다.

80년의 광주시민은 정권욕에 눈이 뒤집힌 신군부세력의 무력에 온몸으로 저항한 위대한 선각자들이었으며, 그들을 대신해서 망월동에 묻힌 영령들이나 부상자들과 상무대 영창에서 생명을 건 투쟁을 전개한 동지들은 존경받아 마땅함을 보여주기 위해 이것을 세상에 공포하려는 것이다.

나는 한국 근·현대사를 공부하는 사람이다. 동학농민혁명의 좌절과 일제의 침략 및 망국, 식민통치의 수난, 그리고 해방과 함께 우리를 짓누르는 분단과 독재로 점철한 오욕과 비극을 극복하는 민중의 투쟁과정을 연구하는 역사인이다. 나는 역사가 발전하고 역사의 주체인 민중은 반봉건의 민주화와 반외세의 자주독립을 쟁취하면서 많은 피와 땀 그리고 눈물을 흘려 나라와 민족을 구출하고 사람답게 사는 세상을 만들어 왔음을 잘 알고 있다.

나는 역사를 공부하는 사람들이 문헌을 통해서 논리적으로 과거의 실상을 정리하는 것도 중요하지만 가슴으로 뜨겁게 느끼고 온몸으로 행동하는 용기도 필요하다고 생각한다. 나는 4·19혁명을 몸소 겪었고, 유신체제에 저항하기도 했으며, 80년의 광주항쟁에도 적극 참여했고, 상무대 영창에서 동지들과 함께 투쟁했다.

이 책은 80년 광주항쟁의 중요한 분야인 상무대 영창과 법정 그리고 교도소에서 동지들이 전개한 처절한 투쟁과정에서 흘린 피눈물의 기록들이다. 나는 어떠한 어려움을 겪더라도 이 소중한 싸움들을 모아서 역사의 증언으로 남기려 했다. 그러나 철저한 감시와 많은 제약으로 완전한 기록으로 정리할 수 없었고 간단한 메모를 남기는 것도 버거운 일이었다. 그래서 출감 후 즉시 그곳에서의 메모와 기억을 되살려 일기를 복원했기 때문에 일자가 정확하지 못한 점과 일의 앞뒤가 뒤바뀐 착오가 있을 수 있었다. 여기에다 재판 직후의 일들과 그곳에서 일어난 일들로 남기고 싶은 이야기들을 엮어서 책으로 준비해 두었다.

광주항쟁 관련 구속자 동지들은 생지옥 같은 상무대 영창에서도 강인한 투쟁을 전개했으며, 군사재판에서도 의연하고 장엄한 법정투쟁을 통해 광주의 정신을 계승 발전시켰다. 그러므로 이 생생한 기록은 동지들의 피눈물로 얼룩진 거룩한 발자취며 정의는 언제 어디서나 꼭 승리할 수 있다는 산 증거이다. 따라서 이 책을 읽지 않고서 80년의 광주를 다 알았다고 할 수 없는 것이다. 나는 이 글이 지나치게 주관에 빠지거나 내 자랑에 함몰되지 않았는가 반문하고 조심해 가면서 사실만을 중시하는 역사인의 자세를 잃지 않으려고 노력했다.

나는 이 책을 이 나라의 민주화와 반분단 활동에 목숨을 바쳤거나 고통을 겪은 많은 사람들에게 드리고 싶으며 가깝게는 80년 5·18의 희생자들인 망월동의 영령들과 부상자들에게 올리고 싶다. 그리고 80년 광주민중항쟁의 주인공인 위대한 광주시민과 그들을 대신해서 상무대영창과 법정에서 결사적인 투쟁을 전개한 구속자 동지들과 나누고 싶다. 또한 5·18의 발상지요 중심지인 전남대학과 어려운 가운데 나를 지켜준 믿음직한 아내에게 이 글들을 바치고 싶다.

끝으로 이 글들을 정리해 준 사학과 대학원생 김수미 양과 국문과 대학원생 이효인 군에게 고맙게 생각하며, 편집과 디자인을 맡아주신 전남대출판부 박방배 과장님과 직원 여러분께도 깊은 감사를 드린다.

2001년 5월

전남대 사학과 교수 연구실에서

이상식

■ 차례

史

제1부
일기(日記)

史 제2부 재판(裁判)을 끝내고 나서

史 제3부 남기고 싶은 이야기들

제4부
역사교수(근·현대사 전공)가 살핀 역대 정권들과 나의 삶

제1부 일기(日記)

1980년 7월 11일~12일

보안대 지하실 생활

이 날은 나의 인생에서 중요한 날이다. 어제 서광주경찰서의 김중경이란 자가 나를 만나자고 할 때부터 드디어 운명의 시간이 임박하고 있음을 감지(感知)하고 있었다. 생각하면 나는 이미 각오는 하고 있는 터다. 앙천부지(仰天俯地)하여 부끄러움 없이 살아보려는 나는 그간에 어지간히 그들의 비위를 건드렸었다. 별 것도 아닌 교수의 품위를 지키기 위해 안간힘을 썼으며, 대학의 자율권을 주장하여 왔던 처지였으니 말이다.

나는 누구보다도 소위 유신체제의 숨막히는 질곡(桎梏)이 통한스러웠었다. 대의(大義)를 짓밟는 형사들과 정보기관의 부당한 처사 그리고 걸핏하면 학원을 유린하는 힘의 조치들이 저주스러웠다. 드디어 역사의 심판을 선언하는 10·26이후 자유의 물결은 파도치기 시작했으며 내 조국이 나라에도 민주주의의 꽃이 활짝 피는 것을 실감할 수 있었다. 그러나 여러 불길한 조짐과 가능성이 짙게 숨겨져 있는 것은 공지의 비밀이었다.

12·12사태, 절제 모르는 학원의 급진주의, 언론의 조작 등에는 악마의 사신이 도사리고 있음이 틀림없었다. 우리 역사를 옳게 발전시키고 사회를 바른 길로 이끌어 보겠다고 앞장선 선각자들이 항상 수난을 당해 왔으며, 현실감각 속에서 뻰질나게 유들거리며 사는 사람들의 세상인 것은 어제오늘의 이야기가 아닌 것도 잘 알고 있었다. 그러나 우리는 항상 이렇게만 살아야 하고 우리 역사는 항상 오욕으로 점철되어야만 한다는 말이냐.

우리 지성인은 무책임하게 그것 보아라 하고 푸념만 뇌까리고 있어야 한단 말이냐. 그래서는 안 된다. 그럴 수도 없다. 수난과 고초가 따를지라도 옳고 정정당당하게 살아보아야겠다. 개혁의 의지를 강하게 표현해야 한다는 생각이다. 그것이 자율화 이후의 나의 일관된 태도였고 그러한 각오 속에서 모든 것이 태연해질 수 있었다.

1980년 1월 1일자의 전대신문 신년호(新年号)에 "본(本)과 말(末)"이란 수상(隨想)이 그러했다. 그리고 자율화론의 모든 문장의 기초(起草)작성이 그러한 뜻에서 이루어졌으며, 나의 논설(論說)이 그런 취지에서 일관되었고 "4·19혁명의 의의" 속에서도 나의 강한 뜻을 담았다. 그러나 이러한 일련의 소극적 참여보다는 더 적극적인 참여의 방향제시가 있어야겠다는 취지에서, 교수협의회 개최와 그 취지설명 그리고 시국선언문(時局宣言文)의 기초가 이미 모든 것을 각오한 나의 계획적이고 의도된 행동이었다. 그러니까 시국선언문을 기초하던 날의 기억이 생생하다. 그럴 수밖에 없었던 것은 나의 혼신의 정신과 힘을 승화시키는 장이었기 때문이다.

1980년 5월 12일 전체 교수회의에서 왜 우리들 교수가 우리의 뜻을 표현해야 되는가라는 취지의 나의 외침은 차분한 역사(歷史)의 당위성을 전개하는 논리가 아니라 나의 생명을 건 절규였고 내가 할 수 있는 최선의 행동이었으니까.

그 날 교수회의에서 4인의 기초위원(이정환, 박영근, 안장순, 이상식)으로 위임될 때 모든 것을 각오한 나의 입장에서는 두려울 것이 없었다.

집으로 돌아온 나는 상기되어 있었고 음식이 순조롭게 들어갈 리 없었다. 서울에서는 이미 군부대가 중요기관을 접수했다는 설이 떠돌고 있었으며, 무력행사가 초읽기를 하면서 기다린다고 하였다.

평상시에 10시만 되면 잠자리에 드는 나는 그날 밤에는 잠이 올 리 없고, 골똘히 생각에 잠기면서 어떻게 우리의 의지를 담을 것인가를 생각해 봤다. 속도 모르는 자식들은 저희들 좋을 대로 떠들어대지만 낌새를 알아차린 처는 무슨 말을 할듯할듯하면서 눈치만 본다.

나는 10시를 넘기면서 조용히 나를 정리하기 시작했다. 수많은 역사의 수난자들이 스쳐갔고 4·19의 영웅들이 떠오른다. 나는 항상 어려운 일을 접할 때마다 깊이 생각하고 주저하고 괴로워하는 소심증이 심한 편이다. 그러나 그러한 어려움을 이길 수 있는 것은 4·19의 체험 때문이다. 나는 이미 4·19때 죽었어야 할 몸이다. 지금 살고 있는 것은 덤이다. 그 때의 영령들은 지금의 나를 보고 무엇이라 할 것인가 생각할 때, 엄숙해지고 초연해지면서 비장한 결의를 하곤 했다.

이제 각오는 되어 있었다. 어떻게 표현하느냐의 기교만 남아 있다. 나의 모든 것을 역사 속에 던지기로 각오한 내용의 글을 끝마치고 자리에 누웠다. 잠을 이루지 못하는 나를 처가 위로해 준다. 잠을 이룰 수가 없었다. 엎치락뒤치락하다가 날을 새고, 학교로 달려가서 선언문을 채택하여 인쇄 배부하고 나니 나의 할 일을 다한 듯 후련해졌다.

이러한 지난날의 심정과 각오를 되새겨보면 자율화선풍, 학생시위 그리고 광주항쟁을 겪고 나서 나의 장래가 어떻게 되리라는 예상과 마음의 준비는 갖추고 있는 셈이었다.

많은 동료, 선각자들이 고통을 겪고 있다. 생사와 안위를 짐작할 수 없는 심각한 처지다. 우리 학교에서만도 많은 교수들, 학생들이 끌려갔다. 여러 소문과 억측들이 구구하다.

어제 나를 만나자고 한 김형사의 대면은 소재확인을 위한 예비접촉임을 눈치 채고, 오늘밤으로 운명의 시각이 다가왔음을 직감했다. 그러나 밤늦게 끌려가는 것보다는 초롱초롱한 정신으로 아침 일찍 가는 것이 좋을 것 같아 형님 댁에서 하룻밤 더 지내기로 했다. 집으로 연행 나온 사람들의 소식을 듣고 잠을 재촉해 보았자 제대로 잠이 올 리 없다. 꿈틀거리면서 뜬 눈으로 새고 아침 일찍 나를 찾는 형사를 따라 보안대로 갔다.

보안대는 안기부보다 훨씬 더한 곳이며 인격과 양식을 불구하고 함부로 다룬다는 소문을 듣던 차라 단단히 작정을 했으나 마음이 흔들렸다. 무시무시한 정문을 지나 수사본부에 발을 디디자 수사책임자인 듯한 사람이 빈정거리는 투와 설득조의 여러 이야기를 한다. 분명히 귀에 들리는 것은 교수이니까 신사적으로 하자는 소리였다. 얼마나 반가운 소리냐. 이미 모든 것을 각오한 처지에서 신사적으로 하자면 두려울 것이 하나도 없기 때문이다.

허리띠와 소지품들을 맡기고 지하실로 끌려갔다. 인도된 방에 들어섰다. 침침하고 습기에 차 있으며 철제의자와 나무책상이 놓여있다. 나를 안내한 사람이 밖으로 나가자 나는 부지런히 육감을 동원해서 몽둥이, 전기고문시설의 유무 또 다른 고문기구 등의 유무를 체크해 보았으나 눈에 띄지 않는다. 다만 벽의 전기선이 튀어나와 있는 것이 몹시도 걸릴 뿐이다.

그때였다. 옆방에서는 모질게 맞는 한 사람의 비명이 들린다. 사정없이 휘둘러대는 몽둥이 소리와 삶을 구걸하는 소리가 애절하게 들린다. 광주항쟁 때의 행적을 추궁 받는 신민당의 간부인 듯하다. 엄청나게 두들겨 맞고 괴로워서 하는 말이 "자수하면 안 때리고 관대한 조치를 하겠다고 했지 않느냐"고 반문하자 수사관의 말이 걸작이다. "자수 좋아하네. 때리고 안 때리는 것은 나의 마음에 달렸지 어느 놈이 왈가왈부(曰可曰否) 하느냐"는 식이다.

불안과 초조의 몇 시간이 흐른 뒤 깡마른 김용규 수사관이 등장했다. 대해주는 것이 퍽 동정적이고 순리적인 듯해서 일단 마음이 놓였다. 나의 일생을 기록하라는 자술서를 쓰기 시작했다. 나는 시골에서 중농의 자식으로 태어나서 대학과 군 생활을 겪고 고교교사를 거쳐 대학의 교수직에 이른 경위와 내가 한 일을 자세히 기록했다.

내가 심혈을 기울여 쓴 것을 김수사관은 훑어보더니 다시 쓰라고 하면서 나의 피의사실을 열거해 준다. 복직교수 환영식 참석, 민속 탈춤반 서클지도, 자율화 때의 역할 등 한 일도 있지만 어용교수 백서작성 및 자료지원 등 터무니없는 내용도 있다.

한 것은 했다하고 안한 것은 안했다하면서 수사관을 설득, 호소해보았다. 차츰 대화가 통해 시사와 철학에 관한 이야기를 할 수 있게 되어 나는 모든 것을 각오했으니 내가 한 행동이 죄과가 되는지의 판단은 당신들이 하라고 하면서 점점 대담하게 주장했다.

100여 페이지에 달한 진술서를 작성한 후 10시가 지나서, 자라고 하기에 땅바닥에 모포 한 장은 깔고 한 장은 덮고 누우니 모든 것이 차분하고 평안해졌다. 내 마음이 평안해지자 같이 온 동료(조견, 이방기, 이광우 선생)의 걱정과 먼저 온 사람들의 안녕 그리고 가족 생각이 났다. 그러나 며칠을 긴장과 초조로 지샌 나는 무정한 잠의 포로가 되어 떨어져 버렸다.

눈을 뜨고 보니 날이 이미 밝았다. 이제는 조서작성이 대충 끝났으며 모든 것을 순순히 인정한 나를 오히려 안타까운 눈으로 보아주는 수사관의 인정이 고맙기도 하다. 내가 각오하고 후회하지 않은 행동을 숨길 리가 없으며, 변명하고 싶지 않아 조리 있게 나의 주장을 피력했다. 김용규 수사관은 나에게 많은 인정을 베풀었다. 그러나 어떤 때는 독한 눈초리로 나를 응시하면서 "이교수는 악질분자야"라고 협박하기도 했다. 그는 나에게 이교수는 원체 말라빠져서 매를 때릴 곳이 없어서 못 때리겠으니 속이지 말고 진술하라고 타이르기도 했다.

많은 시간을 같이 지내다보니 시국잡담이나 인생관에 관한 이야기도 나눌 수 있었다. 그는 나에게 자기가 가장 존경하는 인물은 박정희 대통령이라고 했다. 나는 화도 나고 이 순진한 수사관을 논리적으로 설득할 수 있는 기회라고 생각하여, 우리 서로 부드럽게 이야기하자고 하면서 왜 박대통령을 존경하느냐고 물었다. 김수사관은 세 가지 점에서 존경한다고 주장하였다. 첫째는 자기들이 일 년에 한두 차례 청와대의 초청을 받아 가면, 날씨가 쌀쌀한데도 온방을 가동하지 않은 것을 보고 감복했다 한다. 둘째는 궁정동에서 김재규에게 피격되어 육군병원에 이송되었을 때 왜 각하를 쉽게 알아보지 못했느냐 하면, 허리띠가 낡아서 그랬다고 했고, 또 마지막 하나는 부정부패를 멀리하여 축재를 하지 않았다는 것이다. '역시 군인이라 단순하구나.' 그는 박정희가 얼마나 많은 사람들을 괴롭히고 죽였으며 지역차별을 조장했고 빈익빈 부익부의 격차를 벌였는가에 대해서는 전혀 인식하지 못하고 있었다.

나는 김수사관의 주장을 논리적이긴 하지만 원색적으로 반박했다. 첫째, 청와대의 실내온도를 낮춘 것은 박정희와 김수사관의 체격 차에서 오는 것으로 박정희는 추위를 느끼지 못한 것이고, 둘째로 검박하게 사느라고 허리띠를 못 샀다는 주장은 말이 안되는 이야기다. 왜냐하면 궁정동 잔치에서 준 심수봉의 팁으로 허리띠 수백 개는 살 수 있었을 것이다. 셋째, 박정희가 부정부패를 안했다고 하지만 박정희는 재벌에게 특혜를 주고 많은 뇌물을 받아 스위스 은행에 30억불을 예치했다는 소문이 있으며, 10·26이후 청와대 캐비닛에서 엄청난 현금이 쏟아져 나온 것은 그의 부패상을 증명해 준 것이라 했다.

나의 주장을 인내깊게 듣고 있던 김수사관은 큰 소리를 지르면서 당신은 지독한 악질분자야 하고 나를 죽일듯이 노려본 일도 있었다. 그러나 그는 나에게 많은 인정을 베풀었고 충고도 많이 해주었다.

이틀간의 보안대 지하실 생활은 공포와 전율의 시간들이었다. 옆방에서 비명을 지르는 정당인들의 고문당하는 신음소리는 차라리 내가 당하고 말지, 차마 들을 수 없는 울부짖음이었다. 신민당의 정재필 부장과 정태성씨, 통일당의 백상순씨가 번갈아 가면서 구타와 고문을 당하는 모양이었다.

또한 지하실로 끌려 들어갈 때는 정신이 없어 몰랐는데, 하룻밤을 지내고 나니 지하실 계단 옆의 창살 감옥에 명노근 교수가 수감되어 있었다. 그 방은 천장이 낮아서 몸을 엉거주춤하게 서 있을 수밖에 없어 명교수는 그곳에서 계속 뜀박질을 하면서 소리를 지르고 있었다. 이 감방은 죄질이 가장 좋지 않은 사람(악질분자?)을 구금하는 벌방으로, 그곳에 가두어 두는 곳이었다.

나는 가끔 화장실을 다녀오면서 그곳에서 명교수와 시선을 교환했고 안부를 살피는 정도였지 감시병들 때문에 말을 건네거나 손을 잡을 수는 없었다. 하룻밤을 새우고 어느 정도의 조서작성이 끝나고 나니 차츰 공포와 불안이 가셨다. 김수사관과 대화도 교환하면서 보안대 지하실의 사정도 알만큼 알았다. 그리고 먼저 붙잡혀간 명교수, 송교수, 안진오 교수, 이석연 교수, 김정수 교수, 이홍길 교수 등의 안부를 물을 수 있었고 앞으로의 방향도 어느 정도 짐작할 수 있게 되었다.

나는 박정희 독재자의 유신치하나 그 후계자들이 자행하는 군사독재가 국민들의 공포와 불안을 가중시켜 그들의 폭압과 통제를 강요하는 통치수법을 새삼 확인하는 과정의 한복판에 우리들이 서 있다고 생각한다. 그러나 우리가 실제로 겪거나 당하는 엄청난 고문이나 폭행을 최고로 증폭시키고 확대시켜 그들에게 복종을 강요하는 것임을 실감할 수 있는 것 같다. 이틀간의 생활과 체험은 내가 겪은 사실보다 몇 십 배 과장되고 잔혹하게 묘사되어 일반 민중들을 짓누르며 위협하고 있는 것이다.

수사관의 조서작성이 끝나고 먼저 온 일행과 합류시켜 주기에 그 곳에서 박영준, 안용섭, 노희관, 정익섭, 김동원 선생의 얼굴을 대할 수 있었으며, 동행한 선생들과 담소를 나누며 평정(平定)을 찾아 책도 읽고, 잡담도 하면서 무료한 날들을 보냈다.

1980년 7월 13일~20일

보안대 내무반 생활

일단의 심문과 고통이 지나간 후, 우리들 일행은 보안대 내무반에서 처리를 기다리면서 독서와 동료들과의 담소로 나날을 보냈다. 나는 이 기간 동안에 별로 접촉이 없었던 안용섭 교수와 박영준 교수와 나눈 이야기들이 잊혀지지 않는다.

어느 날 안교수께서 유난히 밝고 자신있게 언동하는 내가 언짢았는지, 이교수는 우리와 우리나라의 앞날을 어떻게 보느냐고 말을 걸어왔다. 나는 서슴없이 "우리의 현실은 암담하지만 그것은 머지않아 극복될 것이고, 우리나라는 정상적인 발전을 할 것이라 확신합니다. 그 까닭은 인간의 가치와 역사발전의 법칙이 있기 때문입니다" 그랬더니, 많은 파란만장한 인생을 살아왔고 현재도 어려움을 겪고 있는 노교수인 안용섭 선생은 "그렇게만 되었으면 오죽이나 좋겠소마는, 세상은 반드시 우리가 바라는대로 되지는 않는단 말입니다" 하였다.

안교수는 해방이후 전개된 좌우익의 갈등 속에서 엄청난 고통을 겪으셨고, 지금도 그 처남들이 월북하여 그곳에서 활동하고 있기 때문에 많은 어려움을 겪고 계셨으며, 80년 대학의 민주화 과정에서 평의회 의장으로 대학의 어른 노릇을 한 분이어서 나는 존경과 흠모를 해온 처지였다.

또한 어느 날, 평소에 접촉이 적었던 박영준 교수가 나와 좀 이야기하자고 해서 그의 말을 경청했다. 박교수는 80년 당시 교무처장이었고, 평소 시비를 잘 가리는 편이며 장자다운 폼을 내면서 무게를 잡고 사는 사람이어서 나와는 성향이 잘 맞지 않는 편이다. 나는 80년 5월 12일 교수협의회가 주관하는 전체교수회를 추진하는 과정에서 박영준 교무처장의 부름을 받고 처장실에서 언쟁을 한 일이 있었다. 그 내용은 이번 교수총회에서 민준식 총장을 불신임한다는 소문이 떠도는데 그것은 대학을 위해서나 본부를 위해서 좋은 일이 아니다. 이교수가 너그럽게 이해해주시고, 그 일을 중단시켰으면 한다는 부탁이었다.

나는 평소부터 대학을 좌지우지하는 장년층(전남대 1,2회 출신 교수들)의 하는 일들을 못마땅하게 생각했고, 특히 박영준 처장의 시각은 옳지 않다고 생각해온 처지라 반박하고 나섰다. "이번에 개최되는 전체교수회의는 지금 당면해 있는 위기에 대한 우리나라와 대학의 나아갈 방향을 밝히는데 목적이 있고, 그 과정에서 민총장이 잘못된 점이 있으면 추궁 당하는 것은 당연하다. 그리고 그러한 일을 나만 이해하고 설득 당하면 잘될 것이란 발상은 당신들이 살아오던 방식이니까 우리들 젊은 사람들은 절대로 받아들일 수 없는 일이다. 전체교수회의의 방향은 구성원 전체가 결정할 일이지 이상식이나 몇 사람이 좌우할 일이 아니다" 라고 자리를 박차고 나온 일이 있었다.

그런데 오늘의 박교수는 그러한 지난날의 문제가 아니라, 이번 일에 대해서 역사인에게 꼭 남기고 싶은 중요한 일이라 하면서 엄숙한 표정까지 지었다. 박교수는 이번에 박영준이가 보안대에 끌려와서 엄청난 구타를 당한 것은 자기의 시건방 때문이 아니라, 군부당국의 시나리오를 합리화시키기 위한 강압수사 때문이었다는 것이다.

그 내용은 김대중씨가 막대한 자금을 전남대 복학생들(정동년 등)에게 수교할 때, 민준식 총장을 통해서 주었다는 시나리오를 작성해 놓고, 그것을 입증하기 위해서 교무처장인 자기에게 그 사실을 알고 있었다고 진술하라고 강요했다는 것이다. 그런데 자기는 그것이 사실이 아니고 그렇게 꾸며서는 안 된다고 타이르자, 수사관들에게 엄청난 구타를 당했다는 것이다. 그러나 박교수는 이 음모를 끝까지 부인했고 그리하여 뒤에 잡혀온 민준식 교수(80년 당시 총장)는 간단한 수사만 받고 말았다는 것이다.

나는 폭압적이고 무모한 군인들이 광주항쟁을 접근할 때, 시나리오를 써 가지고 그것에 맞추어서 수사를 진행해왔다는 면에서 박교수가 고통을 당한 것을 안타깝게 생각하였다. 그러나 원체 머리를 잘 굴리는 박교수가 나를 통해 자신의 구타사실을 합리화시킨 면은 아닌가 하고 머리를 흔들어 보았다. 하지만 그것은 내가 박교수를 지나치게 안 좋게 보아온 나의 치졸한 편견이라고 자책해 보았다.

또 하나 잊을 수 없는 일은, 보안대에서 생활하고 있는데 나를 담당한 김용규 수사관이 나를 찾아와서 나의 조서에 탈춤반(민속연구반) 지도교수로서 79년의 전남대 학생운동을 조종한 죄과가 빠졌다고 추궁했다. 나는 그것이 서광주경찰서의 김중경 형사가 사주했다고 간파하고, 교수가 학생서클을 지도하는 것은 총장의 명령에 의해서 어쩔 수 없이 하는 일이지 학생활동을 지도하고 조종하는 것이 아니라고 주장하면서 동료교수들에게 구원을 요청했다. 그러자 피의자로 조사받고 있는 민준식 총장을 비롯한 동료교수들이 동조해 주어서 김수사관을 설득했다.

나는 79년 유신의 막다른 골목에서 전남대 학생운동을 주도한 탈춤반의 지도교수로 경찰들과 많은 갈등을 겪었고, 그것이 그들로 하여금 나를 끝까지 곤경에 빠뜨리려고 악랄한 짓을 하고 있다는 것을 알고 나니 나의 앞날이 순탄하지 못할 것을 알아차렸다. 나는 유신체제의 막바지에 전남대 운동권의 핵심인 탈춤반 지도교수를 하면서 경찰정보당국과 잦은 마찰을 겪었고 특히 서광주경찰서의 김중경 형사와 원한이 깊었다.

그러던 가운데 10·26을 맞았는데 사학과의 한 학생이 나를 찾아와 자신이 이제까지 김형사의 정보원으로 매수되어 활동했음을 고백하면서, 이제 더 이상 더러운 짓을 하기 싫은데 그는 계속 정보를 얻어오라고 협박한다는 것이다. 나는 화가 나서 "김형사에게 내가 말하더라고 전하라. 앞으로 그런 짓을 계속하면 가만 두지 않겠다고 경고한다. 지금 세상이 변했으니 꿈을 깨라"고 했다. 학생이 그 말을 김형사에게 전했는지는 모르나, 나는 김형사가 저질이고 악독한 놈이라 생각했다.

보안대 내무반에서의 8일간은, 공포와 전율 속에서 보낸 이틀 간의 지하실 심문을 끝냈으며 동료교수들과의 공동체생활이어서 평온했고 자주 독서와 담소로 시간을 보냈다. 물론 수사관들이 상주하면서 감시하고 극도로 위축된 동료들의 심사 때문에 함부로 말하거나 행동할 수는 없었다.

나는『창작과 비평』몇 권을 가지고 왔기 때문에, 그것을 탐독하면서 많은 시간을 보냈는데 마침 송기숙 교수의『암태도』가 연재되어 이곳에서 이 작품을 읽는 것이 묘한 흥분감마저 감돌았다. '이 시간에도 송교수는 헌병대에서 얼마나 많은 고통을 당하고 있을까?' 하는 생각과 '암태도의 지도자인 서태석은 바로 송교수 자신의 꿋꿋한 모습을 표출시키지 않았는가' 연결시켜도 보았다.

그런데 드디어 조그마한 일이 벌어졌다. 수사관과 우리를 감시하는 책임자인 김준위 수사관이 내가 탐독하고 있는『창작과 비평』이란 잡지와 암태도의 내용이 불순하며 판매 금지된 책이라는 것이다. 나는 이 잡지는 시판되고 있으며, 이 작품은 송교수의 창작으로 소설로서의 의미가 있는 것이지 사실을 기록하는 역사는 아니지 않느냐고 변명했다. 마침 문제를 제기한 송수사관은 송교수의 종씨라 자기도 좋게 보려고 하지만 암태도 현장에 가서 자료도 수집하고 조사를 해보았더니, 서태석은 공산분자이며 고정간첩혐의까지 있는 사람이라고 단정적으로 말했다. 나는 할 말이 많지만 현재의 내가 수사를 받고 있는 당사자요 수사관들의 손에 내 운명(기소냐 석방이냐)이 달려 있다는 생각에서, 잘 몰라서 그랬는데 앞으로 조심하겠다고 꼬리를 내려버렸다.

우리 내무반의 감시책임자인 김준위 수사관은 근엄한 언동으로 이곳은 어디까지나 보안대요, 우리들은 조사를 받고 있는 사람들이니까 언동에 각별히 조심하라는 훈계를 내리기까지 했다. 나는 정말 나 자신이나 우리들 교수가 저따위 군인들에게 당하고 사는 세상에 환멸을 느꼈다.

우리가 보안대 내무반에서 2~3일 지내고 있는데, 하루는 두 사람의 방문을 받았다. 이곳에 어떤 사람이 찾아올 수 있을까. 행색을 보니 한 사람은 손에 붕대를 감았고, 한 사람은 몹시 불안과 공포에 떠는 모습인데 우리들에게 무슨 정보나 빼내려고 접근하는 정보요원이나 그들의 끄나풀이 아닌가 하고 모두들 경계를 하였다. 그랬더니 그들은 자기 소개를 하는데 손에 붕대를 감은 사람은 송정리성당의 정형달 신부요, 한 사람은 여수시장으로 있다가 잡혀와 사표를 내고 출감하는 처지라 한다.

정형달 신부는 지금 보안대를 나가는데, 교수님들이 당하는 고통이나 억울한 일이 있으면 전 세계에 이 일을 알려서 우리들을 보호하고 싶다는 말이다. 또한 자신은 송정리성당에서 연행될 때 수사관들과 몸싸움을 하다가 손을 다쳐 이렇게 붕대를 감고 있으니 불량배로 오인하지 말라고 당부했다. 정신부는 전 세계의 양심이 광주를 지켜보고 있으니 저 놈들이 함부로 하지 않을 것이며, 그래서 자신도 석방시켜 주는 것이라 하면서 아직도 조비오·김성용 신부는 구속 상태에 있다고 했다.

우리들은 정신부의 용기와 인간애 그리고 정의감에 감복하면서도 함부로 말하였다가 또 다른 보복을 받을 것을 두려워하여 특별히 부탁드릴 말은 없고 신부님이 당한 사실을 중심으로 이곳 사정을 전 세계에 알려주시면 고맙겠다고 당부했다. 그런데 여수시장 한씨는 이곳에 끌려와서 많은 고통을 받았고 일생동안 봉직했던 공무원을 그만두고 사표까지 내고 나니, 몹시 의기소침했으며 절망하고 있는 듯 했다.

나는 두 사람의 모습을 보면서 정신무장이 얼마나 중요하며 영적인 지도자들이 가질 수 있는 사명감과 자유로움에 감탄하면서, 처자식이 없어 걱정할 것 없고 하느님이 시키는 대로 충실한 지도자가 되는 일이 부럽기까지 했다. 우리들 교수라는 지위는 남들이 보기에는 화려하고 부러울런지 모르지만, 처자식을 먹여 살리는 생활인이요, 권력의 눈치를 보아야 하며, 앞으로 어떻게 될지 전전긍긍하고 있으니 딱하기만 하다.

우리는 고맙다는 인사를 끝으로 그들을 떠나보내고 나서 좀 더 많은 이야기를 하지 못한 것이 아쉽기만 했다. 우리들 가운데서도 젊은 층의 교수들은 그들에게 많은 우리의 참상을 전하고 싶었지만 온갖 풍상을 견디고 살아오신 노교수님들은 세상을 함부로 사는 것이 아니라고 우리들을 말렸다. 그저 두 분의 앞날이 무사하기와 정신부의 노력으로 전 세계에 광주의 아픔과 슬픔이 전파되었으면 하는 간절한 바람밖에 또 무엇이 있겠는가.

여하튼 보안대에서의 우리들 생활은 평안했고 수사관들에게서 비교적 사람대접을 받은 나날들이었다.

1980년 7월 21일

상무대 영창 이감

오늘이 이곳 보안대에 잡혀온 지 만 10일이 되는 날이다. 2일간의 고통스러운 지하실 심문이 끝났지만 그런 대로 보람을 느꼈던 나다. 후회 없이 한 일, 속임 없이 자신 있게 주장을 펼 수 있었고, 그것이 죄가 된다면 마다하지 않겠다는 심정이었기에 의연할 수 있었던 것 같다. 다만, 죄가 되느냐 당연히 할 일을 했느냐는 견해 그리고 양식, 환경 등 여러 요인이 작용하겠지만 나는 하나도 부끄러움이 없었고 숨기고 싶지도 않는 양심의 행위였으니 말이다.

그러나 여러 날이 흐르는 동안 일이 심상치 않게 돌아감을 느꼈고, 더군다나 부정하지 않고 굽히지 않는 나의 조서내용이 나를 결정적으로 구렁텅이에 빠뜨린 것 같은 눈치다. 담당수사관인 헌병 상사 김용규도 퍽 안타깝고 민망한 눈치이지만, 그러나 이 나라 최고 지성인 교수의 초연하고 떳떳한 품위를 잃고 싶지 않은 나였기에 변변한 부탁이나 사정의 말은 할 수 없었다. 다만 정세가 호전되어 우리를 이해하는 방향이 채택되기를 바라는 심정이었을 뿐이다.

이날은 월요일! 이제 운명의 날이 다가온 것 같다. 2~3일 전부터 몇 사람의 눈치가 좀 수상쩍어 보였지만, 구차하게 나의 운명이나 다른 사람의 향방을 물어볼 필요가 없었기에 그런 점에서 태연하려고 노력했다. 아침부터 보안대 군인막사에서 조용필의 '단발머리'가 숨가쁘게 울려 나오는 라디오 소리가 요란하여 초조한 나를 위로해 주었다.

아침을 먹고 나서 얼마되지 않았을 때, 이홍길(李洪吉), 이석연(李錫淵), 김정수(金貞洙), 안진오(安晋吾) 4교수가 지옥 같다는 상무대 영창을 나와서 우리 있는 곳으로 왔다. 나는 무척 반가웠고, 또한 좋은 방향으로 되어 가는 길조(吉兆)라고 생각해 보았다.

그분들은 지명수배를 받았고 아무래도 더 크게 주목을 받은 사람들인데 그들이 우리 곁으로 왔으니 우리들 12명(민준식, 박영준, 안용섭, 노희관, 김동원, 조견, 박영근, 박준규, 정익섭, 이상식, 이방기, 이광우)은 다같이 석방되는 것을 확신했다.(박준규 교수는 그때 발에 골절상을 당해 병원에서 치료를 받고 있는 덕으로 보안대에 구속되지 않고 방문수사를 받았다)

나는 그분들이 보고 싶었고, 왜 저분들만 고생해야 하느냐고 평소부터 생각해 오던 처지였으며, 죄책감을 느껴온 처지이기에 그들에게 접근하여 여러 이야기도 나누고 싶었고, 나의 미안한 마음을 표하고 싶었는데, 경계가 삼엄하였으며, 그분들이 굳어진 표정들이라 인사만을 교환했을 뿐이다.

아니나 다를까 점심을 먹고 나니, 정익섭(丁益燮), 이방기(李防基), 이광우(李光宇)교수와 나를 부르면서 이동준비를 서둘라고 한다. 순간 모든 것이 무너지는 것 같았고 아찔했다. 그렇다고 여기에서 초라한 모습을 보여서는 안 된다고 생각하여 마음을 굳게 먹고 짐을 챙기면서 동료들에게 웃음을 지어 보이려고 애썼으며, 집에 너무 염려하지 말라고 전화를 한 후 운명의 길을 떠났다.

모두 굳게 잡아주는 손들을 잡아보고, 언제 만나게 될는지 모르는 작별을 하였으며, 나는 비장한 각오로 새 출발을 다짐하면서, 일행 3명과 함께 임수사관의 인솔을 받아 상무대 영창으로 옮겼다.

우리는 보안대에서 가끔 상무대 영창이야기를 했다. 맨발을 벗고 마치 짐승 취급을 받으며, 한 방에 100여 명씩 처넣고, 음식도 주는 둥 마는 둥 한다는 이야기들이다. 이러한 사실을 종합해 볼 때 그곳은 분명 인간지옥이라고 생각되었고 또 모두 그렇게 불렀다.

그러한 인간지옥으로 떨어지는 이 신세, 그러나 굳게 살고 끈기 있게 지내자고 다짐하면서 상무대 정문을 지나 헌병대에 도착했다.

소지품과 신과 허리띠를 영치하고 우리 일행은 영창으로 향했다. 죄명이 무엇인지도 모르고 어떻게 돌아가는지도 모른 채, 이 나락으로 떨어지고 말았으니 기가 막힌 일이다. 그러나 사람이 더구나 최고의 지성인 교수로서, 무지몽매한 사람들, 그리고 제자들도 고생하는데 나만이 외면할 수 없지 않느냐고 다짐하곤 했다. 나는 역사 속에서 도(道)를 위해 생명을 바치고 갖은 고초를 달게 받는 정신적인 희열을 많이 접해 보았다. 사람으로 태어나서, 더군다나 선비의 기개를 가지고 무엇을 두려워하고 무엇을 못견딘다는 말이냐고 자위했다.

수첩의 명렬에 이름 등을 기재하고 영창으로 들어서니, 각 실에서 난리들이다. 명노근, 송기숙, 정석종의 얼굴이 보이는가 하면 오병문 교수의 모습도 보이고 많은 제자들의 모습을 볼 수 있었다.

순간 힘을 얻고 비장한 결의를 하고 나니, 2소대에 배정 받았다. 사다리꼴 비슷한 초등학교 교실보다 작은 곳에 60여명을 수용하는데, 언뜻 보아 아는 얼굴들이 눈에 띈다. 김선출, 전용호, 양강섭, 김상윤, 안길정 등의 제자들이, 그들의 고통도 몇 짐이나 되어 이기지 못하면서, 우리를 위로하고 우리를 도와주느라 정성이 대단하다. 그야말로 인간지옥이라 숨통이 막히고 땀으로 목욕을 하고 있다. 런닝은 벗고 팬티만 걸치고 있었는데도 땀이 줄줄 흐르고, 귀한 물, 제한된 화장실의 혜택을 독점할 수 없다. 그저 어리둥절할 뿐이다. 그러면서도 잘되겠지 하는 한 가닥 희망을 품고 있었다.

꽁보리밥에 된장국을 삶아서 주는 식판(2인 공동사용)을 들고나니, 저절로 눈물이 흐르고 비통한 생각이 든다. 60여명이 넘는 숫자가 잠을 자야 되는데, 이부자리 펼 공간이 넉넉할 리 없다. 삼복의 더운 날씨이기에 인열(人熱)이 대단한데다가, 혹심한 고문을 당하여 누워있는 환자가 여러 명이다. 우리들은 교수라 해서 방 앞쪽에 자리를 잡아주기에 누워서 잠을 재촉했다. 잠이 올 리 없다. 별 생각이 다 난다. 눈시울이 뜨거워질 때는 화장실을 찾아가서 가족들의 이름을 속으로 부르면서 오열했다.

'가족들은 나를 얼마나 걱정할까. 이럴 줄 알았으면 보안대에서 도망쳐 버릴 것을' 하는 비열한 생각까지 하면서 인생의 밑바닥을 우왕좌왕했다.

밤이 깊어갈 때까지 헌병들의 욕설과 구타하는 참극은 계속되며 상처와 통증 때문에 잠 못 이루고 끙끙거리는 동료 수감자들의 소리를 들으며 잠을 재촉했지만 뜬 눈이다. 그러나 이러한 고통쯤 못 견디면서 어떻게 민중의 아픔과 고통을 체험했다고 하겠느냐고 자부하면서 나를 달래보았으나, 그것은 순간이고 끊임없이 밀어닥치는 고통과 번뇌로 밤을 세우면서 날을 보낸다.

곁에는 정익섭 교수, 이방기 교수, 이광우 교수가 잠을 못 이루는 듯 몸을 꿈틀거리는 모습이 보인다. '자각하자, 선비의 도가 얼마나 지키기 어려운가. 수난과 고통으로 점철되는 이 나라의 역사에서 선각자들의 양식을 지키기가 얼마나 부담되는가를 몸소 체험할 수 있는 중요한 계기를 주신 운명의 신에게 고마워해 보아야겠다'고 거듭 다짐했다.

나는 언제부터인가 6·25의 꿈을 꾸고 안기부나 특수기관에서 심한 고문을 겪는 꿈을 자주 꾸어왔다. 나의 인생에서 6·25의 장은 인간의 삶이 짓밟히는 숨가쁜 마당이었기에 나의 뇌리를 깊이 차지하고 있었으며, 내가 고문당하는 꿈은 미래의 나의 인생행로를 예시해주는 좌표였기에 나의 영상을 크게 지배하는가보다고 생각했다.

6·25, 수많은 동포가 생과 사의 갈림길에서 방황하고 곤혹했던 것은 주지의 사실이지만, 특히 14살의 나에게 잊혀지지 않는 까닭은 숙청의 회오리바람이 우리 집을 엄습하는 것 같아 전율과 공포 속에서 지내던 나날의 연속이었기 때문이었다. 그리고 이 어려운 세상, 이 고난의 우리 역사를 공부하고 부끄럼 없이 살겠다고 다짐하는 나의 인생에서 예상되는 고문당하는 고통은 꿈이었기에 망정이지, 견디기가 괴롭고 어려운 것이었다. 그러나 그것이 꿈이 아닌 현실로 되어 보안대를 거쳐 이곳 인간 지옥에서 수많은 나날을 어떻게 살아갈 것인가 하는 것은 분명 나에게 중요한 의미를 가지고 있는 것이었다.

1980년 7월 23일

정석종 교수의 출감

이틀 밤을 거의 뜬 눈으로 새고 나니, 이제 지칠 대로 지치고 아무렇게나 되든지 될 대로 되라고 자포자기한 심정이다. 더군다나 일등병 헌병 놈이 나이 먹은 사람이나 교수라는 사람들이 모범을 보여야 할 터인데 농땡이를 친다고 훈시가 준엄하다.

생각하면 어처구니없는 일이다. 양식대로 살고 이 나라 이 민족, 이 역사의 발전과 축복을 기원하는 우리가 이곳에 끌려와야 하며, 더더군다나 민간인인 우리가 헌병들의 감시 하에 군 영창에 수감되는 것이 타당한 일이기에, 모범을 보이고 솔선해서 자기들의 지휘에 따라야 한다는 말인가.

어제는 최석조 스님(현덕스님)이 같은 방에 수감되었다. 증심사 스님인 모양인데, 보안대에서 김준태 시인(전남고 교사. 무등산은 알고 있다는 시를 씀)과 같이 연행되어 조사를 받고 있을 때 안면이 있는 처지여서 같이 대화를 해 보았다. 유언비어를 유포시켜 체포되었는데 구타를 당해 기절했으나 자백을 안했기에 곧 출감한다고 한다. 무척 부러운 말이다.

우리들에게 관심과 호의를 잊지 않는 김상윤군의 태도가 참 기특하다. 심한 고문 끝에 무척 지쳐 있으면서 조금이라도 편의를 도모해주려고 애쓰는 모습이다.

이곳에 와서야 여러 사실들을 알게 되었다. 수많은 사람들이 당한 고문과 학대, 광주항쟁의 진상을 현장 활동에 참여한 사람들로부터 직접 인지할 수 있었고, 또한 현실이 우리를 어떻게 몰고 가려는지에 대한 방향을 어렴풋이 짐작했을 때 눈앞이 캄캄했다.

보안대에서 헤어진 사람들은 귀가하여 모두 무사하겠지. 상당수의 사람들은 사표를 썼다고 한다. 이곳에 온 우리는 사표를 제출할 기회도 주지 않는다고 한다. 하기야 모든 것을 각오하고 한 행동이었기에 사표를 낸다고 걱정할 것도 없고, 재판을 받는다고 무서워 할 것도 없다.

그런데 오늘은 친우 정석종(鄭碩鍾) 교수가 출감했다. 서명원 과장과 같이 나간다. 무척 잘된 일이다. 얼마나 고생이 많았겠으며 이 순간이 환희로 가득 찼을까. 부럽기 한이 없다.

석종이가 나에게 손을 흔들며 미안해하는 표정이다. 자꾸 뒤를 돌아보는 것은 내가 잊혀지지 않는 모양이다. '좋다. 너라도 먼저 나가서 이 숨막히는 인간지옥의 생태를 한 사람에게라도 더 알려야 한다. 부디 잘 가거라.'

도대체 이 나라, 이 겨레, 이 조국의 발전을 기원해 본 우리가 무엇이 잘못이며 무엇이 죄가 된다고 이렇게 금수처럼 대하는지. 하기야 감각에 의해 살며 기분에 의해 살고, 무지몽매가 통하는 사회이니 오죽하겠느냐. 이제 마음을 단단히 먹고 햇빛을 보는 날까지 굳세고 건강하게 살아야겠다.

1980년 7월 24일

명노근·송기숙 교수와의 만남

오늘은 우리를 6소대로 이감시켰다. 그런 대로 뜻이 어울렸던 제자 그리고 동지들을 떠나서 다른 방으로 옮긴다는 것이 퍽 마음에 괴로웠으나, 동료요 무척 보고픈 모습들을 대할 수 있었기에 숨통이 트이는 것 같다. 명노근·송기숙·김태진 교수가 기반을 닦아 놓았기에 안정되고 격조 높은 생활을 할 수 있었다.

명노근(明魯勤)형. '얼마나 굳은 신앙과 신념을 가지고 이 나라 이 민족을 위해서 애쓰는 분이냐.' 그분을 쳐다보면서 힘을 얻고 마음을 다짐하여 부끄러움 없고 강한 내가 되어야겠다고 다짐했다.

송기숙(宋基淑)형. 교육지표사건으로 옥고를 치른 후 무척 마음이 약해진 것은 가족들 때문인 것 같다. 그러나 다정하고 예리한 판단력과 조리 있는 논리 속에 우리들의 대화는 풍요해지고 무료한 시간이 짧아져 가니 크게 이익 되는 일이다.

김태진(金泰振)형. 본래 적당히 요령 좋게 살아가는 분이라는 것을 모르는 바는 아니지만 고혈압으로 고생하는 것을 보니 참 안타깝다. 이 무슨 청승스러운 꼴들이냐고 한탄해 보았다.

정익섭(丁益燮) 교수는 기관지가 나빠서 계속 기침과 가래를 뱉고 있었다. 나 때문에 이렇게 되었다 생각되어 민망하기 짝이 없으나, 다른 교수들과 어울려 있으니 그런 대로 짐이 덜어지는 것 같다.

6소대의 구성을 보니 김창길(金昌吉)이란 전남대생이 덩치도 좋고, 광주사태 온건파 수습위원장이란 관록을 가지고 행세를 하고 있으며, 그 그늘에서 신만○이란 구두닦이 출신이 소대장을 맡고 있다. 그들은 모두 굶주림에 허덕이고 있는 소대원들을 밥으로 다스리며 자신들의 구복을 채우는 꼴이 무척 꼴사납게 보이기만 한다. 그러나 처음 온 주제에 이러쿵저러쿵 말하고 싶지 않지만 언젠가는 시정되어야 한다고 생각만 해보았다.

이제 정신적으로 안정이 되고 동료들과 대화를 하는 여유를 갖게 되었으나, 주로 이방기 교수님과 입씨름을 많이 했다. 이교수는 78년 교육지표사건으로 정보부에 끌려간 일이 있으며, 사표를 냈다가 10·26직전에 복직한 분인데 이번에 또 끌려와서 구타도 당했고, 이것저것 생각하니 심신이 괴로우신 것 같다.

세상을 어떻게 사는 것이 현명한가. 현명이 그렇게 중요한 것인가. 보다 행복한 인간의 좌표가 무엇인가 등을 이야기하면서 나의 현실이 인생의 막바지에서 고통하고 있지만, 떳떳하고 자랑스럽게 굳건한 심신을 가지고 대학의 강단 대신에 이곳에서 사도(士道=선비의 길)가 무엇인가, 교수가 무엇인가를 보여주어야겠다고 다짐했다.

1980년 8월 3일

큰 아들의 생일

오늘은 첫째 놈 웅희의 생일이다. '내 나이 43살이니까 아들놈이 이제 13살이 되었겠구나. 지금 중학생으로 감수성이 예민한 나이인데 아버지라는 나는 감옥생활을 하고 있으니, 맛있는 생일상을 차려주지 못하는 나를 얼마나 원망할까. 그러나 저도 중학생으로 어느 정도 사리를 판단할 수 있는 나이니까 나라와 민족을 걱정하다가 감옥생활을 하고 있는 나를 이해하겠지.' 큰놈은 무남독녀인 처의 첫째로 태어나서 외할머니의 사랑을 독차지하고 너무 과잉보호하여 걱정이 되기까지 해오는 터이지만 아비의 정은 끝이 없구나.

'지금은 어떻게 지내고 있는지. 인정 많고 사랑만을 베푸는 할머니의 보호와 분별 있는 엄마의 보살핌으로 잘 지내고 있겠지. 그러나 사춘기의 아들놈을 곁에서 지켜보지 못하고 이렇게 떨어져 있어야 하니 나의 마음 괴롭기 짝이 없구나. 큰놈아, 조금만 참아라. 이 암흑과 절망이 사라지고 밝은 새 날이 되면 출감하여 너에게 못 다한 아비의 몫을 할 터이니 내가 없더라도 할머니와 어머니의 말씀 잘 듣고 무럭무럭 자라거라.'

그간 똑같은 생활 속에서도 몇 가지 변화가 있었다. 기관지 천식으로 고생하던 교수협의회 회장 정익섭 교수가 육군통합병원에 입원했고, 고혈압으로 와병 중이던 김태진 교수가 입원했으며, 폐가 나빴던 이방기교수가 우리 곁을 떠나 낙원을 찾아갔으며, 고혈압으로 중풍 증세까지 일으켰던 오병문 교수가 입원하여 환자라는 분들이 제자리를 찾아갔다.

이곳에서 유일한 희망은 병원으로 가는 길이다. 무지막지한 물리적 힘에 의해서 피체된 우리가 그들의 선처를 기대할 수는 없기에, 히포크라테스의 제자들에게 양식이 살아나서 우리를 돌보아 주기를 바랄 수 있었기 때문이다. 하기야 별의 별 소문이 다 떠돌았다. 나일론 환자로 거금을 주고 입원했다는 사람도 있고, 일부러 약을 먹고 발병하여 입원한 사람도 있었으나 우리 교수들에게 그들 군의관이 대하는 태도가 퍽 동정적이고 이해하는 편이어서 입원을 도와주었을 것이다.

정(情)과 빽(Back) 그리고 금품이 신통한 효력을 내기는, 감정으로 사는 군 사회가 제일이라는 체험과 통론이 증명하지만, 나도 배경으로 치자면 통합병원의 행정실장인 이맹범 중령이 있긴 하나, 그런 대로 끈기와 체모를 지키면서 각고(刻苦)해 보기로 해왔던 처지다.

그러나 어제 밤부터 이상하기 시작한 몸에 열이 심하고 목구멍이 부어올라 식사를 할 수가 없다. 집에서라면 죽을 먹든지 꿀물을 들 수 있으련만, 꽁보리밥에 된장국이 고작이니 어떻게 해야 할 지 암담하기만 했다. 동료 이광우 교수는 이질병인지 피똥을 싸면서 설사를 계속한다고 한다.

이 무슨 낭패냐, 꿋꿋하고 의연하게 남의 모범이 되면서 교수의 자세를 지키고 살아보려던 처지지만 앓아눕고 말았다. 공기라도 맑은 데 유(留)하라고 사다리꼴의 맨 앞에 눕혀놓으니 헌병들의 언동이 더욱 꼴사납기만 하다. 아침을 굶고 누워있노라니, 때마침 일요일이라 교회의 목사가 예배 차 찾아와서 설교와 기도를 계속하였다. 목사는 나나 아파 있는 동지들을 위해서 특별히 기도를 해준다. 눈에서는 뜨거운 눈물이 주루룩 흐른다.

하필이면 아버지 노릇도 제대로 못하는 주제에, 아들의 생일을 마음껏 축하해주고 처자식의 건강을 빌어야 할 터인데, 이렇게 인간지옥에 누워 있으며 음식을 폐하고 있으니 딱하기만 하다.

지루한 시간이 흐르고 점심이 나왔다. 점심마저 거르면 꼼짝없이 탈기할 것 같아, 된장 국물을 한 모금 마시기로 했다. 사실 나는 굶주림의 설움을 알만한 처지다. 시골에서 끼니를 절약하기 위해 죽이나 다른 것으로 끼니를 때우기도 했으며, 서울에서 학교를 다닐 때는 쌀을 절약하기 위해 점심을 거르면서 살았다. 식사 때가 될 무렵에는 눈이 음식 쪽으로만 가고, 냄새는 코를 찌르며 창자는 꾸르륵하면서 음식이 들어오기를 재촉하는 경우를 체험해 봤던 터이다.

그래서 형편이 풀리면서부터는 여하한 일이 있더라도 끼니를 거르지 않았고, 그 덕으로 간식을 안 하는 나는 기운을 유지할 수 있었다. 아무리 인간지옥의 역경이라지만 밥을 굶자니 여간 괴로움이 아니었다. 명교수, 송교수의 걱정은 컸으며 학생들 그리고 동지들의 애타는 심정이 주효해서 점점 열이 꺼지고 밥을 삼킬 수 있게 되었다. 이제 시일이 지나갈수록 선처는 기대하기 어렵고, 숨막히게 돌아가는 밖의 정세는 차라리 안 듣는 편이 훨씬 낫다.

'하느님, 도대체 이 민족 이 겨레 이 역사를 내버려두시렵니까. 정의는 승리한다는 말이 진열대의 마네킹용인가요. 우리는 이렇게 죽을 수 없으며 우리 역사는 이렇게 오욕으로 점철될 수 없습니다. 우리의 못난 조상들이 양반놀음, 정권다툼을 하면서 못되게 길들여 온 우리의 역사가 계속 되풀이되어야 한다는 말입니까.' 참 어처구니없다. 옳게 살고 자랑스럽게 살고 꿋꿋하게 살기가 이렇게 어렵다니.

오직 대할 수 있는 책이 성경밖에 없어서, 차제에 성경 봉독이나 마칠까 생각하여 틈을 내어 성경을 읽었다. 구구절절이 옳은 말이다. 이런 말들은 실천하기 어렵고 현실의 추잡한 세상에서 바라보고만 살기 위한 말씀들인 것만 같다. 그러나 역사가 힘의 이야기도 아니요 감정과 기분의 이야기도 아닌 바에 그 추구하는 가치로운 것을 상정하다보니 이탈리아의 역사가인 크로체는 "역사를 자유의 이야기"라고 했던 것 같다.

옳은 말이다. 현실이 비록 더럽고, 힘으로 가득 차고, 감각과 보복으로 충만해 있더라도 우리가 이런 것들을 위해서 살 수 없는 바에, 어떠한 값진 것을 추구해야 했으니, 그것이 바로 자유요, 그것이 바로 인간존중이요, 그것이 바로 인간애가 아닌가 하는 생각이 든다.

사랑하는 가족들 모두 건강과 평안을 빈다.

1980년 8월 8일

이택도 헌병의 행패

날씨가 무던히 덥다. 하기야 5월 말 6월 초의 찌는 날씨, 피비린내, 고문으로 인한 신음소리, 굶주림, 그리고 100여명이 넘는 수감자(1방 20평쯤)에 비하면 지금은 많이 개선된 환경이라지만 견디기 어려운 인간지옥임에는 틀림없다.

죽어도 좋다는 식의 구타와 갖가지 유혹(석방, 식사우대, 담배제공 등 유혹)으로 갈기갈기 찢어놓은 상호감시, 장마가 걷히는 날의 찌는 듯한 더위에 그나마 있는 시원치 않은 급수시설도 가동하지 않는다. 동지들 말을 들으면, 더운 날은 풀장을 가동하기 때문에 우리의 음료수나 세탁, 화장실 물을 줄 수 없다는 것이다. 도대체 될 법이나 한 이야기냐, 마시고 세탁하고 변을 씻어내는 것이 중요한 일이지 홀짝홀짝 멱을 감기 위한 풀장의 급수가 중요하단 말이냐.

그러나 그것은 나의 처지를 몰각하고 한 소리다. 그들의 표현을 빌리면 우리들은 버러지만도 못한 것들이고, 쓰레기통에 처넣어야 할 폐기물밖에 되지 못한 것들인데, 별자리나 말똥 그리고 다이아몬드의 귀한 분들 수영하는데 행여 방해가 되어서야 되겠느냐는 말이었다. 팬티만 차고 다 벗어버린 상태에서도 땀이 줄줄 흐르고 밤이면 모기의 횡포, 감시 헌병들의 발광하는 행위 때문에 깊은 잠을 이룰 수가 없다.

감시 헌병들의 위세는 대단하다. 그들은 영창 안에서 자기들 기분 내키는 대로 산다. 떠들지도 못하게 하고, 바른 자세로 앉아 있게 하며, 용무가 있어 출입할 때는 깍듯이 신고해야 하고 화장실에 갈 때도 신고하고 올 때도 신고해야 하며, 취침시간에는 지정된 시간에 눈을 감고 군소리를 해서는 안된다. 만약 눈을 뜬 사람이나 말을 한 사람이 있을 때는 불침번의 머리통을 몇 대씩 갈기는 것이 상례였다. 감시 헌병들의 편모를 보면 각양각색이다. 광주출신의 김병장처럼 상사들의 눈치를 피해 최선을 다해주려고 애쓰는 사람도 있지만, 대개는 시키는 대로 하거나, 혹은 한술 더 떠서 과잉 감시와 횡포를 일삼는 자들도 있다.

이택도 상병은 후자에 속하는 사람인데, 우선 나이가 어리고 철이 없으며, 400여 명의 수감자들이 자기 손 안에 든 것처럼 착각하면서 함부로 날뛰는 부류다.

하루는 우리들을 조용히 시켜놓고 연설을 하는데, 그 내용은 "나는 여러분들에게서 대단히 중요한 교훈을 얻었다"고 전제한다. 나는 오랜만에 저것이 사람이 되어 가는가보다고 다음 말을 기다렸더니, 한다는 소리가 "나는 앞으로 절대로 데모 같은 것을 하지 않아야겠다고 각오했다"는 것이다.

그 후부터 짓밟고 두들겨 패는 정도가 심해지기에, 한 번은 밤에 조용한 시간을 이용하여 그를 설득해 보았다. 여기 있는 수감자(受監者)들이 밥을 많이 먹고 옷을 잘 입고 남보다 출세를 하기 위해 행동하다가 온 사람들이냐고 반문했더니, 그렇지 않다고 대답했다. 그렇다면 왜 그렇게 학대를 하느냐, 당신도 좀 깊이 생각해 보라면서 여러 가지 쉬운 말로 타일렀다. 그 후 그는 훨씬 행동에 근신하기 시작했고, 드디어는 몸이 아프다는 핑계로 영창근무를 기피하다가 우리들 앞에서 사라졌다.

사람은 인간생활에서 많은 것을 서로 주고받는 것이다. 인간지옥의 현장에서 다시는 이런 데 오지 않겠다고 각오하는 사람도 있고, 이 나라를 위해 떳떳하게 행동한 우리를 이런 곳에 잡아둔 자가 누구며 그러한 현실을 개선하기 위해 더 날카롭게 칼을 갈아야 한다고 각오하는 사람도 있기 마련이다. 후자는 그만큼 괴롭고 아픈 길을 택한 사람이지만, 그렇게 하는 길만이 이 나라, 이 겨레, 이 역사를 보람 있게 하는 일이라는 사명감에서인 것이다.

광주항쟁으로 유명을 달리한 수많은 희생자와 부상자들, 그리고 이곳에 수감되어 있는 수많은 동지, 이곳을 거쳐 간 수천 명의 동지들, 분명히 이 나라의 역사에서 당신들의 귀한 뜻과 훌륭한 행동이 높이 찬양될 것이다. 부디 낙심하지 말고 좌절하지 말지어다.

이 상병이 철모르고 날뛰면서 뇌까렸지만, 그가 뒤늦게나마 우리를 이해하고 뒷걸음친 그 양심은 누구에게나 있는 법이니, 떳떳하게 살아 후회 없는 인생의 행로를 걸어야 하겠다고 힘차게 외치고 싶다.

1980년 8월 ○일

조선대 교수들의 수감

언제인지 날짜를 정확하게 알 수 없지만 8월 초순쯤에 조선대학교 교수들이 우리가 살고 있는 상무대 영창에 수감되었다.

기분대로 살고 감정이 시키는 대로 움직이는 푸른 제복의 군대사회가 우리네 사회생활을 이렇게 뒤흔들어 놓고 이렇게 심각하게 짓밟기는 우리 역사상 처음 있는 일인 것 같다.

5·16군사쿠데타라 했지만, 그때는 그들의 집권욕만 충족시키려고 서둘렀고, 그것도 형식상으로 대통령인 윤보선이란 자의 동의하에 이루어진 것이다. 하기야 5·18도 최규하가 동의했다지만, 윤보선 대통령과 최규하는 국민의 대표성으로 볼 때 천양(天壤)의 차(差)가 있지 않은가. 최규하는 본래부터 괴뢰에 불과한 위인이었기에 내미는 총칼대로 움직였을 것이고 그것을 빙자하여 군부 세력은 정치, 군사, 사회의 모든 면을 장악하고 좌지우지하고 있다.

그리하여 철저하게 민의를 짓밟고 조작을 일삼으며, 양식과 지성을 가지고 논리적으로 순리를 쫓아서 살려는 국민의 간절한 소망을 송두리째 망가뜨린 이 엄청난 현실, 이 저주받을 참상을 누가 응징하고 누가 심판할 것인가.

이곳의 수많은 동지들, 각지에서 짓밟히고 억눌린 양심들, 그 수가 얼마나 될 것인가. 그런데 세상에 별 일도 있다. 조선대교수라는 박총장의 심복들 한 패가 몰려와서 수감을 당했으니 말이다. 악명 높은 C모, Y모, 그리고 J모, K모 등 제씨(諸氏)들이다. 우리가 알고 있기에는, 박총장의 심복들인 저 사람들이 깡패를 매수하여 데모학생들을 구타하고, 총장을 보호한 측근들이며, 실제 매수당한 사람이 이곳의 신만○이 아닌가. 그러니까 저자들은 바로 유신 악당의 앞잡이요, 민중의 적인 자들로 광주 사회에서는 이름이 난 사람들인데 어찌하여 옳은 자들 틈에 끼였다는 말인가.

나는 이제까지 이런 세상에서 옳게 살고 뜻 있게 살아보려는 사람들만이 이곳에 있어야 되는 줄 알았고, 그래서 긍지와 자부마저 느껴왔던 처지다. 그러기에 우리 뒤에 조선대의 의식교수들(권광식, 김종재, 김제안, 김수남, 문병권, 박동철, 오병인, 임영천, 나하엽, 이성연, 김영곤, 김수중, 허정 등)이 전남대교수들 만큼이나 잡혀 와서 당하고 있으며, 그들 중 상당수가 우리와 같이 수감될 것이라고 기대하고 있었다.

그런데 이곳에 끌려온 사람들은 의식교수가 아닌 박총장의 심복들이니 아연할 수밖에 없었다. 나의 좋지 않은 기색을 눈치 챈 송기숙 선생이 못마땅하다는 표정으로, '이곳이 무슨 신성한 장소인 줄 착각하는 모양인데, 감방 영창이니까 보기 싫은 놈도 보고 살아야 하며, 상대하기 싫은 놈과도 살아가는 꼽징역도 있는 법이다'하면서 선배 전과자(?)답게 타일러 준다. 이런 곳에서까지 뜻대로 살 수 없는 처지임을 순간 다시 깨닫고 그들의 처지를 동정해 보았다.

민주화를 주창하고 독재총장에 항거하는 의식교수들을 괴롭혀 유신체제에 공헌한 그들이 날벼락을 맞았으니 이번 광주항쟁은 엄청나게 무서운 폭력만이 전후좌우도 가리지 않고 난무했던 것 같다.

고통과 가난으로 살아온 우리들이며 주위의 동지, 학생들이 그렇게 위해주는 우리들 처지로도 살기가 어려운데, 저들은 이중 삼중으로 고통을 겪으리라 생각하니 은근히 동정까지 간다. 그러나 그들의 수법과 처세는 바로 발군의 역량을 발휘하여 금력과 처세가 우리를 압도하고 말았다. 잦은 외출, 들어오는 담배로 무지몽매한 애들을 유혹하고, 의사들을 통하여 온갖 수단을 동원해 안일과 평안을 찾아 그들은 병원으로 빠져나갔다.

하기야 병원이란 특혜처가 그들을 기다렸고, 있는 자와 없는 자의 구별이 더욱 그들을 돋구어 보이게 했다. 천당도 윗목 아랫목이 있고, 지옥도 좋은 곳이 있다고 하는데, 이곳에도 있는 자와 안일을 추구하는 자가 찾을 길은 얼마든지 있다. 그러나 옳게 살고 뜻 있게 살기 위해 노력했고, 이곳까지 마다하지 않은 내가 그런 유혹에 넘어가서는 안된다고 다짐했다.

그들은 보안대에서 몇 번의 엎치락뒤치락을 치른 후 이곳으로 오게 되었다고 한다. 결정적인 것은 조선대 총장측이 재단규탄의 화살을 돌리기 위해 학생들로 하여금 거리로 나가라고 종용했고, 학생들에게 자금을 지원했던 것이 탄로가 났기에 미움을 타서 이곳에 오게 되었다는 것이다. 그러니까 박총장측이 무엄하게 이중행동으로 현 체제를 대했다는 것 때문에 무법자들의 노여움을 샀다는 것이다. 하여튼 그들과 같이 생활하는 것이 불편하고, 사사건건 차가 커서 곤란하기 짝이 없다.

똑같은 대학교수들이 어쩌면 그렇게 생각하는 것과 행동하는 것, 그리고 현실을 대하는 시각의 격차가 너무 크다. 우리들의 입장은 수감동지들이 겪는 불평등하고 부자유하며, 인간이하의 대우에 엄중 항의하며, 가능한 한 협조와 배려를 촉구하면서, 시설과 식품개선에 열을 올리는 반면, 그들은 그들에게 베푼 친절만을 감사하며 그들의 개인보호에 급급한 것을 볼 수 있다. 똑같은 사회적 지위가 이같이 다를 수 있을까 하니, 사람 나름이란 것을 새삼 깨달을 수 있었다.

1980년 8월 ○일

군기과장의 교수면담에서 일어난 일

날마다 가혹하게 자행되는 구타와 폭력 앞에 속수무책인 나를 비롯한 교수들의 번민은 매우 컸다. 무자비한 헌병들의 폭력을 언제까지 견디고 있을 것이며, 저들로부터 학생들과 동지들을 구출할 방도는 없을까하고 궁리하였다. 그런데 구하면 얻을 것이고, 궁하면 통한다는 말이 적중되었다. 상무대 영창의 지휘관인 헌병대 군기과장인 우소령과 접선이 되었던 것이다.

그는 경북대를 졸업한 R.O.T.C출신 장교인데, 그와 가깝게 지내는 여자가 바로 나의 처와 같이 대촌중학교 무용교사인 이현정 선생이었다. 나의 처로부터 상무대 영창의 지휘관이 우소령이란 사실을 안 이선생은 나의 처와 몇 차례 우소령을 만나 선처를 부탁했고, 우소령은 나를 가만히 부르더니 어떻게 하면 도움이 되겠느냐고 상의했다.

나는 우소령의 손을 잡고 애원하다시피 호소했다. "이곳의 교수들이나 학생 그리고 수감된 동지들은, 견해의 차는 있지만, 사리사욕을 위해서 살아온 파렴치범들이 아니라 나라와 민족을 위해 활동했던 사람들이요, 우소령께서는 대학을 나온 중견장교요, 당신의 마음먹기에 따라서는 우리들의 안위를 좌우할 수 있으니 제발 우리들을 도와 주십시오" 하면서 사정했다.

우소령은 나에게서 감명을 받은 듯 어떤 방법으로 도와주었으면 좋겠느냐고 묻기에, "지금 영창의 상황은 비참하며 처절합니다. 그것은 식사나 환경도 문제지만 제일 심한 것은 무지 몰각한 헌병들의 폭력 때문이요, 그러니 일주일에 한 번씩 우소령께서 우리 교수들과 면담시간을 마련한다면, 우리의 힘으로 헌병들의 방자한 폭력을 근절시킬 수 있습니다. 제발 우리를 도와주십시오."

나의 제안을 받은 우소령은 옳다고 생각했던지 그 뒤 일주일에 한 번씩 교수들과의 간담회를 갖게 되었고, 우리는 그것을 활용하여 헌병들의 폭력과 방자함을 바로 잡을 수 있게 되었다. 우리는 그때부터 헌병들에게 시시비비를 가렸고 폭력을 중단시킬 수 있었으며, 그로 인해 영창 안은 평온과 질서를 찾을 수 있었고, 방자한 동지들도 어른들의 말을 순종하게 되었다.

그런데 첫 번째의 교수면담 때 괴상한 일이 벌어졌다. 우소령의 지시를 받고 면담 나온 전남대와 조선대 교수들은 우소령에게 감사의 뜻을 전하고 자리에 앉았다. 그때 우소령은 담배를 내놓고 피우라고 권하였는데, 이때 조선대의 C모 교수가 담뱃갑을 통째로 호주머니에 넣어 버렸다.

그것은 그 담배를 가지고 감방에 돌아가서 동지들에게 나누어 주어 그들의 환심을 사려는 얄팍한 속셈이었다. 이때 송기숙 교수의 준엄한 꾸중이 내렸다. "그 무슨 창피스럽고 해괴한 짓이요. 당장에 담배를 내놓으시오." 그러자 머쓱한 C모 교수는 호주머니에서 담배를 꺼내 놓았다. 똑같은 교수로서 이렇게도 생각이 다르고 행동양식이 틀릴 수 있을까하 는 당혹스러운 생각이 들었다.

하여튼 일주일만에 한 번씩 이루어지는 군기과장과의 면담은 우리들에게 영창을 장악할 수 있는 좋은 계기가 되었고, 그것을 통해서 우리들 교수의 힘이 발휘되었으며, 그 덕택에 곱징역을 살고 있던 전남대생들(예비검속에 걸린 정동년, 김상윤 등과 단과대 학생회장들)도 숨을 쉬게 되었으며, 영창의 동지들은 일체감을 갖게 되었다.

1980년 8월 15일

광복절의 특식

1980년 8월 15일. 벌써 35년을 더 맞이한 광복절이건만, 특히 오늘의 광복절은 의미가 더 한 것 같다.

영어의 몸이 된지라 국경일이나 보통 날이 다를 바 없고, 다만 기상시간이 한 시간 늦은 7시로 된다거나, 높은 자들이 자주 들락거리지 않으니까 신경을 쓸 필요가 적다는 것과 잘하면 특식이 나온다는 것이 우리들에게는 특별한 일이다.

곰곰이 생각하면 우리 조상들이 못난 덕분에 우리는 망국을 당했고, 해방을 맞아 희망에 들떠 있을 때 남북분단이란 날벼락이 떨어졌다.

남북분단도 비운이지만, 이것을 기회로 위정자들이 국민을 탄압하고 수탈하는 구실로 애용했으며, 비대한 사냥개는 드디어 주인을 물어뜯어 상처투성이의 우리 현실을 만들었다.

이런 일, 저런 일 생각해보면 오늘의 이 기막힌 현실이 우리로서만 끝날 것 같지 않으며, 날로 험악해지는 조국의 몰골이 더 흉측스럽기만 해지는 것 같다.

아침을 먹고 한참 있으니 특식이 나왔다. 특식이라 해봤자 진수성찬도 아니요, 별미도 아닌 파고다빵 한 덩어리다. 별로 간식을 좋아하지 않고, 더더군다나 분식을 즐기지 않는 나는 별로 반가운 것도 없지만, 명선생을 비롯한 동료 그리고 동지들이 감식(甘食)하는 것을 보니 나도 마음이 흐뭇해진다.

몇 쪼가리 떼어서 입에 넣고, 나머지는 명선생과 동지들에게 나누어주었더니 아주 좋아했다. 사회에서는 먹으라고 해도 거들떠보지 않을 것을 즐겨 먹는 이 처지가 원망스럽기도 하지만 빵 한 덩어리로 모두 얼굴을 펼 수 있으니 다행한 일이다.

그러고 보면 이 나라의 독립을 위해 몸부림친 선열들의 덕분으로 오늘의 특식을 먹을 수 있다고 생각하니 애국자들의 조국애에 감사를 드린다. 그리고, 민족을 위해서 몸을 바친 광주항쟁 희생자와 우리들은 분명 우리나라 역사에 무엇인가 이바지할 것이 틀림없으려니 하는 생각이 미치니 짜증스럽기만 하는 이 생활이 돋구어 보인다.

우리는 분명 할 일 많은 나라에 태어나서, 우리 손수 역사를 꾸미면서 선구자 노릇을 할 수 있는 기회가 우리에게 주어지고 있는 것이다. 남이 만들어준 행복의 보금자리에 자신을 파묻어 버리는 것보다, 그것이 고달프고 시련이 따르더라도 몸소 행복을 만드는 심정은 마치 기성복을 사 입고 만족하는 것보다, 맞춤옷을 맞추어 입는 것과 같은 것이다.

1980년 9월 2일

43번째의 생일

금년 나의 나이 44살이다. 그러니까 생일로는 43번째가 되는 셈이다. 시공과 관련을 지우는 학문인 역사에 관심을 갖다보니, 자연히 무슨 날에 대한 집착이 남보다 더 가는 것은 어쩔 수 없는 것 같다.

그런데 오늘 이곳 상무대 30헌병대 영창에서 생일을 맞는 감회는 그 어느 때보다 큰 것이다.

나는 시골에서 넉넉지 못한 농민의 아들로 태어나서 생일을 기다리는 어릴 때의 감상이 문득 떠오른다. 보리밥에 김치나부랭이나 먹는 그 날 그 날을 지내기가 지겨워, 미역국에 떡을 먹는 생일을 기다리던 생각. 어머님이 정성스럽게 떡을 만드시는 것을 지켜보면서 하늘에 반짝이는 별을 세고 나의 꿈을 키우던 생각. 중학교 시절부터 고향을 떠나서 객지에서 살다 보면, 이날따라 어머님의 따스한 정을 되씹어 보던 생각들. 이제 결혼하여 처자식을 두고 직장생활을 하면서부터는 제법 진수성찬으로 음식을 준비하여 가까운 친구들을 불러 환담하던 생각들이 떠오른다.

하기야 어제 밤에도 일주일이 멀다 않고 찾아준 마누라가 준비하여 온 음식을 존경하고 미덥기만 한 명노근, 그리고 시골냄새가 물씬물씬 풍기면서 마음 아파 있는 송기숙, 집에 두고 온 처자식 걱정과 바르게 살아야 한다는 집념 속에서 줄다리기하고 있는 이광우 교수, 그리고 박석무 선생을 은닉시켜 주었다고 귀국한지 두 달도 되지 않은 채 끌려온 하버드 정치학박사 김홍명 교수, 같은 죄목으로 잡혀온 국회도서관의 김영모씨, 미원판매 과장 김판금씨와 같이 조촐하게 나누어 먹으며 뜻있는 생일잔치를 끝내고 난 처지였다.

나는 부부의 정보다 의리를 더 중히 하고 살았는지 모른다. 정이란 유동적인 것이지만 인륜의 도리란 면에서 의리가 소중하기 때문이라고 자부하지만, 처는 여성이니까 감각적인 것을 소중하게 생각하는 것에 못마땅한 것이 한두 번이 아니었다. 그런데 내가 이곳에 온 후 첫째 나의 처에게 따뜻하지 못하였던 미안스런 생각, 자식들에게 너무 엄격하게만 해왔던 일들이 우선 나의 마음을 아프게 했다.

주일마다 비공식적인 루트를 뚫고서 찾아주는 아내는 여러 가지로 나를 위로한다. 총장이나 다른 소식통에 의하면 곧 해결되어 무사하게 된다느니, 또는 집안 걱정은 말고 몸을 소중하게 보전하라는 등의 말들이다.

물론 나를 격려해주기 위한 말들이겠지만 여러 말 중에서 크게 위안을 얻는 것은, 밖에 계신 선생님들이 여기에 있는 우리를 장하게 생각하며 조금도 굽히지 않고 끝까지 지조와 품위를 지키는 나를 새삼스럽게 재평가했다는 말에 모처럼 긍지와 자부를 느꼈다. 확실히 신체적인 고통이나 물적인 쾌락은 일시적인 것이고 정신적인 의지나 자부는 날이 갈수록 빛나는 법이란 것을 또다시 확인할 수 있었다.

나는 부모님과 형님, 친척들의 도움으로 어려운 처지에서 대학을 나왔고, 배고픈 설움도 체험했으며, 4·19의 비장함도 경험하면서 내가 몇 번이고 다짐해 온 내 인생의 모토인 "남을 위해서 살자"를 확립했다. 내가 나를 위해서 살기란 누구나 할 수 있는 일이고, 심지어 초목과 금수도 그렇게 사는 것이다.

그렇다면 인간으로 태어나서, 그것도 대학까지 나온 지성인이, 또한 사회적으로 인정하는 대학교수가 무엇인가? 이웃과 사회를 위하고 민족과 나라를 위해서 일할 수 있어야 한다. 그렇지 않고 현재에 만족하며 기득권이나 주장하고, 물질적인 쾌락을 추구한다면 이 사회, 이 나라, 이 역사는 있는 자, 잡은 자가 수탈과 탄압으로 일관했던 지난날의 역사와 비교해 무슨 진전이 있단 말인가.

나는 나 자신을 느끼기 시작하면서부터는 이러한 뜻에 어긋나지 않으려고 노력했고, 또 그런대로 지켜져 왔다고 본다. 특히 4·19혁명 때 꽃다운 청춘들이 조국의 찬란한 역사를 위하여 사라져 가는 모습을 목도하고서부터, 나는 더욱 뜻을 돈독히 하고 그 길에 철저하기로 다짐했다.

대학 4학년 시절의 삼양지역사회학교의 운영, 카투사(KATUSA: 미군지원 한국군) 군대생활에서 동두천의 직업소년학교 운영, 그리고 고향의 4H 운영, 직장생활로 도회의 분주 속에 몸을 담고 있지만 조용히 이런 생각에 잠기고 다짐해 왔었다. 흔히들 약한 자를 위해서, 남을 위해서 산다는 것을 값싼 동정심이나, 가식으로 가득한 허위나, 빗나간 영웅의식으로 평가하고 만다.

또 그런 사람들도 있는지 모르지만 대부분은 안일하고 향락을 즐기려는 사람들의 한결같은 자위라고 생각된다. 그러나 그러한 의식이 기본을 이루고 철저하게 다져진 위에 스며 나와서 펼치는 사회를 위한 삶은, 그보다 더 뜻 있고 값진 인생의 참 낙이 어디 있을 것인가.

나의 오늘의 이 자리는 우연히 주어진 것이 아니라, 오랜 축적과 성장 속에서 얻어진 값비싼 결과이다. 이 나라, 이 역사, 이 겨레의 참 살 길은 자유민주주의밖에 없다고 확신하는 처지에서 4·19를 체험했고 1인 독재와 재벌의 횡포 속에 깔리는 역사의 현실이 나에게는 죽기보다 싫었다.

고교강단에서 국사를 가르칠 때마다, 나는 심혈을 기울이고 공포와 전율을 무릅쓰고 비판정신을 불어넣어 이 나라의 방향을 역설했다. 특히 중앙여고 재직 시에는 양성우(梁成佑)선생 파동 때 나는 오해와 탄압을 받으면서 몸소 그의 지지를 표명하여 사주자나 배후 조종자로 단정을 받아 곤경을 치렀다. 대학에 몸을 담으면서 뒤떨어진 학문에 열중하면서도 기회 있는대로 미래의 지도자가 가야할 길을 역설했다.

특히 의식 서클인 전통문화 연구반(탈춤반) 지도교수를 자임하여 그들의 엄호와 뒷바라지를 마다하지 않았으며, 자율화선풍이 불 때도 오로지 이 길을 위해 몸과 마음을 바쳤다. 그리고 현안의 시국선언문 기초는 내 전 인생을 던져서 이 나라의 역사발전에 공헌해 보겠다는 비장한 각오로 한 일이기에, 오늘의 이 자리가 나에게는 퍽 당연한 귀결이고 값진

열매라고 생각한다.

사람들은 나이가 44이니까 두 번 죽을 수에 해당하니 몸조심하라고 하기도 하고, 또 사주나 팔자소관이라고 위로해 주는 사람도 있다. 그러나 나는 이것이 나의 운수가 나빠서 이렇게 된다고 비통해 하거나 후회는 절대 하지 않으려 한다. 민족의 역사와 겨레의 운명이 가파르고 불행하였으면, 몰라도 나는 나의 운수 탓으로 돌리고 싶지 않기 때문이다. 이것은 일시적인 괴로움이요, 한때의 시련이라 생각한다면, 보다 긴 앞날의 비약을 위해서 이 얼마나 값지고 소중한 체험이겠느냐. 지금 나의 주위에는 의식과 사명감이 충만한 10여 명의 대학생도 있지만 (윤강옥, 위경종, 방민원, 윤목현, 차상섭, 원순석 그리고 조선대생인 김운기, 교대생, 성인경상대생들) 대부분은 못 배우고, 못 먹고, 못 입고 살아온 사람들이다.

구두닦이, 넝마주이, 고아원출신, 직공들, 점원들뿐이다. 광주항쟁은 분명 이 나라의 민주주의와 역사의 발전을 짓밟으려는 역사의 죄인들을 응징하기 위한 시민정신의 발로로, 각계 각층의 축적된 민중의식이 밑거름이 되어 일으킨 우리 역사의 금자탑이다. 그렇다면 그 의젓하고, 번지르하고, 이론이 정연한 신사 숙녀들은 어디 가고 핍박받고 수탈당한 그들이 대부분이란 말인가.

물론 그들은 남달리 사무쳤고, 남달리 한이 맺혔기에 마지막까지 도청에서 버티다가 이렇게 되었지 않았겠느냐고 자문해 보았지만, 이 현장에는 교활한 자와 순박한 사람, 있는 자와 없는 자의 구분을 엄격히 하여, 있는 자와 가진 자는 갖은 방법으로 빼돌리고, 없는 자만 남아있는 모양이다.

이 중에는 광주항쟁 이후 4개월이 지났건만, 생사도 알 수 없고, 알려줄 사람마저 없어, 날마다 주는 밥에다, 때리는 매에다, 들려주는 욕지거리와 심심하면 펴주는 기합을 받으며 지내고 있다. 이들을 보면 일주일이 멀다하고 면회를 가는 나의 처지가 불안하기 그지없으나 과자 몇 개라도, 소식 몇 마디라도 물어다가 이들에게 전해주고 위안을 주는 것이 보람이라고 자위해 보기도 한다.

나는 그 많은 날들을 꿈과 환상으로 밤을 지새우며 이 나라 이 역사이 겨레가 그렇게 쓰러질 수 없다는 신념을 가지고 동지들을 위로해가면서 명노근 선생을 도와가며 이 속에서도 뜻 있는 날을 만들어 가기로 했다. 기회 있는 대로 욕하지 말자, 싸우지 말자, 긍지와 자부를 가지고 살자고 외친 덕에 많이 자리가 잡혔지마는 그 중에서는 당신도 배운 덕에 가진 덕에 큰 소리 치고 있는 것이지 우리 편은 아니다고 배척하는 눈초리로 쏘아보는 동지들도 많다.

나는 나의 인생에서 이렇게 맛보기 힘든 체험은 처음 있는 일이라 적응하기도 힘든 일이지만 이런 가운데서도 뜻 있는 일을 해야되겠다는 각오를 새롭게 하면서 동지들과 대화를 자주 가지며 교수의 남다른 점을 과시하기 위해 몸부림을 쳤다.

"여러분, 여러분의 현실이 그렇게 원망스럽고 저주스럽고 고통스러운 것은 사실입니다만 다만 그런 것만 생각하여 비굴해지고 천덕스러워진다면 무엇이 여러분에게 보탬이 되겠습니까. 우리들을 보십시오. 대학교수를 하다가 이곳에 끌려와서 모든 사회적 은총을 외면하고 처자식을 거느린 처지로 살면서도 웃음을 잃지 않고 살아가고 있지 않습니까." 또한 "대학생 여러분, 여러분의 친구들은 학교에 다니고 젊음을 만끽하는 생활을 밖에서 하고 있지만, 그들 마음 속 깊이 파고드는 번민과 가책은 뜻이 깊은 사람일수록 견디기 어려운 것이 아니겠느냐. 몸은 괴롭지만 정신적으로 우리는 옳게 살려는 사람들이라 생각하고 뜻 있게 살기로 하자"고 외치기도 여러 번이다.

특히 대학생들에게 강조하기는 "여러분은 여러분의 소속 대학생 전부를 대표해서 십자가를 진 사람이며 또한 여러분은 사회로부터 그만한 은총과 혜택을 입었으니, 이 나라 이 사회를 위해서 그만큼 땀흘리고 괴로우며 피 흘리지 않는다면 우리 사회가 어떻게 발전하겠습니까. 여러분이나 우리는 바로 창조적인 소수(Creating minority)라고 자부합시다. 우리 같은 고뇌와 형극을 짊어질 사람이 없다면 이 나라 이 역사는 보나마

나입니다.”

나는 진정 이곳에 잘 왔다고 생각한다. 그 많은 핍박받는 자들, 대학생들이 이러한 고초를 겪고 있는 처지에서 그들의 지도자가 되어야할 대학교수 몇 명쯤은 있어야 하지 않는가. 그래서 그들을 격려하고 보호하며 참다운 길을 찾아가 보아야 할 것이다. “우리 모두 자랑스럽게 긍지를 가지면서 이 시련을 극복하고 우리 역사에 찬란한 꽃을 피울 광주항쟁의 주인공들의 일부가 되는 즐거움을 마음껏 즐깁시다. 우리의 자랑스러운 앞날의 역사는 반드시 우리를 박대하거나 외면하지 않을 것입니다.”

또한 나는 나 나름대로 미안하고 죄스러운 생각이 있다. 이곳은 모두 없는 자들만이다. 같은 대학교수지만 이광우·송기숙 선생은 가족과 생활걱정이 태산이다. 나는 다행히 생활걱정은 없고 처가 의지적이며 대범하고 생활력이 있는 사람이기에 그런 걱정은 안 해도 되는 사람이므로 동지나 동료들에게 미안스럽다.

그러한 처지에서 나는 더욱 나의 몫을 해야겠다고 외치고 주장하고 싶다. 나 같은 사람이 이 현장을 외면하고 만다면 이곳은 그야말로 불평불만에 가득 찬 생(生)들이 저주스럽고 원망스러운 생을 도(賭)하여 벌인 발악이라고 광주항쟁을 평가할 수밖에 없지 않겠느냐.

공자(孔子)는 사십에 불혹(不惑)이라 했는데 나 같은 처지가 그의 그림자도 밟을 수 없겠지만 43번째 되는 나는 지금부터라도 좀더 굳세게 후회 없는 현혹되지 않는 생을 꾸려 가는데 최선을 다해야겠다.

“하느님, 역사를 창조하시고 우주를 주관하시는 하느님, 저에게 귀중한 자리를 할애하신 하느님, 저는 견딜만 하고 긍지를 가지고 살고 있습니다만 굶주림에 허덕이는 저 젊은 핍박받고 수탈 받아온 인생들, 그리고 나래를 펴지 못하고 꾸겨져 있는 저 젊은 학생들을 위해서, 이 나라 이 겨레 이 민족 이 역사를 위해서 정의가 승리하고 불의가 쓰러지는 결정을 바로 우리 눈 앞에 보여 주십시오. 우리 모두 너울너울 춤을 추고 이 나라 이 겨레의 행복을 구가할 수 있도록 말입니다.”

1980년 9월 3일

출감자와 잔류자의 희비

광주항쟁 관련자를 재판에 회부할 것이냐 소위 훈방할 것이냐를 결정하는 마지막 분수령의 날이 왔다. 소신대로 살아왔고 그대로 주장했으며 조서에서도 숨김없이 진술한 우리들의 양심을 권력을 잡은 자가 어떻게 평가해 주느냐는 그들의 마음에 달렸을 뿐이다.

청천에 날벼락을 때린 그들에게 한 가닥 양심을 기대한다는 것이 연목구어인줄 알면서 여러 차례 제공되는 정보 때문에 행여나 하고 기다려 보았다. 하기야 광주항쟁으로 지금껏 이곳을 거쳐 간 4천여 명이 한결같이 죄 될 일을 한 것이 아니기에 나와 똑같은 심정일 테지만.

처음 보안대에 불려올 때 참고조사만 받으면 곧 나온다고 했다. 물론 허튼 수작이겠지만 그래도 그렇게 되어야지 순리가 아닌가 하고 수긍하려 해보았고 조사과정에서 김용규 수사관이 조사내용을 자기들이 좋게 기록하였으니 잘 처리된다기에 두 번째 속았다. 그리고 7월 21일 상무대 30헌병대 영창에 수감되면서도 학교당국과 사회여론에 의해서 잘 처리된다고 하여 세 번째 속았고 군 검찰관(박영식 소령)을 처음 만나 조서를 작성할 때도 기소유예를 상신했으니 좀 기다려 보자고 하여 네 번째로 기다려 보는 것이다.

물론 나에게 잘될 것이라고 호의를 보여준 모든 사람들에게 무척 고맙고 나는 그들의 뜻이 바른 것을 지향하는 진심에서 우러나온 양심의 소리라고 간파할 수 있었기에 나를 기만하고 위안시켜 주기 위한 권모술수는 아니라고 믿고 싶었다. 하기야 물에 빠진 사람이 지푸라기라도 잡자는 심정이 도사리고 있기는 하지만 …

그러나 이번 우리 일행이 나가고 못 나가는 것은 비단 우리 몇 사람의 안위가 문제가 아니라 광주항쟁에 대한 평가와 더 나아가서는 우리나라 역사의 방향설정에 상당한 지표가 될 것이기에 기다려 보자는 것이었다.

5·18이후 무자비한 탄압 속에서 모두 초죽음이 되어 있는 상황하에서 생잔을 위한 돌파구를 찾고 있는 동료교수들과 친지들에게 용기를 불어넣어주고 이렇게 살아도 괜찮다는 모범을 보인다는 것이 필요하다. 그리고 이 나라 이 사회의 정기(正氣)수립에 큰 공헌이란 내면적인 효과도 있어 우리는 석방되어야 한다.

사실 몸소 부딪쳐보면 두렵거나 괴로움은 별 것이 아닌데 옆에서 지켜보는 자들은 피해망상증에 걸려 더 야단들인 것이 사회의 풍조인지라 나는 분명 그들에게 용기와 떳떳하게 사는 법을 가르쳐 주고픈 심사가 생긴 것이다. 그러나 아무래도 낌새가 틀린 것 같다. 믿을 것이 없으면 귀신이나 백발의 도사를 믿을 것이지 무지몰각하고 감각적인 군인들의 양심을 믿을 수 있겠는가.

나의 아픔을 달래주기 위해 장선배(헌병준위인데 광주고 3회 선배로 영창생활 때 지극정성으로 나를 보살펴준 분)는 나와 명선생, 윤영규선생, 이광우 선생을 사무실로 불러내어 출감하는 사람들의 떠나는 모습을 보지 못하게 배려했다.

140여명이 소위 훈방의 특전을 입는데 우리 교수단과 윤선생 등은 마지막 순간에서 제외시켰다는 것이다. 학교에 제대로 다녀보지 못하고 정상적 과정을 겪지 못한 군인들의 감각적인 인생행로로 보아서 보복심리가 크게 작용하고 있는 것은 의심할 여지가 없다. 다양한 사회구조, 멋있는 조화, 그리고 이지적으로 운용되는 사회섭리를 알 바 없는 그들은 나 아니면 적이라는 흑백논리 속에서 길들여져 지금 우리들을 북괴의 환상으로나 착각하고 있는지 마음대로 조롱하고 제멋대로 즐기고 있는 것 같다.

일행이 다 떠나간 후 영창에 돌아오니 마치 모두 이사가버린 빈집같이 썰렁하고 음산한 기운이 감돌며 은전을 못 입은 잔류자들은 사색이 되어 있다. 못나간 뼈아픈 심정에다 헌병들이 그들의 습성에 따라 무서운 기합과 엄포를 가하여 동지들은 벌벌 떨면서 고개를 제대로 쳐들어 이별의 정을 나누지도 못했다 한다. 나에게는 나의 슬픔과 회한도 크지만 남아 있는 저들을 어떻게 위로하고 안정시킬 것인가를 생각하지 않을 수 없었다.

얼굴에는 억지로 웃음을 띄우고 그들을 위로했다. "여러분, 여러분의 아픔과 아쉬움은 얼마나 큰 것인가를 나도 잘 느끼고 있습니다. 그러나 한 사람이라도 더 많이 우리의 동지들이 자유의 몸이 되기를 기원하고 또 남아 있는 우리들은 우리들대로 낙심하고 절망하지 않고 굳은 의지를 가지고 살아가는 모습을 회복하는 것이 떠나는 사람들에 대한 우리의 도리인 것입니다. 그러나 먼저 떠나는 것이 뒷날 영광을 더 많이 차지한다고 할 수 없는 것입니다"라고 위안했다. 나는 슬픔과 분노가 치밀어 오를 때는 변기통에 가서 혼자 오열하고 독백하면서 자제하곤 했다.

이때부터 나는 명선생과 상의하여 먼저 우리 6소대부터 장기 대책을 세우고, 동지들의 마음을 안정시키고 우리가 지녀야 할 마음의 자세 그리고 의식화 작업을 진행시키는 것이 좋겠다고 마음먹었다. 때마침 대학생들이 주동이 되어 본격적인 의식화 작업을 진행시키자는 안이 나와 우리가 전적으로 동의하고 우리가 앞장서서 새로운 장을 만들어 가기로 했다. 영창의 잔류자들은 명선생, 이광우 선생, 김홍명 박사팀, 윤영규 선생 등이 있었다. 송기숙 교수는 언제인가 홀연히 공군영창으로 떠나버렸고 이광우 교수는 심신이 너무 괴로워 지쳐 있다. 그리하여 명선생과 나는 이 중요하고 힘찬 역을 맡을 수밖에 없었으며 학생들이 많이 도와주었다.

이 나라 민주주의의 이정표에 큰 금자탑을 세운 광주항쟁의 주역들이, 의식과 신념 그리고 일관된 행동을 뒤늦게라도 갖춰야 된다는 생각에서 이에 관련된 여러 자료, 강의, 성경 해설 등의 프로그램을 엮어보기로 했다.

사실 그전에도 간간이 이러한 주제들이 논의되고 강조되기도 했으나 교묘한 정보채취와 상호 감시 활동을 강화하여 난관에 부딪치고 서로의 감시 때문에 전전긍긍하면서 자기의 출감만을 기다리는 분위기였다. 그러나 그러한 것들이 다 끝난 이 마당에서 이제 남은 사람들은 은전이나 요행을 기다릴 수 없이 재판에 회부될 운명들이기에, 이제 마음의 장벽이나 상호 감시의 두려움도 사라져 버렸기 때문이다.

이제 우리는 우리를 다짐하고 무장하여 법정투쟁을 통해서 광주항쟁의 역사적 당위성을 논리적으로 주장하여 역사적 승리를 거두어야 된다고 생각했다. 그러기 위해서 우리 역사의 지향점이 무엇인가를 똑똑히 인식시키고, 우리가 처하여 있는 처지가 우리 역사의 발전을 위한 밑거름이란 긍지와 자부를 가지고 법정투쟁에 임하게 하는 것이 역사전공자인 나의 임무이다.

그리고 이 길이 하느님의 뜻이고 가르침이란 것을 더 강하게 심어주는 것이 명노근 장로의 할 일이었다. 그리고 노동운동, 학생운동을 통해서 백전(百戰)의 노장으로 활약하고 있었던 정상용, 이양현, 윤강옥, 김상집, 정동년 등이 체험담과 여러 분야별 분담을 통해서 의식을 심화시키고 우리들 자신을 강화시켜 나가는 일을 차분하게 추진해야 하겠다고 생각했다.

우리는 우리가 처한 지위를, 자기의 입장을 강화하고 기득권을 유지하고 지배하고 군림하기 위해서 활용하는 전근대적 전통관념 속에서 살아왔기 때문에 우리의 역사가 진보하지 못했고 지배자와 피지배자의 장벽만 굳어지고 갈등만 심화되었던 것이다. 나 자신도 그러한 의식구조를 완전히 탈피했다고 보기 어려운 처지에서 대학교수가 누릴 수 있는 특혜가 무엇이며, 특권이 무엇인가를 통해서 다른 사람과 구별 지우려는데 부심해왔던 것이 한두 번이 아니었고, 심지어 이곳에서의 생활에서도 이 시간까지 그러한 심리적 자세가 밑바탕에 깔려 있음을 부정할 수 없다.

그러나 지금 이 시간부터 나를 불태워 이 사회를 밝게 하는 참다운 지도자가 되어야겠다고 다짐하면서 이곳에 있는 동지들을 위로하고 마음을 굳게 가지기 위해 더 어렵고 더 고통스런 짐을 져야 한다고 생각했다.

그래서 사회의 대학교수보다 몇 배 어려운 감옥의 대학교수가 되어 그들에게 참 사는 자랑스러운 역사의 주인공임을 심어주어야 하겠다. 이제 겨우 마음의 안정을 얻었다. 초조, 불안, 갈등, 분노, 비애, 절망, 고독의 회오리바람들이 모두 사라지고 자신의 새 출발, 이곳 동료들의 새 생활을 위한 힘찬 전진의 팡파르가 울려 퍼지고 있다.

이제 우리는 좀 더 자랑스러운 역사적 광주항쟁의 주인공이 되기 위해서 1차적으로 훌륭한 법정투쟁을 전개하고, 더 나아가서 이 나라 이 역사의 초석이 되기 위한 이론적 무장과 정신적 단련을 부지런히 쌓아야겠다. 이때부터 6소대를 중심으로 명선생님의 성경 말씀과 나의 역사 강의가 정식으로 시작되었고 우리의 의식화 작업은 본격적인 궤도로 들어섰다. 처자식과 친지, 동료들, 나의 출감을 목마르게 기다리는 그들에게 나는 이렇게 떳떳한 새 출발의 각오로 더 성장한 나를 보여주기로 하였다.

1980년 9월 9일

첫 번째 공판

오늘은 나의 인생에서 처음으로 공판을 받는 날이다. 내가 44평생을 살았지만 남에게 싫은 일을 하지 않기로 작정해서 그런 대로 살아왔으며, 이제까지 비교적 부끄럼 없이 살아온 처지로 경찰서나 파출소에 신세져 본 일이 없는 지나온 삶이었기에 나에게는 새삼스러울 뿐이다.

오늘 공판이 있다고 2~3일 전에 공소장을 나누어주면서 통고를 하였다. 우리같이 죄질이 가벼운 사람부터 처리하기로 하는 모양이어서 광주항쟁의 재판을 시작하는 것 같다. 공소장 내용은 평소부터 반정부적 사상을 가지고 있는 불평과 불만이 많은 처지였는데, 학원자율화를 기회로 본인이 교수들을 선동하여 교수시국선언문을 기초 통과하였고, 16일에는 횃불시위에 가담하여 교통을 두절시키고 치안질서를 문란시켰기에 계엄포고령위반 및 소요죄에 해당한다는 내용이다.

그러니까 시국선언문작성은 포고령위반이고 횃불시위 가담이 소요죄 위반으로, 전자는 3년 이하의 징역이오 후자는 5년 이하의 징역이라 한다.

나는 포고령위반인 시국선언문작성에 대해서는 변명하고 싶지 않았다. 내가 소신대로 한 것이고 실질적으로 교수협의회 개최에서부터 작성, 채택, 살포에 이르기까지 본인이 주도적으로 한 일이기에 말이다. 그러나 분명 우리는 합리적 절차를 거쳐서 이사회를 개최하여 총회를 열기로 했고, 총회가 안동준교수의 초안을 부결해 버리고 새 선언문 기초를 본인 등 4명에게 위촉했기에 구성원의 한 사람으로 위촉에 응했고, 3통 중 본인이 작성한 것이 채택되어 발표한 것이니 전남대 교수전체를 대표해서 책임을 묻는다면 모르지만 본인과 회장인 정익섭 교수를 재판에 회부한 것은 덮어씌우기 위한 것이라는 논리를 전개하기로 했다.

다음 항인 16일의 횃불시위는 분명 경찰과 합의하에 치안을 유지하기 위해 교수들은 총장과 학생처장, 학장의 계통을 통해서 임장지도를 한 것이지, 수만 명의 일원으로 횃불시위를 감행한 것이 아니었다. 그럼에도 불구하고 우리들 네 사람(정익섭, 이광우, 이방기 등)에게 그 책임을 씌운다는 것은 아무리 무식하고 논리가 없는 친구들이라 해도 이치에 안 맞는다는 것을 강조하기로 했다.

아침을 먹고 옷도 좋은 것으로 바꿔 입히고 신도 신겨서 대기하고 있는데 병원에서 정익섭·이방기 교수가 와서 합류했다.

나는 정익섭 교수를 볼 때마다 미안하고 죄스러운 마음을 금할 길 없다. 어쩌다 교수협의회회장으로 선출된 것부터가 선생님에게 불운한 것이지만, 내가 주도한 일 때문에 옥고를 치르게 되었으니 인간적으로 대단히 부담을 느끼지 않을 수 없었다. 그러나 대견스럽게 대해 주셨고 또 정교수나 이교수는 자기들만 병원에 있다는 것이 미안스러운지 여러 차례 그 점을 표시해서 서로를 위안시켰다.

오늘 공판을 받는 사람은 30명이 넘는 것 같다. 조선대교수팀 4명과 학생 2명 그리고 강도팀 일행과 무기고 약탈등 잡다한 성질의 사람들이 공판을 받는 것 같다. 모처럼 신을 신고 외부사람들과 공식적으로 접촉하는 처지이기에 가벼운 설레임마저 일어난다.

포승으로 조기 두름 엮듯이 엮어서 공판정으로 향했다. 공판정은 광주항쟁 재판을 위해 새로 지은 집으로 모든 것이 새롭게 단장되어 역사적인 광주항쟁의 재판을 감당할 것 같다.

공판정 안은 헌병들이 집총하여 앞에 서 있고 몇 명씩 사이에 두고 헌병들이 집총하여 앉아 있다. 일체의 이야기나 뒷사람들을 쳐다보지도 못하게 엄격하게 규제하고 있다. 오전 중에는 강도사건을 필두로 조선대학교 사건까지 진행되었다. 강도사건은 참으로 철없는 놈들의 가증스러운 행위였다. 이런 류의 사건들이 정의로운 광주시민의 의리를 얼마나 먹칠하고 있는가.

따라서 군사정권은 이런 류의 사건을 되도록이면 확대해서, 이런 것들이 광주항쟁의 전부인 양 부각시키려고 애를 쓰고 있는 냄새가 풍긴다.

조선대사건, 광주항쟁의 사건 중에서 제일 유별난 일이라면 깡패를 동원하여 학생들을 구타한 조선대학교사건이다. 이번 광주항쟁의 진전과는 역방향에서의 일이라 그 추한 모습이 궁금해서 지켜보았다.

검찰관과 재판관의 추궁도 날카롭다. 모처럼 뜻 있는 일을 다룬다는 기분에서 법관들의 질타에 대해서 천연덕스럽고 값싼 눈물까지 흘려가면서 박철웅 총장을 부모에 비유하는 피고 교수들의 꼴이 우습기만 하다.

변호인을 둘씩이나 대 가지고 호화판 재판을 하고 있으며, 덕택에 우리는 점심 대접을 융숭하게 받았다. 돈과 줄로 이름난 그들의 감방생활은 윤기가 흘렀고, 파격적인 대우가 주어졌던 것은 두말할 필요도 없다. 지옥의 상무대 영창을 빠져나가 호텔과 같은 병원으로 옮긴 것도 일주일 안팎이었으니 그들의 능란한 처세와 뒷바라지가 부럽기까지 했다.

그런데 우리의 뜻과는 달리 가족들이 변호사를 선정했다. 심○○변호사는 군법무관 출신인데 가족들의 입장에서는 은근히 기대해 보고 최선을 다하고픈 심정으로 선임한 것 같으나, 우리가 선임하지는 않았지만 광주항쟁 관련자들이 모두 변호사 없이 재판에 떳떳하게 임하는데 우리의 입장이 퍽 난처하다. 점심 먹는 시간을 이용하여 변호사와 첫 대면을 하게 되었다. 우리는 우선 불쾌감이 앞섰지만 기왕 선임된 것이니 우리를 위해 떳떳하게 변호해 달라는 기대 속에서 접촉을 해보았다.

그러나 이 무슨 해괴한 변호인의 태도냐! 무조건 잘못했으니 관대한 처분을 바란다고 하라는 것이다. 나는 우리가 무엇을 잘못했느냐? 그 따위 소리는 꺼내지도 말라. 당신은 법이론적으로 우리가 죄에 해당되지 않는다는 점을 지적해야지, 동정이나 바라고 애걸하라는 이야기냐며 말을 끝내 버렸다.

오후 공판이 속개되어 대령을 재판장으로 중령 한 명, 그리고 안수일 소령(법무사), 검찰관 박영식 소령 앞으로 불려나갔다. 먼저 검찰관의 공소장 낭독이 있었고 변호사의 반대심문이 있었다. 우리의 답변 내용은 교수협의회의 시국선언문은 전남대학교 교수전체의 모임인 교수협의회가 주관한 일이고 16일 횃불시위는 전남대학교 전교수가 당국과의 협의하에 학생의 임장지도를 한 것이라는 것이다.

400명의 전교수가 같이 한 일에 우리 네 사람이 재판을 받으니 한사람이 100명 교수를 대표한 셈이냐고 주장했으며, 변호인은 우리가 교육자로 현재까지의 생을 살아온 사람이니 관대한 처분을 바란다는 내용의 변호를 했다. 나는 변호사란 직업이 약자를 도와주고 사회정의의 실현에 노력하는 사람들인 줄 알았더니, 도둑놈들도 그런 나쁜 놈들이 없다는 생각이 들었다. 광주항쟁이 광주시민 모두가 함께 한 일이라 한다면, 그 사람들을 대표해서 재판을 받는 우리들을 위해서 광주지역의 모든 변호사, 아니 전국의 인권옹호변호사들이 앞장서서 우리를 변호해야 되지 않을까?

우리는 일제시대 독립투사들의 무료변론, 자유당 정권이나 박정희 정권 하에서 민주투사들을 위해서 변론하는 변호사상을 지워버리고 싶지 않기 때문이었다. 그런데 이번 광주항쟁 변호는 무료는커녕 돈을 주고 의뢰해도 발뺌을 하며, 우리를 변호해준 심○○변호인은 몇 마디로 200만원을 벌었다고 들었다. 이 얼마나 가증스러운 인간들이냐? 벼룩의 간을 내먹고 말지 세상에 우리들의 돈을 축내다니!

검찰관이나 심판관은 아무 소리도 없이 고개만 숙이고 있다. 뒤에 들으니 부끄러워서 쳐다볼 수 없어 고개를 숙이고 경청했다 한다. 이윽고 구형이 떨어졌다. 모두에게 2년 6월씩의 징역을 구형했다. 어이없는 구형이 있은 후에 최후진술을 하라고 했다.

먼저 정익섭 교수는 자기는 주는 대로 벌을 받을 터이니, 우리 젊은 교수들과 젊은 학생들을 석방해서 새 삶을 개척할 수 있도록 해달라는 교수협의회회장이라는 입장에서 진술이 끝나고, 다음 나의 차례가 되었다.

나는 교육자와 부모의 심정이 같음을 역설했다. 학생들의 투쟁을 통해서 민주사회가 이룩되고, 역사가 발전함을 안다고 하더라도 어느 부모나 교수가 자기 제자들더러 데모를 하여 처벌당하고 피흘려 쓰러지라고 할 사람이 있겠느냐? 우리들은 학생들을 선도하기 위해 교육자의 양심에 입각해서 최선을 다한 것이다.

우리는 50일 동안 지옥과 같은 환경에서 생활하였으며, 그곳에서 제자들을 대하고 같이 살면서 많은 것을 배웠다. 우리들이 다시는 이런 곳에서 만나는 사회가 되지 않아야겠으며, 우리 역사에 이러한 비극과 아픔은 다시없도록 하자고 몇 번이나 다짐했다. 우리 학생들 그리고 아무것도 모르고 뛰어든 철없는 다른 관련자에게 새롭게 삶을 꾸려 갈 수 있도록 배려가 있기를 바란다고 끝맺었다.

이광우 교수는 16일 횃불시위 임장지도를 안했더라면, 우리는 직무유기로 이곳에 끌려왔을 것이라고 주장했다. 이방기 교수는 정익섭 교수가 당신은 말이 과격하니 진술을 피하는 것이 좋겠다고 해서인지 함구하고 말았다. 뒤에 가족들이 우리들의 외침을 듣고 뜨거운 감화를 받았다고 한다.

우리를 포함한 다른 공판까지도 모두 천편일률적으로 잘못 알고 한 일이고, 잘못된 일이니 관대한 처벌을 바란다는 식으로 공판이 진행되었다고 한다. 그도 그럴 것이 무식한 군인들은 잘못했다고 해야 남자답고 솔직한 감이 들어 죄를 가볍게 준다는 것이다. 그러기에 관선변호사나 민선변호사 할 것 없이 한결같이 잘못했으니 관대한 처분을 바란다는 말밖에 할 말이 없었다.

그러나 우리들은 사건을 논리적으로 따졌으며, 우리의 행위가 처벌의 대상이 안되며 당연히 무죄로 처리되어야 한다는 것이다. 우리도 언제나 합리적인 사회가 되어 감각과 기분에 사는 전근대적인 의식이 불식될 것인가. 그리고 양심을 지키고 양심을 위해서 싸우는 사람들이 외롭지 않고 떳떳하게 살 수 있는 사회가 될 것인가.

재판을 끝내고 나니 한결 마음이 가볍다. 우리를 지켜보는 가족들에게 미안한 마음이 앞서지만 어쩔 수 없다는 말밖에 다른 할 말이 없다. 이제 모두 자기의 갈 곳으로 돌아가야 한다. 정익섭 교수의 진술내용을 듣고 새삼스레 존경하는 마음이 든다. 본인은 형을 달게 받겠으니 젊은 교수들과 학생들에게 관용을 베풀어달라는 말씀은 신앙생활과 공익정신에서 하신 말씀이 틀림없다.

우리는 동지들이 기다리는 침울한 영창으로 돌아왔고, 병원으로 돌아가는 이방기 교수, 정익섭 교수에게 그분들이나 평안하시길 빌 뿐이다. 언젠가 우리의 간절한 마음이 펴질 날이 있겠지.

1980년 9월 23일

추석선물과 방문객

추석이 가까워오니 여러 상념들이 착잡하게 교차된다. 명절이라고 좋아할 자식들, 그리고 아빠 손을 잡고 큰집에 가서 차례를 지내고 만원버스에 몸을 싣고 고향을 찾아 조상의 산소를 다니던 일들이 예년의 소중한 행사요 추억이었다. 그런데 금년 추석은 상무대 영창 안에서 지내야 하니... 하기야 군종스님의 말마따나 누가 추석이니 설날이니 정해서 여러분의 마음을 아프게 하였는가 모르겠다. 성묘야 언제든지 갈 수 있고 조상이야 언제든지 생각할 수 있는 것인데, 부질없는 인간들이 무슨 날이다 무엇을 하는 날이다 정해놓고 사람을 얽어매는 것인지 모른다는 식의 설법에 수긍이 간다.

추석을 앞둔 일요일이다. 그래도 빠지지 않고 찾아주는 주일예배는 약간의 마음의 위안을 주기는 한다. 가톨릭의 미사나 상론을 엄금하는 이곳의 실정으로는, 말이라도 옳게 하는 신교(예수교 장로회)의 설교가 핵을 놓아두고 변죽만 울리는 맥빠진 것이기는 하나 찬송가를 힘차게 부르고 나면 침울한 느낌이 약간은 가시곤 한다.

그러나 무엇인가 주장하고 싶고 음미하고 싶은 우리들은 우리 중에 장로나 집사가 많으니 한 사람씩 나와서 기도나 설교를 하게 해달라고 하기도 하고 찬송가를 우리가 골라 부르자고도 주장하며, 신부(조비오 신부)님의 강론도 들어보자고 요구하기도 했다.

그럴 때마다 전도사나 목사인 군인들은 어쩔 줄을 모르고 쩔쩔매면서, 난처한 입장을 이해해 달라고 하소연한다. 또한 불교나 천주교 그리고 장로교 측에서 신앙을 위한 책자나 팜플렛을 나누어주고 가면 헌병들이 모조리 회수해서 수거해 버리곤 하니 참 어처구니없는 일이다.

세상에 무엇이 두렵고 무엇을 꺼리는 것인지 걸핏하면 금지 혹은 압수 등으로 길들여 온 그들이니 그런 생리가 어떻게 인간의 기본적인 자유를 바탕으로 하는 사회생활에 알맞을 것인가.

오늘은 상무교회에서 우리들 수감자를 위해서 떡과 사이다를 준비해 가지고 추석예배를 올리는 날이다. 무척이나 배고픈 수감자들에게 눈이 번쩍 뜨이고, 특히 오늘 일요일 점심은 라면 한 사발로 메워야 되는 처지여서 굶주림이 더더욱 심한 날이기에 안성맞춤으로 가져온 선물이다. 추석선물과 기념예배를 위해 많은 일반교인들이 찾아와서 신기한 눈과 놀라는 표정 혹은 자만스런 모습으로 우리를 굽어본다.

우리를 대하는 그들의 표정은 모두 다를 수밖에 없을 것이다. 그들의 양식이 다르고 사고방식이 각각 다르기 때문에 어쩔 수 없는 것이다. 어떤 사람들은 우리를 인간적인 입장에서 안되었다 불쌍하다고 생각할 것이고, 어떤 사람들은 나는 저 꼴을 안 당해야겠다고 경각심을 발동할 것이고, 또 의식이 살아 있는 사람들은 나는 저들을 대할 자격이 없다, 시대와 나라와 민족과 역사의 멍에를 짊어진 의연한 저들 앞에 얼굴을 들 수 없다고 생각하는 뜻 있는 사람도 있을는지 모르겠다. 또한 자기 남편이나 가족인 군인의 감화를 받아 저 철부지하고 경거망동하는 위선자들, 값싼 영웅주의에 사로잡혀 저 꼬락서니가 되었으니 참 고소하고 시원하다고 비아냥거리는 사람도 있을 것이다.

엄숙하고 성대한 예배가 진행된 것은 군기과장을 비롯해서 헌병대 장교 그리고 인간백정이란 별호가 붙은 형무반장 박춘○ 중사 등이 임석하였기 때문일까? 예배가 끝나고 선물이 철창구멍을 통해 하나씩 전달되어 먹기 시작했다. 이때 철창 밖에서 분주하게 돌아다니는 젊은이가 사람을 찾는 눈초리다. 뒤에 알고 보니 전남의대생으로 자기들 때문에 대표로 들어와 있는 의대학생회장 차상섭군을 만나서 죄스럽다는 마음이나 전달하려는 생각에서였던 것 같다.

그 학생은 조선대생 김대홍군과도 안면이 있었던지 대화를 몇 마디 나누었고, 또 다른 사람들은 명노근 장로의 손을 잡고 위로해 주기도 했다. 얼마나 흐뭇하고 인간미 있는 자연스러운 행동이냐? 나누어주는 떡 네 개와 사이다 한 병씩을 게눈 감추듯 치워버린 동지들이 우리를 쳐다본다. 나는 본래 간식을 안 좋아하는 성격이나 식욕이 나서 떡 두 개와 사이다 한 병을 치우고 나머지는 동지들에게 나누어 주었다.

성대한 식전이 끝나고 은혜로운 교인들과 임석한 높은 사람들이 사라지자마자 큰 난리가 났다. 당번 감시헌병인 제갈 병장이 김대홍이란 학생을 철창 밖으로 끄집어내서 사정없이 두들겨 패고 있는 것이 아닌가. 이유인즉 높은 사람들 앞에서 엄금되어 있는 민간인과 담소를 했으며, 질서정연하게 앉아있지 않았다는 것이다.

나도 군대생활을 해본 처지이기에 의례 선물 꾸러미나 위안잔치가 있고 나면 군기확립이란 미명하에 모처럼 받은 인간적 대우를 완전히 환상적인 것으로 돌리려는 의도로 기합이 있기 마련이란 것쯤을 알고 있다. 그러나 우리는 민간인이요, 광주항쟁의 주인공들로 사람대접을 받아야 할 구김없는 사람임을 저들이 인정해 주지 않는 것이 잘못이라는 생각을 나는 항상 하고 있는 처지다.

얼마쯤 두들기고 있을 때 당직 상관인 소위가 와서 구타를 중지시키고 갔다. 그런데 장교가 나가고 나니 슬금슬금 장교의 행방을 보면서 또 김대홍 학생을 불러내어 구타하고 있지 않은가. 그렇지 않아도 허약한 몸으로 있는 학생을 저렇게 때려도 되느냐는 생각에서 재빨리 철창 곁으로 달려 나갔다. 나는 큰 소리로 제갈 병장을 불렀다. 당신은 왜 사람을 때리느냐? 그것도 장교가 일부러 중지시킨 일을 왜 계속하느냐? 당신은 이 안에 있는 사람들이 당신의 노리개감에 지나지 않으며 기분 풀이 대상으로 밖에 보이지 않느냐? 당신의 행동을 중지하지 않으면 우리도 가만히 있지 않을 것이며 당신의 상관인 당직상관에 대한 명령불복종으로 당신을 고발할 것이라고 위협했다. 그러자 제갈 병장은 기가 막히기는 하지만 나의 신분이 교수이고 원체 위세가 당당해서인지 “들어가 계십시오, 잘 알았습니다" 하면서 씩씩거린다. 김대홍군을 돌려보내고 안 절부절못한 제갈 병장이 우리 방으로 들어왔다.

나는 그에게 좋은 말과 사리를 따져 가면서 설득했다. 우리가 시대를 잘못 만나서 당신들과 이런데서 감시자와 감시당하는 처지가 되었지만, 우리들의 관계는 일시적인 것이고 잘못 맺어진 인연이다. 당신도 며칠 있으면 제대해서 민간인으로 돌아갈 것인데 무엇이 답답해서 그런 꼴을 보이느냐고 했더니 자기도 좋은 사람이 되겠다고 하면서 사과를 했다.

명교수와 나는 기회 있는 대로 동지들에게 우리는 잘못한 것이 없는 자유인이기에 조금이라도 비굴하지 말고 떳떳하게 우리의 권리를 주장하자고 역설했고, 헌병들이 부당한 기합이나 구타를 할 때마다 직접 혹은 간접으로 항의하고 그들을 설득하여 정상적인 인간 관계로 돌아가게 했다. 그러는 가운데 살벌한 처음의 분위기는 가셔지고 이제는 동지들과의 싸움이나 특별한 일이 아니고는 헌병들도 우리들을 함부로 대하지 않게 되었다.

명교수와 나는 기회 있는 대로 담당헌병들을 설득하려 했다. 취침시간을 이용해서 그들을 철창 곁으로 오라고 해서 학력이나 인간성을 고려하면서 어쩔 때는 인간적인 호소를 하고, 어쩔 때는 나라를 사랑하는 마음이란 어떤 것이고 여기에 와 있는 동지들의 처지 그리고 당신이 할 수 있는 애국이 무엇인가를 설명하면서 인간적 대우를 요구하기도 한다. 그러나 어떤 놈은 우리를 감시하는 것이 자기의 임무이며 당신들은 영창에 수감되었으니 수감규칙을 준수해야 한다고 주장하기도 한다.

나는 이런 자에게는 고압적인 자세가 필요하다고 생각되어, 군기과장과 우리의 면담이 일주일마다 있는데 거기에서 자주 너희들의 근무자세가 이야기된다. 그리고 우리는 민간인이니까 민간인으로 대우를 해달라는 요구를 해서 상부에 절충하겠다는 언질을 받았다고 하면서 은근히 너희도 잘못하면 군기과장에게 이야기하겠다는 식으로 위압해서 이제는 모두 우리에게 잘해주는 편이고 그런 대로 우리의 계획을 추진하면서 날을 보낼 수 있게 되었다.

1980년 9월 30일 일요일

어려운 강의: 홍 하사의 선처

오늘도 짜증스러운 일요일의 연속이다. 휴일이기에 취침 시간이 한 시간 더 길어졌지만 예측할 수 없는 공판 진행과 계속되는 장마비 때문에, 이곳의 불쾌지수는 다른 곳과 비교도 되지 않는다. 또한 일요일은 높은 자들이 없기 때문에 영창 담당병의 인성이나 컨디션에 따라 제멋대로 행패가 시작되는 날이기도 해서, 만성이 되어버렸지만 한 가닥의 불안이 깔려 있는 날이기도 하다. 그리고 점심때면 라면 한 사발로 긴 날을 때워야하는 것도 이날의 하루 기분에 상당한 영향을 주기도 한다.

광주항쟁을 9월말까지 처리한다는 방침이 자기들 뜻대로 순조롭게 진전되지 않는 것은 그저 덮어씌우고 협박과 공갈 심지어 구타를 통해서 강요해보았자 잘 먹혀 들어가지 않기 때문인 모양이다. 공판과정에서 학생들과 지식인들은 그들의 정당성을 주장하면서 어린애 장난 같은 짓을 하지 말라고 윽박하기 때문이다. 굶주림과 초조 그리고 불안 속에서 4개월 동안을 살아온 동지들은 날마다 계속되는 명선생님의 하느님 말씀과 나의 역사 강의 그리고 김홍명 박사와 이광우 교수의 정치학 강의에도 불구하고 감정의 폭발을 억제하지 못할 때가 간혹 있어 더욱 마음이 아파진다.

오늘의 담당자는 홍 하사와 이원희 일병이다. 홍 하사는 이곳 출신인데 지원하사관 출신이어서, 다른 병장들보다 계급은 높지만 근무일자(콩나물가닥)가 적어, 입대날짜나 따지고 사는 할 일 없는 사회에서 자기 나름의 갈등도 있는 것 같다. 아침 교대를 끝내고부터 컨디션이 좋지 않은 탓인지 계속 욕설과 구타가 진행된다. 입에 담지도 못할 욕을 하면서 동지들을 구타하는 등 행패가 하도 심해 도저히 참을 수 없다. 이제 우리도 어지간히 자신들을 가다듬은 처진데 하는 자부심에서 누가 홍 하사의 심기를 건드렸는지 험악한 욕설과 몽둥이가 난무한다.

명선생과 나는 철창 앞으로 달려나가 홍 하사를 보고 힐책하였다. 당신은 누구인데 함부로 욕을 하고 사람을 때리느냐? 당신의 눈에는 이곳에 있는 사람들이 짐승이나 그렇지 않으면 제멋대로 밟아도 되는 사람으로 보이느냐? 그리고 여기 있는 사람이 모두 당신에게 반말이나 욕을 받아먹어야 되는 사람이냐고 큰소리로 말하자 나이 어린 홍 하사는 질겁을 해서 어쩔 줄 모르며 죄송하다고 말한 뒤 주의하겠다고 정중한 사과를 한다.

그것도 안심이 안되었든지, 양심의 가책을 받았음인지 우리 방으로 들어오더니 잘못되었노라고 용서를 빌기에 우리도 따뜻한 말로 위로해주었다. 당신 탓도 아니오, 때를 잘못 만난 탓으로 우리가 언짢은 사이가 되었는데, 당신은 이곳 출신으로 우리의 입장을 누구보다 잘 알 수 있는 사람이 아니냐고 타이르고 당신도 고달프겠지만 4개월이나 이곳에서 개돼지 취급당하면서 살아온 사람들의 입장에 서서 생각을 해보라고 타일렀다.

그랬더니 큰 감화를 받았음인지 죄송하지만 우리들더러 전체 수감자에게 도움이 되는 말을 해주셔서 스스로 분위기 조성을 해주었으면 좋겠다는 청을 한다. 그렇지 않아도 우리들 6소대는 날마다 실시하는 일이고 전체가 그러한 의식과 그러한 자부심을 가지고 스스로를 처리한다면 무식한 헌병들과 다툴 필요가 없다는 생각에서 쾌히 응낙하고 명선생과 같이 연단(감시자근무소)에 올랐다.

먼저 명교수가 우리 모두는 사랑과 믿음을 통해서 서로 존경하고 서로 이해하면서 어려운 때를 이겨나가자고 말하고, 하느님은 우리 편에서서 여러분을 지켜주실 것이라는 요지의 강의를 했다.

다음으로 나의 차례인데 무슨 제목으로 어느 수준의 강의를 할 것인가를 결정하기 참으로 어려운 일이다. 초등학교도 못나온 사람들이 있는가 하면 교수, 박사가 듣고 있으며 광주항쟁으로 수감되어 있는 사람들 뿐 아니라 폭력범단속, 군인재소자, 그리고 각종 위법 사실로 계엄령이란 굴레 때문에 모두 이곳에 있는 사람들을 상대로 무슨 내용, 어떤 질의 강의를 할 것인가? 그리고 이 속에는 각종 첩보 활동의 손이 뻗쳐 있을 터인데 400명 가까운 사람들을 놓고 어떠한 강의를 해야할 것인가 하고 궁리하다가 나 자신 할 말은 해야겠다고 결심했다. 연단에 올라 나는 연설을 시작했다.

"자랑스러운 여러분, 여러분은 훌륭한 분들입니다. 왜냐하면 여러분께서는 남보다 맛있는 음식을 많이 먹으려다 이곳에 오신 분들도 아니요, 더 좋은 옷을 입고 더 많은 돈을 벌고 더 호화로운 생활을 누리기 위해서 발버둥치다 이곳에 오신 분들이 아닙니다. 다시 말하면 여러분께서는 여러분 자신을 위해서 생각하고 행동하다가 오신 것이 아니라, 더 큰 뜻을 가지고 자신을 버리시면서 이 나라와 이 민족을 위해서 활동하다가 오신 분들이기 때문에 다른 사람들의 칭찬과 존경을 받아야 마땅한 분들입니다.

여러분, 4개월 전의 여러분을 생각해 보십시오. 그리고 자랑스러운 마음과 몸가짐을 잊지 마십시오. 역사는 언제나 훌륭한 일을 한 사람들을 기억하고 그들의 뜻을 받들고 살라고 세상 사람들에게 가르치고 있습니다. 오늘 우리와 우리 동료들은 많은 욕설과 구타를 당하면서 학대를 당했습니다. 4개월 전의 자랑스러운 여러분이 언제부터 그렇게 비굴하고 자학하고 아무런 대우를 받아도 좋다고 팽개쳐버렸습니까? 모질긴 몽둥이와 각종 고문, 그리고 굶주림 이런 것들이 우리의 신경을 날카롭게 해버려 생사를 같이 했던 동지들과 다투고 주위 사람들과 불화하게 만들어 버렸습니까?

여러분, 우리가 이곳에서 짐승처럼 취급당하고 살아온 것이 벌써 4개월입니다. 이제 2주일 정도면 재판을 거쳐 여러분들 중 대부분은 여러분의 가정으로 돌아가고 일부는 형무소로 옮겨 사람으로서의 생활을 할 수 있을 것입니다.

제발 우리들 스스로를 학대하지 맙시다. 멸시하지도 맙시다. 이제 자랑스럽게 생각하십시다. 그렇게 함으로써 서로를 존경하고 이해하면 우리를 대하는 헌병들도 존경과 흠모의 대상으로 우리를 생각할 것입니다. 여러분의 뒤에는 사랑스러운 가족, 위대한 광주시민, 꺾이지 않은 우리 민족이 우리를 지켜보면서 우러러보고 있을 것입니다."

1980년 10월 1일

정형길 병장(형무반장 직무대리)의 취임식

우리를 감독하는 헌병들이 6명인데, 그 중 선임자가 누가 되느냐가 우리에게 직접적이고 중대한 영향을 미치게 된다. 왜냐하면 우리를 대하면서 시시각각으로 그들의 기분에 따라 우리는 당하기만 하여야 할 수감자의 입장이기 때문이다. 선임자라는 것은 실로 아무 것도 아닌 것이다. 누가 제일 군대생활을 오래 했느냐인데, 그것은 밥그릇 노름인 것이기 때문이다.

며칠 전에 구병장이란 사람이 제대를 했다. 경상도 사람인데 생각이 좀 있는 것 같은 걸 보니 대학에라도 다니다 온 사람인 듯한데 자기 딴에는 우리들에게 최선을 다해보겠다고 공언했고, 그런 대로 노력하는 흔적도 볼 수 있었다. 제대하기 전에 우리에게 와서 그 동안의 지나친 점에 대해 용서해주시고, 건강하시고, 굳세게 살라는 당부까지 하고 떠났다.

다음으로 선임자가 된 사람이 서울 출신의 정형길 병장이다. 그는 피부색이 검고 머리가 곱슬머리인 것이 아무래도 혼혈아인 것 같다. 그리고 그의 성격도 구겨져서 어떤 보상을 바라는 심리적 상태인 것이 그의 출생과 관계가 깊은 것 같다. 듣기로는 명지대인가 전문대인가를 다니다 왔다고 하는데, 대학을 다닌다해도 열등의식 속에서 헤어나지 못할 뿐만 아니라, 오히려 그의 구겨진 인생을 더욱 확고하게 해주는 대학인 것 같다.

그의 성격은 모질고 외형마저 잔인함이 흐르고 있기에 우리는 조심하는 편이다. 기회 있는 대로 길들여보려고 노력했다. 그럴 때마다 수긍은 하면서도 그의 난폭한 성격이 언제 발동할까 몰라서 약간은 불안했던 처지다. 그의 지휘를 받는 최일병이나 이일병 그리고 다른 사람들은 정병장의 지휘방침에 순응할 뿐, 특별히 독기나 난폭성은 찾기 어려운 것 같다.

그런데 드디어 정병장의 취임 기념 행사가 벌어졌다. 소위 단체기합이다. 각 소대별로 뛰어나가기 시작하는데, 그 기합의 정도는 뛰어나갈 때 족치는 태도로 보아 짐작을 할 수 있었다. 앞서거니 뒤서거니 엉덩이를 채이고 따귀를 맞아가면서 질주하여 연병장에 모인다. 운동장이라 해야 어느 큰 주택의 마당밖에 안되는 곳에 집결하여 기합을 받는 것이다. 소지품 검사부터 시작하여 담배꽁초나 쪽지가 나오면 초죽음이 되도록 두들겨 맞는 것이다.

공포의 다른 소대 기합이 끝나고 우리 소대 차례가 되었다. 안팎으로 수색과 기합이 가해지니까 소지품도 풍비박산이 나고 몸뚱이는 그들의 처분에 맡기는 것이다. 모두 뛰어 나가는데 우리들은 일부러 저놈의 기를 죽이려고 느릿느릿 걸어 나갔고, 모두 줄을 서서 번호를 붙이는데 열밖에 서서 눈치를 살피고 있다. 정병장도 고민하는 듯하다.

이윽고 우리를 인정하고 행사를 치른다. 엎드려 바쳐, 그리고 한강철교(엎드려서 뒷사람 어깨에 다리를 얹어 교각모양으로 연결시키는 것), 엎드려 쏘아 등의 기합이 계속되어 초죽음을 만들고 수색을 시작했다. 미리부터 준비를 하고 또 요사이는 스스로 조심하여 적발되지 않는데 한 사람이 부적을 몸에 지녔다. 물론 가족이 거금을 주고 그의 안전과 건강을 위해 마련해준 것이기에 소중하게 간직하다가 적발된 것임에 틀림없는데, 무슨 암호가 아니냐고 구실을 부쳐 족치기 시작했다. 우리는 그것은 암호문이 아니라 부적이라고 설명하면서, 우리들의 처지가 되면 그런 것을 몸에 간직하는 습관이 예로부터 전해오는 것이라고 설명해주고 그냥 넘어가라고 충고했다.

기합이 끝나고 각 소대가 방으로 들어와서 정병장의 훈시가 시작되었다. 최근에 기강이 해이해져 가고 행동에 질서가 없다는 등 사설을 늘어놓고 앞으로는 모든 것을 원칙대로 한다면서 누구나를 막론하고 개인행동을 할 때에는 반드시 보고하고 행동하라는 것이다. 하기야 개인 행동이라 해봤자 변소 가고 세면하는 것밖에 없으니, "단결, 아무개 어디 어디에 용무 있습니다"하고 보고하라는 것이며, 그의 말 중에 "누구나를 막론하고"는 우리들을 의식하고 하는 것 같다.

사실 우리들 감방생활에 많은 변화와 발전이 온 것은 틀림없다. 그것을 저들이 볼 때는 기강이 해이되고 기합이 빠졌다면서 엉망진창이라는 표현으로 나온 것이다. 5월 27일 미명을 기해 기습을 자행하여 동지들을 죽이고 연행해 온 후 시도 때도 없이 만행이 자행되었다고 한다. 심지어 이곳에서 매를 맞아 죽은 사람도 있으며, 그들은 곧잘 너희들 몇 놈 죽이고, 보고서 한 장이면 끝난다고 폭언하면서 난폭한 짓을 하는 것을 여러 차례 겪었다. 그리고 나이 많은 것도 죄가 되어 특히 잔인한 학대를 당하는 경우도 흔히 있었다 한다.

오병문 교수는 담배를 한 모금 빨았다고 손바닥을 맞고 마음속으로 오열했다하며, 우리가 처음 이곳에 와서만도 나이 많이 먹은 사람들이 솔선수범해야 하는데 농땡이를 부린다고 꾸중도 여러 번 들어 온 처지다. 그럴 때마다 남에게 싫은 소리 안 듣고 신세 안 끼치기를 목표로 삼은 나는 아찔해지기까지 했으나, 생각을 해보면 우리가 이곳에 와있는 것 자체가 걸맞지 않은 것이니 순응할 필요가 있는가?

없으면 우리를 중심으로 이곳의 생활을 파괴해가야 된다는 사명감에서 일부러 저들의 방침을 교란시키는 행동을 해온 처지다. 그래서 이제는 묵인이 되었고, 또 그런 것을 밑바탕으로 해서 다음 차례로 특혜를 쟁취해야 되겠다는 생각으로 살고 있는 형편인데, 난데없이 질서와 기강을 잡는다니 순응할 수 없는 것이다.

그래서 나는 철창 앞으로 가서 우리가 이곳에서 생활하는 것은 도저히 우리들이 감당할 수 없는 것이고 우리는 민간인이기 때문에 설령 군사 재판을 받기 위해 이곳에 수용되었다 하더라도 그것은 문자 그대로 수용이지 규칙적인 영창 생활을 강요받을 수 없는 것이다. 우리는 누차 이런 점을 당신들 상관에게 건의했고 그때마다 어쩔 수 없다고 하는 변명을 들어온 처지인데 당신이 우리를 당신 마음대로 다루려고 하는 것은 이치에 안 맞는다. 우리는 민간인이기 때문에 이곳 입구에 써 있는 재복무훈련장이니 군기확립이니 하는 문구와는 도대체가 어울리지 않는 것이다. 이곳은 군 영창이니 군인 범죄자들을 다루는 곳이기에 이곳의 수칙을 민간인인 우리가 지킬 필요가 없는 것이다.

그랬더니 정 병장은 그런 문제는 상부에서 결정할 문제이고 우리를 이곳에 수용하고 있는 한 자기들의 규칙을 적용하겠다는 변명으로 꼬리를 감추나, 우리의 요구가 정당한 한 자기들 뜻대로 안된다는 것은 짐작이 갔을 것이다. 그래서 우리는 일부러 보라는 듯이 화장실, 세면장에 자유자제로 출입하면서 그의 권위가 얼마나 허구적인가를 실증하여 보여주고 싶어졌다. 그리고 일개 병장의 취임행사가 그렇게 중요하고 무서운 것인가를 보이려는 정병장의 허구를 짓밟기 위해 계속 투쟁하겠다고 다짐했다.

이것은 바로 제복의 군인들의 생리가 우리들 인간에게 어울리지 않는 증거인 것 같다. 도대체 기분이나 강요에 의해서 운영되는 군 사회가 자유와 사랑을 바탕으로 하는 인간 사회의 통념에 적합할 수는 없는 것이다.

1980년 10월 ○일

대학교수와 대학생의 역할

모처럼 시간도 있고 마음이 차분해져서 광주항쟁에 대한 대학생과 대학교수의 역할에 대해서 생각해 본다. 광주항쟁에 있어서 대학생과 교수의 역할은 몇 단계로 나누어 고찰되지 않으면 안될 것이다. 그것은 단계마다 그들의 역할과 주위의 눈초리가 달라졌기 때문이다.

첫 단계는 5·18이전의 학원자율화기일 것이다. 10·26이후 오랫동안의 침묵과 동면을 깨고 활발한 활동을 전개하였다. 학생은 역사의 견인차역을 강조하면서 안으로는 사회정의의 실현을 위해 어용교수파동을 벌였고, 밖으로는 자유민주사회건설을 위해 시민의 의식확대에 전력을 경주하는 시기였다.

어용교수파동은 학생과 스승의 입장, 그리고 교수를 그의 자의에 의하지 않고, 외적인 압력으로 진퇴운운하는 것은 부당하다는 반대론과 우리 역사에서 한 번도 옳고 그른 것의 확실한 판단이 없었기에 사회정의가 수립될 수 없었다, 그래서 이번만은 지난날에 대한 명확한 판단을 내리고 새 출발을 하자는 것이지, 스승을 교단에서 쫓아내자는 것은 아니고 쫓아내서도 안되며 다만 매듭을 짓고 넘어가자는 것뿐이라는 주장이 사회에 많은 여운과 반향을 남겼다.

다음으로 시민의 의식 확대는 직접 간접으로 영향을 주고받지만 본격적인 학생의 시민의식화는 5월 14일 가두로 뛰쳐나가면서부터였다. 수많은 유인물을 뿌리고 구호를 외치며 전 시가를 누볐고, 도청 앞 광장에서 민주성회(民主聖會)를 열어서 왜 학생들은 이렇게 나라를 위해 몸부림쳐야 하는가를 절규하면서부터였다. 억수로 쏟아지는 비를 무릅쓰고 대오를 흩뜨리지 않는 교수를 선두로 한 행렬은 엄숙하고 결의가 굳은 것이었으며, 많은 시민은 여기에 박수갈채를 보내면서 환호했고 그것을 통해서 시민들의 마음도 상당한 자극을 받았을 것이다.

특히 억수로 쏟아지는 소낙비에 온 몸을 내맡기고 어느 한 교수나 학생들의 동요 없이 도청 앞에서 금남로를 거쳐 무등경기장으로 우회하여 학교로 돌아올 때는 장엄하기까지 했다. 그때 한 교수님이 나더러 수십 년 동안 독재와 강요로 많은 죄를 짓고 살았는데 오늘의 빗속행진을 하고 나니 모든 죄악을 말끔히 씻은 것 같아 내일부터 새로운 삶을 살 수 있을 것 같다고 심경을 털어놓았다.

정말 우리는 해방 후 이승만 독재정권, 박정희 군사정부와 유신독재 속에서 너무나 많은 비굴과 맹종을 계속하면서 자신의 안일만을 추구하고 많은 죄를 짓고 살아 왔다. 그런데 교수시국선언문을 채택하고 그것을 오늘 도청 앞 분수대 위에서 우리 대표인 정익섭 교수가 낭독하여 우리의 뜻을 밝혔다. 그리고 대형 태극기를 앞세우고 교수와 학생이 대열을 지어 쏟아지는 장대비를 맞으면서 장엄한 시위행진을 하고 나니 몸과 마음의 죄를 모두 씻은 것 같다고 했다.

15일도 계속된 민주성회와 시가행진은 더 많은 사람들의 관심과 참여를 불러 일으켰고, 16일의 횃불시위는 전 시민의 관심 속에 질서정연하게 이루어진 학생운동의 백미(白眉)였다. 여기에서 오랜만에 식었던 가슴은 열이 오르기 시작했고, 폭압과 공포 속에 강요되었던 침묵은 격동으로 자리바꿈을 하게 되었으며 이제 시민과 학생은 한 덩어리가 되었다. 그런데 난데없는 5·18이 벌어지자 부풀었던 가슴이 고요할 리 없었던 것이다.

5·18의 청천벽력 같은 군인들의 기습은 대부분의 학생지도층과 진보적인 교수들의 은신을 강요했는데 수백명의 전남대 정문 앞 학생시위로부터 시작된 데모가 광주의 중심가로 향하면서 그 수가 늘어났다. 처음에는 눈만 둥그렇게 뜨고 보고만 있던 시민들은 계엄군인들의 무자비한 탄압과 만행이 자행되자, 그것이 시민의 분노를 증폭시켜 드디어 유혈충

돌로 번졌으며, 그 수가 점점 늘어나 심각하게 전개되었다 한다.

통금이 단축되고 살상의 위험까지 무릅쓴 시위는 19일 20일까지 많은 사상사를 내면서 계속되더니 이렇게 당하고만 있을 수 없다고 흥분한 군중이 예비군 무기고를 부수고 총기를 탈취하여 휴대하면서부터 총격전으로 변모했고, 21일에는 도청을 중심으로 총격전이 격렬하게 전개되다가 군경이 도청을 포기하고 말았다.

그러자 당국이 포기해 버린 광주의 치안을 유지하고 전남 일원에까지 확대된 성난 군중의 파도를 가라앉히기 위해 지도급 인사들은 그 수습을 논의하였고 그들을 중심으로 한편 치안유지를 호소하며 한편 군 당국과 접촉협상을 시도하였다. 그러나 대부분의 학생지도층과 교수들이 몸을 숨긴 상황에서 계통을 잡아서 수습에 임할 수 없어 중구난방이 되었고 무기와 폭탄은 위험상태에 놓여 있었다.

뿔뿔이 흩어졌던 학생지도층이 한 사람씩 찾아들고 질서를 되찾자는 흐름에 따라 그 수습책이 논의되었으나, 본격적인 추진력을 상실한 학생층은 혼란을 걷잡지 못했다. 일부 학생이 25일을 기해 본격적 활동을 전개하려 했으나 군 당국의 교란에 의해 마지막 비극의 시간을 기다릴 뿐이었다.

그러므로 결국 광주항쟁 기간 중 학생과 교수는 시민을 완전히 이끌지 못했으며, 또 그러한 항쟁이 올 것이라 생각조차 못한 채 오직 민중의 의지가 이렇다는 것을 보여주는 데 만족하였을 뿐이었다. 그래서 광주항쟁 기간 중에는 학생과 교수의 중핵이 빠진 채 우왕좌왕하면서 귀중한 인명피해와 소중한 시간이 허비되었다는 점에서 우리들은 광주 시민과 전남 도민 그리고 민주주의를 갈망하는 민중에게 큰 죄를 졌다는 것을 솔직하게 인정할 수밖에 없었다.

그래서 5월 27일 새벽에 기습을 당한 광주항쟁 주역들이 수감되어 한때는 학생층과 군중들 사이에 험악한 분위기가 감돌았다. 더구나 의식의 깊이가 깊지 못한 층들이 많은 광주항쟁 관련자들(마지막까지 도청을 지키다가 끌려온 동지들은 거의 구두닦이, 넝마주이, 고아, 막노동자들임)은 공공연히 학생들을 비난했다.

너희는 불을 질러놓고 도망을 가버렸고, 불을 구경하며 잘 해보려는 우리만 이렇게 생명을 잃거나 인간지옥의 지경에 빠졌으니 그 책임을 지라는 것이었다. 그런데 5월 18일 미명에 검거된 정동년, 김상윤 등의 학생지도층은 할 말이라도 있지만(우리가 밖에 있었으면 그렇지 않았을 것이라고) 그 후에 잡혀 들어온 학생층과 우리 교수들은 정말 변명할 여지가 없다.

솔직히 말해서 지성인들은 폭력을 싫어하고 두려워하기 때문에 이론이나 의식을 제공할 뿐, 행동에는 언제나 뒷전이고 또 비겁자일 수밖에 없다고 백배사죄 드리고 싶지만 그럴 수도 없는 일이라 상당히 고조된 긴장이 오랫동안 계속되었다. 내가 이곳에 넘어올 때에도 그러한 분위기를 느꼈으니, 그들은 견디기 어려운 고통과 수난을 두 달 이상이나 계속했으니 오죽했겠는가.

내가 이곳에 왔을 때 김상윤군이 그런 문제가 있었고, 지금도 그러한 감정이 불식되지 않았으니 우리 학생층이 속죄하는 마음으로 저들의 관용을 기다릴 수밖에 없는 일이라고 귀띔을 해주었다.

그렇다고 학생들이 직접 나서서 변명할 처지도 아니고 또 같이 혐오의 대상이 되어있는 우리 입장에서도 공공연히 무마작업을 할 수 없는 입장이며, 더더군다나 대부분의 학생과 교수들이 병원행을 하면서 그러한 불만은 더욱 고조되는 것 같아서 난처하기만 했다.

그들은 인생의 밑바닥에서 갖은 고통과 수모를 겪으면서 학생들의 절규가 귀에 쟁쟁하고 그들의 애원이 눈에 선하여 뛰어들어 이 나라, 이 겨레가 잘 사는 길이라고 기뻐했더니 자기들에게만 날벼락이 떨어졌으니 분하고 원통하다. 그런데 이곳에서도 돈 있고 능력 있으며 줄 있는 사람은 모두 빠져나가고, 또한 천당 같은 병원으로 가는데 우리는 이 지옥 같은 생활을 언제까지 계속해야 할 것인가에 대해서 불평과 불만이 대단하다.

그리하여 명선생과 나는 이런 군중을 의식화하여 그들의 행동이 정정당당했음을 가르쳐 주는 것이 급선무이고, 또 다른 길은 헌병당국자들과의 투쟁이나 담판을 통해 동지들의 생활을 개선해주는 길이라고 생각했다. 우리는 인간적 대우를 기회 있을 때마다 요구했고, 심한 구타나 욕설, 기합이 있을 때마다 항의해서 중지시켰으며 군기과장과의 담판을 통해 민간인으로서 대우하고 그것이 불가능하면 우리를 교도소로 넘겨 달라고 요구했으며 식사, 침구, 위생시설, 외부접촉 등의 처우개선을 강력하게 요구했다.

또한 시간을 정해놓고 성경 말씀과 역사 강의를 했으며 학생들을 시켜 왜 학원자율화 및 학생운동을 계속해야 하는가의 필요성을 인식시키게 했다. 그러한 결과 그들에 대한 밖으로부터의 핍박이 줄어지고 점차 의식화되어가면서 자기들이 한 일을 자랑스럽게 여기기 시작하자 학생과 교수들에 대한 표정이 훨씬 달라졌다. 그런데 하루는 또 학생층과 자기들과의 차별문제가 튀어나와서, 험악한 분위기가 조성된 일이 벌어졌다.

나는 일어나 병원에서 일어났다는 사례를 들어 설명했다. 병원에서 일어났다는 일은 병원에 입원중인 교수들이 밖으로부터의 선물이 많이 답지하여 그것을 병원에서 같이 수용된 동지들과 줄곧 나누어 왔는데 하루는 그 빵을 먹고 한 동지가 배탈이 났다는 것이다.

그러자 몰지각하고 선동적인 한 어른(광주에서 양심인사를 자처하는 유명인사)이 학생을 제외한 사람들을 따로 모이게 하여 우리가 고생하는 것은 학생 때문인데 그들은 우리를 차별대우하며 변질된 음식을 주어 병에 걸리게 했다 하여 집단항의를 했다 한다. 이에 교수들과 학생들이 충분히 이야기를 하고 선동했던 사람이 그 사실을 사과하였으며 앞으로는 그런 일이 절대 없게 하자고 함께 다짐했다는 내용이다.

나는 병원에 있는 사람들이 여러분처럼 고생을 덜하고 편하여 쓸데없는 생각을 했던 모양인데, 누가 보아도 어린애 장난같은 짓을 했다고 하지 않겠느냐, 광주항쟁의 과정을 되새겨 보면 학생들이 했던 행동이 비난을 받을 일도 있지만 그 점에 대해서 모두 죄송한 마음을 갖고 지내는 것은 여러분도 잘 알면서, 그 아픈 데를 자꾸 건드리면 어떻게 동지라고 할 수 있겠느냐.

이제 여러분도 누가 하라고 해서 했다고 핑계를 댈 만큼 어리석고 의식이 약한 사람이 아닐 때가 되었지 않았느냐. 그러니 이제부터는 너와 나, 학생과 여러분이 따로 떨어져 있는 관계가 아닌 이 인간지옥 속에서 같은 운명을 걷고 있는 운명공동체로서 서로 사랑하고 서로 이해하면서 서로 의지하고 살아가자고 역설했다.

그런데 이곳의 동지들도 이제는 주는 대로 먹고, 때리는 대로 맞고, 기합을 주는 대로 받던 때는 다 지났고 완전히 자기를 느끼고 인식하며 자랑스럽게 생각하게 되어가면서 서로 믿고 의지하고 존경하는 인간관계가 성립되어 갔다.

○○형, ○○○교수님, 그리고 ○○동생하면서 우리들 관계는 나이 많이 먹은 사람은 형님 그리고 나이 적은 사람은 동생하며 비교적 젊은 층인 동지들은 학생을 형님 그리고 교수들을 아저씨, 아버지라 부를 정도의 사이가 되었다.

정말 어려운 고비를 넘겼으니 그렇게 된 것은 학생들도 꾸준히 인내했고 또 솔선해서 평등원칙을 주장했으며 끊임없는 의식화작업과 대외투쟁 속에서 더욱 굳게 이러한 인간관계가 뿌리내릴 수 있었던 것이다. 처음 학생들은 자기들의 짐도 무거워서 갈피를 못 잡아 그들끼리만 대화하고 또 방어하는 폐쇄적인 생활태도였으며, 좀처럼 군중 속에 뛰어들려고 하지 않았다.

그래서 학생들만이 소대를 구성하는 경우도 있었고 섞이어 있는 경우도 그들만이 지정된 장소를 고수하면서 자리도 바꾸지 않으려 했으나 차츰 적응하고 익숙해지면서 그들의 과오를 인정하고 군중 속으로 파고

들어가기 시작했다.

그런데 광주항쟁 관련자들의 공판진행과정에서 역시 학생들은 광주항쟁의 주인공임을 과시했으며 이러한 자랑스러운 태도가 군중들에게 먹혀 들어갔고 인정을 받았기 때문에 군중들은 학생을 존경하고 따랐을 것이다.

학생들은 논리정연하게 그들이 한 일이 정정당당했고 지금도 그리고 영원히 우리의 입장은 변할 수 없다고 주장하여 재판정을 엄숙하게 했으며 헌병들까지도 학생들을 존경하게 했다. 그러한 반면 군중들은 이론적 무장이 튼튼하지 못한 틈을 이용하여 법정의 들러리 역을 한 변호인들이 지금은 후회하고 반성하고 있지 하는 식의 유도에 넘어가 버리는 처지였다. 그와는 달리 우리 집, 우리 고장, 우리 나라에 불이 났다 하기에 그 불을 끄기 위해서 열심히 활동한 우리를 불지른 사람이라 취급하는 억지가 어디 있느냐고 따지는 학생들의 주장에 그들 동지들은 모두 머리를 숙였다.

광주항쟁은 분명히 역사의 견인차인 학생들이 시작했고 난데없는 날벼락에 몸을 움츠렸다가 제발로 떳떳하게 나타나 그들의 행동이 정정당당했음을 거리낌없이 주장했으니 그들은 끝맺음을 잘한 셈이다. 이러한 일관된 주장과 행동이 한동안 오해와 불화의 분위기를 일소하고 서로 믿고 의지하며 존경하고 사랑하는 형님과 아우, 스승과 제자, 아버지와 아들, 아저씨와 조카들처럼 한 가족으로 얼싸안을 수 있게 했던 것이다.

1980년 10월 ○일

상무대 영창생활의 정리

나는 공판이 얼마 남지 않아 지옥 같은 군영창 생활을 정리해 보기로 했다.

5·17 전국계엄령 선포로 내가 그렇게도 싫어하는 군부대안에서 영창생활을 하게 되었다. 그것도 군 범죄자들을 수용하는 군영창 안이다.

나는 일찍이 대학을 졸업하고 군 생활을 했다. 때마침 5·16 군사쿠데타 직후라 모든 사람이 군에 갔다와야 사회생활을 할 수 있기 때문인지라 서둘러서 군에 입대했으며 동료입소자들 가운데 대학출신이 대부분이어서 특히 선택받아 좋은 부대에도 못 가고 최전방 사단에 배치되었다.

그것도 처음으로 설치된 신병교육대 제1기생으로 육사출신들이 교관이 되어 철저한 군 생활을 강요하여 군이란 이론이나 경험보다는 주어지는 명령이나 따르면서 무지몰각하게 꼭두각시처럼 행농해야 되는 곳이란 것을 체험했다. 교육을 마친 후 5사단 30연대로 배치받아 연대 통신대에서 근무하면서 하루에 10여 그루 이상의 나무를 삽과 괭이로 넘어뜨려 난로를 피웠으며 저녁에는 기합이 싫어서 영하 30도 되는 냉방에서 살았다. 그리고 눈과 얼음 속에서 부대끼며 한겨울을 지내고 1년만에 카투사(KATUSA : 미군지원 한국군)로 전출되어 능력을 인정받아 보람있는 일도 하면서 군 생활을 마쳤다.

그러나 가장 견디기 어려운 초년병생활을 최전방에서 다 겪으면서 군사회가 부조리와 모순 그리고 불합리한 감각으로 움직이는 사회임을 깊이 인식했다. 초년병이란 이유 하나로 상급자의 내의까지 빨아야 하고 그들의 식사시중을 들며 시키는 대로 하고 때리는 대로 맞으며, 그리고 다른 사람의 불침번까지 계속 서야 하는 사회다. 이것은 분명 사람이 사는 세계가 아닌 약육강식의 동물사회와 조금도 다를 것이 없다고 생각하였다. 그러한 곳에서 나는 군 생활에 대해 호감이 아닌 증오가 심했고 푸른 제복에 대해서까지 혐오감을 가져왔다. 그런데 15년 만에 다시 군부대 영창에 수용되었으니 거기에서 오는 거부반응이 컸고 반발하는 마음이 강했다.

더군다나 30헌병대 영창은 전국에서 군기가 세기로 첫 번째라니 군에서 모범이니 최우수니 하는 것들이 사병을 괴롭히는 강도를 말하는 것으로 알고 있는 나는 더욱 견디기 어려운 것 같다.

첫째, 아침 6시에 기상나팔과 함께 단꿈에서 깨어나야 하고 공기통이 적은 감방 안은 침구정돈으로 인한 먼지가 가득하여 숨이 막힐 지경이다. 침구정돈이 끝나기가 무섭게 아침점호를 시작해야 한다. 목소리를 크게 내는 것을 주장으로 삼는 군대에서는 발악하는 소리를 질러야 한다. 앉는 것도 군기, 서는 것도 군기, 이빨 닦는 것도 군기, 세수하는 것도 군기를 강조하는 통에 지난 날의 감상과 추억을 총동원하더라도 못 보아줄 노릇이다.

더더군다나 군 범죄자를 수용하여 다시는 범죄하고 싶은 마음을 없애는 곳이기에 갖은 수단과 방법을 동원하여 괴롭히고 혐오감을 주는 곳인데도 불구하고 우리더러 그것을 감당하라니 민간인인 우리들, 자유인인 우리들이 당하고 있을 수만은 없는 것이다.

흔히 교도소는 수감자들을 세워서 귀찮게 구는 곳이라 하는데 이곳은 한술 더 뜨는 것 같다. 일어나서 하는 기상점호를 비롯하여 교대점호가 세 번이니 합쳐 네 번이고 주번사관의 취침점호까지 합하면 정식으로 세우는 것이 5차례이다. 또 수시로 기분나는 대로 점호를 시키며 어떨 때는 개인 점호를 명하여 300이 넘는 번호를 틀리지 않고 계속하여야 하며 그럴 때까지 부동자세로 서 있으라니 못 살 일이다.

그 다음에 방안 한 쪽에 붙어있는 화장실(대변, 소변 겸용)에 갈 때나 또 세면장(수도꼭지가 하나 붙어있음)에 갈 때는 “단결! ○○○에 용무가 있어서 신고합니다”라고 보고를 하여야 하며 용무를 마치고는 또 그 사실을 보고하게 되어 있다. 그것도 두 사람씩 짝을 지어야 하니 용무가 필요치 않는 사람도 옆의 동지를 위해 즐거이 동원되어 그것이 끝나기를 기다려야 한다. 하기야 용무를 보러 가는 시간이 유일하게 움직일 수 있는 시간이고 그렇지 않을 경우는 5열이나 6열을 지어 자리에 좌우가 맞도록 앉아 있어야 하며 손놀림이나 일체의 담화는 허락되지 않는다.

오직 성경 읽는 것만은 허락되었는데, 동지들 가운데는 무료하고 또 움직이고 싶어서 책장을 넘기는 사람도 있다. 이것은 헌병의 기분이 좋을 때고, 기분이 나쁘거나 성질이 나면 떠든다고 하여 정좌를 시키는데 정좌는 무릎을 꿇고 몸을 곧게 세우는 것이며 그것도 안되겠으면 각종 기합을 자유자제로 부과시킨다. 원칙상 영창의 열쇠를 낮에는 형무반장, 방과 후에는 주번사관이 보관하여 출입 시에는 열쇠 가진 자의 허가를 받아서 하게 되어 있는데도 불구하고 감시 헌병은 수시로 내무반에 출입하면서 기합받는 태도가 좋지 않으면 매질을 하고 구둣발로 차거나 따귀를 갈긴다.

각 방의 구조가 사다리꼴 비슷하게 생겨 6개가 있는데 감시대에서 두 명의 헌병이 내려다보면 구석 끝까지 다 보이니 꼼짝달싹을 못하게 되어 있다. 기합도 군대식 기합이라 나이 많은 사람이나 허약한 사람은 견디기 어려우며 특히 한강철교라 하여 앞사람이 엎드려 받친 상태에서 다리를 뒷사람의 어깨 위에 걸치어 전체가 연결되는 동작도 무척 어려운데 한 번은 하버드의 김홍명 박사가 몸소 실천하다가 허리에 고통을 겪기도 했다.

일체의 잡담이나 오락을 못하게 하니 생사람을 잡을 노릇이다. 그래서 하루는 근무자에게 항의를 했다. 이곳에 와있는 사람들은 군인이 아니라 사람들이다. 그리고 호의호식하려다가 온 것이 아니라 자유가 그립고 민주주의에 열을 올리다 이곳에 잡혀 왔으므로 대개의 사람들의 죄목이 소요죄 이상이다. 소요라는 말은 시끄럽게 떠든다는 말이니 그런 사람들을 잡아다 놓고 말 한 마디 동작 하나 못하게 하면 되겠는지 입장을 바꾸어 놓고 생각해 볼 수 있지 않겠느냐 했더니 상부의 지시라고 무뚝뚝하게 대답해 버린다.

그렇게 활동을 못하게 하니 일주일에 두 번씩 찾아주는 의료진료반이 오면 너도 나도 진찰을 받겠다고 줄을 설 수밖에 없었다. 몸이 아파서도 그렇지만 그 시간에라도 옥외에서 햇빛을 쪼여 보겠다는 욕심이고 자유롭게 몸놀림을 할 수 있기 때문이다. 그러면 감시병은 진료반 사정이라 하면서 한 소대에 5명, 7명씩 숫자를 정하여 그 사람만 진료를 받게 하고 다른 사람은 제아무리 몸이 아파도 소용없다고 거절한다. 어쩌다 진료의 기회를 얻은 사람도 군의관이 처삼촌 벌초하듯 지나쳐 버리고 약이라야 아스피린, 외상치료제, 소화제 등이었고 다른 약은 찾을 수 없었다.

병을 나으려고 생각도 안하고 심지어는 끼니때마다 나누어 먹게 된 약을 먹지 않고 모아 놓았다가 한 번에 먹어 부작용을 일으켜 병원으로 긴급 후송되는 영광을 찾으려는 사람도 여러 명 있었다. 그런 사람은 병원에서 약이나 꺼내주고는 돌려보내와 정신을 차리면 몽둥이와 기합이 기다리고 있었다.

우리는 처음부터 이 생활에 적응하기도 어렵지만 이 생활을 거부하고 부정해야 된다는 생각에서 벽을 기대고 앉아 있으며 간혹 잡담도 하며 보고도 않고 자유로 행동했다. 헌병들은 자기들의 규칙을 준수하지 않는다고 아니꼬운 모양이나, 너희의 상관인 군기과장이나 헌병대장이 왔을 때도 이렇게 앉아 있어도 아무 말 안 하는데 어찌 너희들이 감히 시비냐고 위압하면 수그러진다.

또 취침시간이 되면 웃기는 일이 생긴다. 먼지가 방에 가득한 침구(1인당 모포 두 장 정도)가 깔려지고 나면 전부 눈을 감고 아무 소리도 하지 못하게 하며 만약 소리가 나거나 눈 뜬 사람이 있으면 불침번 머리통에 곤봉으로 세례를 준다. 불을 끄지 않는 곳이기에 수건으로 눈을 가리고 자유롭고 제약 없는 꿈나라로 들어간다. 그러나 이러한 강요된 생활은 우리의 집요한 저항과 의식화 교육으로 무력화해 버리고 우리들의 페이스에 말려들 수밖에 없었으니 역시 우리는 이곳에서 어려운 개척자의 시련을 겪어야 했다.

1980년 10월 ○일

상무대 영창생활의 의·식·주

이제 재판 날이 임박해지니 인간지옥의 상무대영창 생활의 의·식·주의 모습을 정리해 보고 싶다.

광주항쟁 관련자들이 이곳 헌병대 영창에 수감되어 5개월에서부터 3개월에 걸쳐 생활하였는데 제일 견디기 어려운 것이 식생활이다. 하기야 훌륭한 나라에 태어나서 우국충정이 넘쳐 있는 육군 장성들 덕으로 비가 오나 눈이 오나 집 걱정, 옷 걱정, 밥 걱정을 안하게 되었으니 그 은혜 백골난망이나 기왕 은혜를 베풀려면 다른 것은 그만두고라도 밥이나 좀 넉넉히 주었으면 하는 생각이다. 밥걱정을 안 해도 되게끔 성장한 사회에서 모두 배를 늘려 놓았기 때문인지 밥이 적어서 난리다.

그도 그럴 것이 한창 먹을 나이에 하루에 밥 세끼로 때우면서, 그것도 츄레이(식판)안을 재워주지도 않으니 젊은이들은 게눈 감추듯 해치운다. 식판(츄레이)의 구조를 보면 밥 담는 곳이 제일 크고 그와 비슷한 크기의 국 담는 곳이 있으며 반찬 담는 곳이 두 군데 있다. 그래서 1식 1국 2반찬씩의 밥이 정식인 것 같다. 그런데 이곳은 식판이 부족하다는 핑계로 식판 하나에 두 사람씩 먹게 되어있어서 밥과 국을 한 곳에 담고 반찬은 어쩔 때는 그 위에 얹어주고 말아버린다. 그러니 밥 한 그릇, 국 한 그릇을 먹어도 부족할 젊은이들이 절반씩밖에 못 먹는 셈이니 허기진 생활일 수밖에 없다.

우리들 몇 사람은 기본이라 하여 한 식판을 한 사람이 차지하는데 어쩌다가 기본식이 하나라도 더 남으면 서로 먹으려고 야단법석이다. 처음 이곳에 오니 질서가 잡히지 않아 동지들 중 소대장이나 유력자들이 밥을 몇 판씩 더 받아(그러니까 상대적으로 다른 사람들의 양이 줄어든다)

자기들은 배부르게 먹고 남은 것을 몇몇 가까운 사람에게 나누어주면서 시중을 들게 하며 다른 사람들은 그것을 얻어먹으려고 아무 불평도 못하고 쩔쩔매는 꼴을 볼 수 있었다. 그러나 그것이 부당하다는 것을 지적하여 못하게 하고 전체의 양을 늘려주도록 건의하고 투쟁하였으나 밥 가지고 분쟁이 자주 생긴다.

식사 당번은 군 범죄자들 중 7~8명이 전담하고, 그 책임자를 오장이라 부른다. 그 사람의 권한(끝발)이 막강하여 서로 그 사람의 눈치를 보고 보급되는 치약과 비누를 그에게 바쳐서 밥을 몇 사람분 더 얻어먹고 또 가끔 담배도 몇 개씩 얻어 피우는 부정을 능사로 한다. 그래서 그의 부당성을 지적하여 시정시켰더니 식사 당번은 자기들 소대(3소대 : 군범죄자 소대)는 밥과 좋은 반찬을 많이 주고 다른 곳은 적게 주는 등 불공평한 일이 많았다. 쉽게 시정하지 못하는 이유는 각 소대의 식사당번에게는 훨씬 밥을 더 많이 주니 그 맛에 항의도 못하고 순종하고 만다.

그래서 우리는 이런 문제부터 시정시켜야겠다고 생각하여 우리들이 밥을 남겨서 식사 당번을 줄 터이니 너희도 다른 사람과 똑같이 배식을 받으며 일정량에 미달일 때는 받지 말고 거절하게 해서 실력을 과시하게 하기도 하고 근본적으로 정량급식을 요구했다. 그랬더니 형무반장이 말하기를 군 범죄 수감자는 쌀을 ⅓로 줄이게 규정되어 있다고 하면서 정량급식을 하고 있다고 생색을 낸다.

그러나 학생들이 대표로 선정되어 급식규정을 본 결과 쌀과 보리의 비율이 다를 뿐 양은 똑같아야 된다는 사실을 인식하고 그대로 관철하기로 하였으며 콩을 넣어주도록 했다. 콩은 귀중한 단백질과 비타민을 함유하고 있어 이곳에서는 그것을 안 먹으면 안 된다고 하여 시정을 요구했더니 대신 두부를 준다고 둘러댔다. 며칠씩은 신경을 쓰는 척 하다가 또 그 모양이 되어버려 제일 말썽의 소지가 많은 것이 식생활이다. 쌀은 찾아보기 어려운 꽁보리밥이지만 한 숟갈이라도 더 먹으려는 투쟁을 누가 말릴 것이며 누가 추하다고 할 것인가.

그리고 일요일 점심때면 라면을 준다. 다 퍼진 라면을 밥그릇에 담아 주니 더더욱 견디기 어려운 모양이다. 또한 한 달에 한 번씩 비상식량이라 해서 여러 가지 마른 것에 물에 부어 먹으라는데 주는 대로 먹을 수밖에 없는 일이다. 그리고 한때는 소금이 부족하여 전혀 간이 맞지 않은 반찬을 주어 소동을 벌인 일도 있었다. 그들은 말하기를 갑자기 많은 사람들을 수용하다 보니 그럴 수밖에 없지 않겠느냐고 뻔뻔스럽게 변명한다. 그럴 때면 우리는 민간인이니 민간인 대우를 해주어야 하며 그렇지 않으려면 교도소로 옮겨 달라고 요구했다.

다행히 우리들 교수들은 식기 하나에 한 사람씩 주는 기본에다 식량을 조절할 수 있어 끼니마다 밥을 남겨서 굶주림에 허덕이는 동지들에게 나누어주는데 같이 밥을 먹기 시작해서 몇 숟갈에 다 치우고 우리들 밥 먹는 데를 쳐다보고 있어 밥이 넘어가질 않는 경우가 많다. 모두들 자유의 몸이 되면 밥을 많이 먹어 보겠다고 벼르기도 하며 공원 앞의 돼지곱창을 안주삼아 술을 싫도록 마셔 보겠다고 꿈을 키워 보기도 했다.

다음으로 우리가 거처하는 영창 안의 시설 문제다. 초등학교 교실 정도 크기의 방인데 사다리꼴로 되어 있고, 철장 앞과 옆이 통로이고 수도가 있으며 화장실이 있어 실제로 기거할 수 있는 면적은 16평 정도나 될는지 모른다. 집은 단층 슬라브집이고, 공기통은 두 군데가 있으며 환풍기는 하나 있고 앞이 철책이라 공기가 통하게 되어 있다. 이러한 좁은 시설에 한 때는 100명이 넘게 수용되었다니 잠을 잘 수가 없어 앉아서 새우잠을 잤다 한다.

내가 있을 때 85명 정도가 최고였는데 그때는 사람에 걸려서 잠을 제대로 잘 수 없는 형편이었다. 그것도 삼복의 더위를 그곳에서 지내야 하기에 낮에는 팬티만 차고 앉아있어도 땀이 줄줄 흐르며 슬라브의 태양열과 인열로 질식할 지경이다. 조사차 밖에 나갔다 들어올 때 운동장에서 건물 안으로 들어서면 숨이 막힌다. 그곳을 지나 철책 안의 내무반으로 들어오면 호흡 곤란을 느끼면서 견딜 수 없으나 이내 적응되어 살 수밖에 없는 일이다.

다행히도 금년에는 장마가 계속되어 더위가 심하지 않았으며, 농작물이 냉해 피해가 극심할 정도의 날씨이기에 병들고 죽어 가는 사람이 적었지 그렇지 않았으면 많은 생명이 더위로 죽어 사라졌을 것이다.

거기에다 모기는 극성이어서 불침번이 모기를 쫓고 다닌다지만 자고 나면 모기는 피둥피둥 살쪄 있었다. 모기를 때려잡는데 명교수의 실력이 단연 인정을 받았다. 정조준하여 넓은 손바닥으로 모기를 때려잡는 솜씨는 대단했으며 운동 신경이 발달한 그 분의 일격에 모기는 꼼짝하지 못한다. 그런데 드디어 피부병이 만연했다. 그럴 수밖에 없는 것은 영양상태가 말이 아닌데다가 햇볕구경을 못하고 환경은 불결하며 모기와 이는 극성이니 곧 전체가 피부병에 걸릴 수밖에 없다.

나도 피부병에 결려 몹시 고생했다. 치약, 비누, 화장지는 부대에서 공급하거나 밖에서 인편으로 들어오면 같이 사용하는데 항상 부족하여 성경책을 찢어서 사용할 수밖에 없다. 침구는 한 사람에 모포 한 장씩 정도 주다가 날씨가 추워서 두 장씩 돌아갔으며 우리는 나이가 많다고 특별대우를 하여 불편 없이 지냈는데 가끔 추워서 고생하는 경우도 있다.

잠자리는 불편하기 짝이 없는데 더위에 인열이 겹쳐 찜탕에 들어간 기분으로 잠이 오지 않는다. 명교수, 송교수, 이광우교수, 나는 특별대우를 받아 철책 앞의 시멘트 바닥에서 잘 수 있었다. 아침 저녁이면 모두 그곳으로 몰려들어 비교적 신선한 공기도 마시고 다른 소대의 반가운 동지들과 인사도 건네는 곳이다. 잠자리의 우선 순위는 철창에서부터 명교수, 송교수, 이광우 교수, 그리고 나의 순서였는데 어느 날 갑자기 송교수가 공군영창으로 옮기고 나서는 나도 세 번째로 승격되었다.

언제인가 내무반에서 명교수와 송교수가 논쟁을 벌였다. 5·18이 일어나자 모두 서울로 갔다가 돌아와서 도청 진입을 놓고 두 사람의 견해가 달랐던 것 같았다. 송교수는 교육지표사건 때부터 감옥생활을 해보았으며 밖에 있는 가족들 걱정에 마음이 약해진 것 같은 모양이다. 논쟁이 길어져 얼굴들이 붉어지게 되어 나는 동지들 앞이니 참자고 권유해 끝이 났다. 그 날 밤 자고나니 송교수는 공군영창으로 옮겨갔다.

다음으로 옷이다. 사회에서 입고 온 옷은 관물함에다 모두 정돈을 해 놓고 군복을 걸치고 사는데 5월 27일 새벽에 잡혀온 사람은 군복을 착용했거나 입은 옷을 벗어버려서 옷이 부족하다. 그래서 먼저 출감한 사람이 옷을 입고 가버렸기 때문에 병원에 입원중인 사람의 옷이나 일용품은 찾을 수가 없다. 그런데 공판이 있는 날이면 처음에는 군복 중 좋은 것을 바꿔 입고 나갔다가 수의(囚衣)가 영달되면서 수의를 입고 출정했다.

그런데 홍남순 변호사, 김성용·조비오 신부 등이 "나는 민간인이오. 판결을 받지 않은 상태에서 군복이나 수의를 입을 수 없다"고 주장하였다. 그 통에 상무대 영창의 동지들도 항의했으나 보안대의 엄명을 받은 헌병대는 그것을 무마하느라 소란이 벌어졌다. 헌병대에서 사정을 하면서 넓게 보아달라는 통에 양보하고 말았지만…. 그리고 밖에 심문을 받으러 갈 때나 만나자는 사람이 있어 나갈 때는 맨발에다 허리띠가 없는 채로 나간다. 나의 초라한 모습이 스스로도 처량해 보이지만 보는 사람의 마음은 무척이나 아픈 것 같다.

대학교수라는 자가 맨발로 허리띠도 없이 저렇게 취급을 당해야 하는 생각에서 충격이 큰 것 같다. 나도 처음에는 부끄럽고 눈시울도 뜨거워졌으나 시키는 대로 사는 몸이 어쩔 수 없는 일이지만 생각해 보면 심각한 쇼크를 받을 것 같다.

나의 친구 통합병원 행정부장인 이중령은 나의 그 꼴을 보고 며칠 간 밥을 못 먹고 먹으면 토하기만 했다고 하였으며 친구나 가족들이 모두 맨발 벗은 이야기를 두고두고 계속하는 것을 보면 그럴 만하다. 면회 온 어떤 딸아이가 아버지의 맨발 벗은 것을 보고 왜 벗었느냐고 묻기에 더워서 시원하라고 벗었다고 대답했더니 자기도 아빠처럼 벗겠다고 생때를 써서 주위를 애처롭게 한 일도 있었다.

사람이란 끈질기고 탄력성이 강한 동물인 것 같다. 그러한 인간지옥의 생활이라도 견디면서 살아야하는 것인지 회의도 품어 보았지만 이럴수록 강인한 마음과 건강한 몸으로 이 환경을 극복해서 이 처참하고 비열한 인간 학대의 장면을 적나라하게 고발해야 한다.

그리하여 다시는 우리 역사에 그러한 비극이 없도록 응징해야 될 것 같은 생각에서 이를 악물고 견디는 것이 아니라 투쟁하는 자세로 살아가는 것이다. 인간은 학대할 수도 있고 학대받을 수도 있는 것이다. 그러나 그것은 반드시 저주받고 처단받는 것을 우리 역사에 똑똑히 보여주어야겠고 그 날이 올 것을 간절히 기구하면서 미소로 극복할 수 있는 여력과 금도를 가지고 살아야겠다고 몇 번이고 다짐했다.

1980년 10월 9일~10일

단식투쟁(일명 双十事態쌍십사태)

이제 제법 의식이 심화되고 자부심과 긍지를 가진 동지들이 되어지는 것 같다. 그리고 학생들도 능동적인 활동을 통하여 리더십을 행사하면서 동지들을 인도하고 또 동지들 속에 파고 들어가려고 노력하고 있다. 5소대(김양래, 한상석 등)에서 거론된 내용은 "우리가 광주항쟁을 이끈 주역이라 할진데 고분고분하게 하라는 대로하고 있을 수 있겠느냐. 우리의 강인한 모습을 보여주는 투쟁을 전개해야 된다"는 것이다. 우리 교수들이 몇 번이고 당국에 절충했고 주장했던 떳떳하고 당연한 주장을 내걸고 단식투쟁을 하자는 것이다.

5소대에서 6소대로 우리의 의향과 그 거사를 추진하기 위한 특사(권향연)가 왔다. 그는 우리들에게 추진사항을 보고하고 또 이곳의 동지들과 협의를 진행하고 있다. 김상집, 정용화, 엄내주, 이상호 교사 등이 모두 적극적인 찬성론자들이고, 이들은 몇 차례의 구수회의 끝에 김상집, 이상호, 그리고 사범대학생회장인 위경종군을 대표로 선발하고 적극 추진하기로 하면서 이번 일은 학생이 책임을 지기로 한다는 책임 한계까지 정하고 있었다.

이윽고 전체회의가 열렸다. 먼저 김상집군이 제안 설명을 통해서 투쟁전개의 당위성을 강조하였고 구체적인 추진계획과 요구조건들을 내세웠다.

① 미결수인 우리들은 1일 1회의 면회를 시켜 달라.

② 책과 필수품을 넣을 수 있게 해달라.

③ 식사를 더 많이 주고 대우를 개선하라.

④ 광주항쟁은 정당한 시민의 자위권 발동이다.

여기에 진지한 찬반 논의가 있었는데 주로 학생들이 발언했고 도청팀들이 발언했다. 도청팀을 대표해서 김종배 군이 신중을 기하는 것이 우리의 앞날을 위해서 좋다는 주장을 했으나, 대세는 우리가 이제까지 당하고 산 것도 원통하며 우리는 무엇인가를 보여 주어야 한다는 강경론이 절대적이다.

나는 명선생과 같이 이 문제를 어떻게 끌고 갈 것인가를 여러 번 상의해 보았다. 그러나 명선생은 아무 대답이 없는 것으로 보아 자신도 무척 생각하는 모양이나 그 근본 취지에는 찬동하는 것 같다. 잘못 되어도 이보다 나빠지지는 않으리라는 생각, 과거의 경험은 진할수록 좋다는 일반론보다 양심을 지키고 사는 것은 항상 깨어 있고 항상 반발하면서 살고 있기 때문에 그들의 거룩한 행동은 어디에서나 계속되어야 한다는 것이다.

사실 우리는 광주항쟁의 주인공이란 분에 넘치는 이름을 받았으나, 너무도 한 일이 없고 너무도 무기력하게 살아왔다. 때리는 대로 맞고, 주는 대로 먹고, 족치는 대로 당하고 살아오다가 우리가 자각하고 우리를 느끼기 시작한지 얼마 되지 않는다. 이제 우리도 무엇인가를 보여주어야 할 때인 것은 틀림없다. 무엇이 두렵고 무엇이 무서울 것인가. 일찍이 인도의 성웅 간디는 "신 이외에는 아무도 또 아무 것도 두려워할 필요가 없다"고 했다. 그리고 미국의 독립투사 페트릭 헨리는 "나에게 자유를 다오, 그렇지 않으면 죽음을 달라"라고 했다.

우리는 우리의 지극히 소중한 자유나 권리를 이루지 못할 꿈, 지니지 못할 상상의 것들로 여기고 너무도 무기력하게 살아왔다. 나도 학생들의 주장에 찬성이고 절대적으로 동감이다. 그러나 이곳에서 너희들 잘해보라고 선동할 수 없는 우리의 처지이기에 타이르는 말을 하지 않으면 안되었다. 명선생에게 몇 번이나 재촉했건만 그 분도 자기의 마음에 없는 소리를 않겠다는 생각에서였는지 침묵을 지키기에 내가 무거운 입을 열었다.

"여러분의 거룩하고 훌륭한 의지는 감탄하고 칭찬받아 마땅하다. 그러나 이곳의 실정과 우리의 현실을 비교하면서 신중하게 생각해야 할 것 같다. 이곳은 인간을 다루는 형무소가 아니오, 군인 범죄자를 수용하는 헌병대 영창이며, 더구나 위정자들이 모두 죽여버리고 싶은 광주항쟁의 주인공들을 수용하고 있는 곳이기에 더 가혹하고 더 잔인하게 우리를 압박할 가능성이 충분히 있다.

그것은 우리가 얼마나 많이 경험했던 사실이던가. 다른 요구조건은 인도적인 차원에서 주장할 수 있고 또 뒤에 변명할 수 있으나, ④번째 주장은 자기들의 존립을 부정하는 주장으로 당장에 무서운 보복을 가져올 수 있는 것이다. 물론, 단식투쟁을 하기 위해서 그 주장을 내건 것임을 모르는 바도 아니지만, 우리는 우리의 몸을 소중하게 지켜야 될 책무도 있는 것이다.

여러분의 부모, 형제, 처자식이 우리를 이곳에 보내 놓고 얼마나 안타깝게 우리의 무사와 건강을 빌고 있는 줄 알며, 우리를 이곳에 대표로 보낸 광주시민이나, 양심대로 살기를 원하는 수많은 국민들은 우리들이 이 고통을 이기고 건강하게 살아주기를 간절히 바라고 있을 것이다. 그런데 우리가 먹는 것이란 것은 하루 세끼 먹는 부족한 식사 외에 무엇이 있는가.

우리가 하루 세끼 먹고도 코끼리 비스킷 하나 먹는 기분인데 그것마저 거절하고 어떻게 우리 몸을 지탱하겠다는 것인가. 우리의 몸은 극도로 쇠약해져 있다. 다같이 우리의 몸을 소중하게 보전하는데 노력해야 하겠다. 나로서도 이 말을 하는 것이 대단히 마음 아픈 이야기이지만 좀 더 신중하게 생각하기를 바라는 뜻에서 괴로운 말씀을 드린다."

그랬더니 엄태주군이 교수님의 말씀을 들으면 마음 속으로는 우리의 행동을 격려하신다는 뜻으로 받아들일 수 있겠다면서 적극 관철하자고 말을 붙인다. 그런데 우선은 모두 같이 단식을 하는 것이 아니라 뜻이 통하고 견딜 수 있는 사람들만 자의대로 참석하자는 것이다.

그렇게 결론을 얻고 각 소대에 연락을 하면서 분위기가 무르익어 갔다. 그런데 벌써 비밀이 세어나갔는지 헌병들의 눈초리가 심상치 않고 학생들을 격리시키기 위한 대이동이 벌어졌다. 내일의 거사를 미연에 방지하기 위해 헌병대의 고단위처방이 내려진 것이다. 5소대와 6소대가 주동이 되었기에 그곳의 학생들을 1·2·3·7소대에 분산시켜 행동을 저지해 보겠다는 것이다. 그러나 학생들은 오히려 5·6소대의 분위기를 전 영창으로 확산시키는 뜻에서 불감청이(不敢請而)언정 고소원(固所願)이라고 환호성이 대단했다.

그런데 큰 사건이 터졌다. 3소대에 격리되어간 학생들이 군인수감자들에게 구타를 당했다는 사실이다. 이에 전수감자들이 들고일어났다. 학생들을 구타시키기 위해 일부러 3소대로 처넣었다는 주장에다, 이제 우리가 행동할 단계가 되었다는 것이다. 각 소대가 철책 앞으로 쏟아져 나와 철책을 흔들고 고함을 지르면서 외치니, 마치 벼락소리가 울리는 것처럼 전체 영창에 퍼졌다.

군인들의 행패를 용서할 수 없다. 모두 너희들이 꾸민 음모이니 책임을 지라는 구호와 우리는 더 이상 못 참겠다라는 아우성이 뒤범벅이 되었다. 순식간에 군기과장과 전 헌병들이 쏟아져 나와 만류와 대책부심에 열중이다. 우리는 더 이상 학대를 받지 못하겠다고 외치며 당사자의 처단과 시정을 요구했다.

그러나 예상했던 대로 헌병들은 날카로운 보복으로 나온다. 형무반장의 퍼런 서슬 속에서 이런 기도의 진원이 된 것은 우리들이라 단정하고 우리 교수들을 모두 찢어 나누었다. 명선생, 이광우 선생, 그리고 나, 김홍명 박사 등이 분리수용의 대상이었다. 나나 명교수는 여기에서 정면으로 대결해 볼까 하는 생각도 해보았으나 일단은 받아들이기로 하고 하라는 대로 했다. 먼저 명교수가 1소대로 들어가고 이광우 교수가 2소대 그리고 폭력의 진원지인 3소대로 내가 들어갔으며 5소대에 김홍명 박사가 들어갔다.

3소대, 이곳은 광주항쟁 관련자들의 수용소가 아닌 현역 범죄자들의 수용소다. 그래서 이곳은 우리와 입장이 달랐기에 우리들하고 적잖은 마찰도 있었지만 우리의 대세에 밀려 영창 분위기는 우리들 중심으로 운영되었으며, 때문에 사람 대접을 받으며 그런 대로 덕을 보는 편이다. 그런데 이곳을 거쳐온 광주항쟁 관련자들은 상당히 고통을 겪었다한다.

군 감방의 전통을 강조하면서 구타와 부당한 처우를 받았다는 것이다. 그러한 부조리를 알고도 그러한 생리를 싫어하는 내가 단신으로 적진에 들어갔으니 더구나 충돌이 야기된 직후였으므로 나의 심정이 착잡하기도 했다. 나는 단단히 각오를 하고 교수의 권위와 강인함을 보여주겠다는 생각으로 들어갔다.

태풍이 불고 있는 처지이기에 각종 기합과 구타가 병행되고 영창의 분위기는 공포와 불안으로 가득 차 있다. 그러나 제일 뒷자리에 자리잡은 나는 먼저 헌병의 통제 속에서 내가 움직이지 않음을 과시해야겠기에 지휘에 따르지 않고 날카로운 눈초리로 밖의 헌병을 응시하고 있었다. 처음에는 모두가 의아하게 나를 보았으나 그들도 우리의 능력이나 강인함을 인정했다. 간섭하려 들지 않았고 이곳에선 발단이 된 현역대위의 발호를 꺾기 위해 그와 일전을 불사하려는 나의 기세에 군 범죄자들은 압도된 것 같았다.

점심을 먹고 고된 시간들이 흘러가는 동안 나는 몇 번이고 생각했다. 참으로 견디기 어렵고 참기 어려운 순간들이다. 그러나 굳세게 버티면서 '지금 나약한 이광우선생은 어떻게 지내실까? 그리고 명선생은 무엇을 생각하고 있을까? 다른 동지들은 어떻게 이 고생을 겪고 지낼까?' 하고 궁금하게 생각했다. 그런데 헌병대에서 이번 사건을 계기로 군과 민간인을 완전 분리시켜야 된다고 생각했는지 이곳에서 다시 나를 옮겨 5소대로 집어넣었다. 나는 잘되었다는 생각도 있었다. 마치 노리갯감으로 나를 취급하려드느냐고 항의하고 싶은 충동도 났으나 이 태풍을 고요히 넘기겠다는 생각으로 참았다.

오후에는 무시무시한 소지품 검열이 있었다. 수많은 헌병들이 동원되어 이 잡듯이 뒤져보겠다는 것이다. 그것은 탄압할 수 있는 꼬투리를 잡아 겁을 주고 협박을 하여 단식투쟁을 미연에 방지해보겠다는 단순한 군인들의 속셈인 것이다. 그런 것을 알고 있는 이상 느긋하게 그리고 그들의 속셈을 더 넘어서 대항해 보아야겠다는 생각도 하면서 그들의 하는 짓을 응시했다.

그런데 제일 중요한 주목의 대상인 6소대에서 드디어 그들이 예상한 수확을 얻은 것이다. 김동환이란 동지에게서 무엇이 발견되었는데, 그는 초등학교도 다니지 못한 처지로 악독한 고문에 못 이겨 허위 자백을 해서 못나가고 있는 청년이다. 몸과 마음이 제대로 발육되지 않아 항상 놀림과 동정의 대상이 되는 사람이다. 그에게서 무엇이 나왔는지 이리와 같은 인간 백정의 별호가 붙은 박춘○ 중사의 구타와 기합이 집중적으로 가해졌다.

말하자면 희생양을 찾아 그에게 시범적인 폭압을 가하여서 너희도 이렇게 당한다는 것을 보여주자는 셈이다. 전체에게도 각종 기합을 부과하면서 김동환을 죽기 일보 직전까지 괴롭히고 있다. 얼마나 고통스러운 시간이 흘렀는지 어둠이 깔리고 태풍은 좀 가라앉는 것 같았다. 그러나 여전히 김동환 군은 쇠고랑을 채워 철책에 매달아 놓았다. 비록 내가 쳐다볼 수는 없다 치더라도 얼마나 고통스러울 것이며 보는 사람의 마음을 아프게 하였을까.

그런데 저녁식사부터 우리들에게 특별 대우로 주어지는 소위 기본식(밥과 반찬을 따로 놓는 식이다)을 폐지하고 밥과 국 그리고 반찬을 섞어서 준다는 것이다. 사실 나는 기본식에 대해서 부정도 해보고 똑같이 고통을 받아야 한다고 생각도 해보았으나 제일 강경한 것은 명선생으로 그 이론은 타당성이 있다. 우리 모두가 이런 대우를 받아야 한다. 그러므로 우리는 그러한 대우를 확대시키는 선구적 역할을 해야 하며 또 그런 것을 통해 한 톨의 밥이라도 더 받아 굶주림에 허덕이는 동지들을 먹이자는 것이다.

그런데 자기들이 기분 나쁜 일만 있으면 그 기본대우를 철폐하는 등의 행패를 해왔으며 그럴 때마다 명선생은 단식으로 대항하여 쟁취해 왔다. 그렇지 않아도 아침부터 제멋대로 날뛰는 저들의 행위가 괘씸한데다가 또 기본식마저 철폐한다기에 우선 그냥 넘길 수 없다는 생각이 들었다. 그리고 1소대에 떨어져있는 우리 명선생이 틀림없이 단식할텐데, 나만 먹을 수도 없어 먹는 척하고 국물만 두어 번 마시고 옆사람에게 먹게 했다.

이곳 5소대는 학생 소대로 아침에 많이 분리시켰지만 아직도 조선대생, 전남대생 그리고 고등학생까지 많은 학생들이 있으며 윤영규 선생, 김상옥씨(김대중 선생 가정비서), 김홍명 박사가 같이 있는 처지라 외로울 것은 없다. 더군다나 김상옥씨로부터 5·18을 전후한 김대중 선생의 소식을 들을 수 있었고, 고통스런 지난 날 김대중 선생의 근황을 자세하게 살필 수 있어 오히려 전화위복이 된 셈이다. 이곳에는 김용근씨가 60이 넘은 고령에 누워있으면서 그 날 그 날을 이겨나가고 있다.

밤이 깊어지자 낮의 태풍은 잠들고 고요가 내리었으나 쇠고랑을 찬 김동환 군만은 철책에 묶여 끙끙거린다. 나는 김군이 무엇에 걸렸는지 궁금해서 수소문해보았더니 그의 소지품에서 성냥갑 부스러기가 나왔다는 것이다. 나는 순간 안심이 되었다. 저 부족하고 순진한 놈이 우리들의 이야기나 혹은 무슨 계획을 써놓았다가 걸린 게 아닌지 생각했고 저들의 기세가 등등한 것으로 보아 틀림없이 그러한 유의 것이겠지 하였었다. 그런데 성냥갑 부스러기를 구실로 저렇게 지독하게 할 수 있을까 하는 생각이며, 혹 일부러 꾸며서 구실을 만든 것은 아닌가 하는 생각까지 들었다.

밤이 으슥하여 취침을 시작할 때 나는 헌병에게 저 사람을 풀어주지 않겠느냐고 항의와 요구를 했더니 곧 명령이 있겠지요, 명령이 있을 때까지는 어쩔 수 없다고 대답했다. 그래서 나는 그러면 저녁을 그렇게 보낼 것이냐고 묻고 다른 명령이 없으면 당신이 선처해서 재우고 아침에 원상복구하는 것이 좋겠다고 사정 겸 부탁을 했더니 잘 알겠다기에 눈을 감고 하루의 피로를 잊었다.

그런데 아침에 눈을 떠보니 여전히 김동환 군은 철책에 매달려 끙끙거리는 소리가 들리기에 어떻게 된 일이냐고 물었더니 안 풀어 주었다고 한다. 세상에 그럴 수가 있느냐, 이놈들이 사람대접을 하는 것이냐 짐승취급을 하는 것이냐 하는 분노가 치밀어 도저히 견딜 수가 없었다. 나도 이제 단식을 하면서 그들의 야만적인 폭행을 규탄해야 한다고 생각했다.

아침식사가 배달되었다. 나는 식사를 거부했고 내가 단식하는 것을 보고 방민원(상대학생회장)과 김양래(농악반장)가 단식을 했고, 다른 소대에서도 많은 단식자가 쏟아져 나왔다 아침식사가 끝나자 몇몇 학생과 김영모씨(국회도서관 근무)가 끌려 나가서 주의를 받는 모양이다. 그러나 점심이 배식되었지만 단식을 계속했다. 사실 어려운 일이다.

하루에 기다리는 것은 밥 세끼밖에 없는데 그것을 거절하고 나니 할 것이 무엇이며, 몸이 어떻게 그것을 견딘다는 말이냐, 나이 먹은 나도 견디기가 어려운데 젊은 학생과 동지들은 어떨까 하는 생각이 들었다. 나도 대학시절 점심을 많이 굶어보았다. 굶어보지 않은 사람은 배고픈 서러움을 모른다. 세끼를 거르고 나니 견디기 어렵기도 하지만 정신은 더욱 멀쩡하면서 악이 받쳐 오른다.

이때, 인간 백정인 형무반장이 도착하여 단식하는 사람들을 모두 집합시킨다. 이제 올 것이 왔다. 당장에라도 모두 죽여버리겠다는 폼이어서 나는 김상옥씨와 상의했다. 이 난국을 수습할 사람은 당신과 나밖에 없소, 명노근 선생은 사실 심리 때문에 출정했으니, 어차피 내가 이 문제를 수습해야겠다고 하였다. 마침 김상옥씨가 형무반장이 후배되는 사람이라 하기에 도움을 받기로 하여 철책으로 뛰어나가 형무반장면담을 요청했다.

하기야 며칠 전부터 군기과장 면담을 요청했는데 중간에서 차단시키는 것인지 정말 부재중인지 모르지만 실현되지 않기에 형무반장이라도 상대해야겠다는 생각이다. 그러나 얼굴이 벌겋게 달아 오른 형무반장은 완전히 이성을 잃은 상태로 조금 있다가 기회를 드리겠다면서 단식 가담 학생과 김영모씨 등을 운동장으로 끌고 간다. 30여 명의 학생과 김영모씨 그리고 박남선(상황실장) 등이 끌려나갔다.

완전히 실성한 듯한 인간백정 박춘○는 닥치는 대로 학생들을 구타하기 시작했다. 방민원이 맞고 한상석이 당했다. 정말 뼈를 깎는 아픔이다. 나 때문에 단식한 방민원이 저 고통과 수모를 당하다니 우리는 철책으로 모두 달려나가 아우성치면서 면회를 요청했고 고함을 질렀다. 형무반장은 약이 올라 우리를 노려보고 고함을 질렀지만 우리도 지지않고 달려들었다. 그러나 조금만 기다려 달라는 조금 수그러진 표정을 보고 들어와서 기다렸더니 형무반장은 모두를 타일러 들여보내고 우리들을 만나겠다고 한다.

나는 김상옥씨와 같이 형무반장을 만나러 갔다. 때마침 형무반장이 딸을 낳았다는 소리를 들었기에 나는 먼저 그의 인간성에 호소하기로 작정하였다. 어제 밤에 첫 딸을 낳았다면서 애기 아버지가 되었으니 책임이 더 무거우며 자식을 둔 아버지는 매사에 신중을 기하여야 된다고 서두를 꺼냈다. 그러자 형무반장은 제가 환장을 해서 죽을죄를 지었다고 사과를 한다. 물론 마음에서였는지 우리의 기세에 눌려 그랬는지는 몰라도 그는 계속 잘못했다는 말을 되풀이했다.

나는 당신의 고향이 암태도요, 목포 덕인고를 나왔으며 지금 화정동에 살고 있는 것을 모두 다 알고 있다. 당신의 고향친지나 선후배들이 당신이 이곳에서 우리 광주항쟁에 연루된 전남인들에게 따뜻하게 대해 주었느냐 혹은 가혹하게 대해 주었느냐를 주시하고 있을 것이다. 또 이곳 사람들이 영창에 있으면 얼마나 더 있을지 모를 일인데 당신이 그렇게 원망과 분노의 대상이 되어서야 되겠느냐고 윽박질렀다. 더구나 당신은 우리의 입장을 누구보다 잘 아는 광주시에 살고 있으면서 우리를 이해하고 동정은 못해줄망정 그렇게 혹독하게 하면 되겠느냐. 당신이 이것을 시정하지 않으면 군기과장을 만나겠다.

군기과장은 항상 우리에게 어려운 일이 있으면 이야기해 달라고 말하고 있으니 이런 억울한 일을 말 안할 수 있겠느냐? 물론 당신의 입장도 이해는 하지만 그렇다고 우리가 당신의 수중에 들어 있는 물건인가? 우리는 당신의 감독을 달게 받아야 하는 사고군인도 아닌 민간인이며 광주항쟁의 주인공들이다. 그러니 우리의 요구를 들어주고 원상으로 회복시켜주어야 할 것이라고 역설하자 그렇게 하겠다고 하면서 앞으로는 절대 주의하겠으니 용서해달라는 것이다.

일부의 요구처럼 김동환에게 가한 비인간적인 행위를 공개 사과시킬 생각도 났으나 그것으로 모처럼 이루어진 화해 무드를 해칠 것 같아 그러면 이 사정을 각 소대 대표에게 알릴 기회를 주고 그들의 주장이 무엇인가를 들어주라고 요구하고 감사하다고 하면서 돌아왔다.

김상옥씨는 남아서 후배에게 인간적인 충고를 하고 오기로 하고 나 혼자 돌아오니 모두 구세주를 반기는 듯하다. 우선 헌병들도 우리들 담판에 관심을 갖고 있었으니 그들은 형무반장의 구타와 기합이 있을 때 한 쪽에서 눈물을 흘리면서 외면하고 있었다 한다. 나는 우선 전체에게 원상으로 돌아가기로 했으며 우리의 요구가 관철되었으니 단식을 중지하고 며칠 남지 않은 이곳의 생활을 마음 놓고 지내자고 위안시켰다.

실로 5개월 가까이 당한 설움이고 길들인 속성이라 때리는 대로 맞고, 주는 대로 먹을 줄 아는 대부분의 수감자들도 이제 우리도 우리의 권리를 주장하고 우리의 요구를 정정당당하게 주장할 수 있는 사람들이란 점을 이번 사태를 통하여 깨닫게 되었다.

이틀 동안의 폭풍과 공포가 가시고 이제 귀중한 희생을 대가로 평온과 진전을 찾을 수 있었다. 모두 견디기 어려운 희생을 감수하면서 우리는 광주항쟁의 수감생활에서 귀중한 한 페이지를 장식할 수 있는 단식투쟁이란 훌륭한 족적을 길이 남겼다.

우리는 이번 체험을 통해서 많은 것을 얻었다. 단식에 가담하지 않은 대부분의 대중은 여기에서 저들 군인에게 대항하는 것을 보고 하늘 쳐다보고 침뱉고, 바위를 달걀로 깨보겠다는 어리석은 생각이라 했고, 실제 고통이 닥쳐오자 학생들을 무던히도 원망했었다. 그러나 찬란한 승리로 끝나자 역시 역사 발전은 도전과 저항을 통해서 이룩할 수 있다는 증거를 보여준 셈이다.

이제 그들은 학생을 신뢰하게 되었고 우리에게 한층 더 큰 기대와 존경을 가지게 되었으며 우리들은 다시 6소대로 돌아와 이틀 동안의 값비싼 이야기들을 나눌 수 있었다. 명교수는 법정에 나가 있느라고 이번 일을 경험할 수 없었는데, 밤에 이러한 빛나는 투쟁을 보고받고 기뻐서 어쩔 줄을 몰라했다.

1980년 10월 11일

현덕스님과 불교

우리나라 역사와 불교는 깊은 인연을 맺어왔다. 그리고 대대로 이어오는 우리의 사고방식이나 생활양식 그리고 의식들 가운데 불교와 인연 맺지 않은 것이 드물 정도로 전통적으로 우리생활에 깊이 파고들었다. 그러나 우리의 지난 날 역사가 그렇게 자랑스럽거나 훌륭하다고 생각해 본적이 없는 나는 우리 역사의 후진성과 전근대적 의식 구조의 연속에 불교가 깊은 영향을 주었다는 생각에서 나는 불교에 대해 매우 비판적임을 시인한다.

물론 불교가 우리나라에 전래되어 철학적 인식, 찬란한 문화, 청정한 생활 태도 등에 기여했고 미신적 원시 신앙에서 진일보한 종교 생활의 영위 등에 공헌했음을 부인하려는 생각은 추호도 없다. 그러나 불교는 우리나라에 전래되면서부터 없는 자, 괴로움을 받는 자, 짓눌림을 당한 자의 편에서 그들의 고통과 번뇌를 씻어주는 역할을 하기보다는, 있는 자와 결탁하여 그들을 위해 호국(護國)이니 구복(求福)이니 하면서 왕이나 귀족들의 비위를 맞추었다. 그러기에 외적인 성장과 발전은 볼 수 있었을지 모르나 민중 속에 뿌리박고 중생을 구원하는 종교 본래의 사명을 저버린 셈이다.

불교의 현세적 타산은 전통적으로 계승되어 조선시대에도 그들을 탄압하는 전근대 사회의 왕과 관료들에게 충성과 봉사를 다해 있는 자의 곁을 좀처럼 떠나려 하지 않았다. 현재도 호국 불교니 실권자의 만수무강이나 비는 행사를 거창하게 벌이면서, 사찰 중건이니 승려 대우 개선에 상당한 실적을 올리고 있다. 그러나 짓밟힌 자와 핍박받고 고통 당하는 사람들을 위해서 불교단체가 앞장섰다거나 심지어 그 많은 중들조차도 그런 활동을 하는 사람이 한두 사람 정도에 지나지 않는 것을 보아 전통적으로 계승된 천성 비슷한 것이 되어버린 것 같아 안타깝기 그지없다.

그런데 나는 현덕스님을 광주항쟁이라는 인연으로 만나서 사귀게 되었고 그 분의 훤히 트인 듯한 안목과 백절불굴의 용기 그리고 날카로운 비판 정신을 가진 것이 퍽 마음에 들었고, 그 분은 우리 동지들에게 큰 위안이 되었다. 현덕스님은 ○○고등학교를 중퇴하고 송광사에 들어가서 수도를 하여 다른 스님들과는 다른 사람으로 평이 나있으며 증심사에서 계시는데 광주항쟁에 관련된 일도 있었고 또 유언비어를 퍼뜨려 보안대에서 수사를 받으면서 나와 만났다.

그 후 우리보다 하루 늦게 30헌병대 감방에 수용되어 2소대에서 같이 생활하게 되었다. 지금은 6소대에 나와 오랫동안 교양강좌나 기담(奇談) 그리고 동지들에게 용기를 북돋아주는 말씀도 해서 우리들과는 깊은 인연을 맺었다. 그 분이 광주항쟁에 관련 있는 것은 도청 분수대 위에서 군중들에게 연설을 한 일이 있다고들 하는데 그 사실은 공소장에 기소되지 않았고 본인의 피의사실 부인으로 문제되지 않았는데, 유언비어유포가 문제된 것 같다.

그런데 흥미있는 것은 그분이 유언비어라 유포한 사실이 최근의 급격하고 상상을 초월한 변화에서 모두 사실로 확인되어버려 군, 검찰에서 어떻게 취급해야 할지 몰라서 지금까지 결말이 안 나고 있다는 것이다. 그래서 우리는 곧잘 그렇게 잘 맞추신 예언이라면 우리에게도 대단히 궁금하고 많은 일을 좀 말씀드려 달라고 동지들이 보채기 마련이었다. 그럴 때마다 그 분은 기담을 서슴지 않아 모두 마음의 위안을 얻곤 했다.

내가 가장 불만으로 여기는 불교의 현실성 문제에 대해서 그도 솔직히 시인하면서 자주 소장 스님들을 중심으로 그런 문제가 깊이 재기되고 있기 때문에 불교계도 머지않아 곧 소용돌이가 칠 것이라고 예언했다. 그는 반드시 불교전체에 큰 변혁이 와야 한다고 강조하여 더욱 나의 마음을 기쁘게 했다. 정말 불교계를 이끌고 있는 스님들은 인생에서 가장 큰 유혹인 가정을 뿌리치고 홀로 중생구제를 위해 몸과 마음을 바치신 분들인데 그 분들이 무엇 때문에 권력자와 야합하여 아부하며, 고통받고 짓밟히는 민중을 외면하고 서글프게 하는지 도저히 이해가 가지 않는다.

그들이 처자식의 멍에에 메인 사람들이라면 그들의 권력자에 대한 시녀, 그들의 치부가 이해되지만 그렇지 않은 그들이 불교의 전통성 때문에 그것을 못 벗어난다면 민중의 시대인 현대 사회에서 영원히 뿌리내리지 못하고 고사(枯死)해버릴 것이 틀림없다. 우리 불교계도 현덕스님 같은 분들이 많이 나와 중생을 구제하고 고통받고 짓밟히는 사람들을 위해 나락의 경지라도 싫다하지 않는 태도가 있어야 할 것 같다.

현덕스님은 이곳에서 우리 모두의 마음을 안정시키고 후광을 남게 했으며 용기를 불어넣어 주었을 뿐만 아니라 그가 평소에 익힌 지압술을 동원하여 급병에 시달리는 동지들의 구호에 많은 성과를 거두었다. 그의 뛰어난 지압술이 헌병대 간부들에게 활용되어 동원되었으나 그때마다 그는 자비가 무엇이며 정의가 무엇이고 인과응보가 무엇인지를 설법하여 은근히 헌병들로 하여금 동지들을 따듯하게 대해주어야 함을 강조했다 한다.

10월 11일 그는 1년 징역에 3년 집행유예선고를 받고 우리들을 떨치고 먼저 나감을 안타까워했으며 가사를 걸치고 훨훨 날으는 모습으로 철창문을 활짝 열고 나가면서 이 사람이 앞장을 섰으니 모두 다 가벼운 걸음으로 이 문을 나갈 날이 멀지 않았다고 큰소리로 외쳤다. 현덕은 불교계의 기인(奇人)으로 외로이 기억되어야 하는 것보다 그러한 스님들이 우리 불교계를 주도할 수 있도록 불교계가 빨리 종교본연의 자세로 돌아가기를 기원하는 바이다.

1980년 10월 중순

하고 싶었던 강의(참 사는 길)

요사이 공병대에서 파견나온 김병장은 우리에게 퍽 친절하고 자주 무엇인가 알려고 하며 우리들 입장을 이해하려고 노력하는 것 같다. 하룻밤은 우리들더러 저녁시간 좋은 말씀을 전체 수감자에게 해주셨으면 한다는 제의를 받고 먼저 명교수가 말씀을 시작했다. 명교수는 장로라는 입장에서 하느님 말씀을 전하면서 우리가 용기를 가지고 살아야 한다는 말씀을 했으며, 다음은 나의 차례이기에 나는 무슨 내용을 다룰 것인가 하고 구상해두기로 했다.

광주항쟁 관련자가 주종을 이루지만 상당수의 폭력범들이 있고 현역범들이 일개소대(3소대)이고 보면 우리들의 말에 호의만을 가진다고 볼 수 없기에 신경이 써지나, 그렇다고 하나마나 같은 소리를 하기는 싫은 것이다. 그래서 나는 참 사는 길이란 제목으로 우리 역사를 통해서 올바르고 참되게 산 사람들에 대해서 하나하나를 예증해 볼까 생각했다.

"일찌기 그리스의 성자 소크라테스는 사는 것이 중요한 문제가 아니라 바로 사는 것이 중요한 문제라고 말한 일이 있습니다. 실로 우리같이 살기 위해 사는 사람들은 그 수가 너무도 많지만 그들의 발자취는 남겨지지 않았고 우리가 기억하고 본받을 필요가 없는 것입니다. 물론 우리가 이 세상에 태어난 것은 우리가 나고 싶어서 난 것은 아니지만 일단 이 세상에 태어나서 일생을 살아가면서 무엇인가 뜻 있는 삶을 살고 보람있는 일을 하여야 한다는 것은 생각하는 갈대인 인간으로 태어났기 때문인 것입니다.

우리 역사를 돌이켜 봅시다. 비록 짧은 생을 살았지만 그의 삶은 역사적 기록을 통해서 길이 살고 있는 사람들이 많은 것입니다. 종의 몸으로 우리 역사에 길이 살아남은 고려시대의 종인 만적에 대해서 말해보렵니다. 만적은 당시 총칼로 정권을 잡은 무신 최충헌의 개인적인 종이었고 그는 주로 노동에 종사했으며 나이는 청소년층이었던 것 같습니다. 그러나 그의 통찰력과 용기는 대단했으니 그의 눈으로 볼 때 집권자요 그의 주인인 최충헌은 무법자요 무뢰하고 잔인하기 이를 데 없는 자며 경륜이나 학식이 전혀 없는 자임에도 불구하고 최고권을 누린데 대해서 도저히 승복할 수 없었습니다. 그의 주인 최충헌은 총칼로 정권을 강도질한 자로 자기의 동생을 죽이고 자기 사위의 무릎을 부러뜨려 정권을 유지한 난폭한 사람인 것입니다.

선각자 만적은 날마다 나무를 하는 종의 몸으로 동료 종들과 어울려 산에 나무를 하러 가서 몇몇 가까운 종들을 모아놓고 설득을 시작했던 것입니다. 무신의 난이래 국가의 높은 자리는 모두 천한 사람들이 차지하고 있는데 우리는 밤낮 일만하고 또 매만 맞아야 될 필요가 어디에 있느냐. 나라의 왕이나 재상 그리고 장군이 어찌 종자가 따로 있겠느냐. 우리도 기회 있으면 할 수 있을 것이며, 우리는 다시는 우리와 같은 종을 이 땅에서 없애자고 주장했습니다. 같이 모인 종들은 처음에는 놀랍고 두렵기만 했으나 그의 논리정연한 말을 듣고 나서 감동을 받았고 가슴이 부풀기 시작했습니다. 일을 같이 하기로 하여 개경의 종들을 설득하여 성사하기로 다짐했던 것입니다.

당시에 고려에는 종의 수가 100만여 명이었고 그들은 소나 말 한 마리에 네 사람의 종과 바꾸었으며 종이 병에 걸리면 약을 주지 않음은 물론, 죽으면 시체를 산에 버렸다고 합니다. 우리는 이곳에서 사람취급을 받지 못하고 있다고 하나 당시의 노예는 우리들 처지보다 훨씬 못한 것은 틀림없었던 것 같습니다. 그러한 그들이 점점 동지들을 규합하여 약속한 날짜에 약속장소에 모여보니 수백 명밖에 되지 않았습니다.

그러자 만적의 생각에는 수많은 상전들과 군인들을 제거하기에는 그 수가 너무나 적어서 다시 며칠 후에 더 많은 수가 모이기로 약속하고 우리의 이 일이 누설되면 우리 모두가 살아남지 못하니 모두 비밀을 지키자고 당부했답니다. 그런데 수정이란 종놈이 오래 살고 싶어서 그의 주인에게 이 사실을 밀고했으며 그 주인 놈은 당시의 집권자인 최충헌에게 알렸습니다. 최충헌은 관련된 종들을 모두 잡아 만적 등 수 십 명을 산채로 묶어서 바다에 처넣어 죽여버리고 밀고자 수정에겐 백금 80량과 수많은 재산을 주었으며 그는 종의 신분을 면하는 특권을 받았다고 합니다.

자, 우리도 생각해 봅시다. 만적이란 종은 그와 그의 동료들이 모두 종의 신세를 못 면하고 그들의 파란 꿈을 펴보지 못한 채 젊은 나이로 물귀신이 되어버렸고 수정이란 밀고자는 종의 신세를 면하고 많은 재산을 손에 넣었습니다. 그렇다면 우리는 어떤 편에 서야 되는 것입니까?

물론 물을 필요도 없이 몸은 비록 종을 면했지만 정신상태는 종의 근성을 못 버린 수정이가 아니라 종의 딱지를 못 떼고 고기밥이 되어 버렸지만 그 정신은 종의 굴레를 벗어났고 이 나라 이 역사를 발전시키려 했던 만적을 따를 것입니다. 만적은 비록 그의 삶은 목숨대로 다 못 살고 비참하게 갔지만 그들의 그러한 희생을 밑바탕으로 해서 고려사회는 신분적 구속을 푸는 여러 정책들을 마련했던 역사를 볼 때 만적은 바로 새 역사를 창조하는 창조적 소수에 속한 것입니다.

다음으로 한말의 역사로 돌아가 봅시다. 우리는 한말의 역사에서 아주 대조를 이룬 두 사람을 찾을 수 있으니, 그들은 안중근과 이완용인 것입니다.

그들은 모두 우리나라를 집어삼키는데 앞장을 섰던 이등박문과 관계 깊은 사람들로 이완용은 이등박문의 압력에 굴하고 그와 야합하여 나라를 판 대가로, 많은 재물과 높은 자리를 차지했으며 호화스러운 생활을 했습니다. 물론 마음은 불안했고 초조했으며 때로는 자객에게 찔리고 때로는 집이 불타고 항상 주위에는 호위병을 데리고 다녔으니 편안한 날이 없었겠지요.

그는 을사조약에 앞장서서 도장을 찍었기에 5적의 괴수라 불리어 한일합방에는 총리대신으로 나라를 망쳐먹은 장본인이었으며 그 대가로 그는 높은 작위를 일본에서 받았고 좋은 대우와 호화로운 생활을 했으며 그가 죽자 무덤도 화려하게 꾸며 놓았습니다. 그러나 우리의 역사에선 악명 높은 매국노라고 그를 규정했고 일제가 망하고 그의 무덤은 파헤쳐져 뼈가 굴러다녔으며 그의 자식들은 이 땅에서 살지도 못하고 일본으로 도망쳐 버렸다고 합니다.

한편 안중근 의사는 일찍이 의병에 투신하여 나라의 아픔을 나의 아픔으로 여기면서 나라를 건지려고 안간힘을 써보았지만 혼자의 힘으로 이룰 수 없는 형편에서 나라의 원수를 갚으려고 만주 땅에 머무르던 차 하얼빈에 들른 이등박문을 죽이고 잡혔습니다. 그는 양반출신으로 나라는 잃었지만 넉넉하게 살 수 있었으며 감옥에 갇힌 후에도 여러 유혹으로 그를 이용하려 했다는 것을 보면 그는 삶을 구걸할 수도 있었을는지 몰랐습니다.

그러나 그는 굳은 의지와 각오 그리고 애국일편단심으로 모범을 보이면서 강인하게 이겨나가고 꿋꿋하게 지조를 지키면서 장렬하게 순국했습니다. 우리의 역사에서 누구를 장하다 기록하며 우리가 본받을 사람이 누구인가를 물을 필요가 없겠지요. 우리는 두 가지 예를 통해서 참사는 길이 무엇인지를 분명하게 알았습니다. 여러분들께서는 지금까지 그런 대로 잘하신 편이고 칭찬 받을 만합니다. 앞으로도 이 태도와 이 마음 그대로 지니면서 참 사는 길을 잃지 않도록 다같이 노력합시다."

1980년 10월 중순

변모하는 헌병대의 표정

무력을 뒷받침으로 출발한 이번 사태에서 헌병대의 서슬은 퍼렇고 또 그러한 실력을 과시해왔다. 본래 헌병들이란 군인의 경찰로 군인을 통제하는 기관이니 그들의 위력이 대단한 것은 인정이 간다. 그러나 그것은 어디까지나 군인들에게 해당되는 일이지 우리에게는 우스꽝스럽기만 하다. 우리가 이곳에 온 7월 하순까지도 그들은 위력과 능력을 과시했고 우리가 도착하기 전인 6월은 무자비한 힘 일변도로 수감자들을 괴롭혔고 탄압했다고 한다.

식사배급을 하다가 시끄럽다고 밥을 안 주어 버리기가 일쑤였고 심문처를 왕래하면서 눈은 땅만을 쳐다보게 했으며 정당한 주장이나 요구는 폭력으로 짓눌려 버렸다고 한다. 그들이 점점 수그러지고 우리도 우리의 위치를 찾아서 성성당당하게 그들과 담판하면서 우리는 자신을 세워나갔다. 이것을 긴장의 완화나 상부층의 누그러진 태도 혹은 우리들의 의식 확대 등으로 해석할 수 있으나 그것보다는 총칼을 배경으로 한 힘의 한계를 말해주는 것이라 할 수 있겠다.

일찍이 유럽을 제패한 무력의 상징 나폴레옹은 그가 힘을 배경으로 한 자이기에 누구보다도 총칼의 예찬론자이어야겠지만 그렇지 못했는지 다음과 같이 말하고 있다. “세계에는 두 개의 힘이 있을 뿐이다. 그 힘이란 정신과 칼이다. 그리고 결국 칼의 힘은 언제나 정신의 힘에 패할 것이다.”

이 말은 동서고금을 통한 진리임에 틀림없다. 총칼 그것은 정말 무섭고 위력을 가진 것이다. 그러나 그것이 정당하게 잡아져야 하고 합리적으로 행사되어야 하는 것이지 기분이나 감정 그리고 몇 시간의 욕망을 위한 도구로 사용된다면 그것은 위험하기 짝이 없는 것이고 시한성을 가질 수밖에 없는 것이다. 그들은 무력을 동원하여 광주항쟁을 진압했고 앞으로의 여하한 사태에도 유효하게 대처할 수 있다고 자신에 차있다. 또한 그들은 총칼을 앞세워 많은 사람들의 양심을 빼앗기도 했고 짓눌러 버렸으며 고통을 주고 있으면서 그것이 계속될 수 있으리라는 환상을 갖고 있다.

그러나 그것은 환상으로 끝나버릴 수밖에 없는 허황된 망상이라고 생각할 날이 있을 것이다. 그들은 현실적으로 힘을 동원하여 현상을 유지하고 있다 하더라도 준엄한 역사의 심판을 면치 못하는 것이다.

나는 날로 달라지는 헌병대의 조치나 헌병들의 태도에서 무력을 배경으로 국가를 통치하고 국민을 다스린다는 것이 얼마나 황당한 것인가를 확인한다. 물론 헌병들이 우리의 감화를 받았고 그들도 양심이 있으며 우리의 끊임없는 저항에 굴복했음이라고 볼 수 있는데 그들은 요사이 때리거나 기합은 생각조차 못하고 사정조로 나온다. 제발 좀 협조해 주십시오 하는 것이다. 그들은 우리와 자주 접촉하고 우리의 의식강화의 영향을 받아 양심을 가진 떳떳한 사람으로 우리가 변모한 것에 동화된 것 같으며, 또 공판정을 왕래하면서 공판 진행과정에서 떳떳한 우리들의 주장이나 태도에 감동을 받는 것 같다.

요사이 헌병대에서는 우리를 빨리 내보내든지 형무소로 이감시켰으면 좋겠다는 말을 자주 한다. 자기들이 도저히 수용할 자신을 잃었다는 것이니 그것은 바로 힘의 한계를 말해주는 것이다. 좀 생각을 넓혀 본다면 도대체 우리들을 철창 속에다 집어넣어 놓고 또 아무렇게나 다루어도 좋다는 묵시적 지휘방침 속에서 무엇이 두려워 우리들을 수용할 수 없는지 그것은 힘으로 모든 것을 할 수 없다는 것을 입증해준다. 그러한 힘의 한계성은 바로 총으로 우리국민을 다스릴 수 없다는 것을 증명하는 것이다. 감옥에 수감된 우리를 못 다스리는 총칼이, 울타리도 없고 감옥도 아닌 그리고 일일이 감시할 수도 없는 우리백성을 어떻게 다스리겠다는 것인지? 생각하면 무력을 배경으로 한 집권자의 한계를 환히 들여다 볼 수 있는 것이다. 그리고 우리의 밝은 내일이 멀지 않았음을 확인할 수 있다.

1980년 10월 20일경

계속되는 공판정소식

한동안 답보상태에 빠졌던 공판진행이 속도를 보이는 것은 위정자들의 태도가 확실히 결정된 것 같다. 하기야 9월말까지 끝내기로 했다는 광주항쟁의 재판이 한 달 가량 미루어진 것은 그만큼 자기들 뜻대로 안되기 때문임이 틀림없다. 다른 부류의 공판은 예정대로 쉽게 진척되었지만 목포의 내란죄(안철 등)부터 집권자들을 몰아 세우고 우리의 행위가 정당했음을 주장해서 공판정이 숙연해지고 법관들이 당혹했다. 그 후 학생들의 공판, 그리고 도청팀, 재야팀들의 공판소식은 우리를 흐뭇하게 해준다.

요사이 학원팀 공판관계로 홀연히 어디론지 격리되어 버렸던 정동년, 김상윤, 양강섭 그리고 김운기 등을 볼 수 있었고 그들의 미소를 머금은 인사에는 무엇인가 각오와 자신이 넘쳐흐르는 것 같아 든든하다. 그리고 동료교수인 오병문 신생, 김태진 선생을 만날 수 있고 홍남순 변호사, 김성용 신부 등이 의연한 태도로 저들의 장난을 지켜보면서 미소짓곤 한다. 그들의 공소장은 한번 나왔다가 또 바뀌어져 갈피를 잡을 수 없고 진술과정에서 공갈과 협박 그리고 실제로 신체적 학대까지 가해졌다는 소식을 들으니 가슴아프기 짝이 없다.

저녁식사를 끝내고 오늘의 공판장 소식이란 프로가 있는데 학생들의 논리 정연한 주장에는 저들의 간담이 서늘해지곤 했을 것이다. 학생들의 한결같은 주장은 학생회장은 학생들이 선출한 사람이기 때문에 학생들의 의사를 존중해야 하고 그들의 행동을 뒷받침할 책임이 있는 것이다.

학생회장들이 군대사회의 연대장이나 대대장처럼 지휘하고 명령하는 입장이 아님을 알아야 할 것이고 당시의 학생들의 주장과 행동은 애국충정에서 이 나라 역사를 이끌고 가야할 막중한 소임을 다한 것으로 생각한다고 주장하였다. 그러한 학생들의 행동은 정부당국이나 사회에서 당연한 것으로 받아들여졌고 누구나 민의를 바탕으로 한 어떠한 결정이 있을 것이라 생각했는데 청천벽력인 5·18이 일어났으니 그 책임은 5·18을 일으킨 군사당국자들이 져야한다는 것이다.

그리고 소위 내란의 수괴라는 정동년이나 내란중요임무종사에 해당하는 김상윤, 한상석, 양강섭 등은 모두 5월 16일 횃불시위까지 경찰당국과 합의하에 질서정연히 끝내고, 학생들은 5월 17일 정상수업에 임했다. 그리고 5월 18일 자정을 기해 연행된 사람들이 그 뒤에 벌어진 광주의 사태진전에서 어떻게 수괴의 임무를 수행하고 내란의 중요임무에 종사했겠느냐는 조리 있는 주장에 당국자들은 어안이 벙벙하고 말았다 한다.

특히 한상석 군은 이번 광주항쟁의 공판은 꼬마들의 병정놀이에 비유할 수 있는 것으로 아무 것도 모르는 철없는 아이들에게 총을 주면서 쏘라고 나쁜 놈들이 시켰다. 그래서 그 총알에 무고하고 아무 상관없는 어른들이 푹푹 쓰러지니 꼬마들을 꾸짖고 말리기 전에 어린애들을 조종한 나쁜 어른들을 응징하는 것이 급선무라고 공박하여 법정이 숙연해졌다 한다. 그리고 변호사라는 사람들이 반성하고 후회하는 빛을 보이면 좋은 쪽으로 해결될 것이라고 회유하자 오히려 변호사의 임무가 무엇이냐 꼬마병정들에게 나쁜 일을 시킨 어른들에게 잘못했다고 사죄하란 것이 더 타당하지 않겠느냐고 다그쳐 변호사가 사임하는 경우가 생기기까지 했다.

한편, 도청팀들도 어리고 마음 약한 일부 기동타격대원를 제외하고는 모두 입을 모아 우리의 칭호가 중요한 것이 아니라 우리가 한 행위가 심판의 대상이 되어야 할 것이다. 우리들이 무질서한 광주일원의 질서를 유지한 일 외에 군경과 싸워 그들을 죽이고 그들을 잡아다 처치한 일이 있으면 예를 들어보라고 공박했다. 오히려 그들이 돌려 보내준 군경의 예를 들어 우리는 군경을 상대로 전쟁을 하려 하지 않았고, 한 일도 없다고 주장했으며 무질서를 야기한 군·경들의 직무유기를 우리가 거들어 질서를 유지시킨데 대해 보상은 못할망정 내란죄를 뒤집어씌우면 말이 되느냐는 것이다.

또한 재야팀은 며칠씩 계속하면서 공판을 진행해 갔으니 그것은 변호사인 홍남순씨와 이기홍씨 그리고 성당에서 선임한 유현석 변호사의 변호, 그리고 조리있는 명선생과 송선생의 논리전개로 좀처럼 진전을 보지 못했기 때문이다. 우리 광주항쟁 관련자의 공통적인 주장은 평화적인 민중의 시위는 민주국가의 당연한 권리인데 선량한 시민을 상대로 야수와 같은 살상을 자행한 특수부대의 행위를 좌시할 수 없는 것은 광주시민의 정당방위였다. 그리고 도청이 철수되고 군경이 광주외곽으로 빠져나간 처지에서 광주의 질서를 되찾고 희생을 줄이자는 것은 뜻 있는 사람이 당연히 추진해야 될 일이지 내란을 일으킨 행위가 아니라는 것이다.

광주항쟁 관련자들이 이렇게 한결같이 정정당당하게 주장하고 합리적인 논리를 전개하자 법관들은 말이 없는데 조종자측인 보안대요원이 더 극성스럽게 야단을 친다. 학생들에게는 재판장이 별자리인데 그러한 사람에게 함부로 했다 하여 탄압을 가하고 구타하는 만행을 저지르는가 하면 너희들이 제아무리 떠들어 보았자 너희들 신상에만 해로울 것이라는 위협을 공공연히 하면서 공판을 진행시킨다 한다.

한편, 방청석에는 피의자 한사람에게 두 사람씩 방청한다고 해놓고 수십 명씩 공판을 진행하는데 방청인 4~5명만을 입장시키는가 하면 또는 피고들에게 방청석을 돌아보지도 못하게 하면서 경계가 삼엄하다.

또한 재야의 김성용·조비오 신부의 공판이 있는 날은 새벽부터 공군영창에서 상무대로 오는 길인 광송간의 다리(극락교)와 헌병대정문에 수많은 신도들이 몰려들어 만세를 부르고 성가를 부르며 아우성을 쳤다. 그들은 신부들의 공판이 끝나 돌아가는 시간까지 그 자리에 앉아서 시위를 한다고 한다. 참 훌륭한 분들이다. 신앙의 힘이란 그렇게 큰 것인가. 서슬이 시퍼런 이 판국에 그러다가 변을 당하면 어쩌려고 그런가 하는 안타까움이 든다.

하루는 그들의 신변이 걱정이 되어 우리를 감시하는 헌병들에게 왜 그들을 그냥 두느냐 그들이 집단으로 모여 있으니 포고령위반이며 그들은 떠들어대니 소요죄에 해당하고, 그들이 국가기관인 군부대의 임무를 방해했으니 당연히 내란죄에 해당되지 않느냐고 물었다. 그랬더니 매일 수 백명씩 모여 무서운 것이 없이 소리치고 노래 부르는데 상부에서도 어쩔 수 없이 그냥 두는 것 같더라고 고백했다. 또한 당신은 요사이 공판정에 출입하면서 많이 배우느냐고 물었더니 그들은 광주항쟁의 관련자들이 그렇게 의젓하고 떳떳한 줄 몰랐는데 이번에 많은 것을 얻었다고 고백하기도 했다.

또한 공판정이 울음바다가 되었다는 소식도 있다. 그것은 조선대학교 법대 4학년생인 김인원군의 최후진술 때문이었다 한다. 김군은 광주 YMCA근처에서 구두닦이를 해가며 조선대학교 법과대학(야간)을 근근히 다녀왔고 또 다른 구두닦이 소년 여러 명과 같이 형제처럼 공부하고 살아 왔다. 유일한 희망은 졸업하여 우리 같은 구두닦이도 이렇게 졸업할 수 있단다 하는 것을 보여주기 위해 졸업장을 벽에 걸고 학사모를 찍은 사진을 이제까지 피눈물의 결정으로 보란 듯이 걸어 놓고 싶었다. 그런데 내가 조선대생들과 같이 김대중 선생댁을 찾아갔다는 이유로 이렇게 재판을 받고 보니 기가 막힌다.

그때 김대중 선생댁을 찾아가는 것이 범죄행위라면 그 사실을 널리 알리거나 못 찾아가게 했어야 할 것이지 이제와서 죄를 묻는 것은 합당치 못하며 그러한 불합리한 처벌 때문에 나는 나와 우리동료들이 그렇게도 보고 싶던 학사모사진과 대학 졸업장 대신에 전과자라는 낙인만 찍혀야 했다. 이러고도 정의로운 사회이고 바람직한 사회라고 하겠느냐, 원통하고 분하다는 말과 함께 울음을 터뜨리자 법정이 모두 울음바다가 되었다는 것이다.

김인원 군은 평소에도 낭랑한 목소리와 재치있는 유머로 감방의 우울증을 씻어주고 우리들의 의식을 북돋아 주곤 했다. 지금은 입만 뻥긋하면 내란이요 오손도손하여도 소요죄니 우리가 설 땅은 어디냐고 한바탕씩 웃기곤 하니 그의 목소리는 확실히 힘있어 보인다.

1980년 10월 24일

1심 공판의 날

9월말까지 끝낸다던 광주항쟁에 대한 재판은 한달 가까이 끌어오다가 오늘부터 해치우는 것 같다. 그동안 흘러나오는 이야기는 가지각색이다. 처음에는 유화정책을 세워서 광주항쟁은 없었던 일로 하기로 했다는 말이 들리는가 하면 서울 각 대학의 심상치 않은 움직임과 광주일원의 끊임없는 저항 및 절규가 강경책으로 바뀌어져 버렸다는 소리도 들린다.

도대체 헌법과 법률 그리고 법관의 양심에 따라 심판해야할 재판이 이렇게 주변의 사정에 따라 좌우된다니 어처구니없는 일이다. 그간 얼마나 우여곡절이 많았는가를 생각하면 이 재판이 처음부터 정치재판, 보복재판이었음을 모르는 바는 아니지만 끝까지 힘의 지휘를 받아야 하는 법관들의 양심적인 번민에 동정이 가기까지 한다.

시간별로 공판정에 가득히 집어넣어 놓고 학생들 출석 부르듯이 형을 언도하는 등 오전 중에 벌써 백 명은 해치웠을 것이다. 우리들 공판은 오후에 있는 판이라 정익섭 교수, 이방기 교수, 그리고 조선대교수들이 병원에서 넘어와서 오랜만에 안부를 살필 수 있었다. 나는 처음부터 광주항쟁에 대한 재판은 하나의 만화이니 형의 많고 적음, 출소와 수감의 의미가 그렇게 중요하지 않다고 생각했고 제일 중요한 것은 아이들 장난에 살인난다고 극형이 떨어져서 전격적으로 처형되어 버리는 불행이 절대로 없어야 한다는 생각들이 동지들과의 한결같은 걱정이었다.

그러나 이 인간지옥을 한시라도 빨리 빠져나가야 한다는 간절한 희망은 모두 공통적이었으니 모두들 오늘 나갈 수 있느냐에 큰 관심을 쏟고 있는 판이다. 오전에 100여명의 선고공판에서 20여명이 출감하게 된 것으로 보아 분위기가 무척 경직되었던 것은 짐작이 가나 우리들에게 주어졌던 기대(보안대 출감, 훈방, 기소유예, 기소중지, 공소기각 등의 가능성이 운위되었음)도 있고 하여 잘되겠지 하는 생각으로 손을 묶고 고무신을 주워 신고 열을 지어 공판정으로 들어갔다.

광주항쟁 관련자에 대한 공판이 있는 날 진행시간이면 비가 억수로 쏟아져서 하느님도 무심치 않음을 보여 왔는데 오늘도 계속 비가 내린다. 공판정에 자리 잡고 앉아 있으니 심판관들이 입장하자 기립하여 개정을 선언하고 우리들을 모두 호명한다. 40여명 되는 수의 호명이 끝나자 남의 운명이야 나와 무슨 상관이 있느냐는 식으로 재판관은 판결문을 줄줄 읽어 나간다. 특히 강도사건으로 기소된 박노준군에게 사형이 언도되어 놀라움을 주는가 했더니 우리들 차례까지 와 버렸다.

조선대 교수들은 J모(선고유예), K모, Y모(집행유예), C모(1년 6개월)의 언도가 끝나고 이어서 정익섭 1년, 이상식 1년에 미통 85일, 이광우·이방기 각각 집행유예를 선고했다. 그리고서 전부의 주문을 낭독한 후 공판 끝하고 퇴정해 버린다. 우리 팀의 공판결과를 보고 몇 가지 점이 생각난다.

첫째, 광주항쟁의 혼란을 이용하여 총기를 가지고 강도질을 한 박노준 일당에 대한 가혹한 심판이란 점이다. 물론 그 행위나 심사는 광주항쟁을 모독한 가증스럽고 불미한 사건으로 엄벌을 받아야 마땅하지만 당국자들이 자꾸 법을 넘어서 논죄를 하려고 하는 것은 저의가 있음이 분명하다.

즉 광주항쟁은 이러한 사건들이 일어났던 불행하고 무질서한 일이었다는 점을 강조하기 위하여 그 사건을 부각시키고 법에도 없는 최고형을 선고한 것으로 보아진다. 사람을 죽인 것도 아니오, 죽일 의사가 있는 것도 아닌 피의자들에게 사형을 비롯한 중형을 선고한 것은 아무래도 문제가 있는 것이다. 또 다른 각도에서 생각해본다면 광주항쟁에 대한 심판이 법을 넘어서 가혹하게 행해졌다는 산 증거를 보여주는 면도 있는 것이다.

둘째, 조선대 교수들은 우리보다 6개월씩이나 많은 3년 구형을 받았는데 중간에 공판을 다시 열고 공소장을 바꾸는 연극을 하더니 형의 언도는 우리보다 가볍게 되었으니 심판이 제멋대로 자행된다는 생각이다.

셋째, 이방기 교수와 이광우 교수는 진즉 나가야 할 분들인데 이제야 겨우 출감하게 되었으니 만시의 탄은 있어도 다행한 일이다. 그분들의 공소사실은 16일의 횃불시위에 참가한 것뿐인데 전남대교수로서 그 날 학생지도에 나가지 않은 사람이 누가 있으며 그것도 경찰과 학교당국이 타협하여 학교당국자의 지시에 따라 공무를 집행한 사실이 죄가 되었다는 것이 앞으로 두고두고 논의되어야 할 문제인 것 같다.

정익섭 교수와 나는 실형으로 1년이 언도되어 다시 수감되어야 하게 되었으니 우선 정교수님에 대해 미안하고 죄스러운 마음이 앞선다. 몸도 편치 않으신데 병원을 떠나 교도소에서 생활하시는데 지장이 없을는지 그러나 의연하시고 꿋꿋하신 표정을 지으시는 것에 약간의 위안이 되지만 내가 주도한 사건(전남대 교수협의회 시국선언문)으로 연루되어 그 책임을 같이 진다고 생각하니 마음이 아프다.

이제 모든 기대가 다 끝났으니 씩씩하고 건강하게 교도소 생활을 해야겠다는 다짐을 해본다. 석양이 가까워져서 이광우·이방기 교수를 떠나보내는 마음은 형제간에 석별하는 기분이고 한쪽이 텅빈 것 같아 마음이 허전하나 그분들이 자유스러운 사회의 일원이 된다니 우선 다행한 일이 아니겠느냐, 나는 1년형을 받았으나 명노근·송기숙 교수, 그리고 많은 학생들 그리고 재야팀, 도청팀들에게 어떤 무거운 형이 내려질지 모르는 처지에서 나의 서운함과 아픔만을 되씹고 있을 수는 없는 것이다.

그런데 이 아픔을 달래주기 위해 장선배님(장지문 헌병준위)이 불러주셔서 밖으로 나왔더니 장선배님과 김현곤 선생, 김태진 교수 사모님이 오셔서 우리를 격려하고 위로하며 이것저것 먹으라고 권한다. 나는 이미 심판이 끝나버린 처지에 기대나 가능성이 사라졌지만 김태진 선생은 잘

될 것이라고 사모님에게 위로하고 그분들을 작별하고 돌아왔다. 이제 마음이 가라앉는 것 같다.

정말 이광우 선생은 나보다 몇 배 불우한 입장이다. 자녀를 여러 명 두고 본처와 이혼 후 젊은 부인과의 사이에 또 갓난아이까지 있으며 집에서 돈을 버는 사람은 아무도 없고 돈을 모아 놓은 것도 없으니 가정의 급한 불을 끄고 생계를 위해서는 선생님이라도 빨리 나가야 할 처지이다. 누가 이런 분을 모함하여 고생을 시키고 가정을 파멸로 이끌었는가 생각하니 분노와 증오가 솟아오른다. 정직하고 순진하며 세상물정을 모르는 이선생님의 앞날이 걱정된다.

이방기 선생과 이광우 교수는 뒤에 남은 우리가 잊히지 않는 듯 자꾸 뒤돌아보며 여름옷을 찾아 입고 떠난다. 그나마 이방기 선생은 하의가 없어져서 나의 츄리닝을 찾아 입고 가시라고 했는데 어떻게 떠나셨는지 궁금하다.

3개월 남짓한 이 생활에서 몸은 극히 쇠약해지고 사회의 바람은 전과자라는 낙인을 찍어 차디찰 것이며 벌써 10월 하순이니 날씨조차 싸늘하니 앞으로 어떻게 살아야할 것인가를 생각하면 이것저것 잊어버리고 이곳에서 살 수 있다면 차라리 마음이 편할 것 같다. 동지들도 50여명 출감하고 나니 전에는 사람이 많아 귀찮더니 이제 쓸쓸하고 허전하여 더욱 음산한 분위기가 감돈다. 내일과 모레의 큰 공판을 앞두고 모두 초조한 마음이 역력히 보인다.

1980년 10월 25일

1심 재판의 종결과 고 이성학 장로님 추도예배

오늘도 하늘의 뜻을 표하기 위함인지 억수로 비가 퍼붓는다. 광주항쟁으로 숨진 동료들이 하늘에서 같이 슬퍼하고 있는지도 모르겠다. 광주항쟁 재판의 전신경은 도청팀, 재야팀, 학원팀 중 내란중요임무 종사자들의 심판결과에 쏠리고 있다. 우리가 기회 있을 때마다 동지들에게 강조하는 바와 같이 광주항쟁에 관한 재판은 정치적 쇼이니 나가고 못 나가는 것과 몇 년 적게 받는 것과 몇 년 많이 받는 것은 별다른 의미가 없다. 다만 몇 사람이 저들의 불장난으로 극형언도를 받아 전격적으로 해치워 버릴지도 모르는 희생이 되느냐가 문제인 것이다.

그러한 의미에서 이미 극형이 구형된 정동년, 김종배, 박남선, 배용주의 판결이 어떻게 결말지어질 것인가에 달려 있다. 그들은 극형의 구형을 받고도 태연한 웃음을 싣고 여유 있는 표정으로 오히려 다른 동지들을 위안시키는 사람들이지만 우리는 그들의 판결에서 미치광이들이 이성을 회복할 것이라고 하면서 힘을 내라고 위로하던 처지라 그들에게 어떤 심판이 내려질지 무척 신경을 곤두세우고 기다렸다. 군사정권은 5월 18일 새벽에 검거 되어온 정동년(전남대 복적생)을 광주항쟁의 수괴로 몰아 그 책임을 묻자는 것이다. 이것은 어불성설이다. 도대체 감옥 속에 들어 있는 학생의 몸이 어떻게 광주항쟁의 수괴 노릇을 했다는 말인가. 군당국자들은 정동년 등이 학생운동을 통해서 광주항쟁의 발생을 미리 계획하여 실천에 옮기게 했을 뿐이라고 몰고 있다.

그런데 정동년 군은 광주항쟁의 사전모의를 했다고 자백한 날들이 모두 자신의 알리바이를 증명할 수 있는 날들을 택하여 조서를 작성했다. 그리하여 그 증거들로 모두 군당국자들이 꾸며 논 각본이 허사가 되겠기에 군당국자들은 갖은 고문과 분리수용 그리고 증인들을 협박하여 올바른 증언을 못하게 조치를 했다 한다.

그보다 앞서서 정동년 군이 김대중 선생을 만나 500만원을 받아 200만원은 김운기를 통해 조선대에 전달하고, 300만원은 박관현을 통해서 전남대생에 썼다고 자백하라고 죽을만큼 고문을 하였다. 그 고문을 이기지 못해 자기가 죄를 뒤집어쓰는 것은 좋지만 후배 학생들까지 죄를 뒤집어쓰도록 한 것이 도저히 견딜 수 없어 숟가락으로 손의 동맥을 자르고 벽에 머리를 찧어 자살을 기도했다가 주위에 의해 구조된 일이 있다고 나는 김상윤군에게서 들었다. 정동년 군의 주장은 나만 죽으면 되었지 후배들에게 누를 끼치고 싶지 않다는 심정에서 감행한 끔찍한 자살기도 사건인 것이다.

정동년 군은 복적생 중에서 나이를 가장 많이 먹었으니 그 활동이야 어떻든 수괴로 만들자는 것이고 그 각본에 의해서 광주항쟁의 수괴가 되어 사형이 구형된 것이다. 김상윤 군은 무기가 구형되었다.

다음 김종배(조선대생) 군은 처음에 광주항쟁의 수습대책위원회의 부위원장으로 활약했는데 24일 밤부터 강경파의 지도자로 수습위원회 위원장을 맡아 국군과 결사투쟁을 지도했다고 하여 도청팀의 우두머리로 사형이 구형되었다. 강경과 온건은 좀더 명분있는 협상을 할 것이냐의 여부에서 차이가 있을 뿐인데 잡은 자들이 그렇게 만들어 버린 것이다. 그래서 사형이 구형되었으며 허규정(조선대생 내무부위원장), 정상용(전남대제적생, 외무부위원장), 윤석루(타격대장)는 무기가 구형되었다.

또한 박남선은 상황실장으로 계엄군과 대항하는 실질적인 책임을 졌다고 하여 사형을 구형하였다. 우리는 공판정으로 그들을 보내놓고 하느님의 가호로 그들이 공정한 재판을 받을 수 있도록 해달라고 기도해 보았으나 결과는 예상대로였다.

모두들 구형대로 정동년, 김종배, 박남선은 사형, 홍남순, 김상윤, 정상용, 허규정, 윤석루는 모두 무기징역이 선고되고, 김성용 신부는 15

년, 명노근 교수는 10년, 송기숙 교수는 7년이 각각 선고되었으며 도청 참모진은 10년 이상, 한상석은 10년이 선고되었다.

일찍이 그리스의 성자 소크라테스는 사형선고를 받았을 때 다음과 같이 말했다. 우리는 이제 떠나야 할 때가 왔다. 나는 죽으러 가고 여러분은 살러 간다. 누가 더 행복할 것인가. 그것은 오직 신만이 알 것이다.

사실 우리의 인생은 기껏해야 7~80년의 생애를 살아갈 뿐이다. 이미 몇 십 년씩 살았으니 앞으로 몇 십 년을 더 살아야 천수를 다할지는 각자의 명에 따라 다를 것이다. 한 인간에게는 그 몇 십 년의 생명이 소중하고 죽어버리면 모두가 끝난다고 생각할 뿐이다. 그러나 역사에서는 인간이 천수를 다했느냐 못했느냐를 하나도 중요시하지 않고 오직 사람답게 살았는가를 따지고 기록하며 평가하려 든다.

그러기에 오래 사는 거북보다 더 짧게 사는 인간이 중요하며 업적도 없이 100년을 사는 사람보다 요절하는 천재를 더 기억하고 있는 것이다. 그러한 의미에서 어떤 인간이 행복한가는 사람에 따라 평가가 다르겠지만 공통의 기준은 사람답게 살며 뜻 있게 사는 길이라고 다들 알고 있다.

그렇다고 광주항생 관련사 중에서 사형을 언도받은 5명은 훌륭하게 살기 위해서 죽어야 한다고 권할 생각도 없고 그렇게 죽어가서는 안 되는 것이다. 우리는 죽은 후의 더욱 값비싼 평가보다 우리는 결코 죽지 않고 승리할 수 있다는 산 증거를 보여주어야 하고 광주항쟁으로 이미 수많은 생명을 바친 이 시점에서 또다시 귀중한 인명을 희생시킬 수는 없는 것이다.

극형을 언도 받고도 태연한 모습들을 보이는 당사자들의 장한 모습은 역시 위대한 광주시민의 대표답다. 정동년 군! 교도소로 향하면서 손을 흔들고 교수님들 건강하십시오 하면서 미소까지 지어 보인다. 우리는 소리를 높여 굳세게 건강하게 살자고 당부했다.

같은 방에 있는 김종배, 박남선군 모두가 의젓하고 꿋꿋한 표정들이다. 입장을 바꿔서 내가 저렇게 극형을 언도 받았다면 아마도 의식을 잃고 실신했을 텐데. 저들은 정말 장하고 기특하구나 하는 생각이 든다. 무기징역, 20년, 15년, 10년, 5년 이상, 모두 적지 않은 징역을 언도 받았지만 극형을 선고받은 그 사람들 걱정에 여념이 없다.

재야팀과 도청팀들의 선고공판이 시작될 때 모든 동지들은 소리높여 애국가를 불러 재판정을 놀라게 했다 한다. 우리가 기념행사나 조회시간에 불러대는 요식적인 애국가 소리보다도 마음속에서 힘껏 불러보고 싶은 애국가! "동해물과 백두산이 마르고 닳도록 하느님이 보우하사 우리나라 만세……." 어안이 벙벙한 심판관들과 헌병들도 애국가가 다 끝나기를 기다려서 심판의 주문을 낭독했다 한다.

민주공화국인 대한민국의 법정이 자유민주주의를 굳게 지키자는 관련자들을 극형이나 중형으로 다스려야 하는 이유가 어디 있는지 도저히 납득할 수 없다. 나는 김종배와 박남선의 손을 굳게 잡고 광주시민 그리고 민주주의를 사랑하는 우리국민은 여러분을 끝까지 보호할 것이니 결코 실망하지 말고 더욱 씩씩하고 건강하게 살아야 하며 우리 모두는 공동운명체라는 생각으로 동지들의 구출을 위해 있는 힘을 다하자고 역설했다.

나도 기도를 통해서 내가 동원할 수 있는 모든 역량을 다하여 광주항쟁으로 극형을 선고받은 사람들의 생명을 지키고 나아가서는 광주항쟁 관련자들의 타당성과 정당성을 인식시켜야 한다고 마음속으로 굳게 다짐했다. 부디 극형을 선고받은 형제들, 굳은 마음과 건강한 몸으로 기쁨의 그 날까지 건승을 빈다.

광주항쟁 관계에서 당국자들은 학원사태를 3가지로 나누어 심판하고 있다. 제일 가벼운 단계로 계엄령 위반 및 소요죄에 해당하는 사람들과 다음 단계로 내란 부화뇌동수행자들 그리고 가장 중요한 단계로 내란중요임무종사자들이다. 그 중에서 정동년은 광주항쟁의 총책임자로 내란수괴로 만들어 버렸고 김상윤, 한상석, 송선태 등의 전남대학생과 김운기, 양희승, 유재도 등의 조선대학생을 내란중요임무종사자나 내란부화뇌동수행자로 몰고 있으며, 그 밑에 단과대학 학생회장급과 총학생회 부장급을 계엄령 위반 및 소요죄로 취급하고 있다.

계엄령위반 및 소요죄는 14, 15일까지 데모를 한 것은 계엄령위반이고 16일의 횃불시위는 소요죄 해당으로 한 단계가 높다는 것이다. 그런데 전남대생들과 짝을 맞추어 조선대생들로 끼어 넣었으나 5월 14일부터 15일까지 계속된 민주성화나 16일의 횃불시위에서 조선대학생들은 거의 가담하지 않았다. 조선대의 중심학생들은 박총장퇴진 운동에 전념하였고 그것을 못 견딘 총장측근들이 자금을 제공하면서 가두시위를 종용하여 그것이 조선대 총장과 교수들의 범죄사실이 되었던 것이다.

모두가 경찰당국과 협의하에 질서정연하게 끝낸 일인데 어떤 것은 계엄령 위반, 어떤 것은 소요죄 해당으로 규정짓는 것이 우스꽝스러운 일이다. 정동년, 김상윤, 한상석 등은 앞에서 이미 언급했기에 여기서 서술을 피하고자 하는데 숫자놀음을 좋아하는 감각적인 군인들은 곧잘 전대와 조선대의 숫자를 맞추려고 애를 쓴다. 내란중요임무종사자가 전남대생이 세 사람이면 조선대생도 세 사람, 부화뇌동수행자도 그 숫자를 맞추고 있다. 그것은 우리늘 교수의 경우도 적용시켜 재야팀(명노근·송기숙·오병문교수)을 제외하고 전대 5명(김태진, 정익섭, 이광우, 이방기, 본인)인데 조선대도 5명(J모, J모, C모, K모, Y모)으로 꼭 수를 맞추었다.

조선대와 전남대는 학교마다 각각 그 특색을 가지고 있으며 학생활동이나 교수들의 사상도 각각 현격한 차가 나는데도 그 숫자를 똑같게 한다는 것은 무식한 군인들의 숫자놀음이라는 한계성을 잘 드러내고 있는 현상이다. 워낙 큰 재판에 가려져 학원사태의 심판은 크게 주목을 받지 못했으나 정동년, 김상윤, 한상석, 송선태, 김운기, 양희승, 유재도 등의 심판이 포함되어 있어 역시 큰 관심이었다. 그들도 언도공판을 시작하겠습니다라는 소리와 함께 애국가를 제창하여 그들의 애국충정을 과시하는 한편 재판관들과 헌병들을 놀라게 했다 한다.

송선태, 김운기(15년), 양희승, 유재도 등에게는 10년 가까이의 형을 언도했으며, 내란부화뇌동수행자들에게는 5년 내외의 형을, 계엄령위반 및 소요죄는 3년 내외의 형이 언도되었고 어떤 경우 집행유예를 선고하여 출감시켰다. 그리고 김태진 선생은 집행유예를 선고받아 자유의 몸이 되게 되었다. 그런데 조선대의 양희승, 유재도군 등은 78년 전남대 교수들의 교육지표사건에 전남대 학생들과 같이 항의하여 유신철폐를 주장하는 시위활동으로 민주화투쟁을 한 훌륭한 투사들이다. 이들은 광주항쟁과는 거의 관련이 없는데도 억지로 끼워넣어 고생을 시키고 있다.

오늘 재판 결과 전남대생으로 의대학생회장 차상섭군과 농대학생회장 원순석군, 자연대학생회장 윤목현군, 차명석(총학생회장 경호담당)군 등이 함께 출감되었다. 차상섭군과 원순석군, 윤목현 군은 단과대학 학생회장으로 학생들의 뒷처리만을 하다가 수감되어 고생을 많이 했으며 그들은 모두 자연과학계통의 학생회장들이어서 그것이 감안되었던 것 같다. 오늘 같은 학생회장으로 못나간 방민원(상대)군, 위경종(사대)군, 박선정(인문대)군은 인문·사회과학계통이기에 해당대학생들의 활동이 격렬했기 때문인 것 같은데 무척 마음이 아프겠지만 모두 의연한 표정들이다.

각 대학 학생회장들이 모두 같은 방에서 생활하면서 우리들과 깊은 인연을 맺고 서로 의지하며 큰 힘이 되다가 어제의 이광우 교수, 오늘의 김태진 교수와 같이 나가는 차상섭, 윤목현, 원순석 군들에게 축하하는 마음이 간절한 한편 이별하는 마음에 서운하기만 하다. 그들은 곧잘 미래를 이야기하며 친형제처럼 지냈는데 오늘 정동년 군이 복학생으로 나이가 가장 많아서 내란수괴가 된 점을 다 알고 있기 때문에 다음의 내란수괴는 원순석 군이라고 농담을 했다. 다음의 수괴로 지목한 원순석 군은 나이도 가장 많지만 학생회장들의 장형답게 성격이 좋아 모두가 좋아했다. 그런데 박용성군(사범대 국어교육과)은 뇌신경의 장애로 말을 못하여 재판에서 제외되어 돌아와 모두 딱한 표정들이었다.

학생회장 출신으로 윤목현 군과 위경종 군은 광주항쟁의 학원반의 조서와 사건진상 규명에 시종 동원되어 철저하게 허식과 조작 속에 이루어진 광주항쟁 진상을 누구보다도 잘 기억하고 있으며 모든 당사자들의 조서를 거의 암기하고 있을 정도로 잘 알고 있다.

그들 학생회장은 정말 장하고 의연하다. 그들은 그야말로 학생들의 뒷처리나 하고 따라 다녔으며 특별히 한 일들이 없지만 각 대학별로 일어난 일은 단과대학 학생회장이 모두 책임졌으나 한마디 변명도 하지 않고 모두 감당했다. 가령 원순석 농대학생회장의 경우는 학교에서 벌인 김상진(서울농대생 분신자살)군의 추도식을 필두로 해서 한농회가 주최한 모든 학생활동을 전부 원순석 군이 주도하여 한 것으로 책임지웠던 것이다.

그들은 곧잘 명교수, 이광우 교수와 우리 일행을 따르고 시중까지 들면서 동지들의 의식화 작업에 솔선수범하였으며 또 많은 내용을 소개하였고 군중들의 틈 속으로 파고들었으며 쌍십단식사태에 모두 앞장을 섰고 그들은 공판진행에서도 떳떳하게 자기 주장을 하며 광주항쟁의 마무리에 빛나는 공을 세웠다.

의대학생회장으로 활약한 차상섭 군, 농대학생회장인 원순석 군, 자연대학생회장인 윤목현 군은 제각기 소지품을 챙기고 옷을 갈아입고 철창문을 나가면서 우리들을 못 잊어 뒤를 돌아다보며 곧바로 우리들의 건강한 출감을 빌고 아쉬운 발길을 옮겼다. 김태진 교수도 미안하다는 표정으로 떠나면서 모두 잘될 것이다 라는 위로를 잊지 않았다. 우리 동지들이 한사람이라도 감옥을 빠져나가 우리의 억울하고 값진 싸움을 알려주기를 바라면서 나가는 사람들의 건승을 빈다.

극형이 언도되고 무기 등 중형이 선고된 광주항쟁의 보통군법회의 1심 판결은 모두 끝이 났다. 권력자들은 보복적이고 강압적으로 법관들의 입을 통하여 선고문을 낭독하고 할 일을 시원하게 치렀다고 만족할는지 모르겠다. 그러나 그들은 이 나라 역사의 기틀을 흔들어 놓았을 뿐만 아니라 법과 양심이 적용받지 않는 재판을 자행하여 사법부를 유린하였으니 그들의 죄악은 또 하나 추가될 것이며 뒷날 그들의 추악한 꼴을 무엇으로 변명하려는지 생각하면 쓴웃음이 지어진다.

광주항쟁의 재판은 극형으로 사형이 다섯, 무기가 다섯, 그리고 모든 관련자들에게 언도된 총 연 수를 따지면 몇 천년이 될 터인데 민주주의의 시대에 그 주인공인 민중을 무력으로 죽이고 또 재판이란 요식행위를 통해서 이렇게 또 죽이고 짓밟으려 해도 천벌을 받지 않을는지…. 서슬이 퍼렇게 생살여탈을 마음대로 하는 판국이라 모든 사람의 마음을 누르고 입을 다물게 하고 있지만, 힘으로 언제까지 그렇게 할 수 있으리라 생각하는 어리석고 단순한 무부(武夫)들의 만용!

우리 6소대는 울음바다요 비통으로 젖어있다. 다른 소대에서도 우리 소대를 쳐다보면서 동조하고 있다. 그러나 우리가 눈물을 흘리고 비통해 하면서 약한 것을 보이고 저들의 야수같은 짓을 당하고만 있을 수 없는 일. 우리 스스로 그들의 행동을 만화로 돌리고 극복하는 길을 찾아야겠다.

때마침 한 동지가 우리 이성학 장로님의 추도식을 거행하자고 제의했다. 모두 엄숙한 마음으로 민중을 위해 한평생을 사셨고 광주시민을 위해 몸과 마음을 아끼지 않으셨으며 탄압받고 고통받는 사람들을 위해 괴로움을 나누시면서 일생을 사신 장로님을 추도하자는 것이다. 이장로님은 광주항쟁의 수습위원으로 활동하여 수배를 받고 가족, 친지의 강권으로 은신하던 중 유명을 달리하셨기 때문에 장로님의 추도식을 우리들이 이곳에서 갖는 것이 고인을 위해 좋을 것이라는 생각에서 시작했다.

정용화 군의 약력소개와 김종배 군의 기도 그리고 명선생님의 이장로가 남긴 뜻이란 순서로 식을 갖기로 했다.

먼저 정용화 군은 "고 이성학 장로님은 양림 웃교회 장로님으로 하느님의 말씀을 실천에 옮기고 고통받는 형제를 위해서 물불을 가리지 않으시며 특히 긴급조치위반자나 양심범들의 뒷바라지를 위해서 동분서주하시었다. 그리고 광주항쟁 때에 노구를 이끌고 이 나라 민주주의와 광주시민을 위해서 불철주야 뛰어다니셨는데 불행히도 좋은 세상을 못 보시고 운명을 달리하셨지만 그분의 영혼은 우리와 함께 계실 것이다"라고 소개했다.

특히 이장로님의 영결식에 함석헌옹이 찾아오셔서 그 수도 모르는 광주시민이 억울하게 목숨을 잃은 처지에 또다시 이장로님께서 광주항쟁의 희생자로 유명을 달리했으니 이 얼마나 원통하고 분한 일이냐고 조사를 하여 모두 눈물을 흘렸다고 밖의 소식까지 전했다.

다음 순서로 극형을 언도 받은 김종배 군의 기도순서다. 김종배 군은 기도를 드리기 앞서서 몇 말씀드리겠다며 자기의 신앙생활을 소개했는데 지금도 80이 넘으신 조부님이 강진고향교회(몸소 세우신 교회)에서 기도를 하시며 나의 무사를 빌고 계실 것이다. 그리고 사람을 시켜 나를 한 번 보고 싶다고 전해 와서 제일 가슴 아프다고 술회하면서 이장로님을 생각하니 할아버님이 연상된다고 말하고 기도에 들어가려는 참이었다. 이때 밖에서 호명하는 사람은 모두 짐을 가지고 나오라는 형무반장의 말이 들려왔다.

순간 긴장되었고 분위기는 침통했다. 우리들 또 기약 없는 이별을 강요당해야 하는구나 생각하니 기가 막힌다. 김종배, 박남선, 정상용, 허규정, 윤석루, 윤강옥, 이양현, 김영철, 정해직, 박화성, 그리고 명노근교수를 부른다. 정말 하늘이 무너지는 기분이다. 김종배, 박남선 등의 사형선고를 받은 동지들 언젠가 꼭 다시 만나겠지. 부디 건강하라고 손목을 굳게 잡으며 재회를 다짐했고 윤강옥, 이양현 등의 사학과 제자, 그리고 다른 도청팀들을 일일이 손을 잡으며 우리 또 즐거운 재회의 날이 있겠지 하면서 석별을 나누었다.

그러나 울음을 터뜨리지 않고 명노근 교수와는 이별할 수 없었다. 이곳 생활 3개월이 넘도록 우리는 친형제 이상으로 의지하면서 이곳의 동지들을 위한 투쟁과 의식화 작업을 같이 해 오신 강인한 의지와 철석같은 마음, 그리고 인자한 성격의 명선생을 떠나보내고 어떻게 나 혼자 이곳을 지도할 수 있겠느냐 생각하니 앞이 캄캄해진다.

사실 이곳에서의 우리의 투쟁이 그렇게 활발했고 큰 성과를 거둘 수 있었던 것은 모두 명교수의 힘이었다고 할 수 있는데 이제 믿고 의지하던 형과 같은 명교수를 떠나보내고 어떻게 살아가야 할 지 앞이 캄캄하여 나는 큰 소리로 울면서 명선생과 붙들고 떨어질 줄 몰랐다. 좀처럼 눈물을 보이지 않는 냉엄하고 강인한 성격의 명선생도 눈물을 쏟으며 우리 오늘의 이 한과 설음을 풀 날이 있겠지 하면서 눈물을 닦으신다.

우리는 결코 지고 넘어질 수 없다. 모두 건강하고 굳세게 살자는 말을 남기고 명교수는 발을 옮겼다. 우리 6소대는 물론이고 전 30헌병대 영창이 모두 울음바다가 되어버렸다. 그들의 뒷모습이 안보일 때까지 소리지르고 손을 흔들며 슬픔과 분노를 씹으면서 내일의 그 날을 기약할 수밖에 없었다.

그들을 떠나 보내놓고 허전한 마음으로 텅 비어버린 자리에 멍하니 서 있다가 우리는 다시 마음을 가다듬고 이성학장로님의 추도식을 계속하기로 했다. 김종배 대신 다른 사람의 기도와 그분이 남긴 뜻을 전해 들었다. 한 사람의 일생이 짧은 것인데 우리네 인생은 짧은 인생을 전부로 생각하고 살려고 발버둥치고, 다 지내놓고 보면 뜬구름 같지만 좀더 편안하게 살아보려 하고 좀더 호화스럽게 살아보려 한다.

자기가 품은 높고 훌륭한 뜻을 실천하면서 거기에서 인생의 행복을 맛보며 살아가는 참 인생이 과연 몇 사람이나 될 것인가. 우리는 그러한 사람을 만날 때마다 옷깃을 여미고 존경하면서 추앙하곤 하는 것이다. 우리 모두는 이성학 장로님의 생애 가운데서 그러한 면모를 찾을 수 있는 것 같다.

한 가지 그분을 잘 모르는 나의 생각으로는 비록 가족의 만류가 강했다 하더라도 떳떳하게 이곳에서 우리와 같이 생활하시다가 가셨으면 하는 아쉬움이 깃든다. 사실 노구를 이끌고 이곳에서 사신다는 것이 죽기보다 더 괴로우리라 생각되지만 그분의 뜻대로 이곳에 오셨더라면 그분의 마지막이 한층 우리에게 더 빛을 주고 모범을 보였으리라 생각해 볼 뿐이다. 이장로님의 명복을 마음속 깊이 빌고 싶다.

추도식을 끝내고 나니 허전하고 비감이 자꾸 엄습하여 가눌 길이 없다. 우리 8명의 교수가 이곳에 와서 같이 고생하다가 4명은 병원으로 옮겨가고 4명이 남았다가 송기숙 교수가 공군헌병대로 떠나가 허전하였다. 그 후 어제는 이방기·이광우 교수가 출감하고 오늘은 김태진 교수가 출감하여 이곳에는 명노근 교수와 내가 비둘기처럼 그러나 굳세게 버티고 있었는데 또다시 명노근 교수를 떠나보내니 연약하고 정이 많은 나는 자꾸 슬픔과 고독이 치밀어 오른다.

사실 모두 형을 언도받고 동지들이 80여명이나 출감하고 난 지금 다른 어느 때보다도 그들을 위무하고 용기를 불어넣어 새 출발을 씩씩하고 굳건하게 시작해야 할 터인데 명교수를 떠나 보낸 이 몸조차도 가누기 어렵다. 다행히 김홍명 박사와 김영모씨가 관심을 가져주고 학생들이 나를 위로하면서 정신을 가다듬자고 격려하여 이제 새 출발을 할 수 있을 만큼 되었다. 슬픔을 딛고 새 발을 내딛는 장엄한 첫출발을 또 시도해야 될 때가 왔는가 보다. 굳세게 힘차게 살아가자. 눈물을 흘리고 비감에 젖는 나약한 마음을 떨쳐버리고….

우리들은 5개월이나 끌고 괴롭히던 재판을 어제와 오늘 모두 끝냈다. 재판 내용은 법률과 양심에 의하지 않고 무력과 강압에 의해서 보복적으로 일관했음을 알 수 있다. 많은 동지들은 80여 동료들을 출감시켰으니 혹시나 하는 기대가 무너져 버린 채 이제 새 출발을 해야할 처지에 있다. 이제 머지 않아 이곳 인간지옥의 30헌병대 영창을 떠나 교도소로 옮겨져 복역을 해야 하기에 모두 마음이 떠 있다.

나는 이렇게 들뜬 동지들을 안정시켜야겠다는 생각에서 마지막 강의를 하기로 했다. 우리는 우리에게 내릴 역사의 심판이 무엇인가를 알아차리게 해서 우리들의 용기를 북돋우고 의식을 확립시키는 것이 급선무이기 때문이다. 그리하여 다음과 같은 솔직한 나의 심정과 역사의 발전을 역설했다.

"사실 나는 역사를 공부한다고 해왔지만 확실한 이론의 정립이 부족한 상태에서 앞으로 전개될 역사의 심판을 예견하기란 어려운 일이지만 역사적 흐름의 방향만은 이야기할 수 있을 것 같습니다. E. H 카는 역사란 역사가와 사실 사이의 상호작용의 부단한 과정이며 현재와 과거사이의 끊임없는 대화라고 말했으며, 크로체는 모든 역사 중 최고의 역사는 현대사라고 주장하였습니다.

역사가 과거로서 죽어 없어진 사실이 아니라 현재 속에 살고 있는 살아 있는 과거로서만이 역사적 의미를 갖는 것임을 분명히 말해주고 있는 것입니다. 인류 역사는 한 사람의 행복과 자유 그리고 권한에서 더 많은 사람에게 그 폭이 넓어져 갔으며 이제는 민중 모두의 것이 되고 있음이 분명합니다. 그러한 의미에서 현대역사의 주인공이 되고 있는 민중과 무관한 과거는 아무런 의미가 없는 것입니다.

우리 역사에서도 과거에 부질없는 반란이나 역적으로 취급하였던 사건들이 민중의 편에서 역사를 재조명하여 혁명이나 의거로 서술되며 그 주인공은 역적이 아닌 혁명가, 선구자, 애국자로 추앙되고 있는 것입니다. 그러한 면에서 민주주의를 수호하고 민중이 역사의 주체임을 명확히 보여준 광주항쟁은 분명 역사에서 그 거룩하고 빛남을 아무리 예찬하더라도 부족할 사건임에 틀림없을 것입니다. 광주항쟁으로 못 다핀 채 시들어버린 수많은 희생자는 민주주의의 수호신으로 기념될 것이며 우리들 동지들은 광주항쟁의 주인공으로 그 재판기록과 함께 우리 역사에 길이 남을 것입니다.

오늘 우리가 몇 년 징역을 적게 받는다라든가, 먼저 출감했다라든가 하는 것은 역사의 심판으로 보면 그만큼 덜 영광되고 덜 자랑스러운 일밖에 되지 않는 것입니다.

우리 역사는 분명히 광주항쟁에 많은 지면을 할애하여 그것의 원인, 추진과정, 그리고 법정 투쟁을 모두 상세하게 기록할 것이며 광주는 현대사의 유적지로 장식되어야 할 것입니다. 도청이나 도청 앞 광장은 기념관이 서야하고 기념탑이 세워져야 하며, 이곳 영창은 기념건물이 되든지 그렇지 않으면 새로운 형태의 기념관을 세워 이곳에 앉아 있는 우리들의 모습이 조각되어야 할 것입니다.

그리고 광주 근교의 좋은 곳에 광주항쟁으로 희생된 분들의 거룩한 묘지가 건립되어 해마다 5·18이 되면 광주의 날로 기념하여 그들 앞에 무릎을 꿇고 통곡하면서 우리들 모두가 모여 기념식을 성대하게 거행해야 합니다.

여러분 우리는 그 날을 맞이하기 위하여 우리의 경험을 더욱 진하게 하여야 하고 우리의 고통과 시련을 달게 이겨나가야 합니다. 우리는 분명 광주시민 아니 이 나라 민중을 대표하여 고통을 받고 있는 것이며 이 나라 역사발전의 밑거름이 되고 있는 것입니다. 그러한 면에서 좀더 긴 징역언도나 좀더 괴로운 생활이 결코 무의미하지 않는 것입니다.

그리고 우리는 전과자라고 조금도 부끄러워하거나 안타까워할 필요가 없습니다. 우리는 자랑스러운 역사의 주인공 노릇을 하였으며 광주 시민과 역사를 사랑하는 애국민중은 우리들에게 훈장을 달아 줄 것이며 길이 기억할 것입니다. 용기를 가지고 긍지를 가지면서 앞으로의 새 출발을 합시다."

1980년 10월 26일

① 윤영규 선생의 기도

보통군법회의 재판이 모두 끝난 지금 우리는 교도소로 넘어가는 날을 기다리면서 착잡한 심경을 달래고 있다. 오늘도 일요일이기에 상무교회에서 또 올 것이다. 군당국자들이 접근조차 금지시키고 있는 신부님 강론을 들을 수 없음은 물론 요사이는 신선한 맛을 주었던 스님도 나타나지 않는다. 그런데 주일마다 찾아주는 개신교는 우리에게 큰 위안이 되는 점도 있으나 생각을 뒤집어 보면 왜 그들은 군사당국과 그렇게 배가 맞아 놀아나는지 은근히 심화가 치밀어 오른다.

그래서 일부에서는 예배를 거절하자고 주장하는 사람들도 있고 또 이곳에 오신 조비오 신부님 강론을 들어보자는 제의도 있으며 설이 구구하다. 때마침 전도사(군인 일등병)를 주축으로 한 상무교회의 예배팀들이 들이닥쳐 예배를 시작하려 하자 여기저기서 집어치우라고 아우성이다.

깜짝 놀란 그들은 어찌된 영문인줄 몰라 어리둥절하는데 학생들이 일어서서 신부도 못 오게 하고 스님도 안 오시게 해놓고 왜 당신들만 우리 앞에 나타나서 실속 없는 찬송가나 불러대고 설교라고 몇 마디 던지고 가느냐, 우리는 이러한 예배를 갖기 싫다고 하면서 우리들 중에 장로도 계시고 집사도 계시고 신부님도 계시니 진정으로 우리의 마음에 사무치는 마음으로 기도라도 올릴 수 있어야 할 것이며 신부님의 강론을 듣게 해달라고 요구했다.

그러나 예배를 주관하러 온 군인들은 당황하여 우리는 이래라 저래라 할 권한이 없어 여러분의 요구를 못 들어 드려서 죄송한 마음이다. 다만 여러분 중 한 분이 기도할 수 있게 해주겠으니 예배를 보자고 사정하여 그렇게 하기로 타협을 보았다. 사실 그 전에 명장로님의 기도를 허락해서 예배를 본 일도 있었으나 뒤에 말썽이 되어 일절 중지하고 설교내용도 극히 형식적인 성경풀이로 끝마치고 마는 예배시간이었다.

어제 명장로가 떠나버린 뒤라 기도는 윤영규집사가 담당하기로 했다. 윤선생님은 한국신학대학교를 나와서 중고등학교 교편을 잡으시면서 교회를 돌보고 있으며 현재 무진교회(강신석목사 시무교회)에서 오랫동안 집사로 계시는데 곧 장립을 받을 처지라고 한다. 신앙심이 두터우시고 의지가 굳으셔서 민중운동에 참여하시며 이 나라의 역사발전에 공헌했고 하느님의 말씀대로 행동하시는 분이시다.

형식적인 예배순서가 끝나고 윤영규선생의 기도가 있었다. 마음속에서 우러나온 절규였고 애달픈 호소였다. 구구절절이 우리의 심금을 울리고 우리를 공감하게 하며 가려운 곳을 긁어주시는 기도였다.

"하느님 아버지, 저희 부족한 죄인들은 하느님 앞에 기도드릴 수 있는 기회를 모처럼 얻었습니다. 저희들은 총칼에 의해 저희들의 많은 동료를 잃고 저희들은 부자유한 몸으로 벌써 5개월째 고통스러운 생활을 하는 사람들이 대부분입니다. 저희들은 이곳에서 인간적인 대우를 받은 적이 한 번도 없으며 철저한 탄압과 강제 속에서 짐승처럼 살아가고 있습니다. 저희들은 어제까지 법관들의 입을 빌어 불법자와 무법자가 내리는 심판을 받았습니다. 그 결과 5명의 동지들이 극형을 선고받았고 5명이 무기징역을 언도받았으며 또 다른 많은 동지들이 중형을 선고받았습니다.

하느님 아버지, 극형을 선고받은 5명의 동지들은 불법자의 보복적인 강압에 의해서 아무런 증거나 법률에도 없는 재판에 따라 어처구니없는 사형수가 되고 말았습니다. 그들이 짊어진 죄라면 조국의 역사를 발전시키려 했고, 조국의 민주주의를 갈망한 것밖에 없습니다. 하느님 아버지, 우리는 이제까지 당하고만 살아왔습니다. 언제까지 우리는 당하고만 살아야 합니까. 물론 그렇지 않다고 대답하시겠지요. 우리는 하느님이 우리 곁에 계시고 우리를 지켜주시는 줄 믿고 있습니다.

우리는 너무도 지쳐 있고 절망에 빠져 있습니다. 주님이시어, 우리에게 힘과 용기를 주십시오. 물론 우리에게는 믿음이 부족하고 사랑이 부족한 줄 잘 알고 있습니다. 그러나 우리에게는 의지할 곳이 없고 우리에게 하느님의 실체를 볼 수 있는 마음의 여유가 없습니다. 우리는 너무도 많은 핍박과 시련에 시달려 있습니다. 거룩하신 하느님이시어, 저들 극형을 선고받은 5명의 동지들에게 특별히 힘과 용기를 주시고 우리들 모두에게도 똑같은 은혜를 내려주십시오. 그리고 우리 모두가 하느님의 심판을 갈구하고 있습니다. 하느님, 실제로 우리 눈앞에서 정의의 심판, 구원자의 심판, 역사의 심판을 행하여 우리가 우리의 역사와 겨레와 주님을 위한 충실한 일꾼임을 보여주십시오.

하느님 아버지, 저희들더러 세속적이라고 꾸중하실지 모릅니다. 지쳐 있고 절망에 빠져 있고 핍박에 눌려 온 저희이기에 이렇게밖에 외칠 수 없답니다. 우주만물을 창조하시고 세상을 주관하시는 전지전능하신 하느님, 부디 이 절망에 빠진 민중들에게 옳고 그른 것을 심판할 수 있는 지혜를 주시고 간악하고 사특한 자들에게 그들이 천벌을 받지 않으려거든 회개하여 하느님 품에 안기도록 경종을 울려 주십시오. 우리 모두의 안녕과 건강 그리고 우리를 보내놓고 걱정하는 가족과 친지들에게 하느님의 깊은 은혜 함께 하시기를 거룩하신 예수님 이름으로 받들어 기도 드립니다. 아멘."

윤집사의 기도는 우리 모두의 마음과 가슴을 울려 주었으며 우리에게도 주님이 같이 하셔서 우리를 지켜주시고 우리를 돌보아주시리라 생각하게 하니 한결 마음이 가벼워지고 울적한 심사가 가라앉혀졌다. 상무교회 당사자들도 괴로운 짐을 부리고 떠나는 기분으로 우리의 마지막 예배를 끝마치고 떠나갔다. 우리는 보다 진실하고 보다 뜻깊게 살아야 하며 그 길이 하느님을 따르고 하느님 말씀을 실천에 옮기는 길이라 자각하면서 우리 모두 굳세게 살아가자고 다짐했다. 우물 속에 빠졌을 때도 감옥에 갇혔을 때도 낙망하지 않고 기도하여 구원을 얻은 요셉처럼 우리들도 용기와 힘을 가져야겠다.

1980년 10월 26일

② 사후대책을 위한 숙의

아무래도 우리는 교도소로 넘어갈 것 같다. 이곳에서는 한 곳에서 서로 연락할 수 있고 집단적인 행동을 하기에 좋아서 뿔뿔이 헤어지기 전에 우리들끼리 무슨 약속이 있어야겠다고 생각했다.

이제 명교수도 떠나버리고 나 혼자 남게 되자 학생들이 다투어 우리 소대로 모여들었다. 한상석을 비롯하여 여러 학생들이 앞을 다투어 나를 위로하고자 우리 소대로 이동을 했다. 나는 모여든 학생들과 우리들 광주항쟁 관련자들이 아무런 다른 점이 없이 헤어져서는 안되니 우리의 할 일이 무엇인가 대책을 세워보자고 했다. 우리 모두는 고개를 맞대고 여러 의견을 모아보았다.

첫째, 5사람이 극형 받은 것을 사회에 호소하고 친지들에게 호소하여 그들을 살려 놓고 보아야한다는 것이다. 그 방법은 그들이 아무런 쇠 없이 보복적으로 감정적으로 극형언도를 받았다는 사실을 유포시켜야 하며 또한 광주항쟁으로 수많은 사람이 총칼에 죽어갔는데 또 재판까지 하여 성한 정신으로 사람을 죽여야 되겠느냐고 호소하여야 한다는 것이다.

둘째, 우리는 언도받은 대로 징역을 살지 않는다는 확신을 가져야 한다. 우리는 정치재판을 받아 엄청난 형들을 선고받았지만 우리는 거의 연말까지 출감하게 되며 또 사정이 좋아져서 우리 모두 우리의 승리를 환호할 날을 항상 기다릴 수 있는 몸이니 낙심하지 말고 굳세게 살아가자는 것이다.

셋째, 우리는 일반 범죄자와는 다른 양심범, 확신범이고 광주시민을 대표해서 수감생활을 하고 있는 사람들이니 항상 떳떳하게 주장하고 우리의 권리를 포기하지 않도록 단결하여 행동하자. 교도소에 가더라도 부당한 대우를 거부하고 정정당당하게 투쟁하면서 우리의 주장을 관철하자.

넷째, 매년 5월 18일이 되면 우리는 밖에 있을 때 언제나 도청 앞으로 모여 그 날을 기념하면서 서로의 소식과 안부를 전하고 서로 의지하며 돕고 살아가자.

다섯째, 머지않아 출감할 사람이 많을 것이니 먼저 나간 사람은 뒤에 남은 사람을 위해서 힘있는 대로 관심을 가지고 도울 수 있는 조치를 취하자. 그 연락본부는 YWCA본부나 성당을 이용할 수 있을 것이다. 우리는 다섯 가지 사항을 각 소대에 전달하기로 하여 각 소대의 소대장을 철책 앞으로 불러 전체 동지들에게 사실을 전달하게 했다.

사실 5사람의 생명은 무슨 값비싼 대가를 치르더라도 구해야 된다. 그들은 광주시민이 한 일을 책임졌으며 가까이는 우리들을 대신하여 엄청난 형을 받은 것이니 우리가 출감하면 재수감을 각오하더라도 사회의 각계각층에 호소하여 여론을 환기하여야 할 것이며 그들의 처형을 끝까지 저지하지 않으면 안 된다고 우리 모두 다짐했다.

광주항쟁으로 이곳을 다녀간 사람이 4,000여명이 넘는다고 한다. 그런데 군당국자들이 그 사람들을 철저하게 감시하고 협박하여 모두 벙어리가 된 채 살고 있다고 전해진다. 물론 겁이 나고 또다시 재수감되는 불행은 없어야겠지만 그런 식의 공갈과 협박에 굴복해 버린다면 이 사회는 발전이 없을 것이고 침묵을 기반으로 강압과 독재는 개가를 울릴 것이 분명한 일이니 그대로 앉아서 당할 수만은 없는 일이다.

여기서 주위 사람들을 공감하게 하여 여론화시키는데 제일 잘 먹혀들어갈 사람이 정동년 군과 김종배 군의 경우다. 그 이유는 두 사람 다 배우는 학생이고 누구보다도 정이 많고 마음이 곱기 때문에 이번에 광주항쟁의 수괴가 되었고 도청팀의 수습위원장이 되었으니 말이다.

정동년 군은 40세에 가까운 복적생으로 그의 진술을 들으면 인간적인 정이 넘쳐흐르고 또한 가슴이 뜨거워진다. 자기는 전남대학 총학생회장으로 6·3사태 학생데모로 제적되어 먹고 살아야겠기에 이것저것을 익혀 자격증이 여러 개이며 부지런히 살았다 한다.

그런데 기다리던 10·26이 일어나 우리 같은 사람이 복적되어 대학을 졸업할 수 있다고 생각되어 기쁘기 한량없었다. 마침 딸녀석이 유치원에 다니는데 아버지 학력난에 대퇴라고 쓸 때마다 마음이 걸리더니 잘되었다고 생각하여 복적을 한 것이 복적생들 중 가장 나이가 많아 인간적으로 형노릇을 한 것이 바로 광주항쟁의 수괴로 뒤집어씌움을 받게 되었다는 것이다.

나는 5·18새벽에 잡혀왔기 때문에 광주항쟁이 일어났는지 어떻게 진전되었는지도 전혀 모르고 결과적으로 내란의 수괴가 되었다. 내가 요술쟁이나 둔갑술을 가진 사람이 아니고서야 감옥 안에서 어떻게 광주항쟁의 수괴노릇을 했다는 것이냐고 차분하게 따질 때는 재판관이나 방청석이 모두 머리 숙여 수긍했다는 것이다.

다음으로 김종배 군은 5월 20일인가 동명동에서 도청 쪽으로 나오는데 길가에 한 여학생이 총을 맞아 쓰러져 죽어 있었다. 그는 그 죽은 여학생 곁으로 가서 많은 생각을 했다. 왜 이렇게 순결한 마음을 가진 시민, 학생들이 무참하게 죽어가야 되는가 하고 마음속으로 슬퍼하면서 더 이상의 희생은 나지 않아야겠다고 다짐한 것이 광주항쟁에 참여하게 된 동기가 되었다고 술회하고 있다.

우리는 이 두 학생들의 소박하고 순수한 인간적 사랑을 많은 광주 시민과 뜻 있는 민중에게 알려 이성을 잃은 미치광이의 총칼에 의해 죽어간 사람도 가슴 아픈데 또다시 사람을 죽일 수는 없다고 호소해야한다.

우리는 시시각각으로 다가오는 교도소 이감을 앞두고 여러 가지 의논을 하면서 새로 잡혀온 문승훈(국사교육과)의 조서코치를 한상석군이 전담하게 하였다. 한군은 자상하고 너그러운 마음씨와 희생적인 몸가짐으로 광주항쟁을 통해서 가장 헌신적이고 초지일관한 장한 사람으로 찬사를 받아야 될 것이라고 모두가 입을 모아 칭찬했다.

1980년 10월 27일

교도소 이감과 3144번의 운명

인간지옥의 30헌병대 영창을 떠나게 되었다. 대부분의 동지들은 5개월간의 동물생활을 청산하고 사람을 수용하는 교도소로 향하는 기쁨이 클 것이고 나에게는 3개월이 넘는 고달픈 이곳 생활을 청산하고 새로운 출발을 하기 위해 교도소로 향하는 기대에 부풀어 있다. 우리는 기회 있을 때마다 민간인이기에 사람대우를 받기 위해 교도소로 가야 한다고 주장해 왔으며 똑같이 범죄자를 다루는 곳이지만 군인을 다루는 곳과 사람을 다루는 곳은 여러 가지 면에서 차가 클 것이라고 생각하였다. 나는 특별히 생리에 맞지 않는 군 생활과 이곳에서 3개월여 동안 한시도 마음놓을 수 없었던 긴장된 투쟁이 끝났다는데서 안도감과 함께 피곤이 풀리는 것 같다.

그리고 언제인가 부조리와 총칼이 난무하는 어려운 시대를 살아가면서 한 번쯤은 거쳐야 되는 것이 참되게 살려는 지성인의 과정같은 것으로 생각되는 교도소를 이번 기회에 거치어야 되겠다는 평소의 꿈을 실현하게 되었기에 나에게는 더욱 감회가 크다. 아침을 끝내고 부지런히 소지품을 챙기나 3개월 전의 의복이라 남방셔츠에 여름바지이며 신은 일부러 헌 것을 신고 왔지만 흙이 묻어서 그랬지 건재한 편이다.

다른 동지들은 옷이 없는 사람도 있고 신발은 아예 찾을 수조차도 없으니, 먼저 나간 사람들이 옷이 없고 맨발로 끌려 왔다가 주워 입고 신었기에 자기 것을 찾을 수 없는 것 같다. 어떤 사람은 반지를 맡겨놓았는데 없어졌다고 항의하기도 하며 정익섭 교수는 한 짝밖에 없는 구두를 들고 다니며 소중하게 간직하겠다고 하여 우리의 마음을 울적하게 했다.

나는 나의 소지품을 챙기고 시계를 보니 7월 23일에서 정지되어 있었다. 자동시계이기 때문에 그때까지 가고 멈추어 버렸던 모양이니 이것도 생명이 있는 것 같으면 얼마나 더 살려고 몸부림쳤겠느냐, 또 주인을 원망했겠느냐고 물끄러미 시계를 들여다보았다. 모두 헌신을 신고 나섰지만 한상석 군은 맨발로 걸어다닌다. 그래서 아무 것이나 신고 가야지 맨발로 어떻게 교도소에 가겠느냐고 했더니 제가 남의 것을 신어 버리면 다른 사람이 신을 못 신을 것 같아서 그랬다고 하면서 저는 젊으니까 괜찮습니다 하면서 의연하게 맨발로 출발한다.

나는 정익섭 교수와 한 짝이 되어 포승으로 묶이면서 정교수에게 또 한번 미안하고 죄송한 마음을 가져본다. 이제까지 병원에 계셨으니 몸을 지탱하셨을 텐데 그곳에 가서 어떻게 견딜 수 있을는지 안타깝고 죄스럽다. 우리는 3대의 버스에 나누어 타고 징그럽고 원한이 쌓인 헌병대 영창을 떠나 정문을 빠져 나오기가 바쁘게 삼엄한 헌병들을 무시한 채 노래를 부르기 시작했다. 젊음의 열정을 불태웠던 그 감격적인 노래들이 다시 불러졌다. "나 태어나 이 강산에 투사가 되어"로 시작되는 투사의 노래며 서서숙겠다는 노래 등을 목이 터져라고 불렀다. 우리의 앞 버스가 노래를 부르니 다른 버스들도 따라서 불러 연도의 시민들은 어리둥절한 모습으로 쳐다본다.

평소에 그렇게 자주 다니던 눈익은 길이 7월 21일 이곳에 수감된 후 통합병원에 진찰을 받으러 가느라 한 번 스쳐보고 이제 3개월 만에 처음으로 대하고 보니 감회가 새롭다. 어딘지 웃음과 희망을 잃은 듯한 광주 시민의 어두운 표정을 읽을 수 있는 것 같으며 광주항쟁의 격전지인 화정동고개, 그리고 광주공업단지 입구가 보인다. 목이 터져라고 노래를 부르면서 이 차가 한전 앞으로 해서 광주 중심가를 지나주었으면 먼발치로라도 우리 집을 볼 수 있고 많은 시민들이 우렁찬 노랫소리에 깊은 침묵을 깰 수 있을 것만 같다.

그러나 우리를 실은 버스는 외곽으로만 달린다. 공업단지를 지나 운암동으로 빠져서 고속도로를 타고 달려서 바로 교도소로 직행하는 것 같다. 교도소가 가까워질수록 목소리를 더 우렁차게 노래를 부르니 교도소 앞에서 서성거리는 민간인들은 무슨 영문인지 어리둥절한 표정이다. 무거운 철책 문을 들어서서 의기양양하게 내리자 우리를 데리고 온 헌병들은 부디 건강하시라고 손을 흔든다. 인정 많은 최일병, 이상병 등이 특히 나에게 잘 계시라고 인사하며 떠난다. 나는 고맙다고 대답하고 우리 동지들을 뒷날에라도 욕하지 말라고 당부했다.

교도소 강당의 맨바닥에 우리를 앉히고 무궁화 3개짜리인가 되는 사람이 제법 엄숙하게 주의도 주고 호통도 친다. 이때 과거 긴급조치로 경력이 있는 유재도 군이 어디다 대고 공갈을 치며 반말을 하느냐고 따지자, 모두 함성을 지르며 동조하자 그 사람을 겁에 질린 표정으로 수그러진다. 우리는 이곳에서 소지품을 영치하고 간단히 본인확인을 하면서 죄수번호를 받고 옷을 푸른 수의로 갈아입는데 200명이 넘는 수라 시간이 너무 많이 걸렸다. 점심도 늦게 쯤 강당에 앉아서 한 덩어리씩 먹는데 반찬에 젓갈이 많이 들어 있어서 우리의 구미에 잘 맞아 맛있게 먹었고 밥을 더 먹으려는 사람은 얼마든지 먹을 수 있어 이제 굶주림에서 해방된 느낌이 들어 안도의 느낌을 가졌다.

여러 절차 가운데 보건카드를 작성하는 것이 있어 열을 지었는데 이곳 의무담당 죄수 가운데 전북대 수의과 교수가 있다는 소리를 송기숙 교수에게서 들은지라 서류를 작성하면서 그와 인사를 청했더니 반갑게 대해 준다. 그렇지 않아도 송교수, 명교수는 잘 계신다고 안부까지 전해주고 동병상련의 심정으로 퍽 가깝게 느껴졌다. 또 다른 의무인은 재일교포라고도 하고 일류고등학교 출신이라고도 하는데 참 친절하고 정중하게 대해주어 고마운 생각이 든다.

역시 사람은 사람 사는 곳으로 와야지 군인들 세계에서 살 수 없다는 생각이 다시 새삼스러워진다. 하도 사람이 많고 인원은 부족하여서인지 (아마 광주교도소 생긴 이후 처음으로 200명이 넘는 수가 일시에 도착했을 것이다) 일이 좀처럼 진척되지 않아 늦게야 죄수번호 3144를 타고 소지품을 맡기며 일용품을 타는데 정용화 등의 경험자에게 많은 도움을 받았다.

이제 날이 어두워지기 시작하니 우선 임시 수용될 방을 정한다고 모두 줄을 서고 번호를 붙인다. 우리들 어른들은 제일 늦게 줄을 서서 젊은 사람 몇 명에 나이 먹은 사람들이 같이 한 방에 수용되었다. 정익섭 교수, 오병문 교수, 이영생씨, 조봉한씨, 조비오 신부, 그리고 권향년군과 김대홍군이 학생들로 우리와 같은 방에 수용되었으며 몇 사람의 전과자도 같이 방에 들었다.

우리는 모두 처음 당하는 일이라 어리둥절할 뿐이다. 그러나 마음이 안정되고 자유스러워 보이며 식사도 많이 주어 군 영창보다 한결 좋으며 또 마침 4사 2층에 자리 잡아 햇빛도 많이 들어와 마치 우리 집에 돌아온 기분이다.

그런데 약간의 속상한 일이 생겼으니 병원에서 온 동지 가운데 무지몰각하고 버릇없는 K모가 섞여 있어 우리의 가벼운 마음을 무겁게 하는 시비가 벌어졌다. 이놈은 병원에 있다가 온 전과자인데 인제 교도소에 왔으니 자기들 세상이라는 것이다. 그러자 먼저 조비오 신부가 주의를 시켰다. 과거의 전과는 우리의 이번 일과 관계가 없는 부끄러운 일이니 이곳에서 어른들의 가르침을 잘 받고 조심스러운 생활을 하여 새 사람이 되어야 한다고 타이르자, 그는 욕설과 막말을 퍼부었다.

나는 하도 기가 막혀서 어디서 불거져 나온 놈이 함부로 날뛰느냐고. 여기가 잡범들의 수감소인 줄 아느냐, 버르장머리없는 놈이라고 호통을 쳤더니 참 별꼴 다 보겠다면서 여기서도 교수, 학생이면 다인 줄 아느냐고 달려든다. 그는 이윽고 우리는 학생 교수들 때문에 죄를 뒤집어썼다고 마구 뱉으면서 난장을 부리며 이곳은 교도소이니 선배 맛을 보여주어야겠다는 등 난폭한 말을 뱉는다. 권향년 군이 너 입 좀 조심 못하겠느냐고 주의를 주었으며 같은 동료되는 사람들이 그렇게 함부로 어른들에게 대들면 안 된다고 해서 가라앉았다. 나는 곰곰이 생각해 보았다. 병원에 있는 놈들이 제대로 의식화작업도 안되었고 제멋대로 놀아나는 것을 보니 병원에 있었던 교수나 학생은 무엇을 했는지 모르겠다고 원망스러워진다.

정익섭 교수는 그놈을 타이르면서 병원에서 인간교육을 못시킨 책임이 크다고 변명 겸 사과를 했지만 그 많은 시간을 쌀밥에 많이 먹고 편안하게 살다만 왔다는 말인지 참 어처구니없다. 20여명이 넘는 수를 10명 정원인 방에 넣었으니 잠을 제대로 잘 수가 없었고 또 불쾌한 생각이 자꾸 치밀어 잠을 설쳤다. 날이 새어 아침이 되자 나의 말을 전해들은 학생과 동지들이 그놈을 그냥 두지 않겠다고 으르렁거려 그 사람은 큰 곤경을 겪을 것 같았지만, 이내 많이 수그러졌다.

이제 점점 평온을 되찾아가며 우리의 주장을 내세울 때가 온 것 같다.

1980년 10월 28일

교도소의 이튿날

몸과 마음은 편안하며 햇빛도 뜨는 해부터 지는 해까지 비춰주어 마치 집에라도 돌아온 기분이나 무례한 김군의 언동과 일부 수감자들이 담뱃불을 붙이는 등 소란에다가 이부자리가 부족하여 잠을 제대로 못 자고 나니 약간 피곤한 기분이 감돈다. 아침에 일어나서 열을 지어 앉아서 번호를 붙여 점호를 끝내고 세수를 세면장에 가서 하고 돌아왔다. 이 방 저 방에서 부모나 형님을 대하듯 따뜻하게 건네는 인사를 받으면서 30헌병대에서의 우리의 의식교육이 제대로 잘되었음을 확인하는 것같아 기쁘다. 그리고 어제 우리의 도착을 알아차리고 우리 방 바로 밑층에 자리잡은 김종배, 박남선, 정상용, 윤석루, 허규정, 윤강옥, 김영철, 이양현 등의 목소리가 들려온다.

얼마나 반가운 목소리며 당상에라도 뛰어나가서 부둥켜안고 싶은 심정이다. 모두 건강하며 씩씩하게 지낸다니 우선 다행한 일이며 명노근 교수는 특사의 독방에서 홍남순, 김성용 신부, 이기홍, 송기숙 교수와 같이 따로 수감된 것 같고, 정동년, 김상윤군 등은 그대로 있는 것 같다. 서로 인사말을 건네면서 안부를 묻는 목소리는 모두 정이 가득히 담겨져 있었다.

식사를 끝내고 나니 각방에서 대표를 선정하여 방을 배정하는 문제며 앞으로의 생활을 자율적으로 우리들이 주관해서 해나가자고 모이고 벌써 활동을 보이기 시작한다. 오늘은 우선 기록카드를 작성하고 내일 방을 배정하는데 어떻게 할 것이냐 문제가 제기되어 신경을 쓰게 한다. 우리 방에서는 장두석씨를 보내면서 학생과 우리들 어른들이 골고루 배정되어 체계 있고 보람되며 더욱 철저한 의식교육을 하자고 방침을 시달했더니 다녀와서 이곳의 말씀대로 하기로 했다는 것이다. 모두들 척척 맞아 들어가는 것이다.

오늘은 기록카드(신상명세서)를 작성하는 날이다. 아침밥을 먹고 모두 교무과엔가 가서 기록카드를 작성하느라 하루의 시간을 소비했다. 원체 많은 사람들이 몰려왔기에 시간이 걸리는 것 같고 우리들이 지날 때마다 지도라는 완장을 두른 사람들이 양편 복도에 줄을 지어 배치되고 감시하는 것으로 보아 우리에게 상당히 신경을 쓰는 것 같다. 그런데 지도는 수감자 중에서 모범적인 사람으로 선발하는데 주로 교도관을 도와 감시를 담당한다고 한다.

우리 일행도 카드작성을 위해 방으로 갔더니 한참 만에 차례가 되어 교도관 앞으로 가서 카드작성을 시작했다. 직업이 무엇이냐고 묻기에 대학교수라고 했더니 강사시면서 교수라고 하느냐고 했다. 그래서 화가 불끈 나기에 모르면 가만있기라도 하면 되는데 왜 아는 척해서 웃음을 사느냐고 불쾌하게 대답하고 전임강사 이상은 교수라고 부른다고 했더니 미안하다고 사과를 한다. 가족난을 메우느라고 일일이 식구이름을 적을 때 이곳에 우리 식구 이름들까지 기록하는가 생각하니 기분이 언짢기도 했다.

다음으로 교도관이 무슨 죄를 져서 왔습니까 하고 물었다. 그래서 죄는 무슨 죄를 졌겠느냐, 우리 광주항쟁 관련자들은 무슨 죄를 지어서 온 것이 아니라 죄를 씌워서 온 것이다 라고 대답했다. 그러면 씌운 죄가 무엇이냐고 묻기에 전남대 교수를 대표해서 교수들의 시국선언문을 쓴 것이 죄가 된다고 씌워서 왔다고 대답했더니, 뭐 잘 되시겠지요 하면서 조심스럽게 대해준다.

그런데 교도소에서는 가끔 우렁찬 군중의 소리가 들려 저것이 무슨 소리냐고 선배(?)들에게 물었더니 저것이 자체방어 훈련이라고 한다. 즉 외부의 공격이 있을 때는 모두 자기 방에서 구호에 맞추어 아우성을 치면 사람들이 많구나 하여 도망가게 한다는 것이다. 참 우스운 말이다. 이

교도소를 습격하거나 쳐들어오는 사람들이 무슨 교도소를 점령하여 수감자들을 지배하기 위해서 할 짓이 아닐 텐데 오히려 사람들이 많으면 방해되지 않을 것이고 막상 그런 때일수록 이 안에 수감된 사람들은 오히려 학수고대할 일인데 아우성을 질러 겁을 줄 이유가 무엇이겠느냐고 생각했다.

또한 교도관이란 직업이 고되고 천한 직업이라고 한다. 왜냐하면 저녁이 되면 교도관들을 넣고 밖에서 큰 열쇠를 잠가 만약 화재를 당하거나 불상사가 일어나면 꼼짝 못하고 같이 당하게 마련이라는 것이다. 그래서 우리 전라도 출신이 이 직업에 많이 종사하여 충청도까지 전라도 사람이 차지해서 그곳에서 생활하기가 괜찮다는 이야기를 송기숙 교수에게 들은 일이 있다. 그들은 많은 불신을 가진 것 같고 우리 입장을 퍽 이해하는 것 같으며 식사를 공급하는데도 여유 있게 주며 많은 편의를 제공하려고 하는 것 같다.

그런데 나와 같이 기록카드 작성을 하러갔던 조비오 신부는 교도관과 언쟁을 했다. 이유인즉 교도관이 처음부터 반말을 지껄이면서 오만을 피우기에 다 끝났을 때쯤 가만히 귀에 대고 제발 경어 좀 사용하십시다 했더니 무슨 잔소리가 많으냐고 오히려 대들기에 어디서 배워먹은 수법으로 사람을 함부로 대하느냐고 호통을 쳐서 언쟁이 되었다는 것이다.

줄을 맞추라고도 하지 않고 누워있거나 이불을 깔고 앉아 있을 수 있으며 공기도 맑고 햇볕도 잘 들어와서 30헌병대 영창에 비하면 일류 호텔이다. 이러한 좋은 숙소를 놔두고 이제까지 고생을 했는가 생각하니 억울하기 짝이 없다. 벌써부터 밖에서 들어오는 물건들이 답지한다. 이불을 비롯하여 신발, 화장지 등이 들어오며 일용품도 곧 살 수 있게 된다고 주문을 받는다. 조비오 신부, 오병문 교수 그리고 정익섭 교수의 이불과 짐이 도착되어 오늘밤부터는 한결 잠자리가 편하겠다 생각했다. 저녁을 먹고 많은 이불을 여유있게 나누어 덮으면서 이튿날 밤을 가벼운 마음으로 잠들 수 있었다.

1980년 10월 28~29일

조 신부와 밤을 새우며

어젯밤 잠을 설쳤기에 오늘은 넉넉한 이부자리를 덮고 일찍 잠을 들 수 있었다. 한참 잠을 자고 눈을 떠보니 한밤중인 것 같다. 시계는 없으니 시간을 알 수는 없고 가끔씩 방안의 동정을 살피는 교도관의 발자국 소리와 창을 통해 들여다보는 인기척이 들릴 뿐이다.

그런데 조신부도 잠을 깨었는지 앉아 있다. 나는 다시 잠을 재촉하려 했으나 이 생각 저 생각이 연상되어 잠을 이룰 수가 없었다. 나는 조신부와 같이 기거하면서 대화해 보기는 이번이 처음이었다. 모든 개인적 욕망과 생리적 욕구를 떨쳐버리는 하느님의 사도로서 일생을 바치는 신부라는 직업이 보통 사람들이 할 일은 아니란 것을 알고 있지만 이번 광주항쟁 때에 신부들의 역할은 지대했다고 생각한다. 그전부터 곧고 올바르게 이 세상을 이끌어가기 위해 한마음으로 달리는 분들이라고 생각해서 매우 호감이 간다.

보안대에서 송정리성당의 신부와 잠깐 사귀면서도 불굴의 정신과 투지에 불타있는 모습을 보고 새삼스럽게 감탄한 일도 있었다. 그때 여수시장이었던 한씨와 같이 머물러 있는데 한시장은 거의 정신을 잃어버린 것 같이 멍한 상태이었는데 정형달 신부는 불타는 의지로 사태의 추이와 앞으로의 할 일을 찾아 부지런히 움직이고 있음은 바로 신앙을 가진 사람과 그렇지 않은 사람과의 차이란 것을 알았다.

조철현 신부는 광산군 본량 출신으로 나보다는 한 살 위인 사람이고 이제까지 그분이 쌓으신 양식과 투철한 사명감은 나로서는 동경의 대상이 될 만하다. 물론 직업에서 나오는 차도 있지만 유신독재 하에서 공공연히 투쟁하면서 경찰들에게 호통을 친 이야기며 강론을 통하여 저서를 통하여 일관해서 참 사는 길을 강조하였고 그러한 길을 걸어왔었다는 말씀을 들었다. 반면에 우리는 지난날 경찰에게 짓밟혀 말 한 마디 못하고 산 대학인의 부끄러움을 무어라고 변명할 수 있을까.

직업이 다르고 처자식을 거느리는 생활인이기 때문에 우리의 활동에는 한계성이 있다고 자위해 보고, 조신부도 위로해 주기는 하나 할 일을 못하고 사는 비굴한 사람들에게 변명의 구실은 얼마든지 있을 것이다. 나는 조신부와의 이야기에 잠은 멀리 가버리고 초롱초롱한 마음으로 가톨릭세계에 대해 궁금한 여러 가지 문의를 하였으며 조신부로부터 친절한 가르침을 받았다.

다음으로 현실을 어떻게 볼 것이냐에 서로의 의견을 피력하면서 논리적 근거를 제시해 진지한 토론을 전개했다. 먼저 조신부는 현실은 어쩌면 악마의 세계인지 모른다. 천사보다는 악마, 선보다는 악, 정의보다는 불의, 논리보다는 칼이나 총이 지배하는 세계이기 때문에 현실에 어떤 희망을 건다는 것은 그만큼 불행하고 고통스러움을 각오해야 한다는 것이다. 물론 나보다 더 많은 투쟁과 사회를 보는 통찰력의 소산이겠지만 나는 그의 의견에 동의할 수 없다.

나는 헤겔의 역사철학을 동원하면서 역사는 이성이 지배하기 때문에 결과적으로 발전할 수밖에 없다고 주장했다. 그런데 우리의 눈앞에는 더 부정적이고 절망적인 것으로 충만해 있고 그러한 것의 연속이 현실의 전부인 것 같이 보인다. 그렇지만 헤겔은 그것을 이성의 간계(奸計)라고 규정하고 이성이 자기의 건재를 확인시키기 위해 장난을 부리고 사회를 고통스럽게 만들지만 결과적으로 이성이 작용하여 심판을 내리는 것이라고 했다.

그 다음의 문제로 우리의 민족 역량이 얼마나 성장했느냐는 문제에 대해서 토론했다. 조신부는 우리의 역사는 어둡고 괴로운 것으로 축적되었으며 한번도 정의로운 것이 승리한 역사가 없기 때문에 민중의 역량이 축적될 기회가 없었으며 모처럼의 꿈은 잔인하게 무산되어 버리고 만다는 것이니 우리의 현실이 그것을 잘 증명해 주고 있다는 것이라고 주장했다.

우리의 대화는 가끔씩 끊긴다. 그것은 교도관이 방안의 동정을 살피기 위해 왕래하면서 방안을 응시하고 있기 때문이다. 모두 고요히 잠을 자는데 저것도 못할 일이구나 생각을 해본다.

조신부가 주장하는 민중의 역량부족을 나는 또 한번 부정했다. 우리는 역사를 어둡게 볼 것이 아니라 밝게 보아야 할 것이다. 더군다나 현재는 민중의 시대요 대중 전달이 가능한 대중의 시대이기 때문이고, 또 그것은 한 나라나 한 지방의 문제가 아닌 전 세계의 문제이기 때문에 비록 취약성을 갖고 있다고는 하지만 우리들의 운명을 결정할 정도의 충분한 역량을 축적했다고 봅니다. 동학농민혁명이 실패한 것도 외세 때문이었고 독립협회 운동이 실패한 것도 외세 때문이었지요. 그리고 3·1운동이 실패한 것도 물론 일제의 탄압 때문이구요. 이러한 외세만 아니었다면 우리는 90년 전이나 60년 전에도 스스로의 근대화나 민중의 역사가 가능했다는 말입니다.

그것이 4·19에 응축되어 꽃핀 것이지요. 비록 5·16의 총칼이 무자비하게 4·19의 금자탑을 헐어버렸지만 우리에게는 외세도 외세지만 남북대결이란 현실이 민중의 정치를 부정하는 구실을 주고 있기는 하나, 그러한 속임수도 얼마나 갈 수 있을까요. 특히 10·26을 나는 역사의 당위로 보고 있습니다. 그것은 어떠한 수단이나 방법을 동원하더라도 본질을 호도할 수 없다는 산 증거가 아닐까요. 그러나 조신부는 왜 그렇게 긍정적으로 낙관적으로만 보십니까, 10·26이 12·12로 좌절되고 4·19가 5·16으로 부정되지 않았습니까, 그리고 오늘의 현실을 우리에게 뼈저리게 강요하고 있지 않습니까.

하여튼 우리의 대화는 끝날 줄을 몰랐다. 나는 조신부를 당혹하게 하기 위해 그렇다면 그러한 현실에서 왜 자꾸 어려운 길을 걸으면서 고통을 자초하고 있습니까 하고 심정을 건드렸다. 그러자 조신부님은 이교수님 말씀대로 우리 역사가 그렇게 발전되기를 진심으로 빌고 그렇게 믿고 싶습니다만 저는 자꾸 비감이 들고 부정하고 싶군요. 그러나 제가 이 길을 가는 것은 하느님의 가르침이고 시킴이기 때문이요 이 길이 옳다고 생각되기 때문이지요. 우리는 날이 새도록 진정한 대화와 우의를 나누면서 존경과 칭찬을 교환했다. 나는 모든 성직자가 조신부님만 같다면 아니 그의 ½만 된다 하더라도 우리의 앞날은 밝으며 우리의 민중은 우리 역사를 스스로 이끌고 갈 수 있을 것 같다고 생각해 보았다.

1980년 10월 29일

교도소 사건의 날

우리는 교도소에서 우리들 스스로의 힘으로 이 생활을 꾸려나가면서 좀더 보람되고 더 차원높은 의식교육을 통해서 사람다운 생활을 꾸리자고 부풀어 있다. 그래서 각 방의 대표들이 방의 멤버를 구성하는데 있어서 우선 어른과 대학생들을 안배하여 아버지와 형님을 중심으로 한 가족적인 분위기를 유지하자는 것이다. 우리는 인간지옥의 영창생활 속에서도 우리를 키워 왔으며 우리의 뜻을 관철시켰기 때문에 가능할 것이라고 생각했고 불응시는 투쟁을 통해서 관철시키자고 다짐하고 있는 판이다. 또 그렇게 하는 것이 이곳 생활을 공평하게 꾸려 갈 수 있을 것 같다.

외부에서 차입되는 물품이나 현금의 활용이 모두 골고루 쓰여져야 할 입장이기에 더욱 그러한 조치가 선행되어야 한다는 것이다. 우리는 모두 형제요 가족인 이상 모든 교도소의 방이 정신적으로 물질적으로 평준화되어야 한다는 생각이다.

그런데 방을 배치하겠다면서 교도소 측은 우리 어른들(교수, 신부 그리고 유식층)과 학생을 한데 모아 두 방에 배치하여 집중시키고 나머지는 적당히 배치하여 다스리겠다는 것이다.

드디어 또 속임을 당했다는 생각에 분노가 폭발한 것이다. 4사 2층 1호실과 2호실에 모인 대학생과 어른들이 가만있을 수 없는 것이다. 우리는 30헌병대 영창에서 간신히 갈등을 메우고 형과 아버지가 되어 서로 믿고 의지하는 오손도손한 사이가 되었는데 우리들을 분열시킨다는 저들의 간계를 묵과할 수 없으며 또한 우리들 입장에서 동지들을 배신했다는 의혹을 벗어나야 되겠기에 철저하게 반대투쟁을 벌였다. 각방에서 창살 안에 설치한 나무문을 다 때려부수고 식기를 다 밖으로 팽개치며 구호를 외치고 노래를 부르며 분노와 절규가 절정을 이루어 간다.

우리는 광주항쟁의 주인공이다. 우리는 민주투사요 정의를 위해 죽음을 불사한다. 광주시민의 피의 대가를 보상하라는 등의 구호가 선창되고 또 복창된다. 그러면서 투사의 노래를 비롯해서 우렁찬 목소리로 노래를 부르며 우리의 요구사항이 관철될 때까지 단식투쟁하겠다고 선언하고 본격적인 투쟁에 들어갔다. 사실 나는 이제 교도소에 와서 조용히 쉬고 싶고 긴장을 풀고 책이나 보면서 사색에 잠기고 싶었다. 또 30일쯤 있다는 가석방의 결과가 어떻게 되는가도 지켜보면서 조용한 생활을 하고 싶은 것이다.

어떤 의미에서 보면 비굴한 생각인지도 모른다. 동지들과 남아서 계속 어떤 생활을 할 것인가에 관심을 가지는 것보다 조용히 몸을 삼가며 가석방이 있을 것을 기다려 본다는 것이 아무래도 양심에 어긋나는 것만 같다. 그러나 이 단계에서 너무 앞장서서 이 문제를 해결하기도 쉽지 않을 것 같아 관망하고 있는데 식사는 거절되고 격렬한 구호가 외쳐지며 교도소가 떠나가라고 우렁차게 불러대는 반체제의 노래는 곧 그 소란이 교도소 전체로 파급될 것만 같다.

나는 정익섭 교수, 조비오 신부, 윤영규 선생, 장두석씨와 구수회의를 하면서 또한 이곳의 대선배격인 유재도군을 불러 그 대책을 의논하고 있었다. 이때다. 갑자기 플래시와 곤봉 그리고 수갑을 가진 교도관들 100여명이 이곳으로 몰려든다.

아! 또 처절한 대결의 판이 벌어진다 생각하니 많은 동지들이 상처를 입고 고통을 겪어야 하며 긴장이 계속될 것을 상상하니 기가 막힌다. 나는 이 비극을 무슨 대가를 치르고서라도 막아야겠다고 생각하여 조비오 신부, 정익섭 교수 등 몇 사람과 같이 문을 두들기면서 우리는 교수들인데 우리들과 같이 대화하여 이 어려움을 극복하자고 제의했다. 그러자 교도소 측에서도 흔쾌히 허락하여 밖으로 나가 세면장에서 담판을 시작했다. 정익섭 교수가 계시고 조비오신부가 경험이 많으시지만 30헌병대 영창에서부터 그들과 계속 같이 생활했고 우리들을 따랐던 동지들이 대부분이라 내가 앞장을 섰다.

먼저 자신을 소개하고 정중하게 인사를 드렸더니 교도소 보안과장과 보안계장이 겸손하게 인사를 한다. 나는 먼저 모든 것을 대화와 타협으로 해결하려 하지 않고 소란을 피워서 미안하다고 인사를 해놓고 우리의 관록을 자랑했다. 아시다시피 이 사람들은 광주항쟁의 주인공으로 총칼로도 못 죽인 사람들이며 인간지옥의 군 감방에서도 투쟁을 벌여 군헌병들도 모두 두 손을 번쩍 든 사람들인데 당신들이 100여명의 병력으로 제압하려는 것은 무리한 생각이다. 그러므로 피차간에 많은 피해만 날 것이니 우선 협상과 대화로 해결하자고 제의했다.

그랬더니 보안과장이 좋은 말씀입니다. 우리도 하도 급해서 어쩔 수 없이 병력을 동원한 것이지 다른 의사는 없다고 말하기에 나는 그러면 우선 병력을 사람들이 보지 않는 곳으로 철수시켜 자극을 주지 말도록 요구해서 그렇게 했다. 그러나 보안과장의 말이 수감자들 전부가 당신의 말을 잘 들을는지 모르겠다고 의아해 하기에 우리는 이런 투쟁을 헌병대에서 여러 번 경험하여 그때마다 중재자 역을 담당하였다. 따라서 나의 제의를 성의있게 받아들인다면 이 소란을 바로 중지시킬 수 있다고 하면서 즉시 몇 사람을 시켜 협상을 하고 있으니 조용히 하라고 전했더니 전체가 조용해졌다.

여기서 나는 저들의 입장도 이해해주면서 우리들의 가장 기본적인 요구만을 만족시키려는 작전을 가지고 "매일 면회를 시켜 달라, 운동시간을 충분히 주라, 일용품과 식품을 구득할 수 있게 해 달라, 12~3명씩으로 여유있게 방을 배치해 달라, 방은 어른, 대학생 그리고 다른 동지들을 비율에 따라 혼숙시켜 달라"고 요구했다. 이 조건 중에서 다른 것은 시간을 두고 해결하기로 하고 어른, 학생 그리고 동지들의 혼숙을 당장에 실현시켜 달라고 했다. 나는 그 요구를 조리 있게 설득시켜보려 했다.

우리는 이제까지 친형이나 친아버지처럼 서로 의지하고 격려하면서 오손도손 살아왔는데 못 배우고 돈 없는 사람들을 끝까지 형제나 가족으로 돌봐주어야 할 인도적 입장에서 꼭 실현시켜야 합니다. 보안과장님 입장을 바꿔놓고 생각해 보십시오. 같이 살겠다고 몸부림치며 울어대는 동생이나 자식들을 매정스럽게 떨쳐버리고 저희들만 편안하게 살면서 잘 먹고 지내자는 것을 우리로서는 도저히 할 수 없는 일이 아닐까요. 또한 이곳의 질서유지상 필요할 것 같습니다.

서로 따르고 존경하는 가운데 각 방이 잘 있고 평안하면 교도소 측에서도 우리들의 문제에 신경을 쓰시지 않아도 될 것입니다. 그리고 한 자라도 더 배우고 한 말씀이라도 더 듣겠다는 목마른 호소를 무엇으로 떨쳐버리겠다는 말입니까. 나는 이제까지 이들과 생활을 같이 하면서 같이 울고 같이 괴로워하고 같이 분노를 누르며 살아왔습니다. 나의 인간적인 그리고 교육자로서의 간절한 청을 버리지 마시기 바랍니다.

나의 간절하고 조리있는 제의에 보안과장은 상당히 감동하는 빛을 보이면서 참 좋은 말씀이며 제가 결정권자라면 당장 받들어 시행하겠습니다만 제가 독단으로 할 수 없고 우리 소장님과 부소장님이 계셔서 허락을 받아야 되는 일이기에 부득이 그 결정을 내일로 미루었으면 합니다. 지금 급히 그분들이 계신 곳을 찾아서 연락을 드리겠습니다만 충분히 받아들일 수 있는 말씀 같습니다. 그러니 우선 이 밤을 지내고 나서 다시 자리를 만들었으면 한다고 제의하기에 나는 이 점만은 명확히 집고 넘어가야 할 문제이니 즉시 연락해서 우선 말로라도 확약해 주라고 간청했다. 여기서 저기서 어떻게 되느냐, 속임수에 넘어가서는 안된다, 우리는 죽음도 두렵지 않다고 야단들인데 그것은 나를 격려하는 소리로 받아들이면서 어떻게든 하여서 우리가 배신자가 되지 않도록 선처해 달라고 거듭 촉구했다.

보안과장은 이곳에서 소장, 부소장에 이어 서열이 3위인 사람으로 실제적으로 우리의 일상생활을 지휘하는 실권 있는 사람이며 그 영향력이 대단하다고 한다. 나는 그 사람을 어떻게든지 설복시키겠다는 생각으로 우리의 입장을 자꾸 상기시켰다. 보안과장은 제가 비록 이 지방 사람은 아닙니다만 이곳에서 광주항쟁을 겪었으며 여러분의 기막힌 입장은 누구보다도 잘 알고 있습니다. 저는 여러분이 이곳에 계시는 동안 불평없이 괴로움없이 조용히만 계셔주십사고 바랄 뿐입니다.

사실 저희들 입장은 말씀 못드릴 딱한 사정이 많습니다. 서로 어려운 점은 대화와 이해를 통해서 잘 협조하기로 하자고 하면서 그러면 교수님 말씀대로 고위층에 연락을 하고 오겠으니 그동안 식사나 하고 계시라기에 나는 좋다고 하여 즉시 밥이나 먹고 그 결과를 기다리기로 했는데 결과는 좋을 것만 같다고 덧붙여 모두 저녁을 먹기로 했다.

모든 것은 순조롭고 부드럽다. 교도관들은 고분고분하며 우리도 밥이 잘 넘어가는 것 같다. 식기를 던져버린 사람은 옆사람 것을 이용하여 거뜬히 저녁을 치우고 교도관에게 연락하여 인원이 많은 곳은 빈방으로 배정하여 잠자리를 편안히 해달라 하여 그렇게 하니 훨씬 편안하게 되었다.

그런데 저녁을 끝내고 우리 옆방에서 한상석, 송선태 등이 중심이 되어 저놈들에게 넘어가면 안 된다는 등 아주 요구할 때는 철저하게 해야 한다고 야단들이다. 나는 순간 화가 치밀어 그 방에 가서 좀 꾸짖었다. 자네들 입장을 모르고 주장을 이해 못하는 내가 아님을 자네들도 잘 알지 않은가, 이제 이곳에서는 좀 쉬고 편안하게 있게 해줄 수 있지 않은가. 그리고 내가 나서서 우리에게 불리한 타결을 할 것 같아서 그렇게 소란들을 피우는가.

다른 사람들이 불평하더라도 자네들이 말려야 할 텐데 다른 사람들은 조용한데 자네들이 떠드는 것을 나는 심히 불쾌하다고 짜증을 섞어서 나무랐다. 그랬더니 한상석, 송선태군이 교수님 죄송합니다. 사실은 교수님의 입장을 강화시키기 위한 엄호사격을 하고 있는 것입니다. 죄송합니다를 연발해서 나도 미안한 생각이 들었다. 그러나 우리는 서로 이해하는 입장이니 오해는 없겠지….

그때 보안과장이 돌아와서 부소장과 소장이 밖에서 손님을 만나고 계셔서 자세한 말씀을 못 드렸으나 대강 말씀드렸더니 잘 알았다고 말씀하시더라고 전해주면서 내일 뵙겠다고 하직을 하고 돌아갔다. 나는 각방을 돌아다니면서 사실을 이해시키고 편안히 잘 자라고 당부하고 돌아오니 우선 안도의 숨이 쉬어진다. 생각한대로 아슬아슬하게도 100여명의 교도관이 몽둥이와 수갑을 가지고 접근하는 광경, 심한 구호와 교도소가 울리는 노랫소리, 철창문을 발로 차는 소리, 식기 두들기는 소리, 지금도 귀에 쟁쟁한데 이제 조용히 태풍이 잠들었으니 이 얼마나 다행한 일이냐.

오늘 집에서 이불과 신을 보내와 새 이불을 덮고 깊은 잠을 잘 수 있으리라. 조신부님은 나를 변명하느라 정익섭 교수에게 내가 항상 마음속으로 죄스럽게 생각한다고 전해주어 고마움을 느꼈다. 우리는 앞으로 좀 더 보람찬 삶을 살아보자고 설계했으나 10월 30일이 기다려지는 것은 인간의 속성인 것을 어찌 막을 것이냐. 그러나 오늘 이불이 들어온 것을 보니 아예 기대할 수 없는 것 같아 서운한 느낌을 감추지 못했다. 나는 오늘을 무사히 넘기면서 이 소동과 회오리바람 속에서 좀 벗어나기 위해서는 독방이 좋겠다는 생각을 해본다. 그러나 이곳에서 동지들을 지도하고 중재할 임무 또한 중요하지 않겠는가!

1980년 10월 30일

출감하는 날

보람있는 일을 하고 나니 잠을 잘 이룰 수가 있었다. 집에서 보내준 이불이 약간 불안한 기분이 들지만 푹 덮고 잘 잘 수 있었다. 눈을 떠보니 아침이다. 오늘이 기다리는 30일이다. 오늘 출감자에 들어가지 못하면 12월까지 이곳에서 지내야 한다. 약간 조바심이 든다.

아침을 먹고 대책을 세우기 바쁘다. 앞으로 자율적으로 교도소 생활을 위해서는 소지라는 직책을 선정하는데 내 생각 같아서는 조선대생 한사람과 전남대생 한사람 그리고 일반인 한사람씩을 선발하여 비단 소지의 역할(식사, 연락 그리고 문을 열어주는 심부름)뿐만 아니라 우리 전체의 대표기관역을 맡겼으면 좋을 것 같다. 학생들과 상의했더니 그것이 좋을 듯하다고 하여 소지 후보자는 운동을 하라고 농까지 걸면서 초조를 억눌러 보았다. 윤영규선생은 딸만 7형제가 있는데 막둥이 딸이 보고파서 못 견디겠다면서 출감은 안해도 좋으니 교도소 정문 밖에서 가족이나 만나고 다시 들어왔으면 좋겠다고 하여 주위를 숙연하게 했다.

이제 교도소에서 방침을 세워 방을 배치해 주겠지 하고 기다리는데 호명이 시작되었다. 옳지, 방을 배치하기 위해 사람을 부르는가 보다 생각하면서도 이상한 예감이 든다. 많은 어른들을 부르기 시작하기 때문이다. 소지품을 모두 가지고 나오라고 하는데 아마 우리를 독방에 수감시켜 동지들과 떼어놓자는 작전이 아닌가도 생각했으나 부르는 대로 소지품을 챙겼다.

정익섭, 조봉한, 한참 부르다가 나의 이름을 불렀고 김양래, 정용화 등도 불렀으나 주로 형의 언도가 적은 사람을 부르는데 1년 언도 받은 사람도 많이 빠졌다. 끝으로 오병문 교수를 불렀고 윤영규 선생은 부르지 않는다. 한쪽에서는 출감자명단이다 라고 소리지르는 동지도 있고 또 다른 사람은 우리를 분리 수용시켜서 교란시키려 한다는 소리가 들려 어느 것이 맞는지 모르겠다.

그런데 우리는 너무도 많이 속아왔기 때문에 출감가능성이 얼마나 될 것인지 예측할 수 없다. 만약 출감이 확실하다면 이곳에 남아있는 동지들에게 무슨 면목으로 인사를 하며 무슨 말을 할 수 있을까 생각하니 큰 죄를 짓는 것 같다. 교도관들은 함구하고 빨리 나오라고 소리만 질러 이불보따리를 들고 모두 일층을 거쳐 복도에 와서 집결했는데 그때야 출감된다는 사실을 통고해 준다.

이젠 우리도 햇볕을 볼 수 있다는 생각을 하니 기쁘기는 하나 남아있는 동지들 그리고 명·송교수에게 인사 한번 못 드리고 또한 어젯밤의 투쟁의 결과를 알지도 못하고 떠나야 한다니 아무리 변명하더라도 죄스러운 마음을 씻을 수 없다. 우리는 강당에 모여 소지품을 다시 찾아 보퉁이를 만들고 옷을 바꿔 입는데 한사람이 이름이 비슷하여 잘못 나와서 다시 들여보내고 다른 동지가 나왔다. 얼마나 실망이 클까 생각하니 또한 가슴이 아프다. 몇 번이고 돌아보면서 들어가는 그 동지의 모습은 안타깝기만 하다.

헌병대에 도착하니 조선대 C모선생이 기다리고 있다가 합류했다. 깜짝 놀랐다. 어디서 나타난 것일까 뒤에 알고 보니 병원에서 있다가 합류했다고 한다. 몹시 병이 심했던가 보다. 그러나 교도소로 옮긴 200여 명 중에서 C모씨보다 건강이 나쁜 사람이 없었는가 생각해보니 얄밉기까지 했다. 역시 감각과 정실에 좌우되는 군인들이 한 짓이라 얄팍하기 짝이 없구나 하는 생각이 들었다.

우리는 2대의 교도소 버스에 분승하여보니 우선 반가운 얼굴이 많다. 조아라 장로님과 이영생 노인 모두 하루 빨리 나가야 할 분들이다. 30헌병대 영창에 있을 때 생명이 위독했던 이영생씨 그리고 공판정에서도 앉아서 부축을 받으며 재판을 받았던 조아라 장로님. 한시 바삐 가족의 품으로 돌아가서 건강을 회복할 분들이다.

나는 버스 안에서 보안계장을 만났다. 그래서 우리들이 어젯밤 약속했던 것은 꼭 지키겠지요. 만약 식언을 한다든지 이행하지 않을 때는 우리는 가만있지 않을 것이며 그 진행사항을 주시하겠오. 그리고 우리는 떠나지만 운명공동체이니 남은 동지들에게 잘 좀 해주기를 부탁한다고 하자 약간 교활한 그는 염려 놓으십시오, 우리는 더 잘 알아서 보살피고 있으니 신경쓰시지 말고 돌아가셔서 건강이나 회복하시라고 당부했다.

우리는 버스를 타자마자 수학여행을 떠나는 학생들처럼 또 노래를 부르기 시작했다. 그 노래는 투사의 노래, 그리고 금지곡들을 목이 터져라고 불렀지만 창문을 닫아버리고 질주하는 통에 우리의 외침이 밖으로 전파되지는 않았으나 우리는 때와 장소를 가리지 않고 살아 있음을 확실히 보여주었다. 교도소 정문을 나와 가족들을 한번 만나보고 들어왔으면 좋겠다는 윤영규 선생의 말이 자꾸 떠올라 마음을 서글프게 하였지만 시가를 지나 지긋지긋한 상무대 정문 근처에 오니 벌써 연락을 받았는지 많은 가족들 그리고 수녀들의 얼굴이 보인다. 수녀들은 조신부를 맞이하려는 사람들인 것 같다.

그들은 우리를 보자 손을 흔들며 환영했으며 우리는 묶인 손을 흔들 수 없어 미소로 그들의 친절에 대답했다. 우리 80여명은 헌병대 영창 앞 운동장에 내려서 소위 교양을 받기 위해 부대안 교회로 가는데 군기과장, 형무반장의 얼굴이 보인다. 나는 우선 김홍명 박사 일행이 궁금하여 어떻게 되었느냐고 안부를 물었더니 어제 벌금형으로 출감되었다는 기쁜 소식을 전해 주었다.

참 다행한 일이다. 그들은 광주항쟁의 여파로 벼락을 맞아 이제까지 고생을 하였다 생각하니 우리의 마음에서 미안한 생각이 항상 잠재해 있었더니 잘 풀렸다니 다행한 일이다. 특히 김홍명 박사는 그리운 조국에 금의환향하여 대학의 강단에서 활약이 커야할 분인데 조국은 그를 감옥에 처넣고 활동을 못하게 해서야 되겠느냐 생각했는데 일이 잘되었다니 우리의 몸이 자유롭게 되는 것과 같이 기쁘기 그지없다.

우리는 교회 안에 앉아서 두 통의 각서를 써야하게 되어 있다. 한 통은 보통군법회의에 제출하고 다른 한 통은 보안대에 제출하는데 재판소에 제출하는 것은 본인의 문장으로 만들어 쓰게 되어있는데 반하여 보안대용은 인쇄되어 이름만 쓰게 되어있다. 나는 조신부와 같이 상의했다. 우리가 무엇을 잘못했기에 각서를 써야하고 잘못했다고 해야 되느냐. 우리는 허허 웃으면서 미친개에게 말을 해서 무엇하겠느냐 그저 이름만 써주자고 했는데 재판소에 제출하는 것은 문장으로 쓰게 되어 있어서 마음에 없는 소리를 도저히 문장화할 수 없었기 때문에 주저하고 있는데 조신부는 나더러 문장을 만들면 같이 쓰겠다 한다.

그래서 나는 다음과 같이 썼다. "우리는 오늘과 같은 상황에 처하게 된 것을 대단히 유감으로 생각하는 바이며 다시는 이러한 불행한 일이 일어나지 않아야겠다고 깊이 생각한다고." 해석하기에 따라서 다르겠으나 우리는 오늘과 같은 불행한 일을 야기한 당국에 대해서 유감으로 생각하며 이후 다시는 그러한 불행한 일이 없도록 해야 된다는 것으로 조신부도 좋다고 해서 그대로 썼다.

그러는 사이에 소위 교양의식이 시작되었다. 석방자대표로 조선대학생들을 구타한 깡패 박진○이 낭독하고, 이어 등단한 보안대의 저승사자인 서중령이 연설을 시작했다. 우리는 저 머저리같은 놈이 광주항쟁의 재판을 주관한 놈이며 일개 중령놈이 수천명을 농락하면서 기고만장했겠지만 너에 대한 저주와 원망이 언젠가는 어떤 형태로든지 나타날 것이라는 증오를 퍼부었다.

그는 기염을 토하기 시작한다. "광주항쟁을 흔히 공수단의 만행으로 인해서 확대되었다고 하는데 나는 그것이 유언비어임을 잘 알고 그것을 증명할 많은 증거를 가지고 있다. 흔히 공수단이 부녀자의 유방을 도려냈다고 하는데 군인들의 대검은 유방을 도려낼 만큼 그렇게 예리하지 못하다. 광주시민들이 모인 자리에서 그 사실을 본 사람은 나오라, 그러면 광주항쟁 관련자를 모두 석방하겠다고 해보았지만 한사람도 본 사람이 나오지 않았다. 그러니 그것은 유언비어임이 틀림없다."

사진도 많이 찍었으니 뒷날 진부는 가려지겠지만 일개 중령이 자기가 광주시민 그리고 사태관련자들의 생살여탈권을 가진 것처럼 날뛰는 꼴이 우습기만 하다. 또 그는 목소리를 높여 "여러분은 황공무지한 은총을 입어 집으로 돌아가는 것이니 그 은혜를 잊지 않아야 할 것이며", "여러분은 절대로 함구하여야 한다. 여러분이 발설한 내용이 군 기밀에 관련되고 국가안보에 관계되는 것일 것이니 여러분은 꼭 지켜주어야 한다. 우리는 필요하다면 여러분의 침실에서 부부간의 대화라도 언제든지 엿들을 수 있다는 것을 항상 기억해야 한다는 것입니다."

우리는 이 말을 듣고 죄없는 사람을 잡아놓고 고생시키고 있는 것이 누구인데 은총은 무슨 놈의 은총이며 우리들 말고도 지금 교도소에 있는 분들을 즉시 석방해야할 것이다. 아무리 법이 없고 총칼이 짓누르는 세상이라 하더라도 개인의 자유를 이렇게 무자비하게 짓밟으며 공갈협박을 자행하여도 되는 일이며 가정의 신성불가침을 규정한 헌법은 몇몇 군인들의 마음대로 짓밟는 것이 손바닥을 뒤집는 것처럼 쉽다는 말인가.

이런 식으로 공갈협박을 해놓았기에 앞서 나간 사람들이 꿀먹은 벙어리가 되어 버렸는가 생각되는데 저 무식하고 무교양하며 불법난무하는 놈들의 날뜀이 얼마나 혹독하게 우리의 기본권을 박탈하고 유린하는가 생각하니 분노가 치밀어 오르며 복수심마저 감돈다.

김여수 군과 학생들의 도움을 받고 보따리와 이불짐을 짊어지고 버스에 올랐다. 우리의 행색은 참으로 가련하기만 하다. 5월 27일 이후 줄곧 외부와 단절된 채로 살았으니 남방셔츠에 하복하의를 걸친 사람, 신발을 벗은 사람, 양말을 못 신은 사람, 손에 한푼도 가지지 않은 사람, 모두 초라한 모습이나 의기만은 장하고 충천하다. 우리는 떳떳하게 살았고 어떠한 시련도 이겨나갈 수 있는 사람들임을 자부할 수 있다는 표정들이다. 김여수 군에게 차비가 있느냐고 물었더니 누가 마중 나오겠지요 하나 친절하게 마중 나오도록 선처해 줄 놈들이 아니란 것을 잘 아는 나는 가지고 있는 돈 3천원을 여비에 쓰라고 주었다.

버스에 실려 정문에 나오니 수많은 사람들이 우리를 기다린다. 대학에서는 교직원 버스와 승용차를 동원하여 정익섭 교수, 오병문 교수, 나를 맞이해 주었고 수많은 동료들이 우리를 반겨주었다. 나는 조신부와 헤어져 가족과 동료들에게 가서 손을 잡았다. 모두 반가운 얼굴들이다. 4일 전에 나온 이광우·이방기 교수를 비롯하여 최웅·김동원·정석종·이정환 선생의 얼굴도 보이며 모두 밀려와서 손을 잡는다. 나를 걱정해준 친우인 김중곤, 조명제 등의 얼굴도 보인다. 나는 학교 승용차에 몸을 싣고 학생과 동지들은 전남대 버스에 올랐다. 집으로 친지, 동료들과 같이 돌아왔다.

정말 꿈만 같았다. 4개월 가까이 떠나 있던 우리 집. 모든 것이 변하고 이상해 보였다. 나는 피곤함도 잊고 동료 그리고 친구들과 어울렸다. 간단한 주류를 장만해서 같이 나누면서 이야기를 나누다가 김중곤 군과 언쟁을 했다. 그것은 변호사(심모)와 관계되는 문제 때문이다. 이번 우리가 출감된 것은 변호사의 덕이 크다는 소리가 나의 비위를 상하게 했다. 나는 교도소에서 정익섭 교수가 변호사와 친구인 김중곤을 모독하고 의심하는 소리에 은근히 화가 치밀어 있는 판이어서 큰소리가 나게 된 것이다. 우리는 처음부터 정치적으로 결정된 것이지 누구의 노력에 의한 것이 아니다 라고 하자 친구도 이제까지의 뒷바라지에 보람 없었음에 대한 자책감도 있어 고성이 오고간 것 같다.

박준규 선생을 비롯한 국문과 팀들, 그리고 사학과, 국사교육과 팀들과 같이 간단히 저녁을 나누면서 어제까지의 관심에 대해 감사하고 앞으로의 나를 지켜주시도록 당부했다.

나는 이제까지 부끄럽지 않게 살려고 노력했으며 수감생활에서도 한시라도 그것을 잊지 않고 지키려 노력했습니다. 앞으로도 최선을 다해서 그렇게 살려고 노력하겠사오니 앞으로 잘 좀 부탁한다고 당부했다. 여기저기서 전화가 와서 전화통이 끊길 시간이 없다. 총장, 그리고 뜻밖에 정득규씨, 주수원씨, 고재기 선생 그리고 여기저기서 동료 친지들이 전화로 우선 반갑다, 곧 찾아가서 한번 만나자는 식이다.

나는 고맙다, 모두 심려를 끼쳐서 미안하다고 대꾸하고 나니 밤이 되었다. 나는 7월 11일 이후 처음으로 자유스러운 몸으로 잠자리에 나가서 우선 김종배, 정동년, 박남선군의 안녕과 평온을 빌고 두고 온 200여 동지들의 건강과 빠른 출감을 비는 기도를 올리고 잠을 잤다.

1980년 11월 4일

항소의 날

나는 보통군법회의에서 징역 1년형을 언도 받았고 지휘관 확인 과정에서 형의 면제 처분을 받아 자유의 몸이 되었다. 그러나 확정 판결을 받은 후 1주일 이내에 항소 여부를 결정해야 된다고 한다. 나는 항소해야 한다고 생각했다. 우리는 이 나라 이 겨레 이 역사를 위해 소신껏 행동했을 뿐 죄를 짓지 않았기 때문이다. 진정 죄를 진 편은 이 나라를 미개한 야만국으로 만들고 이 겨레를 무능하고 비겁한 사람들로 만들어 버렸으며 이 역사의 후퇴와 총칼에 지배되는 부끄러운 역사로 만들어 버린 사람들이란 생각은 변함이 없다.

그런데 같이 출감한 사람들 중에서는 겁을 먹고 항소를 포기해야 한다고 주장하는 사람도 있었다. 그들의 말을 빌리면 저들의 선처로 우리 몸이 풀렸는데 그 은혜에 고맙다고 가만히 있어야지 비위를 건드려 놓으면 후일 또 무슨 변을 당할지 모른다는 식의 논리였고 심지어는 괘씸하게 생각해 2심에서 오히려 수감될지 모른다는 이론이다.

하기야 우리가 무슨 죄가 있어 당한 것도 아니고 저들의 감정에 걸린 것일 뿐이라 생각하면 그럴싸한 이야기다. 저들은 슬슬 어루만지면서 꼬리를 흔들어야 자신에 이익이 돌아오지 정면 대결하면 항상 손해를 본다는 것이다. 또한 우리의 원심이 1년 징역이니 검찰에서 2년 6월 구형을 하면 또다시 법정 구속을 당할 것이라는 주장도 있어 어지간히 말도 많다. 변호사란 자들도 여러 가지 엇갈린 추리를 하여 어떤 편이 자신에 유리할지 모르겠다고 남의 일처럼 이야기한다고 한다.

그러나 우리는 절대적으로 항소를 하여야만 한다는 주장을 폈다. 첫째, 우리는 죄가 없기 때문에 그 주장을 끝까지 관철해야 하며 둘째, 우리는 지성의 최고봉인 대학교수로 저들의 조치에 황공무지할 나약한 삶이 아니란 것을 보여 주어야 한다. 셋째, 아무리 저들이 기분에 살고 마음대로 생살여탈을 하더라도 날이 지날수록 더 강경해질 수는 없는 것이며 넷째, 법이론으로도 항소심이 1심보다 더 무거울 수 없으며, 마지막으로 우리가 항소하여야 되는 이유는 중요한 명분상의 문제가 있다는 것이다. 즉 계속적인 법정 투쟁에 참여하여 우리의 저항 정신을 보여 주어야 하며 그것으로 세상을 일깨워 주어야 하고 감옥에 있는 동지들과 행동을 같이 하여야 하는 의리상의 문제도 있는 것이다.

처음에는 무척 두려워하고 소극적인 사람들도 항소를 포기하는 날 파면된다는 실리도 있고 해서 의견의 일치를 보아 보통군법회의가 설치되어 있는 법무참모부로 갔다. 지긋지긋한 헌병대 정문에 이르렀을 때 조선대 교수들이 보인다. 그들은 모여 앉아 무척 주저하고 있는 것 같다. 어떻게 하면 좋겠느냐고 우리에게 묻기에 자기의 운명은 자기 스스로만이 책임질 수 있는 것이라 대답하고 안으로 들어가서 항소를 했다. 그리고 우리와 안면이 있는 사람들과도 만났다. 형무반장을 비롯한 헌병들 그들에게 초라하고 맥없이 보였던 우리가 이렇게 의연하고 건재함을 보여주었고 평소에 신세진 사람들도 찾아보았다.

그런데 항소하러 갔던 우리는 이상한 일을 발견했다. 집행유예와 형집행 정지자나 형 집행 면제로 나와 있는 사람이 모두 160여명이고 교도소 안에 있는 동지들이 220여명이니 모두 360여명이 넘어야 할 항소자 수가 얼마 되지 않는다는 것이다. 안에 있는 동지들은 모두 항소할 것이니 밖에 있는 사람들도 모두 160여명이 되어야할 터인데 20명 정도밖에 안되는 것이다. 그 이유를 물었더니 포기한 사람도 있고 또 내일도 있을 터니 다 알아서 하겠지요 라고 아리송하게 대답한다.

뒤에 알고 보니 학생들이나 젊은 사람들에게 갖은 방법을 동원하여 협박과 회유를 했다는 것이다. 석방되어 있는 것도 다행이라 생각하고 가만히 있어야지 그렇지 않으면 좋지 않다는 협박과 재구속이 가능하다는 공갈 그리고 집행유예 이상이면 군에 가지 않으니 그만큼 이익이 된다는 실리론까지 들면서 항소를 막았다는 것이다. 뒤에 안 일이지만 우리에게도 총장을 통해서 은근한 협박과 유혹이 있었다고 한다.

그쪽의 말에 대해서 총장은, 그 무슨 말씀입니까 이분들은 형을 받은 사람들로 항소를 하지 않으면 그 날로 공무원 신분이 파면되는데 그렇게 되면 5년 동안은 복직도 못하고 당장 월급이 안 나가는데 하루라도 더 이 생활을 연장해야 할 것이고 2심에서나 파면을 면해보도록 최선을 다하는 것은 인간의 본능일 것입니다. 그 본능을 내가 어떻게 무슨 말로 못하게 할 수 있겠습니까. 오히려 그분들을 도와달라고 간청하고 싶다고 역습했다는 말을 들었다. 도대체 군인의 세계란 그러한 것이고 그런 생리가 이 사회 이 정치 이 나라를 지배한데서야 큰일인 것이다.

하기야 군인의 세계는 복종이 유일한 미덕이고 그것을 통해서만 죽음을 겁내지 않는 전쟁이 가능하기 때문에 그 생리를 충분히 이해하나 그것은 군인이 나라의 간성으로 전쟁만을 본무로 삼을 때 칭찬받을 훌륭한 미덕이 될 뿐이다. 그러나 이러한 논리로 사회를 지배하고 국가를 다스리고 민간을 통제할 때 그들은 엄청난 과오를 범하고 있음을 그들은 모르는지 그들과 우리나라를 위해 다같이 슬픈 일이 아닐 수 없다.

국가 사회는 자유민주주의 체제하에서 다양하고 복잡하며 어떠한 문제에 반드시 반대가 있어 그 반대 이론 속에서 경청할 것은 들어 자기의 주장을 수정 보완하여야 하는 것이다. 그것이 비능률이요 혼란이며 국론분열이고 비생산적이라고 주장하는 사람들이 얼마나 어리석고 얼마나 무지하며 얼마나 위험한 사람들이냐. 우리는 우리에게 핍박이 크고 시련이 가혹하더라도 그들의 명령대로 따르지 않는다는 것을 보여주어야 하며 그러한 저항을 만나면서 그들이 해야 할 본무가 무엇인지를 자각하게 해야 할 것이다. 군은 국토방위의 본무에 전념하고 충실하여야 할 것임을 스스로라도 깨달아야 할 것이다.

1980년 11월 초순

대학 보직자와의 만남

총장을 비롯한 대학 보직자들이 주어진 환경 속에서 동분서주 최선을 다한 것은 알고 있지만 그들에게 비굴하고 초라한 모습을 보이기 싫어 내키지 않는 발길이다. 하기야 그간에 가족들을 위로하고 주선을 하고 다니면서 군인들에게 능멸을 당하고 핀잔도 많이 받았으리라 생각하니 은근히 미안한 생각도 들며 또한 전화로 안부를 묻고 학생처장, 학장이 몇 번이고 다녀갔기에 답례차 한 번쯤 방문해야겠다는 생각도 든다.

그런데 나는 명교수 사모님과 송교수 사모님을 만나고 내가 어떻게 보이더라도 그분들을 위해 최선을 다해야겠다는 생각이 불현듯 떠올랐다.

나는 보직자들을 만나서 효과적인 활동을 요구하며 정동년 군을 위한 구명운동에 관심을 가져달라고 말해야겠다고 생각했다. 오총장은 자연과학을 하는 분이라 융통성이 적고 고지식한 분이다. 나는 그분을 뵙고 상당히 도전적으로 이야기했다. 학교는 당연히 우리 교수나 학생들에 대해서 관심을 가질 의무가 있다. 법관들이나 수사관들이 우리들은 죄가 안 된다고 말하면서 전남대학 교수라는 이유 때문으로 못나오고 형을 받았으니 우리는 전남대학 덕을 톡톡히 본 셈이다. 물론 총장님이나 당국자들이 우리를 위해서 고생하신 줄을 잘 알고 있으나 결과가 무엇이 있느냐고 따져 묻고 우리는 자유의 몸이 되었지만 명노근·송기숙 교수의 석방을 위해 최선을 다해야할 것입니다.

그분들이 전남대학 교수가 아니었다면 그렇게 무시무시한 올가미를 쓰지는 않았을 것이며 학원자율화때 다 같이 전국의 대학들이 움직였지만 어느 대학교수가 유죄판결 받은 일이 있는가를 살펴보면 우리의 입장을 알 수 있을 것이라고 따졌다. 총장은 그저 할 말이 없습니다. 무어라고 이야기하더라도 변명할 여지가 없다고 하면서 그러나 앞으로도 지난날과 같이 최선을 다하겠다고 다짐했다. 나는 또 말을 이었다. 조선대 교수들과 같이 수감되었는데 그들에게 베풀어준 조선대의 관심은 파격적이었으며 우리들과 비교가 되지 않았는데 물론 그것이 부러워서가 아니라 그만큼 학교가 관심과 배려를 가졌다는 것은 우리 전남대도 깊이 생각해 볼 문제라고 강조했다.

나는 너무 일방적으로 나의 사정만 이야기하는 것 같아 미안한 생각이 들었으나 정동년 학생의 극형문제를 언급하지 않을 수 없었다. 총장님도 아시다시피 정동년 군이 내란의 수괴 노릇을 한 일이 없는 입장인데 그 억울함을 누가 나서서 변호해야 되는지 생각해 보십시오. 징역을 몇 년 더 산다는 것은 문제되지 않으나 생명을 잃는다는 것을 생각해서 기회 있을 때마다 정군의 구명에 관심을 가져주라고 요구하고 총장실을 빠져 나왔다.

오총장은 우리의 건강이 걱정되었는지 병원을 마련했으니 입원해 달라고 요구했으나 동료들이 교도소에 있는데 나만 좋자고 병원에 갈 수 없다고 거절하고 돌아와서 생각해보니 내가 총장에게 너무했지 않느냐 생각도 드나 요사이 그런 자극을 총장에게 줄 수 있는 사람이 누가 있느냐고 생각해보고 동료와 학생을 위한 괴로움이라면 몸소 떠맡는 것도 좋았다고 자위했다. 다음 학생처장 김용식씨를 만났다. 이 어려운 판에 학생처장의 임무를 맡는다는 것이 괴롭고 고달픈 일이겠지만 명교수하고는 같은 장로요 믿을만한 친구라고 하기에 나는 더 힘을 주어 명선생과 송선생님의 출감을 위해 노력해주고 학생처장의 입장에서 우리학생인 정동년 군의 구명운동에 힘써주라고 부탁했다.

다음으로 뒷날 조회영 학장이 우리들에게 저녁이나 사겠다고 하여 꼭 참석해 달라는 간청에 못 이겨 나갔다. 사실 명·송교수가 감옥에 있는데 우리만 간다는 것이 안된 일이지만 할 말이 있어 참석했다. 다른 곳에서 저녁을 먹고 늦게야 참석했더니 늙으신 학장이 큰 선심이나 쓰듯이 호탕하게 상을 벌였다. 나는 우선 조학장을 잘 모르지만 전대에 있는 노장

교수들의 속성이 실리를 위해 좌우를 돌보지 않는 공통성을 가지고 있다는 전제에서 한 말씀드리겠다고 했다.

학장님은 자율화 때 일본에 계셔서 이곳의 사정을 잘 모르실 터인데 전남대가 광주항쟁의 불을 질렀다면 그 불을 지르기 시작한 곳이 바로 우리 문과대학입니다. 그 사정을 모르신 분이 그 뒷수습을 위한 학장의 지위에 계시다는 것이 어쩐지 어울리지 않는군요. 학장임무를 잘하시려면 여러 선생님을 통해서 당시의 사정을 충분히 이해하셔서 그 대책마련에 노력해야 할 것입니다 하고 충고했다.

그랬더니 학장의 표정이 굳어지면서 분위기가 딱딱해지자 술·밥이나 먹고 그런 이야기는 뒤로 미루자는 사람이 있기에 나는 화가 불끈나서 우리가 술·밥이나 얻어먹으려 이 자리에 왔느냐, 그런 술·밥은 집에도 있다, 우리는 그런 소리를 서로 교환하면서 자책하는 자리로 삼자는 것이 중요한 일이 아닌가 생각한다, 이런 소리가 듣기 싫으면 다음부터 이런 자리를 만들지 않으면 될 것 아니냐고 소리를 쳤다.

물론 나의 성격이 고지식하고 경직되어 있음을 자신이 못 느끼는 바는 아니나 우리는 너무 망각을 즐기고 자기 좋을 대로 편할 대로만 생각하고 살기를 좋아한다. 적어도 우리는 지성인으로서 지성인의 역할을 인식하면서 지금 우리가 해야 할 일이 무엇이며 어떻게 살아가야 할 것인가를 곰곰이 생각할 필요는 있는 것이다. 비록 용기가 없어 실천에 못 옮기더라도 자신의 생각이나 행동이 비난의 대상이 되지 않는가를 생각하면서 살아가야 할 것 같다.

모든 사람이 자기의 처한 지위가 무엇을 하는 곳이며 나는 이 위치에서 주위를 위해서 무슨 일을 해야 할 것인가를 항상 생각해야 할 것이다. 그리고 이 어려운 판국에 그 자리를 즐기며 영광과 출세의 지위인양 착각해서는 안될 것이라는 것을 보직자들에게 똑똑히 인식시키고 지난날의 상처를 아물게 하는데 모두 힘쓰고 같이 노력해야 될 것이란 점만은 분명히 인식시켜야 할 것이다.

1980년 11월 초순

고마운 사람들(1)

서슬이 퍼렇다. 당장에라도 모두 죽여버릴 수 있을 만큼 무서운 칼날이다. 우리는 그들에 의해서 도마 위에 올려 놓인 고기꼴이 되어 있다. 누구나 우리들 입장에 있는 사람치고 한 번쯤 죽음에 대해서 생각해보지 않은 사람이 없을 것이다. 이러다가 쥐도 새도 모르게 죽어가는 것이 아니냐 혹은 이렇게 사람대우를 못 받으면서 꼭 살아야만 되는가 하고…. 그러나 결론은 그럴수록 악착같이 살아남아서 뒷날 다시는 이런 일이 없도록 사회에 경종을 울려야 한다고 생각한다.

사실 처절한 입장이다. 우리를 담당한 수사관들, 중사, 상사 그리고 준위들이 우리를 자기들 기분대로 취급해도 좋은 것인가. 그리고 헌병대 생활, 일등병이고 상등병이고 우리를 감시하면서 우리를 학대할 수도 있다. 이러한 상황 속에서 살아나가면서 나는 고마운 사람들을 손꼽아 본다. 물론 그들이라야 그들을 지배하고 있는 상황을 마음대로 벗어나서 우리에게 잘해주었다거나 우리를 대변하여 싸워주었다는 것이 아니라 인간지옥 속에서 우리가 인간임을 상기시켜주고 사람대우를 해준 분들이 있었다는 것이다.

나는 먼저 군기과장을 생각해본다. 사회로 보자면 교도소 소장인데, 계엄령으로 우리가 군 영창에 수감되었기 때문에 우리를 다스리는 최고 책임자인 셈이다. 그는 경북대학을 나온 ROTC 5기 출신으로 대학을 나왔다는 것이 우선 친근감을 갖게 했으며 우리들과 일주일에 한 번 정도 대화를 가져주었다는 것이다. 물론 그것이 말썽 없이 영창을 꾸려가기 위한 고등수법인줄은 모르는바 아니나 우리는 군기과장의 호의를 좋게 생각했고 실제로 그것을 통해서 영창의 분위기를 순화시킬 수 있었기 때문이다.

우리는 일주일에 한 번씩 정기적으로 그를 만났고 그는 면도, 담배를 권하면서 어려움이 많은 것을 위로했고 우리는 이 기회를 이용하여 민간인으로서의 교도소에 준하는 대우를 해달라고 요구했고 식사의 정량급식, 침구 그리고 가족면회, 독서의 자유 등 광범위한 요구를 했다. 그때마다 그는 자기입장의 한계성을 이야기했고 또 상부와 접촉해 보겠다고 대답했으나 우리는 그러면 당신이 할 수 있는 운영의 묘라도 기하여 생활을 개선하고 죄수군인에게 적용하는 영창수칙에 예외를 인정하라고 요구했는데 그는 좀 부드럽게 하겠으나 외부의 눈도 있고 어렵다고 난색을 표명했다.

사실 그는 군인이고 우리를 수용하는 입장에서 우리를 마음대로 다스릴 수 있는 처지였으나 우리를 면담하고 위로하는데는 그 나름의 목적이 있는지 모르겠지만 아무래도 파격적이고 유별난 군인이라고 예찬하고 싶다. 하루는 동지들이 식사가 부족하니 식량이 제대로 보급안되면 광주시와 전남도에 연락해서 조달받을 용의는 없느냐고 물었더니 그렇지 않아도 여러분을 위한 시·도민들의 열과 성의가 대단하여 외부물자를 받아들이면 산더미처럼 쌓일 것입니다. 그것을 못하니까 어쩔 수 없는 것이라고 밖의 사정을 소개했다.

우리는 기회 있을 때마다 우리나 학생들은 뚜렷한 의지를 가지고 살고 있으니 때를 잘못 만났다고 양해할 수 있으나 수감자들의 대부분인 고아원 출신, 구두닦이 소년, 직공들, 넝마주이 그들은 일시적인 감정으로 뛰어든 사람들이니 상부에 보고해서 선처할 수 있어야 하겠다고 사정을 했다. 그러자 그는 사실은 광주항쟁이 오해를 받은 것이 그 사람들때문입니다.

그들이 사상도 없이 난폭하게 행동했기 때문에 그들의 책임이 더 큰 것이라고 대답하여 당국자들이 그들을 앞세워 광주항쟁의 순수성을 말살하려 하고 있는 것 같은 인상을 풍긴다. 우리는 정기적인 그와의 면담을 이용하여 우리에게 함부로 구는 헌병이나 형무반장을 타이르고 순화시켜 갔다. 그렇지 않아도 그들의 직속상관이 우리들에게 깍듯이 대하는 것에 불안감이 있는 것 같아 이 심리를 이용하자는 것이다.

우리는 군기과장을 만날 때마다 우리에게 인간대우를 해달라고 요구했으며 생활을 개선해 달라고 하여 선처를 약속받았다. 그리고 우리에게 불편하거나 불만스러운 일들과 헌병들의 불미한 일이 있으면 말해달라고 하고 있다. 이제까지는 그런 일이 없다고 안심시켰지만 앞으로는 좀 생각해서 말씀드리겠다고 말하고 이 점을 헌병들에게 주지시켜 그들은 많이 수그러지고 부드러워졌다.

우리는 이것을 이용하여 그들을 순화시키고 조종하고 금지되어있는 의식교육이나 토론회 그리고 자유로운 활동을 진행해 나갈 수 있는 것이다. 나는 그의 인간미가 고마워서 출감 후 집으로 초대해서 저녁을 같이 하면서 여러 가지 이야기를 나누었는데 군인이 가지고 있는 사고의 한계성은 어쩔 수 없는 노릇이지만 자기도 광주항쟁 수감자들, 특히 우리들에게 많은 것을 배웠다고 술회했다.

그래서 구제적으로 어떤 점이냐고 묻자 우리가 자기와 만날 때마다 개인적인 애로나 편의를 부탁하는 일이 없고 항상 불쌍한 사람들과 수감자 전체를 위한 정당한 요구를 해왔으며 또한 수감생활 중에 많은 위험을 무릅쓰고 의식교육을 계속했음을 알았을 때 가슴이 뭉클함을 느꼈다고 했다. 사실 몇 겹으로 정보를 수집하는 그들이 우리의 일거일동을 모를 리가 없겠지만 우리가 무사하게 넘길 수 있었던 것은 그의 호의적인 조치에 힘입음이 컸을 것이라 생각하니 새삼스럽게 고마운 정을 더하게 했다.

다음으로 장선배님을 들 수 있다. 본래가 광주 분으로 고등학교밖에 나오지 않고 군에 입대해서 헌병대에서 준위생활을 하고 있는 분인데 그릇이 크고 성격이 활달하여 두려운 것이 없는 분이다. 물론 나 개인에게 선배되기에 잘해주셨다고 볼 수 있지만 나는 그를 통해서 명교수, 송

교수(뒤에 공군영창으로 옮겨 별 혜택을 못 보았지만), 이광우 교수를 비롯하여 이곳 동지들에게 가능한 한 많은 기회를 마련하여 외부친지들과 접촉할 수 있었던 것은 장선배님의 덕이라고 할 수 있다.

사실 경비가 삼엄하고 공판진행상의 기밀누설도 있고 하여 우리의 일거일동에 신경을 집중시키는 군 당국인지라 공식적으로 누차 금지지시가 있었고 실제로 많은 통제를 받으면서도 대담하게 우리들을 면회시켜 주시는데 저러고도 신변에 지장이 없을까 하고 우리가 오히려 그의 신분을 걱정하게 했다.

그는 8일마다 주번사관을 하는데 그때마다 그의 사무실은 광주항쟁 관련자 가족들 잔치가 된다. 어떤 때는 20명이 넘게 나와서 가족과 재회하고 그간의 안부를 전하고 진수성찬을 차려놓고 대화를 나누면서 가족을 위안시키고 우리는 건재함을 다짐하곤 했다. 그는 이제 정년이 몇 년 안 남았으니 자기 걱정은 말라고 하면서 나의 청은 모두 들어주었다. 사실 그는 우리들을 보살펴주려고 노력은 하지만 한계가 있어 몹시 안타까운 표정이다.

9월초의 기소유예처분 때에 우리를 불러내어 사무실에 있게 하여 못 나가는 아픔을 달래주었고, 재판이 끝났을 때는 꼭 불러내어 위로를 주곤 했다. 우리는 그에게 인간적인 대우를 받음은 물론 그를 이용하여 헌병들의 난폭을 저지하는 큰 힘을 얻었다. 그는 기회 있을 때마다 사람이란 원한을 쌓고 살면 안 된다, 언제 어느 곳에서든 만날 수 있으니 조심해야 한다고 헌병들을 주의시켰으며 평소 같으면 이 사람들이 너희와 상대가 되겠느냐고 부하들을 타일러 우리를 지켜주는데 신경을 쏟았다.

그분이 나의 청을 어렵게 거절한 것은 사형을 구형 받은 김종배, 박남선을 위로하기 위해 외부인 면담을 주선해 달라는 간청이었다. 사실 나도 좀 어렵게 생각했으나 그들을 불러내어 조금이라도 위로해 주고싶은 마음에서였는데 그는 만약의 경우를 생각해서인지 불응하면서 나의 양해를 구했다. 광주항쟁에 관한 논쟁이나 군의 자세 등에 관해서 이야기해보지 않았으나 그가 우리에게 대해주는 따뜻한 정은 단순한 인간 관계뿐만 아니라 사상적인 공감대가 형성되었기 때문인가 하고 나 나름대로 생각해 보았다.

다음으로 나를 담당한 검찰관과 법무사였다. 나는 박영식 검찰관의 심문을 한 번 받았다. 그는 몸둘 곳을 몰라 하면서 자연스러운 이야기나 나누자고 하여 나를 어리둥절하게 했다. 그는 나에게 최선을 다하고 있지만 잘 안 된다는 딱한 처지를 이해시키고 이야기나 나누자고 하였다. 그는 나의 시국선언문을 읽고 민중이란 말에 감화를 받았다고 하면서 교수님은 그 표현을 어떤 의미로 썼습니까 한다.

나는 유도심문인가 싶어 그야 국민대중을 이야기하는 것이겠지요 했더니, 그렇게 막을 치시지 말고 솔직하게 이야기하자고 하였다. 자기도 헐벗고 굶주린 가난한 사람으로 태어났으며 수탈당하고 탄압당하는 민중이 주인공이 되는 시대를 갈망하는 처지라고 부연하면서 허심탄회한 대화를 계속했다. 그는 작가 황석영의 친구인데 그를 좋아하는 이유로 황석영은 밖으로 노출되지 않으면서 그의 사상을 담는 저술을 통해 현실을 살아가는 올바른 가치관을 강조하면서도 현행법을 잘 피해가는 지혜를 가졌다고 칭찬했다.

또한 그는 지성인의 나약성을 지적하면서 왜 광주항쟁이 벌어지자 자율화의 선두에 섰던 주체들(대학생들)이 모두 숨어 버렸을까요 한다. 나는 지성인이란 본래 폭력이나 힘을 무서워하고 싫어하기 때문이 아니겠느냐고 했다. 그러나 곧바로 그것을 뉘우치고 강인하게 대처하면서 투쟁하는 선비의 기질이 숨겨져 있음을 역설하여 앞으로 어떠한 어려움에도 굴복하지 않겠다는 뜻을 보여주었다.

그는 점심을 시켜주면서 평소에 마음 속으로 존경하는 교수님들을 이러한 처지에서 대하게 되어 송구스럽기 짝이 없다고 말하고 힘 자라는 데까지 최선을 다하겠다고 다짐했다.

안법무사는 박검찰관과 동기생으로 뜻이 잘 맞는 사이라고 한다. 고려대학을 다니면서 학생운동을 했으며 성격은 과단성이 있고 강직하다고 한다. 내가 그분을 사석에서 처음 대한 것은 친지의 주선으로 1심 구형 공판이 있는 뒤였다. 그는 정중하게 인사를 하면서 지난날 공판정에서 무례하게 높은 자리에 앉은 것을 사과한다고 했다. 그러면서 자기는 우리들의 심판관 입장이 되어 배운바가 많다고 했다.

우리들의 최후진술에 특히 감화가 컸는데 정익섭 교수께서 자기는 어떠한 처벌을 받아도 좋으니 동료교수들과 학생들에게 선처를 해달라는 말에 깊은 감동을 받았다고 했다. 나는 그때 못한 소리들을 보충하며 이야기했고 우리는 무죄로 나가서 사회활동을 하든지 그렇지 않으면 이곳에서 실형을 살게 해달라고 부탁했다.

그때 안법무사는 저희들 마음대로 할 수 있다면 얼마나 좋겠으며 당장에라도 보내 드릴 수가 있겠습니다만 그렇지 못하는 심정을 이해해달라고 사정한다. 특히 그는 조선대교수들과 우리를 비교하여 그때 조선대교수들이 변명하려고 하여 무섭게 추궁하던 일을 상기시키며 그 사람들은 마땅히 엄한 처벌을 받아야 되는데 우리들 심문 때는 마음이 괴로워 제대로 쳐다도 못보고 고개를 숙이고 있었다고 말했다.

또한 군법회의에 타자수로 근무하는 문양(나의 제자라 한다)이 나를 위해 헌신적인 노력을 했다. 내가 그에게 이런 자리에서 자네를 만나게 되어 부끄럽다고 하자, 저는 선생님의 제자인 것을 자랑스럽게 생각하며 비록 이런 입장이지만 광주항쟁에 참여하고 있다는 자부심으로 일하고 있다면서 나를 위로하고 먹을 것을 권했다.

나는 본래부터 광주항쟁이 정치재판이고 보복적인 요식행위란 입장을 간파하였기에 우리를 위해서 최선을 다한 법관들에게 고마움을 가질 수 있었어도 불평이나 불만을 품지 않았다. 출감 후 그들의 노고를 치하하기 위해 저녁을 같이 하였는데 차마 말은 못하지만 자신들이 지성인이오, 고시에 합격한 법관으로서, 우리들을 대하면서 군인들이 강요하는 무력과 자신들이 주장하는 법이론상의 마찰과 충돌이 상당했음을 이해할 수 있었다. 그들은 진심으로 우리들을 존경하고 광주시민의 위대함을 알게 되었다고 토로한 후 우리의 항소심이 꼭 잘 되어지기를 바란다고 격려했다.

나는 지금의 현실에서 총칼에 억눌려 말은 못하지만 각계각층의 밑바탕에 깔린 양심은 살아있고 그 양심이 살아있는 이상 우리의 앞날은 어렵지 않다고 생각해서 우리에게 고마운 사람들을 단순한 인간의 정이 아닌 살아있는 양심의 표현으로 높게 사고 싶은 것이다.

1980년 11월 초순

교도소를 찾는 마음

나는 교도소에서 이런 생각을 해보았다. 우리가 평소에 얼마나 무관심하게 대했던 곳이고 범죄자들이 득시글거리는 이방(異邦)지대로 생각했던 것이다. 그런데 나나 광주항쟁 관련자 동지들 그리고 양심범들이 이 나라와 이 민족의 발전을 염원하면서 각고면려하는 곳이라 생각해보니 퍽 친밀감이 드는 곳이다. 따라서 나는 이곳을 자주 찾아야겠다고 다짐했다. 이제 휘청거리는 다리도, 몸을 떠나지 않던 미열도 사라져 가는 것 같으니 힘을 내어 교도소를 자주 찾아야겠다고 마음먹었다.

교도소 측에서 우리에게 약속한 것을 이행하는지가 궁금했다. 사람들은 겁에 질려 사는 수가 많다. 많은 사람들이 이제 출감했으니 지난날을 다 잊어버리고 새 출발하라고 하면서 동지들과의 접촉이나 교도소근처에 얼씬거리지 말라고 충고하기도 한다. 오늘날의 우리의 비극적인 현실은 모두 자기위축에서 온 결과라고 생각하는 나는 조금이라도 자기에게 부당한 것이 닥쳐오면 과감하게 저항하고 반발해야하며 앞으로 닥쳐올지 모르는 위해(危害)에 대해서 철저하게 응징하겠다는 태도를 보일 수 있어야 된다고 되풀이하곤 한다.

나는 버스를 타고 당당하게 교도소를 찾아 안내실에 가는 길에 대학제자인 박석준 군을 만났는데 그는 전남대생으로 그의 형 두 사람이 민청학련 사건으로 무기와 15년인가의 복역을 하고 있어 면회왔다고 하기에 그의 어머니와 그에게 경의를 표하고 위로의 뜻을 전했다.

안내실 안은 제법 붐빈다. 광주항쟁 관련 가족들이 많이 보이며 또 모르는 사람도 한가족처럼 당장에 가까워진다. 한상석 어머님, 송선태 어머님, 정동년 처, 윤강옥 처, 정상용 처 등을 만났을 때는 큰 죄를 진 것 같았으며 짧고 어설픈 생활 경험을 털어놓으면서 편안하게 잘 있으니 안심하라고 위안까지 시켜드렸다.

그리고 5호실과 6호실이 광주항쟁 관련자의 면회실이기에 밖에서 유리창을 통해 그들의 모습을 잠깐이나마 볼 수 있었으며 명노근·송기숙 교수들에게 특히 죄스러운 생각이 들어 견딜 수 없었다. 가지고 간 돈을 털어 동료교수들과 가까운 학생들에게 우선 내가 다녀갔다, 그리고 잊지 않고 당신들을 지켜보고 있다는 증표로 영치금을 넣어주었다.

그리고 우연히 보안과장과 보안계장을 만나서 방 배정 등이 잘되었느냐고 묻자 그는 잘 되었습니다 걱정하지 마십시오 하고 연막을 편다. 어떻게 알아볼 수 없는 일이고 안타까울 따름이다. 나는 2~3일 건너 한 번씩 교도소를 찾는다. 동지들의 부모님들을 만나고 가족을 위안시키며 그들을 통해서 두고 온 동지들의 소식을 들을 수 있었기 때문이었다.

하루는 교도소에 들렀더니 한상석군이 많이 맞았고 벌방에 수감중이라 한다. 어떻게 화가 치밀던지 교도소직원을 만나 사실이냐고 물었더니 선생님도 그 안에 계셨으면 아시겠지만 일체의 구타는 있을 수 없다고 안심을 시켰다. 나는 직접 만나보지 못했으나 뒷날 들어보니 순화교육관계로 사건이 발생했다는 것이다. 순화교육은 수감자들이 4주씩 받는 교육인데 도저히 용납할 수 없는 인권유린이다. 우리의 알량한 헌법에도 형의 확정판결을 받지 않은 자는 무죄자로 추정한다고 되어있는데 어떻게 무죄인이 순화교육을 받아야 되며 사실은 몸이 구속되어 교도소에 있는 것만도 억울한 일인데 강제교육까지 받는다는 것은 말이 안 되는 일이다.

우리 광주항쟁 관련자들은 기회 있을 때마다 그것을 받을 수 없다고 했으며 전면적으로 부정해 왔는데 한상석군에게 순화교육을 시작할 때 수감자 대표로 선서를 하게 했다. 그런데 선서대신 그가 평소에 생각하고 주장하는 광주항쟁의 정당성을 선언해서 수라장이 되었으며 그것으로 많은 구타를 당했고 벌방에 수감되었다고 하는데 교도관들이 한사코 부정하여 내가 확인하지 않는 이상 알 수 없는 일이다.

사실 나는 교도소사태의 조정자역을 감당했고 어떨 때는 보호자역을 즐겨 해오다가 그들을 놓아둔 채 떠나오고 나니 죄스럽고 그들의 하루하루가 궁금하고 불안하기 마련이었다.

교도소에서도 자기들 직무도 있겠지만 군 당국의 철저한 감시를 받는 것 같아 어쩔 수 없다는 고충은 알만 하지만 보복적이고 힘에 의한 재판을 통해서 수감시켰으면 되었지 교도소 생활까지 감시하고 감독해서야 될 말인가. 힘이 약하고 시세에 민감한 사람들이 다투어 충성(?)을 다하겠지.

며칠 뒤 교도소를 찾은 나는 큰 변화를 느꼈다. 5호실과 6호실이 광주항쟁의 관련자를 면회하는 곳인데 복도의 유리창을 전부 페인트칠해 버렸던 것이다. 도대체 어떤 놈이 이런 짓을 시켰는지 감옥의 동지들과 유리창을 통해 볼 수 있는 기회마저 차단시켜 가면서 그들은 충성(?)을 다해야 하는지 어처구니없는 일이다. 그것도 다른 창문은 그대로 두면서 하필이면 그곳 유리창만 그렇게 해버렸는가를 생각하면 아무래도 괘씸한 놈들이라 생각했다. 교도소를 출입하면 구속자 가족들의 헌신적인 봉사와 투쟁에 항상 머리 숙일 수밖에 없다. 그들은 서슬이 퍼런 현실임에도 불구하고 단체행동과 항의를 하면서 수감자들과 같이 고생하게 해달라고 극성이다.

하루는 교도소에 다녀 나오는데 신사 한 분이 뒤에 따라오면서 차나 한 잔 나누자고 했다. 순간 보안대나 형사중의 하나인가 했더니 조선대생 유재도군의 아버님이시다. 수많은 수감자들에게 영치금을 넣어주는 것을 보고 교수인줄 알았다고 하면서 다방에서 차를 마시면서 같이 수감자들과 이 나라를 걱정했다. 나는 아버님에게 유재도군의 의연함과 굳센 생활을 소개하고 부모님 마음이야 오죽하겠습니까만은 군에 가 있는 셈치고 마음을 너그럽게 간직해 주시라고 당부하고 헤어졌다.

1980년 11월 10일

출감 후의 마음정리

나는 누구보다 눈물이 많고 정에 약한 것 같다. 수감생활 중에서 제일 견디기 어려운 것이 자식들이 보고 싶은 것이다. 나는 화장실에서 몇 번이고 혼자 눈물짓고 오열한 적이 있다. 밖으로부터 들리는 소리 중에 가장 슬펐던 이야기는 막둥이 놈이 우리 아빠 빨리 보내주십시오 라고 매일 기도한다는 것이다. 나는 2남 1녀의 아버지다. 중학교 1학년, 국민학교 5학년, 국민학교 3학년에 재학 중인데 비교적 엄격하면서 애정은 누구보다 강한 편이다.

그런데 그들이 지금의 나를 어떻게 생각하고 혹시나 그들에게 어떤 마음의 상처나 주지 않을까 걱정이었다. 중학생인 큰놈은 공부가 떨어지고 밤이면 이층 슬래브를 혼자 늦게까지 거닌다고 한다. 무엇을 알만한 나이인데 조금도 자극을 주지 않고 순수하게 자라게 하여 자기의 일은 자기가 결정하여 처리하게 하고 싶은 심정이었다. 우리사회의 풍토가 서로를 감시하게 하는 처지로 비판적인 성격은 항상 고달프기 때문에 TV나 신문을 보고도 논평을 하지 않고 집에서는 침묵을 지키고 사는 편이었다. 아이들이 영향을 받지 않게 하기 위해서였다.

처의 말에 의하면 처음에는 내가 보안대 영창에 있다는 말을 하지 않고 시골에 볼일이 있어서 갔다고 했는데 애들이 저절로 알게 되었지만 나의 처소에 대해서 따져 묻지는 않았다고 했다. 꿈에 그놈들을 보고 나면 그 꿈이 깨어버린 것이 서운하고 아쉬워졌다. 그리고 나는 처에 대해서 감각적인 것보다는 도리라든가 부부관계라는 면에서 소중하게 생각한다. 결혼이후 직장생활을 계속하면서 오늘날까지 살림의 기틀을 만들고 동생들을 교육시킨다는 것 등으로 나는 처에게 큰 빚을 지고 있다고 생각하고 몸이 허약하며 신경이 날카로울 때마다 나는 처를 편안히 있게 하지 못한데 대해서 항상 미안하게 생각하고 있다.

그런데 이번 일을 당하고서 특히 미안한 것은 그에게 중요한 일을 감행할 때 상의하지 않아 온 점이다. 그것은 물론 처의 입장에서 평범하고 순탄하며 무난한 가정을 지키고 싶은 심정으로 반대하거나 괴로워하기 때문에 차라리 알리지 않고 뒤에 이해를 촉구하겠다는 뜻에서였다.

나는 글을 쓸 때나 중요한 결심을 할 때는 여러 가지 닥쳐올 국면을 생각하고 깊이 따지는 성격이다. 그러나 결론은 항상 4·19를 생각하면서 굳어져 버린다. 4·19에 수많은 청춘들이 그들의 꽃봉오리를 못 다 피운 채 사라져 갔는데 20년 이상을 덤으로 살면서 무엇이 아깝느냐는 논리다. 처는 이번 일을 당하고 무척 의연하고 대담하게 일을 처리한다고 들었으며 그 남편에 그 아내라고 추켜세우는 소리도 들린다.

일주일에 한 번 꼴로 직장생활에 지친 몸으로 나를 찾아올 때 내가 당신을 너무 고생시킨다고 생각도 들지만 그러나 말이나 표정으로 그것을 나타내지 않고 무뚝뚝하기만 하자 장선배님은 나를 따로 불러 처가 고생이 많은데 제발 따뜻한 말이라도 좀 하라는 충고를 하기도 했다. 어쩔 때는 기운이 전혀 없어 보이고 한때는 눈까지 아파서 한 눈은 가리고, 한 눈으로 온 것을 보면 더더욱 미안스럽다. 그녀는 항상 일이 잘되가고 있으며 끝이 좋을 것이니 몸 건강히 잘 있으라는 위로와 격려의 말을 남기고 갔다.

나는 교도소에서 조신부를 만나서 퍽 가깝게 되었다. 서로가 격의 없는 농담도 주고받을 처지여서 내가 당신처럼 처자식이 없는 처지라면 형무소에서 10년을 살아도 눈 하나 까닥하지 않겠다고 말을 건넸다. 그랬더니 조신부는 그러한 면에서 나로 하여금 사도로 불러주신 하느님에게 항상 감사하고 있다고 대답한 일이 있다. 우리네 남자들에게 자신을 얽매는 멍에로 가장 억센 것이 처자식을 거느린 가장이란 위치일 것이다.

일찍이 교육지표사건으로 교직을 떠났던 모 동료교수는 처자식을 먹여

살린다는 것은 신성한 의무라고 토로한 일이 있지만 본인이 핍박을 당하면 처자식은 고통 속에 살아야 되는 우리의 사회실정이 안타깝다. 우리는 역사에서 애국지사나 독립투사가 생명을 걸고 애국활동을 하느라고 그들의 처자식이 못 배우고 헐벗고 굶주리며 고생하여 정상적으로 자라지 못했다. 반면 역적질이나 아부꾼으로 행세하면서 치부하여 그들의 자손들이 편안하고 잘 배워서 잘사는 것을 얼마든지 볼 수 있다. 이것이 사회정의고 민족정기냐 생각해 보면 우리의 얄팍한 사회의 속성이 안타깝다.

우리사회도 가족들이 고통받고 핍박받지 않고 좋은 일을 하는 아버지를 기릴 수 있도록 사회적인 보장을 해주는 제도가 있다면 그것이 바로 훌륭한 국가의 발전을 가져올 수 있는 밑거름이 되는 일이다. 그렇지만 본인은 물론 가족 친지까지 짓밟고 유린하며 못살게 구니 그러한 뜻 있는 일에 헌신하는 지사(志士)들을 배출할 수 없게 되는 것이다.

오늘 밤 친구가 찾아와서 나에게 충고를 했다. 친구인 김중곤씨는 중학교부터 사귄 사이였고 5월 18일 새벽 2시경에 대학의 지영수선배로부터 계엄군이 진입했으니 빨리 도망치라는 연락을 받고 친구집에서 일주일동안 몸을 숨긴 사이였다. 너는 성격이 모질지 못하고 눈물이 많으며 대담하지 못해 유약한 편이니 이제 지난날의 생각이나 몸가짐과는 다른 새 출발을 해서 처자식을 잘 보육하고 살았으면 한다는 것이다.

나는 수감생활 중 그의 은혜를 많이 입었으며 평소에 가깝게 지냈기 때문에 누구보다도 나를 이해하고 아끼는 마음에서 한 말이라고 생각되나 처자식 생각하면서 모두 몸을 도사려 버리면 이 사회는 침묵되고 활성화되지 못할 것은 분명한 일이다. 사실 일을 겪어 본 사람들은 담이 커지고 이겨나가는 힘이 생긴다. 나보다 못한 처지의 사람들이 나라와 민족 그리고 역사를 위해 몸을 바치는데 사회적으로 대우받고 경제적으로 윤택하면서 자신의 안일만을 추구하기 위해 몸을 도사린다면 역사는 무엇 하러 공부한다는 말이냐. 처자식에 대한 죄스러운 마음은 한이 없으나 본뜻을 버리고 비겁하거나 무능력한 내가 될 수는 없는 일이다.

1980년 11월 12일

정치활동 규제자 발표

나는 가끔 라디오에 귀를 기울였다. 희한한 발표와 어처구니없는 일들이 다반사로 벌어지는 요사이 상황에서 또 무슨 일이 생길지 모르는 궁금증 때문이다.

그런데 근간 며칠 전부터 정치활동 규제자를 심사한다고 야단법석을 떠는가 했더니 그 명단을 발표한다고 해서 또 무슨 연극을 꾸미고 있는가 생각이 들어 귀를 기울였다. 한참 명단을 불러가는데 10대 국회의원, 그리고 전 정당간부를 다 불러대더니 기타라는 항목으로 ㄱ, ㄴ 순으로 이름을 불렀다. 김대중씨, 김남중씨의 이름이 나오는가 했더니 김태진 교수의 이름이 튀어나오고 명노근 교수의 이름이 연이어 불러지며 송기숙, 오병문, 이광우, 이방기, 이상식, 정익섭의 이름이 모두 불려졌다. 여기에 조선대교수 몇 사람도 불려졌다. 도대체가 민주정치를 하겠다는 것인지 아니면 총칼로 계속 다스려 보겠다는 것인지 알 수가 없는 노릇이다.

민주정치는 선의의 경쟁을 통해서 국민의 신임을 물어 국민에 의한 대표자가 여론에 의해서 정치를 해야 하는 것인데 너무나 상대가 무섭다 혹은 상대가 강하다 해서 두 손을 꼭 묶어 놓고 혼자 날뛰겠다니 그러고서도 무슨 민주주의를 토착화하겠다고 하는 것인지 웃기는 일이다. 그리고 또 해괴망측한 일은 정치를 하는 사람들은 상대들끼리 서로 미워하고 시기하는데서 묶어놓고 활동을 못하게 하는 것도 감정적인 차원에서 이해가 가는 일이지만 정치와 전혀 관계가 없는 우리들에게까지 무슨 굴레를 씌워 놓자는 것인지 모르겠다. 하기야 도둑놈의 눈에는 모든 것이 다 도둑놈으로 보인다고 하지만 자기들이 더러운 생각을 가지고 정치를 해보겠다고 생각하니 교수나 다른 사람들도 정치에 뛰어들

것이라고 착각하고 있는 모양이다.

후진국에서는 정치의 영향력이 각 분야에 절대적인 힘을 미치기 때문에 급속한 사회발전을 위해서는 정치의 발전을 도모하고 그 무서운 영향력을 발휘해 보려는 생각도 해본 일이 있다. 그러나 속물들이 날뛰며 권력쟁탈전을 벌이면서 수단과 방법을 가리지 않는 무자비한 살인경쟁에는 아예 관심이 없는 사람들이다. 이러한 우리들을 정치활동규제자로 선정해서 갑자기 유명하게 대접을 해준 당국자들에게 심심한 경의(?)를 드린다.

하기야 4개월 혹은 5개월 혹은 몇 개월 동안 짐승같은 대우를 받은 수 천명의 동지 혹은 광주항쟁으로 희생된 사람들의 상당수가 그 이름조차 언론기관에 보도되지 않은 상황에서 이상식이 광주항쟁으로 관련되어 어떤 수난을 겪고 있다는 암시를 해준 것 같아 고맙기까지 했다. 아니나 다를까 방송이나 신문에서 나의 이름을 보고 여기 저기서 안부와 위로의 전화가 쇄도했다.

아주 가까운 친구 한 사람은 어떻게 언론을 통제하고 신경을 마비시켰는지 내가 어떻게 되었는지 모르고 있다가 정치활동규제자란 명목으로 이름을 발표하니 어찌된 일이냐고 안부를 물어 왔다. 그래서 하도 어이가 없어 너 같으면 친구가 죽어도 모르겠다고 짜증을 내었더니 무소식이 희소식이라 잘 있는 줄 알았다고 하면서 미안해서 어쩔 줄을 모른다.

참 흥미 있는 세상이다. 죽이고 싶으면 죽이고 잡아 묶고 싶으면 그렇게 하고 가두어 고생시키고 싶으면 감옥에 넣고 죄를 주고 싶으면 각본을 꾸미면 되며 권력을 잡고 싶으면 총칼을 번쩍거리면 되는 세상이니 이러고서도 무사하고 잘되기를 바랄 수는 없는 일이다.

정치활동 규제자 명단을 발표하자 사람들은 이것이 공민권제한자와 같은 효력을 가질 것이라 하며 죽은 목숨이나 다를 바 없으니 즉시 이의신청을 하라는 것이다. 하기야 이의신청 기간이 있어 많은 사람을 구제시켜 동참하게 한다고 떠벌리고 있다. 되도록이면 많은 사람이 이의신청이란 이름아래 구걸해 오기를 바랄 것이고 실제로 그렇게 하는 사람들이 많을 것이다. 그러나 그것은 정치에 익숙한 정상배들이나 할 짓이지 정치에 관심 없고 대의명분을 중시하는 우리에게는 어림도 없는 일이다.

정치활동 규제법이란 굴레를 씌워놓고 마음대로 조종하고 이용하며 춤추게 하겠다는 것을 잘 안다. 이런 때일수록 군에 어떤 연줄이 있는 사람이 있는가를 찾으며 또 누가 나의 당선에 지장을 줄 사람이니 제거해 주라고 하거나 혹은 자기의 신임을 호소하면서 부지런히 뛰어다닐 정상배들의 장사놀음이 눈에 선한 노릇이다.

속담에 메뚜기도 한철이란 말이 있다. 요사이 권력 측근에 있는 군인들 시세가 대단할 것이며 단순하고 감각적인 사람들 기분께나 내면서 성세를 구가하고 있을 것이다. 그들은 돈과 권력이 전부이고 현실이 일생의 전부인 것처럼 착각하면서 흥미진진하고 자랑스러우며 막강한 실력을 발휘하여 그에 놀아나는 사람들을 보고 흥미를 만끽하고 있을 터이지만 우리의 역사는 그것을 보람 있고 의미 있는 삶이라고 추켜세우질 않고 무서운 철퇴를 내리면서 그들을 심판하고 응징할 것이 분명하다.

나는 가끔 야외 등이나 횃불에 모여든 불나비들을 본다. 그들은 불에 타거나 등에 부딪혀 죽을 줄도 모르고 덤벼드는 꼴을 유심히 쳐다본다. 이 나라 역사와 이 민족, 이 겨레를 위해서 반드시 심판의 날이 올 것이며 그들이 사형선고나 공민권제한자로 히히덕거리면서 작성한 정치규제자 명단이 옳게 바른길을 산 이 시대의 참 사람(물론 그 가운데 예외도 있겠지만)으로 평가될 날이 있을 것이다. 우리는 사회가 뭐라고 이야기하고 현실이 가혹하게 핍박하더라도 굽히지 않고 동요되지 않으며 꿋꿋하게 정도(正道)를 지키면서 살아야 한다.

이 시대 이 현실에서 그렇게라도 하지 않고서 뒷날 우리는 역사와 후손들에게 나는 어떻게 살았다고 이야기할 수 있을까 생각하니 오히려 영광스럽고 자랑스럽게 받아들이고 싶다.

1980년 11월 29일경

항소이유서의 제출

고등군법회의로부터 항소이유서를 제출하라는 통보를 받았다. 항소자체를 불복하고 반항하는 것으로 받아들이는 당국자들에게 요령 있게 우리의 주장을 논리적으로 전개한다는 것은 무척 어려운 일이다. 마음 같아서는 우리는 무죄이고 오히려 심판을 받아야 될 사람은 힘으로 모든 것을 해치우고 우리를 심판하려는 사람들이라고 주장하고 싶지만 서슬이 퍼런 시국에 그런 말을 할 수는 없어서 갈등을 일으킨다.

우리는 역사에서 사실의 기록으로 공판기록이나 조서같은 것에 굉장히 객관성을 두면서 논거로 이용하고 있다. 그러나 그러한 기록 등을 제대로 평가하기 위해서는 당시의 사정이나 배경이 깊이 고려되지 않고서는 오히려 진상을 파악하기 어렵다는 것을 이해할 수 있을 것 같다.

정익섭·이광우·이방기 교수 등과 같이 상의를 했는네 문장의 작성은 나에게 일임한다고 해서 내가 작성 책임을 맡고 다른 사람은 복사하기로 했다. 나는 우리의 주장을 양면으로 펴기로 생각했다. 첫째 우리의 행위는 정당하고 교직자의 양심과 의무에서 당연하다는 것을 주장하고 둘째는 우리에게 실형을 언도한 것은 과중한 처사라는 양형부당을 주장했다. 좀더 철저하고 적극적인 주장을 피력하고 싶었으나 당시의 사정 때문에 부드럽게 된 것은 어쩔 수 없는 일이었으나 나는 이유서를 끝내놓고 한편의 논문을 끝낸 기분으로 홀가분했다. 다음은 항소이유서의 원문이다. 그대로 기록해 두겠다.

항소이유서

피고인 **이상식**

위 피고인에 대한 귀 군법회의 80호 소요 및 계엄령위반 피고사건에 대해서 다음과 같이 항소이유서를 제출하나이다.

다 음

1. 사실오인

본 피고는 대학교수로서 학문연구와 교수활동에 전념했고 정치활동에 전혀 관계하지 않았으며 평소의 언동도 교수의 본분에 충실했습니다.

1) 공소사실 1항의 사실오인

(1) 불법유인물 작성이 아닙니다.

10·26이후 학원자율화의 선풍이 불어 경향각지의 대학들이 학내문제로 소란스러웠고 5월초부터 정치문제들이 거론되어 전국의 대학들이 술렁거렸습니다. 서울대학교를 비롯하여 전국의 대학생들이 거리로 뛰쳐나오려는 기미가 보이자 대통령, 국무총리, 문교부장관은 여러 차례 학생들의 가두시위 금지와 학원정상화를 지시했고 그 대책을 위해 모든 방법을 동원토록 학교당국에 요구했습니다. 본 전남대학교는 학생들이 5월 14일부터 가두시위를 계획하고 있었으며 중간시험과 정상수업이 실시되지 않기 시작했습니다.

유첨 ①에서 보이는 바와 같이 1965년 7월에 발족하여 교수간의 친목과 학교발전을 위해 계속 활동하여온 교수전체의 모임인 교수협의회는 학원의 정상화와 국가, 사회의 안정을 위해서 적극적이고 양심적인 학생지도책의 일환으로 회합을 가졌습니다. 그리고 그 대책을 협의한 결과 소위 시국선언문을 채택하였던 것입니다. 본 시국선언문 채택은 유첨 ② 전총장 민준식씨의 확인서에 보이는 바와 같이 정치적 목적을 위한 것이 아니라 학원정상화를 위한 교육행사로 우리 교수들도 이러한 생각들을 하고 있지만 시급한 것은 학생의 이성회복을 통한 학원정상화라는 것을 설득하려는 취지에서 였습니다.

(2) 유인물(시국선언문)은 교수협의회가 내용을 정했고 채택한 것입니다. 5월 12일 열린 교수전체로 구성된 교수협의회는 유첨 ③ 교수협의회 임시총회회의록에서

보이는 바와 같이 협의회 이사회가 채택한 초안(안동준 교수 작성)이 학생을 설득하는데 미흡하다고 부결시킨 후 피고를 비롯한 안장순, 박영근, 이정환 네 교수를 새 기초위원으로 선정하고 초안에 포함시킬 21개항의 주요 골자를 결의했습니다. 피고 등 4인의 기초위원은 위임받은 사항을 가지고 3인(안장순 제외)이 각각 1통의 초안을 정리하여 수정보완을 거친 후 그중 1통의 채택을 교수협의회 이사회에 일임했는데 이사회에서 본 피고의 문장이 간결하고 본회의의 결의사항에 충실하다고 채택하여 수정 보완을 거쳐 확정했습니다. 본 피고는 회의록에서 보여주는 바와 같이 본회의가 정해준 내용을 종합하고 토씨와 접속사를 붙여 문장화해서 넘겼을 뿐이고 그 내용은 본회의에서 결정된 것이며 그 채택은 총회의 위임을 받은 이사회가 수정보완을 거쳐 발표한 것입니다. 그러므로 선언문작성에 본인의 의지나 소견이 크게 작용할 수 없었습니다.

(3) 유인물(시국선언문)배포는 실무담당인 총무간사(손규현 교수)가 이사회의 결의대로 집행했습니다.

교수협의회 총회의 위임을 받은 이사회는 시국선언문을 수정보완하여 채택한 후 총무간사(손규현 교수)에게 5000부를 인쇄하여 학생에게 주어 설득하기로 하여 총무간사가 그대로 집행한 것으로 압니다.

2) 공소사실 2항의 사실오인

(1) 교수의 학생지도는 유첨 ④에서 보이는 바와 같이 학칙 제71조에 규정한대로 교수의 의무입니다. 교수는 학교당국의 지시에 따라 각종 학생지도에 임했고 현장에 임해서 실시되는 임장지도는 전통적으로 중요하게 수행되어 왔습니다.

(2) 5월 16일 횃불시위의 교수지도는 학교당국과 경찰당국이 합의한 것입니다. 5월 16일 경찰국의 연락을 받고 학생처장과 부처장이 경찰국에 가서 15시경부터 경찰국장, 광주경찰서장, 서광주경찰서장, 경찰국 과장급이 참석하여 국장실에서 횃불시위에 대한 대책을 협의했는데 여기에서 경찰 간부회의가 채택한 안을 학교당국에 통고했다 합니다. 그 안은 횃불시위를 평화적으로 끝내 물의가 없게 하기 위해 경찰과 교수가 학생들의 주변을 수행하여 시민이나 불순세력의 가세를 차단토록 한다는 것이었습니다.

(3) 교수의 임장지도는 학교당국의 지시에 따른 것입니다.

학생처장(김태진 교수)은 여기에서 통고 받은 사실을 총장에게 보고했는데 총장(민준식씨)은 교무처장(박영준 교수)을 시켜 각대학장들에게 지시를 했고 각 대학의 전체교수들은 학장이나 학생과장의 지시를 받아 대학별로 도청 앞에 집결하여 경찰과 같이 학생시위대의 양면을 수행하면서 다른 사람의 접근을 방지하는 역할을 충실하게 수행했습니다.(유첨 ⑤ 전남대학교 전총장 민준식씨 확인서 참조)

(4) 5월 16일 횃불시위는 교통이 두절되지 않게 길의 한편만을 사용했으며 질서정연히고 아무런 폭행이 없이 평온하게 시종했음을 유첨 ⑥의 신문기사가 증명해주고 있습니다.

2. 양형 부당

피고가 유인물 작성에 참여한 사실을 중시한다 하더라도 전체교수협의회의 결의에 따라 4명의 기초위원의 한 사람으로 피임된 것을 1차 거부한 사실이 있고(검찰조서 참조) 부득이 회의록에 있는 바와 같이 본회의에서 결정해준 내용을 정리하여 토씨와 접속사를 붙여 문장화한 일밖에 없어 본인의 의지나 소견이 거의 작용하지 않은 것입니다. 또한 피고가 16일의 횃불시위의 현장에 있었던 것은 시위에 가세하자는 것이 아니라 학교당국의 지시에 따라 교수의 학생지도 의무를 성실하게 수행한 행위였습니다.

이와 같은 사정으로 미루어 학문연구와 교수에 전념해온 피고에게 1년 징역이란 실형은 너무나 가혹한 처벌이라 사료되오니 전과자의 불명예를 씻고 새 출발을 하여 학문연구와 인재양성을 위해 전념할 수 있도록 관대한 은전이 있으시기를 바랍니다.

피고는 교직생활 16년 간에 걸쳐 후진육성과 이 나라의 학문발전에 미력이나 바쳐왔습니다. 지난 학원사태에서 교수가 학원의 정상화와 국가 사회의 안정을 위해 충분한 지도력을 발휘해야 했음에도 불구하고 당시의 여건과 피고의 능력부족으로 그렇지 못했음을 깊이 반성하고 스스로 부끄러워하는 바입니다.

위와 같이 아래의 유첨서류와 함께 이유서를 제출하나이다.

⊙ 유첨서류

① 전남대학교 교수협의회 정관 사본 1부
② 전남대학교 전총장 민준식씨 확인서 1부
③ 교수협의회 회의록 및 이사회회의록 1부
④ 전남대학교 학칙 제71조 사본 1부
⑤ 전남대학교 전총장 민준식씨 확인서 사본 1부
⑥ 전남일보 5월 17일자 사본 1부

1980년 11월 29일

위 피고인 **이상식**

육군 계엄 고등군법회의 귀중

1980년 12월 8일

고등군법회의의 첫 공판

오늘부터 고등군법회의가 시작된다. 고등군법회의는 서울의 육군본부에 설치하는 군사재판의 최고심이며 계엄령 하에서 모든 정치적이고 보복적인 재판을 책임진 사실상의 최종심이다. 그것은 고등군법회의의 판결에 대해서 불복한 사람은 3심인 대법원에 상고할 수 있으나 대법원의 상고심은 법이 잘 적용되었는지만을 심리하는 극히 요식적인 처리만을 한다고 한다. 특히 김재규 공판으로 법관의 양심을 가지고 사법권의 독립을 지키려는 뜻 있는 대법원 판사들이 축출되었기 때문에 대법원의 최종심은 기대할 것이 없다 한다.

하기야 모든 것이 비정상적인 힘에 의해서 좌우되는 판국에 홀로 대법원에 지나친 기대를 거는 것은 걸맞지 않은 일이지만 모두가 비통한 일이다. 고등군법회의는 서울의 육군본부에서 열려야 하는데 이곳 광주에 간판만을 써 붙이고 개정하는 것은 당국의 말로는 광주항쟁 관련자들의 편의를 도모하기 위해서라고 한다. 그런데 또 다른 사람들의 말은 서울에서 열리면 전국의 관심과 세계의 관심이 쏠려 큰 문제가 되기 때문에 지방에서 해치운다고 하는데 대체로 후자의 견해가 더 정곡을 찌르는 것 같다.

나는 집안의 일, 친지의 일로 재판정을 방청한 일이 많은데 그것이 본인과 더 관계 깊은 일이면 그만큼 초조하고 피로하며 신경이 곤두세워짐을 느꼈다. 그런데 막상 자신의 일로 수감되고 보통군법회의를 치르고 나니 많이 대담해지고 태연해졌지만 무척 신경이 써지는 것은 어쩔 수 없는 일이다. 더구나 자기들 멋대로 하는 사람들이라 그들의 만류를 뿌리치고 항소를 하였다는 것은 나에게도 분명 불안이 도사리고 있는 것이다. 그래서 법정구속이라도 각오하고 집에 여러 가지를 부탁하고 의복과 간단한 세면도구까지 마련하여 상무대 공판정으로 갔다. 날씨가 몹시 춥기까지 한 금년 겨울에 교도소의 동지들이 어떻게 지냈는지 모두 궁금하고 보고 싶다.

헌병대 정문에는 가족들과 수녀들 그리고 신도들이 장사진을 이루고 있다. 우리 일행은 동지들의 가족들과 인사를 나누고 죄송한 마음을 표시하며 2심에서는 잘 되겠지요 하고 위로를 드린 후 정문을 들어섰다. 삼엄한 경계이지만 우리는 피고인이다. 그래서 들어가는 것이다 라고 퉁명스럽게 이야기하며 법정에 가보니 보고 싶은 얼굴들을 뵈올 수 있었다. 조아라 장로님, 이애신 여사, 조신부님, 김상옥씨, 김용근 선생, 그리고 윤광장 선생, 차상섭군 등이 보이며 김상옥씨와는 그간의 지난 일과 서울의 정황 그리고 전망 등을 나누며 곧 도착하는 동지들을 기다렸다.

이윽고 오전 공판이 있는 재야팀(홍남순, 김성용, 명노근, 송기숙, 이기홍씨 등)과 도청팀으로 김종배, 박남선, 정상용, 허규정, 윤석루, 윤강옥, 이양현, 김영철, 정해직, 이재호, 박철 등이 두툼해 보이는 옷과 하얗고 살찐 얼굴(부어서 그렇게 보임)을 내밀고 내린다. 우리는 죄송하고 그리운 표정으로 눈과 미소를 교환하면서 서로의 안부를 대신했고 한 사람 한 사람의 동지들을 마치 공항의 트랩에서 내리는 금의환향객처럼 정성과 존경과 신뢰의 마음을 다하며 맞이하여 주었다. 그들이 입장하여 수갑을 풀고 용변을 보러가는 사이 약간의 이야기를 나누며(접근과 대화가 금지됨) 굳세게 살자고 다짐했다. 상당수의 동지들은 춥지 않아 보이나 도청팀들은 그들의 형이 너무 가혹해서인지 푸른 수의가 더욱 차디차게 느껴져 마음 아프다.

이윽고 자리가 잡혀져 기립하여 재판관들이 입장하여 개정이 선포되자 약속이나 한 듯이 애국가가 퍼져 나온다. 약간 당황한 듯했으나 엄숙한 자세에서 모두 끝나기를 기다리고 서 있었다. 재판관은 재판장이 소장(포병학교장)이고 법무사 3명 그리고 한 사람의 중령인가 배석했으며 검찰관으로는 인상이 고약한 소령과 대위가 자리잡았다.

오늘은 첫날이라 인정심문만을 하는 날인가 보다. 이름과 주소를 부르고 피고를 확인하는 절차가 진행되었으며 우리 불구속 피고들은 뒷자리에 방청인과 같이 자리잡아 긴장과 초조감에 싸여 있었다. 우리는 기회 있을 때마다 고생하시는 동지들과 인사를 나누고 눈길을 교환하며 여유 있는 그들의 모습을 살피면서 미안하고 죄스런 마음을 조금이라도 덜어 보려고 애썼다.

모두들 처음 대하는 처지이고 사건이 사건인 만큼 공판정안의 분위기는 싸늘하고 긴장감이 꽉 차 있으며 조그만 일에도 신경이 써지는 편이다. 우리는 법무사 3인의 표정을 읽고 검찰관 두 사람의 일거일동을 주시하면서 저들이 용기를 가지고 법과 양심대로 어느 정도까지 밀고 나갈 수 있을까 하고 생각해 본다. 그러나 결론적으로 부정적이며 다만 육본을 배경으로 하는 고등군법회의니까 상무대를 배경으로 하는 보통군법회의보다는 견딜 수 있는 힘이 좀 낫겠지 하는 기대를 해본다.

우리는 1심에서 그런 문제를 많이 겪었다. 당시의 상무대는 실력 있는 당국자들과 거리가 먼 사람들이고 광주항쟁이 외부의 힘으로 진압되었기 때문에 자신들의 신변까지 걱정하는 처지였기에 일거수 일투족이 모두 보안대에 의해서 좌우되어 법관들이 전혀 영향력을 발휘할 수 없었다는 이야기를 많이 들었다. 그래서 우리 광주항쟁의 재판은 악질적인 보안대 서중령의 독단과 과잉충성으로 일관했으며 그의 발호와 각본이 잘못되었는지 광주의 저주를 받아서인지 그는 31사단 보안대장이란 말직으로 좌천되었다 한다.

오전의 사실심리가 끝난 도청팀과 재야팀이 다시 버스에 실려 가는 것을 끝까지 지켜보고 밖에 나와서 점심을 나누어 먹고 오후의 공판에 임했다. 일찍 정문을 통과해서 들어가는데 한상석, 정동년, 김상윤, 송선태 등의 가족을 만나 죄스럽고 미안한 인사를 교환했다. 공판정 앞에 서서 또 도착하는 동지들의 모습과 내리는 모습을 하나씩 지켜보았다. 굳은 의지와 밝은 표정을 보이는 정동년 군의 모습 그리고 김상윤, 한상석, 송선태, 위경종, 박선정, 김운기, 유재도, 양희승, 한국재 등의 얼굴이 또렷또렷하고 장하게 보인다. 그들의 모습도 역시 하얗고 살찐 얼굴들로 부어 있었다.

우리의 눈에 안타깝게 보일 때 그들의 가족들은 얼마나 마음 아플까. 그들은 젊고 패기가 넘쳐 씩씩해 보이고 대담해 보여 한층 더 믿음직스러워 보인다. 한상석 군은 그간 고생을 많이 했다는데도 여전히 장하고 의연한 표정이다. 나는 걱정되어 위로하느라 생활이 어쩌냐고 물었더니 저희들 마음대로는 안되지만 극복하고 잘 살지요 한다. 오후 공판도 뜻밖의 애국가 제창으로부터 시작되었으며 간단한 인정심문이었다.

우리들의 이름도 불러 새삼스레 우리가 피고란 것을 상기시켜 주었는데 속계되는 공판에서 우리 일행을 불렀다. 갑자기 아무런 준비 없이 재판석 앞에 서서 사실심리를 시작했다. 자세한 것은 항소이유서에 있으며 그 내용의 확인을 요한다면 증거와 증인을 채택하겠다는 뜻을 표시했다. 우리는 교수의 양심과 책임에서 당연히 할 일을 했으며 16일의 횃불시위 가담운운은 말이 되지 않는 덮어씌우기다. 우리는 경찰과 학교당국이 합의한 대로 학교책임자인 총장의 명을 받들고 학칙에 있는 임장지도에 임해서 그 날의 횃불시위는 평온하고 질서정연한 가운데 단 한 건의 사고도 없이 끝났다.

그것이 무슨 소요이며 사고방지를 위해 경찰과 같이 지도에 임한 우리가 소요가담으로 기소되다니 말이 되지 않는다. 우리는 전남대교수 400여명의 한 사람으로 똑같이 학생지도에 임했을 뿐인데 우리 한사람이 100명씩의 교수를 대표해서 4사람이 기소될 이유를 전혀 알지 못하겠다. 우리는 보직을 가지지도 않은 평교수며 교수의 임장지도를 성실하게 따랐을 뿐이라고 주장했다. 그러자 인상이 고약하게 생긴 검찰관 소령이 계엄 하에서는 일체의 집단행동을 못하게 되어 있는데 아무리 총장의 명령이라고 하지만 그곳에 나간 것이 죄가 된다는 것이다.

그래서 우리는 만약 우리가 그곳에 나가지 않았다면 직무유기로 기소되었을 것이다 라고 답변했으며 교수의 학생지도는 순수한 의무며 도리라고 역설했다. 또한 시국선언문 작성은 학원의 자율화 물결을 학교자체의 역량을 동원하여 자율적으로 해결하라는 문교당국의 간곡한 지시에 우리 전체교수가 슬기와 예지를 모아서 대처한 것이다 라고 배경설명을 했으나 집회가 당국의 허가도 없었으며 유인물 작성이 불법이었으니 어쩔 수 없다는 것이다.

우리의 사실심리를 끝으로 오늘의 공판이 끝났는데 우리는 증인으로 전총장인 민준식교수 그리고 교수협의회 총무간사, 전교무처장을 채택해 달라고 했으며 선언문 기초관계로 안장순 기초위원을 신청했다. 하고 싶은 이야기를 했으니 시원하지만 우리들의 행위를 합리화시키기 위해 남의 앞에서 마음에도 없는 소리를 하고 나니 피곤하다. 그리고 많은 동지들의 모습을 보고 나니 괴롭고 안타까운 마음이 한결 더 심해지는 것 같다.

1980년 12월 9일

재야 및 도청팀들의 사실심리와 진정서 소동

모처럼 대하는 그리운 얼굴들, 눈에 삼삼하고 가슴에 꽉 차 밤잠을 제대로 이루지 못했다. 광주시민을 대표하고 애국민중을 대표하는 입장이라고 하지만 왜 저들만이 이 추운 겨울에 햇빛을 마음대로 보지 못하고 수감되어 고생하는지 그리고 우리는 나와서 이렇게 자유롭게 활동하고 다니는지 자꾸 회의가 깊어진다. 나는 사실심리가 끝났지만 반가운 모습 또 그들이 진행하는 당당한 민주주의의 향연을 구경하기 위해 일찍 재판소로 갔다.

역시 삼엄한 경계이지만 피고라는 특권(?)을 이용하여 자유로 출입할 수 있었으며 재판정 출입도 제약을 받지 않았다. 우리의 재판을 취재하는 기자나 공공언론기관원은 한 사람도 없고 여기저기서 나와서 취재경쟁을 벌인다. 보안대, 경찰서, 본국 그리고 학교당국의 관심표시인지 학생과 직원도 동원되었다. 1심때 재판을 총지휘한 원흉인 서중령이 좌천당한 뒤라 보안대의 관심과 독기가 심하지 않은 것 같으나 여전히 두리번거리며 우왕좌왕한다. 명노근 선생의 국선변호인으로 친구인 백상필군이 선임되어 나는 어떻게 반가운지 기왕 선임되었으니 명선생을 위해서 대담하고 진지한 변론을 당부했으며 변론중점사항까지 지적해 주었다.

이윽고 밝고 의연한 표정들의 피고가 도착하여 눈인사와 미소를 교환했다. 개정이 선언되자 명노근 교수를 먼저 호명하여 사실심리를 진행했다. 명교수는 교수의 신성한 임무와 역할 그리고 장로라는 성직자의 임무에 충실하여 광주항쟁의 불을 끄러 나온 사람을 방화범이라고 모는 이유가 무엇이냐, 그리고 변호사는 학교에서의 활동, 그리고 수습위원회에서의 활동이 학교당국이나 도당국(정시채부지사)의 요청에 의한 것임을 확인하는 변론을 했으며 명교수는 광주항쟁에 대한 각본은 엉터리로 짠 것이다 라고 항변했다.

교수가 어떻게 학생을 수괴로 모시고 그 밑에서 내란중요임무에 종사할 수 있느냐를 따졌다. 또한 명교수는 온건파 수습위원장인 김창길을 동원하여 내란을 이끌어갔다는 부분에 대해서 나도 머리가 좋다고 자부하는 사람이고 상당한 능력을 가지고 있는 사람인데 내가 내란을 본격적으로 추진하려면 평소에 안면도 없고 별로 의식도 없으며 머리도 나쁜 김창길을 앞장세웠겠느냐고 변론했다.

이때 인상 나쁜 검찰관(소령)이 상당한 영향력을 행사할 수 있다니 그 영향력을 동원해서 학원사태나 광주항쟁을 조종한 것이 아니냐고 공방전을 폈다. 다음으로 송기숙 교수의 차례인데 송기숙 교수는 시종 명교수와 같이 행동했기 때문에 명교수의 미진한 부분을 보충하는 정도에서 끝마쳤다. 그 다음으로 오병문 교수의 차례인데 오교수는 수습위원회에 관계했으며 가톨릭의 knight(기사)라는 칭호 때문에 덕망이 있어 관련되어 그러한 면에서 그들을 보호하고 타이르기 위해서 교직자와 신앙인의 양심을 다하여 수습에 임했을 뿐이라고 신술했다.

다음에 홍남순 변호사의 차례인데 홍변호사는 광주항쟁의 공소장 작성과 재판은 완전히 픽션으로 꾸며진 연극이다. 우리는 처음에 박영식 검찰관에게 진술해서 진술서를 작성하고 날인까지 했다. 그런데 다음 며칠이 지난 후에 박검찰관이 불러서 가보았더니 전혀 새로운 진술서를 타이프해 죄송하지만 날인해 주시라고 애걸하였다. 그러나 본인의 신상과 동지들의 신변에 관련되어 못하겠다고 거절했더니 울상이 되어 사정하면서 어쩔 수 없습니다, 저는 괴로울 뿐입니다, 밖에서 또 괴롭히는 사람들이 대기하고 있습니다 라고 말하면서 사정했으나 거절했다.

그런데 담당형사(보안대 파견)가 찾아와서 김성용 신부, 이기홍 변호사, 조비오 신부 등과 같이 보안대 지하실에 감금해 놓고 팬티만 입히고 며칠을 괴롭혔습니다. 그러면서 서명날인을 강요해 법정에서 강요된 허위자백임을 진술하려고 서명해 주었습니다. 그런데 1심에서 증인으로 그 형사를 채택했지만 그는 그런 일 없다고 딱 잡아떼니 이런 기막힌 일이 있느냐 그러니 박검찰관과 처음 작성한 진술서를 증거로 채택한다고 진술했다. 그리고 "마지막날 밤 죽을 각오를 하고 목욕을 하고 왔다"고 공소장에 적혀있는데 그것은 1심에서 이미 이종기변호사가 한 소리로 밝혔는데도 계속 본인의 공소사실로 남아 있다고 지적했다.

그 다음으로 조비오 신부 차례인데 검찰관과 시비가 붙었다. 발단은 조신부가 공업단지 입구에서 총을 휘두르는 소년들에게 무릎을 꿇고 사정하여 총을 수집하여 도청에 보관시켰다는 사실에 관한 논쟁이었다. 검찰관이 왜 그 총을 바로 상무대로 가져오지 도청으로 가지고 가서 그들에게 다시 이용하게 했느냐고 따졌다. 조신부는 조용한 목소리지만 강경하게 그것을 말이라고 하느냐 총을 내놓지 않고 죽이겠다며 위협하는 소년들인데 그것을 빼앗아 군부대로 가지고 간다면 나의 몸뚱이는 총구멍으로 벌집이 되었을 것이다. 어떻게 그런 이야기를 할 수 있느냐고 따졌다.

오후에는 도청팀의 사실심리가 진행되었다. 그들의 의연하고 굳센 표정과 논리정연한 진술은 1심을 겪었고 교도소의 정신준비가 잘되었던 것 같다. 도청팀들 중에서 온건파 수습위원인 김창길, 정해민, 황금선군 등이 강경한 어조로 우리가 똑같이 광주항쟁을 수습하기 위해서 같이 활동했는데 우리에게는 적은 형을 주고 김종배, 박남선, 정상용, 허규정, 윤석루에게만 극형이나 중형을 주었으니 형평의 원칙을 벗어난 것이라고 공박했다.

그런데 이날 진정서 소동이 벌어졌으니 광주항쟁 관련 가족들이 진정서를 작성하여 공판정이나 재판관에게 드리려고 가지고 오다가 발각된 사건이다. 송기숙 교수 사모님이 가지고 왔는데 그 내용은 "우리 아빠를 돌려보내 주세요" 라고 되어있는 직접 쓴 어린애들의 쪽지이다. 그것을 크게 문제 삼으며 큰 것이라도 발견한 것같이 법석을 떨었으나 재판부에서 별로 문제삼을 것이 못된다하여 잘 처리되었다.

자라보고 놀란 가슴 솥뚜껑보고 놀란다는 식으로 그렇게 두렵고 무서운 일을 누구 때문에 무엇 때문에 해놓고 이 야단 이 소란 이 난리를 일으키며 수많은 사람들을 죽였고 또 죽이려 하며 징역을 살리고 있는지 모르겠다. 들리는 바에 의하면 서울에서 내려온 법관들은 그들의 숙소와 거리왕래에 신변보호를 요청하여 헌병들이 정사복을 하고 그 경비에 임하고 있다는 말도 있다.

1980년 12월 10일

학원팀의 사실심리

할 일없어 심화만 끓어오르는 나에게 요사이 바쁜 일이 생겼으니 공판정에 출입하는 일이다. 녹음기나 속기를 동원할 수 있었으면 이 귀중한 기록을 한마디 빼놓지 않고 수록할 수 있으련만 기억에는 한계가 있고 모두 금과옥조 같은 심금을 울리는 소리들이어서 다 정리할 수 없는 것이 한스러웠다.

오늘은 학원사태의 사실심리가 있는 날이다. 정동년, 김상윤, 김운기, 한상석, 송선태, 양희승, 이승룡, 위경종, 박선정 등의 사실심리가 있었다.

그런데 한상석이 작성한 학원자율화 일지가 문승훈의 가방에서 발견되어 그 내용을 분석한 결과 내란음모를 한 것이 확연하다는 투로 심문을 계속한다. 증언대에 선 문승운 군은 거기에 적혀있는 용어나 계획은 한상석 형의 개인적인 생각이었고 또 그것이 흔히 사용하는 용어들이라 이상한 생각으로 이 문서를 중시하지 않았으며 만약 중요문서라면 지금까지 가방에 넣어둔 채 그냥 두었겠느냐고 검찰의 추궁과 상반되는 주장을 했다.

그런데 검찰이 낭독하는 일지는 상당히 상세하게 기록되어 있으며 약간 전투적인 용어도 있으나 그것을 그대로 신빙한다면 정동년 군의 내란수괴음모가 백일하에 거짓으로 판명될 수 있을 것 같아 나는 정동년 부인을 불러 그것을 증거로 채택하라고 권하기도 했다. 하기야 뻔히 아는 일이고 조작된 픽션인지 모르는 바는 아니지만 이쪽에서 할 수 있는 최선을 다해 보자는 것이다. 한상석 군은 논리적이고 체계 있게 당시의 학생들의 애국행위는 정당하였고 국가의 방침에도 어긋나지 않았으며 오히려 우리에게 평지풍파를 일으킨 군부세력들이 응징을 받아야할 것이라 몰아 세웠다.

학생 모두가 뚜렷하고 논리적인 진술을 통해 정당성을 주장했으며 특히 박선정군이 1심때의 침묵을 깨고 상당히 톤을 높여 당국자들을 당황하게 했다. 그는 몇 번이고 제지를 받으면서 왜 말할 수 있는 권리도 박탈하느냐고 윽박지르며 할 말을 다했다.

사실심리가 끝나고 증인채택을 하는 판이다. 정동년 군은 내란수괴로 음모를 했다는 날의 알리바이를 증명할 수 있는 한미냉동기술학원의 교무일지를 다시 신청했으며 학교당국자를 신청했는데 학교당국자는 1심에서 채택(박영준 전교무처장)했으나 기각하고 학원의 일지를 채택하겠다고 재판부는 결정했다.

다음 한상석 군은 최규하 대통령, 김옥길 문교부장관, 정승화 계엄사령관을 증인으로 신청하고 당시의 동아일보, 조선일보, 전남매일신문을 모두 증거로 신청했다. 그런데 재판부는 당시의 정책이나 방침은 모두 알고 있으니 증인채택이 필요 없으며 신문은 기자의 편견이 작용하기 때문에 증거물이 될 수 없다고 기각했다.

다음으로 송선태 군은 우리에게 가혹한 고문과 협박을 통해서 작성한 조서를 증거로 채택하여 유죄판결을 구형했던 그들이 지금쯤은 반성하여 후회하고 있을 것이니 1심 때의 검찰관과 법무사의 양심을 증거로 채택해 달라고 했다. 재판부는 그것은 공소장과 판결문에 나와 있으니 필요 없다고 기각했다.

다음으로 총학생회 부회장인 이승룡 군은 우리들의 애국충정을 보이기 위해 교도소에서 단식을 시작하겠다고 선언했다. 그러자 분위기는 숙연해지고 가벼운 동요가 서서히 일기 시작하였는데 이어 김운기 군은 지금 믿을 수 있는 것은 내 마음밖에 없으니 내 양심을 증거로 채택해 달라고 요구했다.

이어서 발언을 신청한 한상석 군이 광주항쟁의 정당한 평가와 처리가 이루어질 때까지 무기한 단식을 하겠다고 하였으며 양희승, 김운기도 이어서 우리도 단식을 같이 하겠다고 선언했으며 법정의 모든 학생들이 다 같이 동조해버렸다.

당황한 재판부는 빨리 서둘러 공판을 끝내고 폐정을 선언한 후 물러가 버렸는데 방청한 가족들과 우리는 안타깝고 애처롭다. 이제까지 겪은 고통과 수난이 클 텐데 또 단식투쟁을 전개하겠다니 어쩌면 좋겠느냐고 모두 낙심한 표정들이다.

나오면서 한상석 군의 어머니와 이야기를 나누었는데 지난번 한상석 군이 매를 맞고 벌방에 들어간 진상이 궁금하여 물어 보았더니 하루는 보안대에서 오라고 해서 가보았더니 아들이 순화교육 선서문 대신 이러한 난동을 부렸다고 하면서 기록을 보여주는데 가슴이 떨리는 소리였다고 한다. "광주시민은 위대한 민주시민이다. 광주항쟁은 민주주의를 지키기 위한 광주시민의 거룩한 투쟁이었다. 우리는 광주시민이 흘린 피의 대가를 요구한다. 우리는 광주항쟁이 정정당당하게 평가받아야 하며 처리되어야 한다"…로 되었다 한다. 그래서 잘 타일러 보겠다고 하고 나왔다는 것이다.

참으로 기막힌 일이다. 광주시민이 모두 같이 참가하여 민주주의를 지키자고 한일인데 지금쯤 광주시민들은 광주항쟁으로 숨진 사람들이나 이곳에서 고통 받고 투쟁하고 있는 대표들을 기억하고 있는지 나는 광주시민들이 마음속 깊이 간직하고 있을 것이라 자위하고 한군의 어머님과 동생을 위로했다.

오늘 학생들의 진술과정에서 우리는 많은 것을 배웠다. 그들은 젊고 깨끗한 정신을 가지고 모든 것에 굴하지 않고 투쟁해 왔으며 또 새로운 투쟁을 시작하고 있다는 생각을 해볼 때 우리는 어떤 마음을 가지고 무엇을 하고 있는 것일까. 또 대부분의 학생과 시민들은 지금 저들이 겪고 있는 고통에 대해서 얼마나 관심을 가지고 있는지.

언론기관들이 완전히 침묵을 강요당한 처지에서 지금 광주의 한 곳에서 재판을 하고 있지만 그것을 아는 사람은 극히 드물고 대중조작과 환각작용 속으로 계속 말려 들어가서 완전히 몸을 가누지 못하고 있는 실정이다. 중추신경을 마비시켜놓고 마취제로 마취시켜 온 국민의 입을 막고 귀를 가리운 그 가증스러운 죄는 하느님과 역사만이 심판할 수 있을 것이다.

1980년 12월 15일

민 총장의 증인출두와 대질심리

우리는 객관적이고 합리적인 증거에 의한 재판을 필수요건으로 삼고 있는 법치국가다. 그러기에 재판에서의 증인이나 증거의 채택과 증인의 증언과 증거물의 해석은 공정한 재판을 하느냐의 가장 기본적인 핵이 되는 것이다. 우리 광주항쟁의 재판은 고문과 강압에 의한 자백 그리고 당국의 자의에 의해 진행된 하나의 각본이었다. 이러한 현상이 언제부터인지 모르게 민주국가인 대한민국에서 그대로 답습되었고 묵인되었으니 재판사에서도 짚고 넘어가야 할 문제이다.

하기야 우리의 역사에서 자백을 유일한 증거로 채택하여 극형이 언도되는 대역죄나 중죄의 친국(親鞫)을 우리는 얼마든지 보아왔고 익숙해졌다. 네 죄를 네가 잘 알겠지. 저놈을 매우 쳐라 식으로 습관되어진 우리의 전통에서 무슨 증거주의냐고 생각할는지 모르나 그것은 시대착오증에서 나온 소리다. 전제군주국가에서 모든 것을 잡은 자의 마음대로 하는 구시대의 못된 버르장머리를 민중의 시대인 민주주의에서 그대로 답습한다는 것은 말이 되지 않는 것이다.

그런데 광주항쟁 재판사에서 보면 1심의 경우 증거와 증인은 당국자의 각본을 합리화시키는 데만 이용되었다. 피고가 신청한 증인은 사전에 증인에게 무서운 압력을 가하여 입을 봉하거나 잘 기억이 안난다는 식으로 호도시켜 버렸고 증거는 유실되어 버렸다고 핑계를 대면서 엉터리 조작극으로 일관해 왔었다. 그래서 2심의 경우에서도 증인이나 증거채택을 신청하라고 하면 또 웃기는 조작극을 되풀이하는구나 하는 식으로 받아들였고 우리들의 문제도 그런 식으로 넘어갈 줄 알았던 것이다.

그러나 뜻밖에 전총장인 민준식 교수가 증언을 위해 출두했고 증언대에 서있지 않은가. 이게 어떻게 돌아가는 판국인가. 아마 우리가 항소이유서에 총장의 확인서 두 종류를 첨부하였기에 그것이 사실인지를 확인시키려는 의도인 것 같다. 그런데 증인을 채택치 않으면 우리의 확인서를 인정해야 되니까 어쩔 수 없이 채택하는 것인지도 모른다. 총장의 증언이 필요한 경우는 우리 7명의 교수들에 한한다고 하는데 사실 학생들 문제도 꼭 필요한 일일 터인데 그것도 무엇인가 석연치 않았다.

제일 먼저 우리들 4명이 증인과의 대질심문에 들어갔다. 모두 나의 얼굴을 쳐다보기에 내가 먼저 입을 열어 총장님을 이런 자리에서 뵈옵게 되어 안타까운 마음 금할 수 없습니다. 대학운영이나 학생의 교육문제가 아닌, 법정의 피고와 증인이라는 입장에 서니 서글프기까지 합니다.

우선 저희들의 피의사실로 되어있는 16일의 횃불시위참가는 우리 교수 4명이 전체교수들과 같이 학생들을 지도하기 위해서 경찰과 사전합의한대로 총장님의 명을 받아 학칙에 의해서 임장지도에 임한 것인가요, 그렇지 않으면 공소장에 있는 대로 학생들과 같이 횃불시위를 하여 광주시내를 소란스럽게 만들기 위해서였는가요? 민총장님은 그것은 분명히 경찰당국과 학교당국이 합의하여 제가 교수님들을 동원하여 학생을 지도시킨 것이고 또 그렇게 하여 아무 일 없이 평온하게 끝났습니다고 답변했다.

다음으로 시국선언문을 작성한 전남대학교 교수협의회는 학원사태와 사회를 안정시키고 수습하자는 뜻에서이었습니까, 그렇지 않으면 학생을 선동하여 학원소요를 조장하기 위해서였습니까?

민총장은 학교가 어려운 문제에 당면하면 교수전체의 모임인 교수협의회에서 대책을 강구하고 또 본인은 그 중지를 받들어 사태 수습에 임해 왔으며 교수들의 양심적이고 능동적인 행동에 감사하고 있다고 대답했으며 여기에 첨가하여 선언문 작성과 인쇄를 전부 보고 받고 그대로 하도록 조처했다고 답했다.

이때 검찰 측에서 이미 계엄령이 선포중이니 총장의 명이라도 단체적으로 하는 행동에 접근해서는 안된다고 옹색한 해석을 하였으며 정익섭 교수는 당시의 문교당국이 학원문제를 학교 스스로 해결하라는 지시와 공문이 누차 있었지 않았느냐고 묻자 민총장은 사실이라고 대답했다. 그리고 이방기·이광우 교수가 우리는 과거에도 전통적으로 총장의 명을 받아 학생지도에 임하였지요 하는 질문에, 그것은 학칙에 따른 교수의 의무라고 대답했다. 다음으로 김태진 교수의 직무상 행위도 총장이나 문교부의 지시에 의한 것임을 총장이 입증했고 그 다음으로 송기숙·명노근·오병문 교수의 재야팀 증언에서도 한결같이 총장의 요구로 수습이나 지도에 임했다고 대답했다.

만장한 가운데 전남대의 총장을 증언대에 세우고 교수들이 피고가 되어 주고받는 대화는 존경과 신뢰 속에서 이루어졌으나 광주항쟁의 발상지인 전남대가 짊어져야 하는 괴로운 짐이었음을 부인할 수 없었다.

조비오 신부는 여기가 전남대 교수회의 장소같으며 그 분위기는 화기애애했다고 농을 걸었고 민총장도 우리와 같이 보안대에서 고생을 했으며 우리만이 재판에 회부되고 석방된 사실이 마음에 부담이 되었음을 오늘의 증언 가운데서 읽을 수 있었다. 참 우리는 우리의 역사에 중요한 한 장면을 꾸미고 있는 것이다. 그것은 광주항쟁이 우리 민중의 역사에 차지한 위치가 크고 중요하기 때문에 그 발상지인 전남대의 대표자들이 주고받는 대화는 그만큼 의미있는 것이다.

사람들은 이 무슨 꼴이냐고 비웃을지 모르지만 우리는 분명히 오늘의 증언을 통해 저들이 꾸민 광주항쟁 처리가 얼마나 허구와 보복에 가득찬 조작행위인가를 분명히 해주었다. 저들은 그들의 주장이 모순당착이었음을 똑똑히 인식하였을 것임은 의심할 여지가 없다. 그러나 우리의 대화의 표현이나 내용은 현상의 배경 속에서 이루어진 것임을 감안해야 할 것임을 부언해 둔다.

1980년 12월 16일

고등군법회의의 최후진술

나는 이 최후진술을 위해서 많은 생각을 했다. 최고의 지성을 자랑하는 대학교수로서 뒷날 떳떳하게 남길 수 있는 말을 해야 하겠다는 이상론과 현실적인 상황이 그것을 용납지 못하는 면을 어떻게 조화시켜야 할 것인가가 문제이다. 사실 김성용 신부나 명노근·송기숙 교수의 경우는 비장한 각오로 최후진술을 할 것이라고 생각한다.

분명히 최후진술은 자기의 양심에 의해서 다시없는 술회의 기회를 장식해야 하는 것이 우리들 양심범의 최종기회인데 강도를 어떻게 할 것인가는 이상과 현실적 갈등 속에서 착잡하게 자신을 휘감고 만다. 2심에서는 1심과는 달리 보안대의 철저한 지령이 눈에 덜 보이는 것 같고 증인신청에서만도 총장을 증언하게 하는 등 상당한 서광(?)이 보이는 것 같은데 준엄한 양심선언으로 다 지어 놓은 밥을 망쳐버리지 않을까 하는 속물스러운 욕심이 깃든 것은 어쩔 수 없는 노릇이다.

오전에는 학생들의 최후진실이 비장하게 연출되었고, 오후에는 도청 온건팀의 최후진술이 있었던 뒤라 시간도 어지간히 황혼에 가까워졌는데 우리의 최후진술차례가 왔다. 정교수의 최후진술 속에서 본인에 대한 언급이 있었다. 교수협의회회장으로 나에게 시국선언문 초안을 작성케 하여 누를 끼친 것을 미안하게 생각한다는 내용이었다.

나도 서두에서 정교수의 입장을 옹호할 수 있어야겠다고 생각했다. 결국 나의 최후진술은 이상과 현실을 절반씩 배합시킨 내용이 되었는데 우리들 입장에 관심을 가진 듯한 법관들은 우리가 장황한 이야기를 하여 다른 방향으로 끌고 가지 않을까 하여 간단하게 하시라고 주의를 주었다. 그래서 내용을 간추리고 과격한 표현을 부드럽게 손질하여 다음과 같은 내용을 진술하는데 좀 위태하다고 느끼는 부분을 말할 때는 법관들이 상당히 긴장하는 것 같았으나 나도 무던히 성질을 죽인 편이었다. 다음은 나의 고등군법회의 때 있었던 최후진술이다.

"본인은 대학교수로서 대학 강단이 아닌 법정의 피고로서 최후진술을 하려고 이 자리에 서게 된 여러 가지 상황에 대해서 깊은 유감의 뜻을 가집니다. 특히 전남대학교수의 대표이신 교수협의회회장님은 전체 교수가 직접 선출한 덕망과 학식이 출중한 분으로 교수전체의 뜻을 종합하는 사회의 역할을 하신 분이었습니다. 다른 두 분은 평소에 교수의 본분을 지키시며 양심적인 스승으로 학생의 존경을 받는 분들인데 그분들과 내가 이 법정에 서게 된 것은 지금도 분명하고 합리적 이유를 터득치 못함을 솔직하게 말씀드릴 수 있습니다.

본인은 1심에서 약 4개월 동안 비인간적인 대우를 받으면서 전과자라는 낙인을 찍은 것이 두 가지 이유에서라고 알고 있습니다. 한 가지는 전남대학교 교수협의회가 발표한 시국선언문을 기초한 때문이고 또 다른 이유는 16일 횃불시위를 지도한 것이 학생시위에 참가 고무한 것으로 해석되었기 때문입니다.

그런데 본인이 소위 시국선언문을 기초하게 된데는 많은 우연들이 겹친 것입니다. 첫째는 전체교수의 모임인 교수협의회가 5월 12일에 안동준교수의 시국선언문 초안을 부결하여 버린 점입니다. 일상적으로 교수회의는 초안을 약간의 자구수정이나 하고 채택하는 것인데 교수협의회는 그것을 압도적 다수로 부결하고 다른 선언문을 작성하기로 했다는 것입니다.

둘째, 협의회가 새 시국선언문을 기초할 기초위원 4명을 선정하는데 300여명의 교수 중에서 왜 하필이면 본인을 선정했는지 모르겠으며 셋째, 본인이 선정되었을 때 즉시 발언권을 얻어 사퇴를 주장했습니다만 왜 그것이 받아들여지지 않았는지 모르며 넷째, 4사람이 같이 작성한 4통의 선언문 중에서 왜 하필이면 본인의 글이 채택되었는지 모르겠다는 것입니다.

이런 것이 운명일까요 혹은 필연일까요. 그러나 저는 이 우연이나 운명을 결코 원망하고 싶지 않습니다. 그것은 본인이 아니라도 다른 어떤 동료교수가 그 일을 해서 이 자리에 섰어야 하기 때문입니다. 그러나 제가 가장 불만스럽고 불가사의하며 불합리하다고 지적하고 싶은 것은 전국의 대학들이 모두 시국선언문을 채택·발표했는데 그 기초자가 입건되어 재판을 받고 있다는 소식을 한번도 듣지 못했으며 그러한 사실이 없다는데 왜 우리 전남대의 것만을 문제삼는다는 것인지 이것은 형평의 원칙을 벗어난 다분한 저의가 있는 것이란 점입니다.

그 다음으로 본인 등이 기소된 이유는 16일의 횃불시위에 가담하여 소요를 일으켰다는 것인데 그것은 우리가 우리의 책무에서 학생을 지도한 것이며 전체 교수 400명이 모두 같이 성실하게 임무를 수행했는데 아무런 책임질 자리도 아닌 우리 4명이 이렇게 재판을 받고 있는 이유는 더더욱 우리를 의혹으로 가득차게 만들고 말았습니다. 법은 99명의 죄인을 놓치더라도 한 사람의 억울한 사람을 벌주어서는 안된다고 합니다.

그런데 광주항쟁의 공판을 맡으셔서 보셨으면 아시겠지만 이렇게 불공평하고 억울하고 아리송한 일이 어찌 저희들의 경우뿐이겠습니까. 저희의 경우는 황우일모요 빙산의 일각에 지나지 않으며 보다 심각하고 보다 처절하게 억울함을 당한 사람이 많다고 생각합니다. 지금 온 나라가 국민화합을 외치는 소리로 가득차 있습니다. 국민화합은 구호로 이루어지는 것이 아니오, 총칼을 통한 무력으로 얻어지는 것도 아니며 국민 한 사람 한 사람이 모두 마음의 문을 열고 너와 나의 관계가 아닌 우리의 관계로 되는 길입니다.

그러기 위해서는 한 사람이라도 억울하고 부당하게 짓밟힌 사람이 없어야 할 것임은 두말할 필요가 없습니다. 지금 우리 국민들 가슴마다 차곡차곡 쌓여진 불신감과 두꺼운 마음의 장벽을 없애는 것은 지극히 어려운 일이지만 꼭 해야 할 급선무인 것입니다. 저는 누구 못지않게 이 나라를 아끼고 사랑합니다. 그러기 때문에 이 나라 역사를 공부하고 있으며 우리는 어떤 일이 있어도 자랑스럽고 빛나는 역사를 만들어 축복받고 존경받는 조국이 되어야겠으며 우리의 후손들에게 영광된 조국을 남겨주어야 하겠습니다.

존경하는 재판관님들! 그 나라의 사회정의가 실현되느냐의 표면적인 척도는 법의 심판을 통해서 평가될 것입니다. 법관이 법과 양심에 따라 소신껏 재판함으로써 그 사회의 사회정의는 실현될 수 있을 것입니다. 물론 여러 가지 어려운 여건들이 그것을 용납치 못하고 있는 사정은 잘 알고 있습니다만 그런다고 양심에 따르지 않는 재판을 남겨 두고두고 후세의 치소를 면치 못하는 것보다 일시적이고 현실적인 고통을 감내하더라도 법과 양심에 따른 공정한 재판을 통해서 이 나라의 사회정의 구현에 귀중한 몫을 감당해 주실 것을 굳게 믿습니다.

우리는 이 광주항쟁을 통해서 가족, 친지들과 같이 모두 깊은 한과 원망을 품고 있습니다. 이 한과 원망을 그대로 놓아두고는 국민화합이 이루어질 수 없을 것이며 사회정의도 실현될 수 없을 것입니다. 현명하신 재판관님! 부디 이 한과 원망을 풀어주어 진정한 국민화합과 사회정의를 실현하여 자랑스러운 조국을 만드는 중요한 역사적 소임을 다하시기 바랍니다."

이어서 이광우 교수의 최후진술이 있었고 그것을 끝으로 오늘의 공판을 끝마쳤다.

나는 열이 나고 건강이 나빠져 다른 사람들의 최후진술을 경청하지 못했는데 그 후 들리는 소식에 의하면 많은 동지들이 현실제약을 용감히 뿌리치고 격렬한 비판을 가해 법정을 숙연하게 했다고 한다. 특히 김성용 신부는 광주시민은 세 차례나 죽임당하고 찢기우고 짓밟혔다. 처음은 광주항쟁으로 무장한 군인들에게 광주시민이 무수하게 죽었고 부상당했으며, 두 번째는 수사관들에 의해서 악질적인 고문과 구타로 많은 사람들이 몸을 상했으며, 세 번째는 재판이란 요식행위를 해가면서 우리를 죽이려고 하고 있다고 계속하자 재판장은 휴정을 선언하고 재판을 중단했다고 한다.

얼마나 우리의 한과 분노를 대변한 말인가. 우리 모두가 그러한 생각을 가지고 있으면서도 말 못하는 괴로움을 우리를 대신하여 김신부님이 말씀해 주셨다고 생각되며 방청석이나 그 날의 공판정에 있는 사람들은 재판관들의 당황한 표정에 속이 후련했다고 한다. 어떤 가족은 그 순간에 하느님에게 기도하면서 하느님, 저 재판장이 이 비참한 모습을 그대로 상부에 보고하여 다시는 비극적인 이러한 재판을 계속하지 못하도록 힘을 보여 주시라고 하기도 했다 한다.

이제 광주항쟁 2심에 계류 중인 240여명의 재판이 실질적으로는 다 끝났다. 그런데 괴이한 것은 조선대 교수들을 비롯하여 몇 사람의 피고는 부르지도 않는다. 2심은 서류심사도 가능하다는데 그렇게 하기 위한 것인지 또 다른 꿍꿍이속이 있어서 그런 것인지 이해가 되지 않는다. 나는 2심을 준비하고 동지들의 표정과 주장을 경청하면서 날마다 그곳에서 살았기 때문에 몸에 무리가 갔는지 며칠을 앓고 누워버렸다. 이제 심판의 날을 기다리는 수밖에 없다.

1980년 12월 17일

광주항쟁의 공판과 변호인들

우리는 변호인이라면 약자의 편에 서서 정당한 주장을 펴 억울함을 없애주는 의인으로 흔히 생각한다. 그래서 인권이 짓밟히고 약자가 부당한 일을 당했을 때 변호인들이 그들을 옹호하고 가려운 곳을 긁어주는 역을 곧잘 한다. 또는 변호인들이 독립투사를 변론하며 독재에 항거하다 투옥된 사람들을 위해서 활동하는 모습을 자주 보며 그럴 때마다 역시 변호인들이 약자의 편이라고 가까운 정을 느낀다.

안중근 의사의 이등박문 살해 때에 많은 다른 나라의 변호인들이 변론을 자청했으며 광주학생운동 때에도 김병로, 이인선생이 진상조사와 변론에 나섰다. 그리고 자유당정권이나 유신독재에 항거하다 투옥된 사람들을 위하여 많은 변호인들이 신변의 위협을 무릅쓰고 헌신적으로 활동하는 것을 우리는 많이 보아왔다. 이번 광주항쟁에도 이 지역에서 인망 높은 두 변호사가 관계되었으며 우리 역사에 큰 의미를 가진 중대한 사건이기 때문에 우리들은 전남에 있는 변호인은 말할 것도 없고 전국의 뜻 있는 변호인들이 우리를 변호하기 위해 운집할 것이라는 막연한 기대를 가져 보았다.

그러나 변호사들은 모두 꽁무니를 뺏으며 따라서 선임을 하기 위해서는 다른 사건보다 월등히 비용이 많이 들어야 하는 것은 그들의 위험부담까지를 계산한 것이라 한다. 세상에 벼룩의 간을 내먹어도 시원치 않을 인간들이 그렇게 하고서도 저희가 인권옹호에 앞장서고 의인이라 자처할 수 있다는 말이냐. 1심에서 보면 서울에서 온 유현석 변호사를 제외하고 모두 슬슬 군인들의 눈치나 살피면서 장삿속을 차리는 꼴을 볼 때마다 가증스럽기 짝이 없었다.

그들이 약한 자와 억울하게 눌린 자를 위해서 일하는 사람들이라면 그리고 그들이 이곳에서 살고 있다면 광주항쟁 관련자에게 그렇게 냉대하고 실속을 따져야 한단 말인가. 우리는 1심에서 국선변호인이나 사선변호인이 한결같이 "지금은 무척 후회하며 반성하고 있습니다. 관대한 처분을 바랍니다"로 일관해서 당국자들과 한패가 되어 픽션을 꾸며가고 있는 것 같이 생각했다. 우리들 모두가 정당한 일을 했으며 죄가 되지 않는다고 주장하는 판국에 잘못했으니 반성하고 관대한 처분을 바란다는 말이 납득되지 않는 것이다.

그래서 한상석 군은 사선변호인의 하는 꼴이 하도 못마땅해서 변호를 거부했으며 우리의 경우만 하더라도 순전한 장사치의 속셈이다. 결국 광주항쟁의 재판은 당국자들이 꾸민 각본을 가지고 법관들이 연출을 하면 변호사는 관객으로 잘한다고 박수갈채를 보내는 모두 한통속의 사람들이었다. 그들은 지금은 후회하고 반성하고 있다는 대사를 애용하는데 그것도 지능이 얕거나 학식이 적은 동지들에게나 통할 수 있었고 다른 동지들은 변호인이란 것이 무엇을 하는 것들이냐고 모두 분노를 터뜨려 증오의 대상이 되었다.

2심에서 답변서 제출을 통지하면서 국선변호인을 선정해서 기록해 주었다. 그런데 국선변호인이란 사람은 군법무관 출신으로 240여명의 항소심 피고들이 모두 한 사람의 변호인에게 일임되었으니 짜고 하는 짓인가 아니면 요식행위인지를 알 수 없다. 우리는 일단 선임된 국선변호인을 찾아가 어떻게 하느냐고 상의했더니 명의는 자기 이름으로 되었지만 공판 때마다 변호인이 따로 지정될 것이라 하면서 은근히 귀찮다는 표정이다. 하기야 한 건에 2~3백 만원을 호가하는 사건인데 국선변호료가 일인당 1만원이라니 정말 수지타산이 안 맞는 일이다. 변호사 개업도 사업이니 돈을 벌어야 한다는 것은 비난할 수 없다.

그러나 인간의 모든 일이 꼭 돈의 다과로만 결정된다면 인생의 맛은 아무 의미가 없을 것이다. 그들이 진정 약자의 편에서 인권을 옹호하고 억울함을 없애는 일이 본무라고 생각한다면 광주항쟁 관련자들에게 그들이 헌신적인 관심을 가져야 마땅할 것이다. 하기야 힘으로 밀어붙이고 감정으로 모든 것을 처리하는 당국자들이 벌써 많은 변호사를 자격박탈 혹은 정권(停權)시켜서 그들의 활동을 봉쇄하고 있다고 하지만….

광주항쟁의 제2심인 고등군법회의에서는 하루에 한 사람씩의 국선변호인이 배정되어 자기가 맡은 피고가 누구인지 사전에 기록을 보기는 커녕 그 이름조차도 모른다. 그도 그럴 수밖에 없는 것은 하루에 100여 명 가깝게 심리를 진행할 때도 있으니 그 이름을 어떻게 다 기억할 수 있겠는가. 우리들의 경우도 3번 법정에 섰으나 번번이 변호인이 달라서 우리들의 이름을 불러본 적이 한 번도 없다. 그러고 보면 국선변호인은 순전히 요식행위며 그런 요식행위는 무엇 때문에 하는 것인지. 선임된 변호인은 수많은 사람들의 심리과정을 지켜보고만 있지 함구무언이다. 피고의 이름이나 피의 내용을 알 수 없는데 어떻게 변론을 할 수 있다는 말인가.

그리하여 최후진술 후 여러 피고인들의 관대한 처분을 부탁 올린다는 투의 말만 앵무새처럼 지껄이고 있다. 하기야 동원된 변호인도 모두 군법무관 출신들인지라 요식행위나 졸속위주에 능수능란한 사람들이어서 이의를 제기하거나 사건의 내용을 알려고 조차도 않는다. 확실히 광주항쟁의 국선변호인은 요식행위며 그들은 조금도 그러한 임무에 대해 양심의 가책도 없는 사람들이다.

그리고 사선변호인들도 변호료나 자기의 몸조심에 관심이 있는 사람들이지 광주항쟁의 성격규명이나 진상파악을 거의 외면하는 사람들이어서 변호인들의 생태를 철저히 이해할 수 있게 되었다. 그들은 뒷날 그들의 능숙한 변호술로 이 살얼음 판국에 살아남기 위해서 어쩔 수 없었다고 자신들을 변호하겠지.

1980년 12월 28일

일요일의 예비소집과 정해민 군의 주장

어젯밤 한잠도 못 이루었다. 갑자기 내일 공판정에 집합하라는 연락이 왔기 때문이다. 광주항쟁에 대한 사실심리와 최후진술이 17일에 끝났으니 무슨 판결이 있을까 재구속당하지 않을까 하고 초조하고 불안하게 나날을 보내다가 갑자기 연락을 받고 보니 불안할 수밖에 없는 일이다.

광주항쟁은 없는 것으로 한다고 여러 번 공언했으며 광주시민의 현실적인 심정으로도 그것만이라도 바라는 것이었다. 유명을 달리하신 영령들의 넋에는 죄스럽기 한이 없지만 우선 이 단계에서라도 수습이 되어야 하는 것은 그만큼 아픔을 줄이자는 뜻에서인 것이다.

갑자기 소집시키는 이유를 알기 어려운 때문에 틀림없이 보복과 감각에서 뛰노는 군인들과 그들의 앞잡이들인지라 무슨 일을 꾸몄는지 모를 일이기에 더더욱 불안하고 안타까운 것이다. 우리는 만약의 사태에 대비하기 위해 옷을 두툼하게 입고 간단한 세면도구를 챙겨서 동료들과 같이 상무대로 향했다. 눈도 엄청나게 내렸으며 유난히도 추운 겨울 날씨에 옥중의 동지들은 어떻게 지내는지 죄스럽기만 하다.

명노근 교수의 사모님을 뵈올 수 있을까 했더니 무등산 타잔이라는 박홍숙군의 형이 집행되어 그 장례를 위해 그곳에 가신 모양이다. 이 시대 이 사회가 낳은 비극으로 비상한 재능과 담력을 가진 아까운 청년이 사형대의 이슬로 사라졌다니 집 없고 학대 받은 그의 인생이 가엾기만 하다. 이 눈사태 속에서 어디에 묻힐 것인지 따뜻한 교인이나 가족들의 손에 묻히겠지. 간절한 마음으로 세상을 잘못 만나 처형당한 김군의 명복을 빈다.

우리는 법정에 들어갔더니 분위기가 무척 부드러운 것 같아 긴장감은 가시고 많은 동지들이 자유의 몸이 되었으면 하는 꿈과 소망까지 가져

봤다. 70~80여명의 감옥동지들이 재판장에 나와 있었다. 그들의 모습을 보고 인사를 교환하면서 앞으로를 지켜보고 있는데 공식적인 공판이 있는 것이 아니라 개별접촉을 하는 것 같다.

들리는 소문에 의하면 석방시켜 줄 터이니 상고포기서를 쓰라는 것인 모양이다. 그러고 보니 이곳에 와있는 사람들은 모두 석방될 것 같은데 상고를 포기하라는 것이다. 엄태주, 윤영규 선생, 박철, 위경종 등의 얼굴은 보이나 김상집, 박선정, 한상석, 송선태, 명교수, 송교수의 얼굴은 찾을 길 없다. 이번에 내보내지 않을 것이 분명하니 얼마나 가슴 아픈 일이겠느냐.

우리들과 조선대 교수들 그리고 조아라, 이애신 장로님, 조비오 신부 등은 별도로 상무대의 법무실로 호출되어 한 방에 수용하고 한 사람씩 불러간다. 그 불려간 사람은 다시 우리와 접촉하지 못하게 하고 집으로 돌려보내서 철저한 각개격리를 시키자는 작전인 듯 하다. 조신부와 우리들 그리고 조선대 교수들은 조아라장로, 이애신씨가 불려간 후 우리들의 문제에 어떻게 대처할 것인가를 공개적으로 토의했다.

형의 내용은 감형인 선고유예인데 상고포기를 전제조건으로 한다고 하는 것 같다. 나는 세상에 이런 법이 어디 있느냐. 선고유예이든 실형이든 형의 언도는 언도이고 상고를 하고 안하고는 우리가 알아서 할 일인데 무슨 놈의 전제조건하에서 재판을 흥정하자는 것이냐. 우리는 그 점의 부당성을 따지고 원칙적으로 조선대 교수들과 분리시켜야 한다고 주장했다.

그러나 조선대 교수들은 선고유예이면 큰 은전인데 그것을 거부하면 다른 보복이 있을 것이라 하였다. 우리는 조신부와 같이 진지하게 논의를 하였다. 그런데 조선대 교수들은 모든 것을 자기들 마음대로 하였으며 염치나 의리는 물론 대의명분을 팽개치고 자기들이 하고 싶은 대로 행동한 사람들이다. 그들은 무슨 정보를 가지고 있는지 자기들은 잘 될 것이라 자신 있게 떠들어댄다. 나는 그들의 비열한 생각을 뜯어고쳐 줄 필요가 있다는 면에서 군 당국자들의 요구를 단호히 거부하여야 한다고 주장했다. 저들이 조아라 여사, 이애신씨를 먼저 불러간 것은 연약한 여자들을 먼저 설득하겠다는 속셈이며 그분들은 그들의 강권에 따라 집으로 가신 듯하다.

드디어 정익섭 교수가 불려갔다. 의견의 통합을 못 본 입장이어서 퍽 난처하실 것이다. 그런데 어떻게 이야기 되어가고 있는지 매우 궁금해진다. 나는 어떻게든지 저들의 의도를 꺾으려는 명분을 찾기에 열심이었다. 이윽고 정익섭 교수가 우리 공동의 문제니 같이 생각하자고 우리들을 데리러 왔다. 나는 절대로 저들의 의도대로 수락해서는 안 된다고 주장하면서 같이 법무참모실에 들어갔다.

그곳에서는 육본에서 검찰부장이란 사람이 우리를 정중하게 맞아 주었다. 말씨나 태도로 미루어보아 우리를 골탕먹이려는 것 같지 않으며 진정어린 표정으로 말문을 연다. 자기들은 교수님들의 입장을 잘 알고 있기 때문에 최선을 다했습니다만 결과는 미흡한데서 그치고 말았으며 그것도 교수님들이 충정을 이해하실 것이라고 전제하고 얻은 결과라면서 대단히 죄송스럽지만 상고포기를 응낙해 주셨으면 합니다 한다.

나는 그의 정중하고 진정어린 표정이나 언행에 고마워서 우선 아무런 인간관계도 없는 우리들을 위해서 애써주신데 대하여 고맙다고 인사했다. 그러나 우리는 지성인으로 모든 것을 감각적으로 처리하는 것보다 냉철하게 생각해서 합리적인 방향을 찾아서 우리의 입장을 결정해야 할 것 같다고 전제했다. 우리는 이 나라를 위하고 학교를 위해서 부끄러움 없는 처신을 해왔는데 그것이 당국의 정책에 어긋난다고 하여 4개월 동안이나 짐승 같은 대우를 받았으며 또한 1심에서 전과자란 낙인까지 찍었고 아직도 2명의 교수와 많은 동지들이 옥중에서 고생하고 있다고 서론을 꺼냈다.

특별히 내가 그런 말을 한 것은 검찰부장이면 사회의 검찰총장 같은 사람이니 앞으로의 동지들을 대우하는데 유념하라는 뜻도 내포되었음인데 그는 부드럽게 잘 알고 있습니다. 지난 일을 생각하면 한이 맺히시겠지요 앞으로는 그런 일이 없을 것이며 교수님들의 앞에도 좋은 서광이

보일 것입니다 하면서 은근히 우리의 입장을 이해하고 있음을 시사했다.

나는 그에게 호감을 가지면서 이 사람에게 기분 나쁜 감정대립을 가질 필요가 없다는 생각으로 명분론을 세우기로 했다. 부장님도 아시다시피 우리는 전남대학교 교수라는 신분 때문에 이제까지 수난을 겪었으며 우리들 문제는 우리 개인의 문제가 아니라 전남대학 전체의 문제이기 때문에 우리의 일에 학교당국 특히 총장님이 동분서주 활약하셨으며 우리들도 조그만 문제까지 그분과 상의하면서 행동해왔고 앞으로도 그럴 수밖에 없지 않겠느냐. 그러니 지금 우리가 이 자리에서 어떤 입장을 결정하는 것보다 총장님과 상의해보아야겠으며 또 한 가지 생각은 우리가 여기서 상고포기를 한다면 우리는 법에 따라 자동면직처분이 되는 것입니다.

그러니 이제까지의 직장생활 더군다나 우리가 그 직장에 있음을 자랑스럽게 생각하고 있으며 그 직장에 있었던 인연으로 이런 처지가 되었지만 그 직장을 그만두어야 되는 데는 무엇인가 생각도 좀 해야할 것이며 가족들하고 의논도 있어야 되지 않겠느냐. 그리고 지금 옥중에 있는 동료교수들하고는 직접 상의하기 어렵지만 그 가족들과도 사전에 양해를 얻는 것이 도리일 것 같으니 시간적 여유를 충분히 가져야 되겠다고 하여 곤란한 입장에서 빠져 나오려 했다. 그랬더니 검찰부장은 참 좋은 말씀이고 당연한 말씀이지만 저희가 시간이 없어 내일 상경해야 되겠기에 그 안에 가부를 말씀해 주셨으면 한다고 말하면서 대학교수님들에게 이렇게 말씀드려 대단히 죄송하다고 사과를 한다.

이때 조선대 교수들은 전대 교수님들에게는 죄송합니다만 저희는 부장님의 뜻을 따라 포기를 결정했다고 겸연쩍은 표정을 한다. 우리는 자신의 운명은 자신만이 결정할 수 있는 것이라며 우리와는 입장이 다르니 알아서 하라고 하고 그 자리를 빠져 나왔다. 우리는 나오면서 우리를 위해서 노력해주었다는 법무사들이나 만나보려고 모여 있는데 2심 때 인상 고약한 검찰관 소령이 우리 앞에 나타났다.

그러나 그는 그 때의 고약한 표정이 아니라 부드러운 미소를 띄우며 교수님들 한과 원망을 풀 날이 있을 것이라고 우리를 위로하며 조신부님에게 가서 저는 가톨릭신자입니다. 신부님에게 그간 죄송한 일들이 많았고저 자신 무척 괴로웠습니다 라고 고백한다. 나는 남의 말을 함부로 인용하지 마시오. 한과 원망을 풀어달라는 말은 나의 최후진술 때 한 소리요 했더니 그 말이 자기들 마음에 맺혀 자주 사용하게 되었다고 부연 설명했다.

우리들은 법무사들을 찾아서 여기저기 방을 기웃거리다가 한 방을 들여다보니 검찰관 대위가 정해민군과 심각한 표정으로 이야기를 나누고 있는데 우리를 보자 검찰관이 반가운 얼굴로 좀 들어오시라 한다. 그래서 들어갔더니 검찰관이 우리에게 구원을 요청하는데 내용을 알고 보니 정해민군이 상고포기서에 동의를 하지 않는다는 것이다. 그 이유는 같이 활약한 동지들이 모두 중형과 극형을 받았는데 최소한 중·극형을 받은 사람들이라도 구제해 주어야지 출감할 것이며 상고를 포기하겠다는 것이다. 그러니 교수님들께서 잘 타이르셔서 협조하게 해달라는 것이다.

나는 검찰관께서도 대학을 다녔을 것인데 자기의 뚜렷한 주장을 가지고 있는 학생들이 교수의 말을 들을 이치도 없으며 우리도 학생과 교수라는 서로의 위치를 인정하지만 학생들의 정당한 주장에는 머리를 숙이지 않을 수 없는 것이 아니겠느냐 다만 부모와 같은 입장에서 몸조심하고 건강하라는 당부나 할 수 있어도 정당한 주장을 꺾으라고 종용할 수는 없는 일이다.

내가 차라리 당신에게 부탁하고 싶소. 당신은 대학을 나왔고 고시에도 합격한 사람이며 광주항쟁 2심의 검찰관으로 너무나도 이 사정을 잘 아는 사람이 아니겠느냐. 그러니 정해민군의 심정을 십분 이해하여 더 이상 괴롭히지 말고 당신이 할 수 있는 최선을 다해주시오. 그랬더니 검찰관은 감화를 받은 듯 잘 알겠습니다 하면서 태도를 누그러뜨렸다. 오늘 이곳에 소집된 100여명의 동지들 가운데 그들이 성공 못한 사람은 정해민군과 우리 교수 그리고 조신부님인 것 같다. 그들은 우리를 통해서 새로운 것을 배웠으면 다행이겠다.

1980년 12월 29일

고등군법회의의 광주항쟁 선고공판과 법관 면담

오늘은 광주항쟁의 판결을 위한 고등군법회의의 선고공판이 있는 날이다. 심상치 않는 분위기에 쌓여 있는 것은 극형언도를 받은 5사람의 피고에 어떤 판결이 내려질 것이냐이며 얼마나 많은 동지들이 풀려나느냐의 문제이다. 개정선언과 함께 기각으로 일관하는 선고는 단시간에 끝났다. 240여명의 선고가 끝난 것이 12시도 못되어서였다. 가장 관심을 모은 극형을 받은 5인은 김종배와 박남선이 2심에서 무기로 바뀌어졌으며 정동년 군과 다른 세 사람은 그대로였다.

선고가 끝날 때쯤 방청석의 가족들이 고함과 통곡 그리고 분노가 뒤섞인 큰 소란을 일으켰다. 너희들이 누구를 심판하려 드느냐. 심판을 받을 자는 너희를 엉터리로 재판하게 시킨 놈들과 그대로 움직인 너희들이다. 너희는 천벌을 받을 것이고 역사의 심판을 못 면할 것이다. 그리고 우리도 죽여주고 우리도 구속하라는 고함소리와 동시에 책상을 밀치고 기물을 던지는 가족들이 있으며, 명교수의 사모님인 안여사는 목이 터져라 분노의 소리를 지른다. 명교수는 벌써 눈이 충혈되어 있으며 이러지도 저러지도 못하는 나는 눈시울이 뜨거울 뿐이다. 홍변호사의 아들은 같이 징역을 살게 해달라고 울분을 토로하다 끌려갔으며, 정동년의 부인, 박남선의 아버님 등의 분노에 떠는 모습이 나를 안타깝게 했다.

급히 헌병들이 동원되고 재판관들이 뒤로 빠져나가 태풍도 가라앉은 것 같아 우리도 발길을 옮겼다. 눈은 많이 쌓였고 이제 모두 갈 길을 서둔다. 100여명의 동지들은 자유의 몸이 되지 못한 채 다시 교도소를 향하는 무거운 발길을 옮겼고 우리는 허탈한 마음에 법관들과 만나러 가야했다. 어제의 간청을 오늘도 되풀이하려는지 진작부터 우리들을 만나자고 제의해 왔다. 이광우 교수는 더러운 놈들과는 이야기조차도 하기 싫다고 발길을 옮기기에 나는 한사코 말렸다. 그들이 우리를 위해서 최선을 다했다니 고맙다는 인사를 하는 것은 인간적인 정이 아니겠느냐. 그리고 사리를 따져서 우리의 주장을 관철시켜야지 마치 도망가버리는 것 같아서 안 된다고 만류했으나 상대조차도 싫다고 끝내 발길을 재촉해 버렸다.

정익섭 교수, 이방기 교수, 오병문 교수, 그리고 무죄를 받은 김태진 교수 그리고 나는 점심을 마치고 법관들을 만나러 갔다. 그들은 서울로 떠나기 위해서 짐을 꾸리면서 우리를 만나겠다는 것이다. 우리가 자리를 잡고 있었더니 법관 세 사람이 들어오면서 광주항쟁 관련 재판은 전부 무죄입니다. 모든 분들이 무죄로 판결되지 않은 이유 때문에 교수님들도 무죄가 안되었습니다 라고 서두를 꺼내며 무척 정중한 어조로 우리를 위안시킨다. 나는 우선 판결장의 소란을 보고 놀랐겠다고 위로했더니 이런 정도는 굉장히 얌전한 편이고 끝까지 이성을 지켜 준 광주항쟁의 관련자와 가족들의 높은 수준에 정말 놀랐고 감사하다고 하면서 서울의 재판(김대중 내란음모사건)은 아예 진행조차 할 수 없었다고 실토했다.

이윽고 나는 우리 교수들이 이번에 우리들 문제에 관심과 노력을 기울여주신 것을 깊이 감사드리며 앞으로 힘자라는 대로 다른 교수들과 동지들에게 좋은 일이 있도록 주선해 주십사고 인사를 했다. 법관들은 정말 이상하게 생각하실런지 모르겠습니다만 이번에 100명에 가까운 수(99명)를 석방시키는데 자기들은 보람을 느낀다고 자랑한다.

다음에 본론으로 들어가서 상고포기 문제를 거론하면서 이기홍 변호사 같은 분도 현명한 판단을 해서 서명을 했다고 우리더러 따라주었으면 좋겠다고 하였다. 나는 변호사와 교수는 다른 데가 분명히 있으니 같이 취급해서는 안된다고 전제하고 우리는 두 가지 면에서 지금 서명할 수 없다고 주장했다.

첫째는 대학교수는 양심과 지성을 생명으로 하는 선비의 후예이기에 총이나 칼로 좌우할 수 없으며 힘으로 밀어붙여도 안 되는 사람들임을 이번 기회에 똑똑히 인식시키겠다는 생각이다. 둘째, 우리는 민간인인데도 계엄령이라는 일방적 조치 때문에 군사재판을 받아왔는데 마지막 남은 민간재판을 우리 스스로 포기할 수 없으며 그리고 교수가 학생을 지도하는 것이 법에 어긋나는지 대법원의 판례로 남기고 싶다고 주장했다.

법관들은 교수님들을 저희를 지도하신 교수님들과 똑같이 생각하고 그러한 마음에서 갖은 모략과 협박을 무릅쓰고 여기까지라도 끌고 왔으며 윗사람들에게 상고포기를 저희가 약속하고 선처를 응낙받았다는 것이다. 또 실질적으로 대법원에서의 판결에 절대로 변화가 있지 않을 것이며 도리어 감정적인 군인들에게 미움을 사면 교수님들의 앞으로의 문제에 지장이 있을까 두렵사오니 협조해주시라는 것이다.

나는 김태진 교수도 여기 계시지만 학생지도를 하라고 명령하고 지시한 사람들은 기소하지 않거나 무죄를 받았는데 그 명령을 따라 책무를 다한 이광우·이방기교수가 유죄라니 이런 모순당착이 어디 있으며 교수들은 시키는대로 하는 사람들이 아님을 이번에 꼭 보여주어야겠다고 팽팽하게 맞섰다.

그러자 법관들은 단념한 듯 하면서 마지막으로 명분도 좋고 논리도 좋지만 교수님들의 신상에 해가 될 것이 걱정입니다. 잘 생각하십시오라고 한다. 나는 우리들이 같은 일로 기소되었으니 같이 상의하여 앞으로의 방향을 결정하겠지만 상고하고 안하고는 우리가 알아서 할 일이며 그것과는 별도로 우리에게 관심을 가져주었고 우리를 위해 노력한 것을 깊이 감사한다고 끝을 맺었다. 이때 정익섭 교수는 나라도 당신들의 체면을 세워주어야겠다고 상고포기서에 서명날인을 했고 우리는 그들을 작별하고 나왔다.

우리는 아직 돌아가지 않은 채 교도소 버스에 있는 명노근, 송기숙, 홍남순, 김성용 신부 등 재야팀들에게 인사를 하고 손을 흔들면서 부디 건강하고 굳세게 살자고 다짐했다. 나와 이방기 교수 그리고 정익섭 교수, 오병문 교수는 군기과장을 만나서 박석무 선생을 면회시켜 달라고 졸라 박선생을 만났다. 컬컬한 목소리에 보통사람보다 더 큰 키, 그리고 덥수룩한 수염의 박선생은 모든 동지들이 다 떠나버린 처지에서 퍽 외롭고 춥기까지 한다고 한다. 우리는 자유의 몸으로 좀 미안한 생각이 나지만 선배란 입장에서 건강하고 굳세게 지내라고 당부하고 군기과장에게 있는 동안 박선생을 잘 보살펴 달라고 부탁했다.

우리는 곧장 학교로 향해서 총장님을 뵈옵고 이제까지 노력해주신 노고에 대해서 감사하다고 말씀드린 후 상고여부는 저희들이 뜻을 모으고 총장님의 말씀을 참고하여 결정하겠다고 했더니 자기도 지금 이 단계에서 어떻게 했으면 좋을지 모르겠다고 주저주저했다. 나는 상고포기를 결정하신 정익섭 교수를 어려운 짐을 지신 분이라고 추켜세우고 같이 교문을 나서며 민총장도 만나고 가자 하여 동행하면서 이야기를 나누었다.

나는 진심으로 정익섭 회장님께 죄송스러운 생각을 가졌으며 정회장은 나의 집념과 투지 그리고 달변에 놀랐다고 하면서 이번 일을 통해서 나의 집념에 완전히 손을 들었다고 한다. 나는 정회장님께 여러 가지로 죄송하고 짐을 지워드렸습니다만 그러나 불의와 싸우고 부당한 처사에 대항하면서 끝까지 최선을 다하는 집념을 갖지 않고서 어떻게 선비라고 할 것이며 어떻게 공부는 하겠습니까 하면서 서로 웃음과 정을 주고받았다.

어느새 민총장댁에 도착하여 증언해 주신데 대해서 고마웠다고 인사했는데 민총장은 우리의 증언에 앞서서 검찰부장을 만나 두 시간 동안이나 광주항쟁의 진상과 학원문제에 대해서 솔직하게 진상을 이야기했으며 그 말을 듣고 검찰부장은 의외라는 듯이 깜짝 놀라면서 자기가 힘자라는 데까지 돕겠다고 하더라고 전했다. 계엄령 하에서의 육군본부 검찰부장은 검찰총장과 같은 직위로 실제상의 군법회의 검찰지휘권자에 해당된다.

우리는 총장댁을 나와 정회장과 헤어져 지친 발길을 집으로 돌렸다.

1심이 끝나고서 정과 열을 다해서 이것도 투쟁의 일환책이란 생각으로 노심초사하면서 증거를 수집하고 변론을 전개하였으며 항소이유서를 작성하였고 증인과 대질심문을 했다. 그리고 다른 동지들의 안부, 동태를 살폈고 그들의 법정투쟁을 지켜보았으며 또 엊그제는 고등군법회의의 법관들과 실랑이를 하면서 몹시도 바쁘고 힘든 일을 치렀다.

나는 이번 일에 나의 최선을 다하여 유감없이 의지를 표현했고 주저함 없이 행동했으며 주도면밀하게 일을 진척시켰다. 다만 이 시국이 가지고 있는 한계성과 문제성 때문에 뜻을 관철시키지는 못했지만 광주항쟁에 대한 인식과 감동은 중앙의 법관들에게도 컸으리라 생각한다. 부디 정동년 군 등의 극형을 받은 사람과 명·송교수를 비롯한 동지들의 건강과 의연한 몸가짐을 빈다.

1981년 1월 4일

상고 포기의 심정

군법회의에서는 선고 후 10일 이내에 지휘관이 확인하며 확인 통지를 받은 일주일 이내에 상고를 하게 규정하고 있는 모양이다. 정익섭, 이방기, 이광우, 오병문, 이상식 5명이 같이 선고유예의 판결을 받았으니 공동보조를 취하기로 하였는데 정익섭 교수는 현장에서 상고포기에 동의해 버렸기 때문에 우리 네 사람이 어떻게 할 것인가를 자유롭게 결정해야 한다.

그런데 상고를 해야 하느냐 하지 않은 것이 좋으냐에는 명분론과 실리론이 날카롭게 대립한다. 명분론에서는 당연히 상고를 해야 한다는 것이다. 우리가 재판을 하는 것도 하나의 투쟁이니까 투쟁을 멈출 수 없으며, 우리는 민간인이니까 군사재판은 무효이며 민간재판인 대법원의 판결을 받아야 할 것이고 우리의 엉터리 재판을 대법원의 판례로 남겨 우리 사법사를 후일의 심판에 맡겨야 한다는 것이다. 그리고 동료교수와 투옥중인 동지들과 똑같이 공동보조를 취해야 한다는 것이다.

그런데 우리 네 명이 우선 공동보조를 취하기로 방침만 정해놓고 나는 바쁜 일에 쫓기어야 했다. 이제 형이 확정되면 직위해제의 조치가 파면이나 당연 퇴직으로 결정날 것이니 그 공간을 메우기 위해서 학업을 계속해야 되겠다는 생각으로 박사과정을 준비하고 있었기 때문이다. 1월 7일에 충남대학의 입학시험이 있기 때문에 준비를 해야 했다.

그래서 그간에 동료들과 만날 시간을 마련하지 못하고 있다가 4일에 아침 일찍 총장 댁을 찾아가 의례적인 상의를 했다. 그런데 총장도 구체적인 방안을 제시하지는 못하지만 끝까지 저항하는 인상을 주는 것은 앞으로 지장이 있을 것이라는 뜻으로 어물어물했다. 나는 총장님의 말씀이 무엇을 뜻하는지 알겠다고 말하고 이제까지 공적인 관계 때문에 많은 친절과 관심을 베풀어주신 것을 감사하게 생각한다고 집을 나왔다.

우리는 다방에 모여서 이야기를 진행하는데 나는 다른 분의 의견을 묻기에 앞서서 다시 한번 공동보조를 취하기로 약속하고 한 분씩 의견을 물었다. 오병문 교수는 우선 생활고 때문에 연금이라도 받아서 살아야겠으며 죄목이 내란이기 때문에 현재의 조치 이상을 바랄 수 없는 일인데 거기에 시간과 정력을 소비하고 싶지 않다고 주저의 뜻을 표하였다. 다음은 이방기교수의 차례인데 결과가 뻔한 일에 신경쓰고 싶지 않아 그만 두는 것이 좋겠다고 주장했다. 이광우 교수는 어디 그럴 수가 있느냐? 다 마련된 밥상을 엎어 버려도 유분수지 이제 진짜 재판을 앞두고 주저앉다니 말이 안되다고 말하면서 노발대발이다.

나는 주관자의 입장에서 우선 이광우 교수를 진정시키고 아침에 총장댁을 방문한 결과를 보고하고 나의 심정도 이광우 교수와 같은 심정이다. 나는 이방기교수의 처사가 도저히 이해되지 않는다. 왜 이 단계에서 주저앉는다는 말이냐 학생지도가 유죄가 되는지 대법원의 판례에 남기겠다는 나의 주장이 이해되지 않느냐고 재고를 촉구했으나 이선생은 우리가 언제 법을 믿고 살게 되었느냐. 나는 더 이상의 추한 꼴을 보기 싫어서 현실을 철저하게 외면해 버리고 싶다며 요지부동이다.

나는 이광우 교수에게 우리가 공동보조를 취하자고 한 것부터가 잘못인지 모른다. 최고의 지성을 자랑하는 교수들의 다양성을 짓밟으려는 것이 무리였고 모두 자기를 변호할 수 있는 이론을 가진 처지인데 이 이상 더 이야기 해보았자 감정만 더 날카로워지겠다고 생각하면서 이광우 선생의 양해를 촉구하기로 했다.

이선생은 나와 퍽 가깝게 마음을 통하는 처지라 나하고 같이라도 상고를 하자고 졸랐다. 그래서 꼭 그렇게 하자면 못할 것도 없지만 두 교수의 입장이 어렵게 되니 실속 없는 명분 때문에 우리들 사이만 난처하게 하는 것도 서로를 위한 길이 아니라고 설득하면서 감옥에 있는 명교수와 송교수에게 큰 죄를 짓는 것 같지만 처음 약속대로 공동보조를 취하자고 제의했다. 허탈감에 쌓인 이광우 교수는 이상식까지 나에게 동조하지 않으면 어쩔 수 없는 일이나 우리의 현재가 서글프기만 하다면서 주저앉아 버렸다.

나는 또한 이상야릇한 마음에서 좀처럼 안정이 안되나 나도 일단 단념한 이상 마음을 정리해야겠다고 생각했다. 다리에 힘도 없고 목표를 잃은 채 방황하는 마음으로 힘없이 이곳저곳 다니다가 집으로 돌아왔다. 명교수와 송교수에게 정말로 면목이 없어 무슨 얼굴로 그들을 대할 수 있으며 가족들을 만날 수 있을 것인가. 그러나 실의와 체념 속에 빠져 있을 수만은 없어 충남대학원 입시준비에 전념을 쏟으며 혼란을 수습해 보기로 했다.

어쩌면 이번의 상고포기는 나의 무성의 때문이었는지 모른다. 모든 공판정의 준비를 도맡아 추진하고 진행시켰던 내가 시험 준비에 쫓겨 정신을 잃었기 때문인 것 같다. 내가 개인적으로 이방기 선생을 설득하고 모든 일은 내가 할 터이니 이름만 빌려달라고 했더라면 가능했을지도 모르겠다. 또한 마지막날 내가 이광우 선생과 적극적으로 주장하고 추진했더라면 두 사람이 번의했을지도 몰랐기 때문이다. 그러나 나의 절박한 시험 준비 때문에 신경을 쓰지 못하고 상고마감 날짜가 임박하여 어쩔 수없이 포기해버린 상고였으나 그래도 미련만은 남아있고 직무유기를 한 것 같아 씁쓸하기까지 했다.

나는 누구 때문에 상고를 포기했다는 변명은 하지 않기로 했으며 해보았자 웃음만 살 소리에 지나지 않는다. 대학교수가 자기의 일을 책임지지 못하고 다른 사람에게 책임을 전가한다는 것은 그만큼 어리석은 일이기 때문이다. 나는 일단 재판문제에 매듭을 짓고 새 출발을 시도해야만 하는 것이다.

1월 7일의 시험은 나에게 큰 부담을 안겨주었으니 그것마저 안되어 버리면 나는 큰 실의에 빠져 헤어나지 못할지도 모르기 때문이다. 나는 명분론보다 강한 현실집착에 안주해서 상고를 포기하고 나니 이제까지 소신대로 꿋꿋하게 살았던 나의 지난날이 단번에 허물어져 버리는 것 같아 허탈감을 누를 길 없으나 그러한 절망을 극복하는 새 출발의 장을 힘차게 열어보아야겠다.

1981년 1월 10일

박사과정 입학

나는 늦게서야 학문에 뜻을 둔 처지라 다른 사람보다 부지런히 그리고 끈질기게 학구에 전념해야겠다고 다짐하고 노력했다. 그래서 석사과정이 늦었으니 박사과정이라도 늦지 않도록 서둘러야겠다고 마음으로는 서둘러 보았으나 막상 실천에 옮기려 했던 것은 80학년도 입학시였다.

전북대학에 적을 두려고 추진하면서 뜻을 굳혔는데 이○○ 선생에게 기회를 드리자는 선의(?)에 밀려 단념해 버렸다. 그런데 이○○ 선생마저 대학원 진학을 포기해 버리고 나니 분통이 터지고 나의 앞길마저 막은 것에 화가 치밀어 올랐으나 1년 뒤로 미루었다. 그런데 막상 4개월간의 징역생활에 실직까지 당해놓고 나니 이제는 할 일을 마련하기 위해서라도 서둘지 않으면 안되었다.

이계명 선생을 통해서 전북대학교에 추천을 분의해 보았더니 교무처장이 총장과 상의해 보겠다며 난색을 표명한 것 같다. 나는 작년에 밀어붙이지 못한 것이 또다시 울화를 돋군다. 나는 학교당국에 서운한 생각이 든다. 분명 나는 직위해제의 처지이지만 전남대학에 재직하고 있으며 그 추천은 공식적인 효력이 아니라 비공식적인 합의니까 추천을 해주는 것이 꼭 그렇게 안될 수도 없다는 생각이 드는데 역시 보직자들의 생각하는 폭은 넓은(?) 것 같다.

나는 앞일이 답답했다. 4개월간의 감옥 생활과 학원 자율화 선풍 속에서 시험공부를 못해 놓았으니 응시해 보았댔자 뻔한 일이다. 대학의 실정을 누구보다 잘 아는 입장에서 무슨 뾰족한 수가 나기를 기다릴 수 없는 처지여서 응시해도 좋다고 허가한 충남대 사학과 정구복 선생과 최근묵 선생의 친절과 배려가 눈물겹게 고맙기는 하지만 자꾸 자신을 잃어가는 것 같다.

벼락치기 공부를 하면서 나는 몇 번이나 요행을 점쳤다. 나는 이제까지의 인생에서 시험을 치러 떨어져 본 일이 한 번도 없다. 그러니 이번 시험에도 합격할 것이다 라는 것이다. 무궁무진하고 오리무중의 영어공부, 처음 대하는 중국어가 가장 큰 문제이다. 영어는 구속 중에도 신약성서 영어판을 일독하면서 계속한 것이 주효할 것 같은 기대도 해본다. 그리고 중국어는 한문서당실력까지 동원하면 어쩔지 모르겠다. 나는 1월 6일 대전으로 향하여 유성의 대동여관에서 정구복선생과 같이 합숙하면서 중국어 공부도 해보았지만 역시 자신이 있을 리 없다.

1월 7일 영어시험부터 시작했는데 될 것도 같고 안될 것 같은 아리송한 상태에서 최선을 다했다. 그리고 중국어 시험은 충분할 정도로 해석을 해냈다. 그런데 문학부 응시자가 18명이고 사학과에는 동양사, 서양사, 국사부분이 각각 1인씩인데 내가 제일 불리했다. 서양사 전공은 서울대에서 석사코스를 했으니 영어에 정통할 것이며, 동양사 전공은 그곳의 조교로 젊은 사람이고 계속 공부를 하는 처지라 나의 입장보다는 몇 배 나을 것 같다.

나는 최선을 다하여 답안지를 작성했고 또 한편 군인들에게도 짐승같은 대우를 받기도 했는데 시험에 떨어지는 수모쯤이야 약과겠지 하는 생각에서 대범해지기로 했다. 나와 같은 대학에 있는 정재완 교수는 특전을 받아 전공시험만을 치렀다. 나는 그의 처지가 무척 부러웠으나 이제야 한탄한들 아무 소용없는 일 진인사대천명(盡人事待天命)의 자세로 결과를 기다릴 수밖에 없다.

사실 충남대학에 시험을 치르게 된 것은 정구복 선생의 진정 어린 주선이고 특별한 관심과 후원에서였다. 정구복 선생은 대학은 후배이지만 학문에 뜻을 둔 것이 나보다 훨씬 앞이고 모든 것을 학구적이며 합리적으로 처리하려는 태도와 정의감에 넘치는 그의 의지가 퍽 마음에 든다. 그의 전남대학 출강을 부탁하면서 이루어진 우리의 관계는 서로 의기투합했고 자율화 때에는 그의 초청을 받고 전주에 가서 그가 기초한 전북대의 시국선언문을 같이 검토하기도 했으며 전남대학에서 내가 할 일을 자각하고 무언의 약속을 한 셈이다.

광주항쟁 후에 살얼음 같은 때에도 나를 찾아와 위로하기 위해 광주에 들렸으며 내가 출감하자 나의 앞날에 무척 신경을 쓴 분이었다. 그러나 시험을 보았다고 해서 합격이 되는 것이 아니라 웃음거리 하나 더 장만했다고 자위하기로 하고 집에 돌아와 결과를 기다리는데 정말 간이 타고 마음이 조린다. 지금의 나의 처지로 다른 대학에 가서 공부하겠다고 이야기를 꺼낼 수 없을 것이며 여기서 실패하면 나는 무엇을 하면서 수많은 날을 보내야 하느냐 생각하면 절박하고 처량하기까지 한다.

그런데 이돈주 선생으로부터 합격되었다는 소식이 전해왔다. 나는 사실의 진부를 확인하기 위해 최근묵 교수에게 전화를 해보았더니 틀림없다고 한다. 나는 나의 주위에서 나의 처지를 이해하고 음양으로 도와주고 관심을 가져준 분들에게 고마운 뜻을 표해야하며 이제 이 일에 전념하면서 이 고통과 시련을 극복하여 초라하지 않고 가련하지 않으며 의연하고 장하게 보이는 생활을 엮어가야겠다고 다짐했다.

그리고 이것으로 학위과정에 얽힌 지난날의 유감을 모두 잊어버리기로 하겠다고 마음먹었다. 면접을 위해 대전에 들려서 엄청난 사실을 알고 나도 크게 놀랐다. 18명 중에서 시험으로 합격한 사람은 4명이고, 무시험 합격이 2명으로 모두 6명에 지나지 않으며 사학과에서는 서양사 전공하는 사람이 실패했다고 한다. 나는 4개월의 수감생활에서 동지들에게 모범을 보이고 굳세게 사는 자세를 가르치기 위해서 매일 20여 페이지씩 영어 성경을 읽었으며 그것이 실력으로 소화되어 이번 시험의 관문을 통과한 것 같아 더욱 뜻깊게 여겨진다.

나는 이곳 충남대학의 여러 좋은 면을 배우고 익히며 나의 학문에 좀더 깊고 완숙한 발전을 찾아야겠으며 이 답답하고 한에 맺힌 심정을 발산하는 기회로 삼아 몸과 마음의 건강을 누리는데 이 기회를 유효적절하게 보내야겠다고 다짐하면서 나를 아끼고 도와준 분들에게 다시 감사를 드린다.

제2부 재판을 끝내고 나서

■ 밖에서의 해후(邂逅)

김박사(김홍명)와 김영모씨, 그리고 우리들(명노근, 이광우, 이상식)은 어쩌면 전생에 깊은 인연 속에서 다시 만난 사람들처럼 영창생활을 했었다. 서로 존경하고 따르고 이해했으며 사랑하는 가운데 우리의 정은 더욱 깊어졌고 기회 있을 때마다 우리 밖에서도 이렇게 서로 잊지 말고 살자고 다짐했다. 건장한 체구의 김박사, 연약해 보이지만 투지가 넘치는 김영모씨. 그런데 우리는 처음에는 동정과 안타까움 속에서 가까워졌다. 우리는 그들에게 광주항쟁이라는 물뿌리기에 길을 지나가는 사람들이 물벼락을 맞았다고 비유하며 우리는 물을 뿌린 사람들로서 미안하고 죄스럽다고 생각하여 그들에게 조금이라도 도움을 주고 위로를 하고 싶은 심정이었다.

반면 그들은 우리에게 광주가 고향이며 자기들의 마음을 키워 온 곳인데 광주항쟁이 일어났어도 뛰어들지 못하고 불구경만 한 처지에 우리들을 보니 큰 죄를 진 것 같다는 것이다. 우리는 수많은 날들을 같이 보내며 인생의 밑바닥 생활을 하면서도 항상 입과 머리는 낭만과 꿈과 이상이 철철 넘쳤다. 우리 밖에서 돼지머리를 삶아놓고 따끈한 정종을 마시면서 이 기막힌 생활을 추억삼아 이야기합시다. 우리는 이곳의 중요한 체험을 항상 마음속에 간직하고 인생을 살아가는데 귀중한 재산으로 삼자고 몇 번이고 다짐했다.

하루는 김박사와 김영모씨가 광주에 와서 이광우 선생과 연락이 되었다 한다. 나는 반가워 같이 모이자고 약속을 하는데 이광우 선생 댁에서 준비하겠다고 난리다. 그러나 나는 우리 집이 시내에 있으니 중심지에서 모이자고 하여 돼지머리와 생선을 준비하여 자리를 마련했다. 얼마나 반가운 모습이냐. 김영모씨와 김박사는 광주의 이모저모를 보고 싶어서 왔다면서 명교수 사모님, 그리고 수감 중인 동지들의 가정을 몇 군데 방문하고 오는 길이라 했다.

우리는 돼지머리와 낙지를 들면서 시간가는 줄 모르고 다투어 이야기를 했다. 김영모씨는 국회의 도서관에서 쫓겨나와, 용산역 앞에서 OB Bear를 개점했는데 수입이 괜찮으며 손수 일하고 수입을 올리는 맛에 보람을 느낀다고 한다. 일을 할 때마다 영창에서 밑바닥 생활을 하던 일을 생각하면 모든 것이 고되지 않다고 하였다. 김박사는 서울대학교 교수채용은 어렵고 하여 다른 대학을 추진 중이라 했으며 우리들 걱정이 컸다. 그러나 우리는 죽은 사람이나 감옥에 있는 동지들보다 낫지 않느냐면서 초조와 허전을 메웠다.

이제 명교수가 나오면 1년에 몇 번씩이라도 정기적으로 만나면서 그 시절을 잊지 말자는 이야기도 했다. 또 우리들의 영창생활은 큰 진통 없이 보람있는 의식교육을 강행하여 큰 성과를 거두었다고 자평하면서 그때 우리를 도와준 여러 사람들의 이야기도 나왔다. 밤을 새우며 같이 그날처럼 지내자고 하였으나 두 사람이 광주의 친우들 초청을 받았으니 어쩔 수 없다고 하여 10시가 가까워서 서로 아쉬움을 남긴 채 첫 번째의 해후를 끝냈다.

우리는 건강과 굳센 의지를 서로 다짐하면서 다음은 명교수가 나오는 날 즉시 모이자고 약속을 한 후 헤어지는데 김영모씨가 준비했다는 케이크 한 상자씩을 주고 간다. 자기들 집이 이곳이 아니어서 우리에게 너무 신세를 많이 졌다고 하면서 광주와 함께 우리들을 영원히 잊지 못하겠다고 한다.

나는 며칠 후 조금 시간이 있어 어느 날 상경했다. 여러 친우도 만나고 바쁜 일정을 보냈으나 김영모, 김홍명 박사를 안 만날 수가 없었다. 그래서 서로 약속을 해서 두 번째의 해후를 하였다. 김영모, 김박사 그리고 김판금씨까지 참석하여 그 날의 일을 다시 한번 회상했다.

특히 김판금씨는 그 안에서 나와의 조그만 견해차가 있었기에 행여 나에게 잘못이 있었더라도 이해하라고 하자 그는 나에게 참 면목이 없습니다하고 말하면서 지난날의 소극적인 소심증을 잘 이해해 달라고 한다. 김판금씨는 서울대 정치과를 나와서 미원 주식회사의 과장을 지내고 있는데 박석무 선생을 집으로 초대해서 하룻밤 지낸 것이 범인 은닉죄라 하여 같이 수감되어 고생을 하다가 똑같이 벌금형을 받았는데 사표를 내고 다른 회사에 근무하는데 애로가 많은 것 같다.

우리는 돼지 삼겹살에 점심을 먹으면서 그간의 일들을 모두 같이 이야기하였다. 김홍명 박사는 서강대학에 나가서 첫 강의를 했는데 좀 들뜬 기분이었다고 했으며, 김영모씨의 사업은 좀더 나아져서 돈을 벌 수 있을 것 같다고 하며 나는 충남대 대학원에서 코스웍을 하면서 실력이나 쌓는 좋은 기간으로 이용하겠다고 했다.

우리는 명노근 교수의 이야기를 주로 많이 했으며 나는 명선생 사모님이 구속자 가족들을 돌봐주면서 무거운 짐을 지고 활약하고 있는데 많이 도와줄 수 없어 안타깝다고 했다. 이번에 상경한 목적도 여유있는 친구들을 찾아서 협조를 좀 얻어 볼 계획이라는 생각을 피력했다. 우리는 지금 이렇게 불우하고 어두운 입장에서 살고 있지만 이 시대에 살면서 지성인들이 이 정도의 역할마저 안했다면 뒷날 우리가 우리의 후손들에게 무어라고 얼굴을 내밀겠느냐고 자위하면서 그 날의 경험을 잘 살리고 그 날의 추억을 잊지 말고 서로 아끼고 사랑하자고 했다.

그리고 명교수의 석방소식을 듣는 즉시 하광하여 우리 모두가 함께 모여 30상무대 헌병영창 6소대 동창회를 개최하자고 약속하면서 모두 바쁜 약속들 때문에 서로 헤어졌다. 부디 건강하고 굳세게 살아가며 뜻하는 바들이 잘 될 수 있기를 바라는 마음 간절하다.

▪ 당연퇴직 및 특별사면

요사이는 한 가지도 내 마음대로 되는 일이 없다. 모든 것이 본인의 의사와는 관계없이 이루어지기 때문이다. 최근에 나의 신변에 일어난 큰 사건으로 전남대학교 총장명의로 된 당연퇴직의 발령통지를 1월 16일자로 받았으며 국방부장관으로부터 대통령의 명령에 따라 주어진다는 사면장을 3월 3일자로 접수했다. 전자는 나에게 불리한 것이고, 후자는 나에게 유리한 것이지만 모두 나의 의사와 관계없이 이루어진 일임에는 틀림없다.

나는 1980년 7월 11일자로 광주보안대에 자진 출두하여 20일자로 구속이 확정되어 수감되었으며 법적으로 7월 30일자로 구속영장이 떨어졌으니 그 날부터 직위해제를 당한 셈이다. 그러나 한 달에 근 20여 만원씩의 봉급을 지급받아 내가 아직도 전남대학교에 재식하고 있나는 현실(얼마지 않아서 끝맺지만)을 대견스럽게 생각해 왔던 처지인데 1월 6일자로 상고를 포기하여 형이 확정되자 교육공무원법 제 45조의 규정에 의해서 1981년 1월 16일자로 당연퇴직 명령을 받은 것 같다. 예상해 왔던 일이라 별로 이상한 마음은 없으나 이것으로 전남대학과는 공식적으로 관계가 끝났다 생각하니 서운하고 서글픈 마음마저 감돈다.

전남대학과 인연을 맺은 지 4년도 못되어 본인의 의사와는 관계없이 그 직을 떠난다고 생각하니 미련이 많은 셈이다. 그러나 내가 한 일이나 처신을 후회해 본 일이 없는 심정으로 세상이 야속하고 보복이 지나쳤다고 시대를 탓할 수밖에 없는 일이다. 나는 40살이 되어서 대학에 몸을 담으면서 부지런히 연구하고 열심히 강의하여 부끄러움 없는 교수가 되겠다고 생각했으며 조문도 석사가의(朝聞道 夕死可矣: 아침에 도를 들으면 저녁에 죽어도 좋다)라는 선비의 정신을 지키면서 살아가려고 노력했다.

세상이 바르고 합리주의의 원리 속에서 운영되었다면 위의 생각들이 조화를 이루고 탈 없이 현실을 즐기고 살았으련만, 묘한 세상, 겁없이 저지르는 불법의 난무 속에서 희생의 제물이 됐으니 학자로서의 임무보다는 선비로서의 몸가짐을 중히 여긴 결과라고 생각하고 싶다. 그러나 비록 직장에서는 쫓겨났다 하더라도 재야의 몸으로 학문연구에 계속 정진해야겠으며 선비의 몸가짐에도 소홀해서는 안되겠다고 생각하여 구김없이 살아야겠다.

사실 학문의 길과 선비의 길이 아무런 모순과 상극 없이 조화를 이룰 수 있고, 떳떳하며 순탄한 교수로서 길을 달릴 수 있는 수레의 양 바퀴가 되어 잘 굴러갈 수 있어야 하며 그러한 시대가 바로 우리가 바라는 사회상인 것이다. 불행히도 우리 사회는 합리주의보다는 일시적인 감각에 의해서 자행되는 위정자의 독재가 능사로만 생각하고 천박한 부류들이 활개치는 현실사회에서 뜻 있고 떳떳하게 그리고 자기의 본무에 충실하려고 하는 사람들을 괴롭히고 좌절하게 만들며 그들과 야합하는 것만이 현실을 잘 사는 지혜라고 생각하게 하였다.

또한 3월 3일자로 되어있는 사면장은 소요 계엄법위반으로 2심에서 선고유예를 받았던 본인이 사면법 제 5조 제 1항 제 2호 단서의 규정에 의거 1981년 3월 3일 이후 그 형의 언도의 효력을 상실하는 대통령의 명령이 있으므로 이에 사면장을 발부한다고 되어 있다. 이보다 앞서서 3·1절 특사라고 해서 TV, 방송, 신문에 대서특필되었고 우리의 이름이 부각되어 전국적으로 명성을 떨치게 되었으니 이제야 사람대접을 받는 듯한 기분이다.

수많은 지성인들이 죽고 갇히고 짓밟혀도 언론에 그 이름조차 나지 않았는데, 정치규제 대상자로 선발되면서부터 명사의 자리에 오르기 시작하더니 요사이 유달리 큰 은총을 받은 사람으로 갑자기 각광을 받아

황공(?)하기 짝이 없는 것 같다. 옛날 같으면 돗자리를 깔고 북향사배(北向四拜)하면서 성은이 망극하다고 눈물을 좔좔 흘려야 했을 터인데 저희들 멋대로 잘들 하는구나 하는 생각만 드니 이 고약한 심사는 용서받기 어려운 것 같다.

또 거기에 덧붙여 광주항쟁 관련자는 특전을 많이 내렸고 앞으로도 광범위한 은총이 있을 것이라고 떠든다. 도대체 용서를 해줄 사람은 누구고 용서를 받아야할 사람은 누구인데 저렇게 생색을 내면서 야단법석인지 모르겠다. 우리가 항상 하는 이야기지만 누가 이 나라, 이 역사, 이 조국의 죄인이며 어떤 놈이 반역자이냐는 것이다. 10·26이후 잘 되어가는 이 나라, 이 역사에 찬물을 끼얹고 도둑의 총칼을 휘두르는 자는 누구며 그것이 나쁘다고 나선 사람들이 왜 반역자요, 도둑이며 죄인이라는 말인가.

지금이라도 늦지 않았으니 정말 우리가 정권에 눈이 어두워 역사를 배반하고 민족을 협박하여 잘못을 저질렀습니다. 지난날은 모두 없었던 것으로 하고 앞으로 잘 할 터이니 한 번만 용서를 빈다고 허심탄회한 심정으로 나와야 할 것이다. 그러면 눈물과 망각으로 길들여진 우리 민중은 따뜻하게 그들을 대할 수 있을 것이다. 그러나 그들은 허수아비 같은 언론기관을 조작하여 대중을 어리석게 하고 속이면서 그 죄를 가중시키고 있으니 그 벌은 날로 커질 뿐이다.

이제라도 광주항쟁 관련 동지들을 모두 석방하고 원상회복을 시키며 유명을 달리한 분들을 위한 최선을 다하면서 무엇이 옳고 무엇이 그른 것인가를 분명하게 가려 놓아야지 사회정의는 이런 가운데 길러지는 것이다. 사회정의구현, 민주주의의 토착 등의 구호만 외치고 너절하게 떠들고 다닌다고 국민대중이 속아넘어가고 정의사회가 구현된다고 생각한다면 너무나 큰 오산인 것이다. 대중은 어리숙한 것 같지만 마음속 깊이 간직하고 있는 깊은 마음은 누구도 바꾸어 놓지 못하는 것이다. 그들에게 감동을 주고 공감을 불러일으키는 양심의 회복이 있기 전에는….

■ 수감자의 뒷바라지

사람의 마음은 퍽 유동적인가 보다. 따라서 긴장감은 자꾸 이완되기 마련이고 각오한 마음은 자꾸 흐려지기 마련이다. 30상무대 헌병영창에서 우리 밖에 나가면 남아 있는 동료들에게 최선을 다하여 돕고 극형을 받은 동지들의 생명을 구제하자고 다짐하였건만 날이 갈수록 게을러지고 좌절감으로 다짐했던 일들이 진척되지 않는다. 교도소 안에서만 하더라도 출감하면 수감자들의 뒷바라지를 위해서 최선을 다해야 한다고 몇 번이나 각오를 새롭게 하였건만 내가 한 일은 얼마나 되는가. 그러나 모든 것이 나의 마음과 같이 안되고 사회의 경기가 침체되어 자기 살기에도 급급한 눈치여서 감히 구조의 손을 벌리기가 어렵기만 하다.

나는 절대로 남에게 신세를 끼치지 않는 삶을 살자고 인생의 모토를 정했기 때문에 남에게 손을 벌리고 아쉬운 소리를 하기가 죽기와 같이 어렵고 싫다. 어느 누가 남에게 아쉬운 소리를 하기 좋아하는 사람이 있겠는가마는 나는 철저하게 고수하여 온 신조이기에 한층 더 심한 것 같다. 그러나 아쉬운 소리가 나를 위한 것이 아닌 바에야 하고 용기를 내어 말을 꺼냈다가도 저쪽의 반응이 시원치 않으면 얼굴이 화끈거리고 열이 오른다.

거절의 경우 두 가지 감정이 나를 압박하기 때문이다. 첫째는 내가 사람을 잘 몰라보고 물정에 어둡다는 자책이고, 또 하나는 그 친구의 마음이 그만큼 부담스러워질 것을 걱정하기 때문이다. 나는 우선 주위에 재력 있고 가까운 친구들을 접촉하기로 했다.

개업을 한 친구의사를 찾아가서 그곳의 이야기를 자꾸 꺼내면서 표정을 읽어보았으나 끝까지 들어주는 것으로 그의 임무를 다했다는 얼굴이고 보니 단념할 수밖에 없었다. 이것이 첫 번째의 실패요 말도 꺼내지 못한 경우다. 혹 내가 죽을힘을 다해서 손을 벌렸으면 나의 손이 부끄러워 조금쯤은 도와주었을지 모를 일이지만 나의 자존심이 허락지 않는다. 내가 동지들을 도와야한다는 것은 나의 의무이기도 하지만 이것은 광주시민의 책무요, 민주주의를 사랑하는 민중의 당위라는 생각에서 그도 책무를 완수할 기회를 준다는 뜻에서 기쁘고 선선하게 응해주는 벗들을 찾자는 것이다.

두 번째는 의리도 있고 이런 일에 관심을 가져주는 사업을 하는 친구를 찾았다. 평소에 그의 언동으로 보아 협조가 가능하리라고 보았기 때문이다. 내가 몇 마디 말을 꺼내기도 전에 자기가 도울 수 있는 길이 무엇이냐고 물으면서 적극적이다. 그래서 감옥에 있는 동지들의 영치금을 넣어주어야 하고 그들 가족의 생계를 돕는 길이라 해서 매월 정기적으로 도움을 약속 받았다.

다음으로 한 친구를 찾아가 비슷한 이야기를 꺼내어 금일봉을 협조 받았으나 그의 생활이 풀리지 않아 더 요구하지 않기로 했다. 나는 이곳의 사정으로 더 이상 추진키 어려울 것 같아서 서울에 가서 상당한 협조를 받아보겠다고 상경했다. 평소 남에게 신세지지 않기로 한 나를 잘 아는 친구들이라 내가 이 정도 이야기하면 알아듣겠지 하고 생각하면서 친구들의 얼굴들을 떠올려 보았다.

서울 근교에서 병원을 하는 친구를 찾아갔다. 1979년 여름휴가 때 양평에서 수련하였던 탈반써클에 상당액의 협조를 받아 당국의 세무사찰까지 받았지만 나를 우쭐하게 해주었던 친구이기에 백여만원 정도의 도움을 받을 수 있을 것 같아 기대를 가지고 갔다. 다행히 친구가 있기에 그간에 있었던 이야기며 광주항쟁 관련자들이 겪고 있는 사정을 이야기하면서 그의 표정을 읽었으나 움직이지 않는 것 같다. 그러면서 이제는 지난 일을 잊고 새 출발을 하라는 등 현실적인 이야기를 하면서 현실에 만족하는 눈치다.

아차 내가 사람을 잘못 보았구나. 학창시절 그리고 사회에 나와서도 이렇지는 않았는데 당국의 사찰이 극심하여 이렇게 조심을 하는가 싶어 몸조심하면서 잘 있으라는 말을 남기고 발길을 돌렸다. 내가 단도직입적으로 얼마가 필요하니 나를 도운다는 생각에서 협조하라고 했으면 어찔는지 모르지만 나는 나의 자존심을 생각해서 단념했다. 또 서울에 돌아와 사업을 해서 돈을 번 친구를 만나려 했으나 술, 밥 이야기만 부산하게 하기에 나는 시간이 없어 술, 밥을 먹을 틈이 없다하고 발길을 돌려버렸다.

남을 돕는다는 것이 퍽 어려운 것인지도 안다. 돈의 생리가 많이 가진 사람은 더 많이 갖기 위해서 발버둥을 치면서 수단과 방법을 가리지 않는 것이니까. 9999섬을 가진 사람이 1섬을 가진 사람에게 그 1섬을 주면 만 섬이 되겠다고 달라고 하는 것이 돈을 가진 자의 생리니까. 내가 보아 돈이 많다고 하는 것은 상대적인 생각에서였고 그들은 더 많은 돈을 위해서 오히려 부족하다고 할 터이니까 말이다.

그러나 돈이란 것이 인생의 전부는 아니오, 세상을 사는데 필요한 한 부분일 뿐인데 돈을 위해서 살며 돈을 인생의 전부라고 착각하는 사람이 너무도 많은 것 같다. 나는 영창에 들어가서 놀랐다. 고아원 출신, 구두닦이 소년, 그리고 넝마주이가 대부분인 동지들과 비교하면 저들이 나라를 위해서 용감히 활동했는데 사회적으로 대우를 받은 우리는 이제까지 나라를 위해서 무엇을 했으며 나같이 돈을 가지고 있는 사람이 저들을 위해서 무엇을 했느냐고 생각하니 돈이 인생의 진가(眞價)를 나타내는 척도는 아니란 것을 새삼스럽게 느꼈다.

나는 수감자의 뒷바라지를 해보면서 명노근 교수의 부인이신 안여사의 헌신적인 자세에 큰 감동을 받았다. 자기 남편의 뒷바라지도 어렵고 직장을 가지고 있으면서 가족들을 어루만지고 돌보면서 저들을 위하는 일에 몸바치는 그분의 사랑은 정말로 인간애와 봉사정신인 것 같다. 나는 기회가 있는 대로 그분을 돕고 보살피고 싶지만 성의가 부족하고 힘이 모자라 항상 부끄러울 뿐이다. 나를 이해하고 동지들을 위해 재정적으로 도와주고 마음을 써준 동료들에게 감사의 정과 그들의 하는 일에 하느님의 축복이 항상 같이 해주기를 기도드릴 뿐이다.

■ 광주항쟁에 대한 인식확대

광주항쟁에 쏠렸던 전 세계의 관심도 점점 식어간다. 어쩌면 현대사회의 중추신경인 언론을 마비시키고 국제적으로도 철저한 보안조치를 한 때문인 것 같다. 광주항쟁 공판에 대한 언론기관의 취재는 완전통제 조작되는 것으로 심지어 숫자마저 모순상치된 보도를 하고 있으며 영국의 BBC방송이 취재하기 위해서 접근했으나 거절되어 윤공희 대주교만 회견하고 갔다 한다. 이 마비된 신경을 대신하여 민중으로 하여금 광주항쟁의 진상과 그 추이를 알릴 수 있는 길은 따로 묘안을 찾을 수 없으나 그렇다고 침잠시켜 버릴 수는 없다.

우리가 광주항쟁에 대한 인식을 확대하는 데는 두 가지 이유가 있기 때문이다. 첫째는 광주항쟁은 저들의 조작과는 달리 민중이 주인임을 과시하고 입증한 민중봉기였다는 사실을 이해시켜 민주주의를 이룩하게 하자는 것이고 둘째는 현재 극형을 선고받은 동지들의 생명을 구하고 수감중인 동지들과 유가족을 돕자는데 뜻이 있는 것이다.

그런데 광주항쟁에 대한 이해는 언론조작으로 그 진면을 모르고 있다. 우선 왜 광주시민들이 봉기하였으며 과연 무자비한 총칼에 얼마나 많이 숨졌고 그 시체들은 어디에 있는지 밝혀지지 않고 있다. 광주시민은 광주항쟁의 발발 원인을 특전대의 무자비한 살상행위에 분노해서 봉기했다고 하고, 당국자들은 학생들의 선동에 의해서 시민들이 총기를 휴대하고 난동을 부린 것으로 주장하고 있다.

사망자의 숫자도 당국은 178명이 된다고 발표하였지만 대부분의 사람들은 그대로 믿지 않으려 하며 그 열 배는 된다고 생각하고 있기도 하다. 나는 광주항쟁의 발발 이유로 광주시민의 민주정신과 정의감에 깊은 뿌리를 두고 있으며 그 발단은 특전대의 무자비한 탄압에서 찾을 수 있을 것으로 본다. 그리고 사망자수는 나대로 동지들과 접촉하며 알아보려 했으나 종잡을 수 없다. 다만 도청 진입 시에 100명±20명은 될 것이라고 도청팀이 주장하는 것을 들었을 뿐이다.

나는 10월 29일인가 교도소 안에서 도청팀의 동지들을 불러 모았다. 그것은 5월 27일 새벽에 일어난 도청 안의 참상과 사망자의 숫자에 대해서 역사를 공부하는 나라도 알아야겠다는 생각에서였다. 윤강옥, 이양현, 정해민 등 5, 6명이 모여서 그 날의 비참한 모습과 사망자 수를 이야기했다. 그런데 이구동성으로 100명에서 ±20명 정도가 사망했다고 추정했다. 그래서 나는 왜 그러면 당국자들은 14명 뿐이라 발표했느냐고 물었더니 사망자의 대부분이 고아, 넝마주이, 구두닦이들이었고 그 보호자들이 없기 때문이며 시체들은 20사단의 앰불런스나 트럭에 실려 빼돌렸다는 것이다.

나는 광주항쟁의 인식확대를 위해서 첫째 광주항쟁의 발발은 역사의 주인공인 민중의 당연한 봉기며 여기에 무자비한 살상을 자행한 군부세력은 역사의 심판을 받아야 할 것이라고 생각하며 살상과 탄압은 뒷날 역시 정당한 판정을 받아야 할 것이라고 주장했다. 나는 특히 광주항쟁 관련자들의 재판이 조작과 강압에 의해 이루어졌으며 특히 극형을 받은 동지들은 완전히 조작된 것임을 인식시켰으며 수많은 사상자의 뒤를 이어 또 다른 생명들이 재판을 통해서 죽어서는 안 된다고 주장했다.

우리는 광주항쟁이 전 광주시민의 참가 속에 야기되었음을 상기시키고 처벌을 받는다면 광주시민이 모두 그 대상이 될 것이지 몇 사람에게 극형을 그리고 수 백 명의 동지들에게 뒤집어씌워 처벌한다는 것은 잘못된 일이란 것을 시민들에게 호소하는 기회를 갖으려 노력했다. 물론 그것이 대중을 상대로 이루어지지 않았지만 기회있는 대로 나는 활동하여야 하며 그것이 민주주의를 위해 유명을 달리한 고인들과 가혹하게 보복을 받고 있는 수감동지들에게 해야 할 의무로 생각하고 있는 것이다.

나는 우선 광주항쟁의 인식확대를 위해 나를 찾아준 많은 사람들과의 대화를 십분 활용했다. 서문교회 이영숙 목사를 만나서 나는 눈물을 머금고 호소했다. 어떻게 해서든지 더 이상 사람들이 죽어가서는 안 되며 그 일을 위해서는 하느님의 사도라는 분들이 앞장서 주어야한다고 호소했다.

인자하고 나와 친면이 있었던 이목사는 그 운동이 목사들을 중심으로 교인들을 상대로 활발히 추진되고 있음을 수시로 연락해 주었다. 내가 그들에게 큰 기대를 걸 수밖에 없다고 생각한 것은 지금의 살얼음 같은 판국에 모두 위축되고 초조, 불안 속에서 떠는 상황에서 종교적인 움직임이 아니고는 나서기 어렵기 때문이다. 글을 써서 발표를 한다거나 강단에 설 수 없는 처지에서 나는 기회 있는 대로 나의 책무를 다하기 위해서 노력을 했다.

한 번은 친구들의 모임에서 진지하게 나의 심정을 토로하다가 한 친구로부터 중지요청을 받고 몹시 당황한 일이 있다. 그 친구는 물론 나의 신상을 생각해서였을 것이며 일종의 공식적인 자리에서 그런 말을 하면 나에게 누가 된다는 견지에서였을 것이라 생각되지만 나의 생각은 좀 다르다. 사실 사람들의 마음은 극도로 위축되고 불안 속에 떨고 있으며 공포증에 걸려 있는 것이 사실이다. 어떤 사람들은 우리들과 만나는 것까지 꺼리고 있으며 우리들의 행동과 말은 모두 감시, 적발되고 있다는 것이다.

나의 생각은 그렇게 되더라도 극형을 언도 받고 하루하루를 살아가는 동지들의 생명을 구제하는 일이라면 감수해야겠다는 자세이고 또 막상 그렇지도 않은데 사람들은 질겁을 해서 불안해하고 있으며 위정자들은 그런 식으로 공포정치를 이끌어가고 있는 것이다. 나는 내가 출감해서 처음 겪는 좌절이고 당혹이었다. 이렇게 친구들의 마음마저 각양각색이니 내가 서야할 땅은 어디고 내가 할 일은 무엇인가 생각하면 암담했다.

사람들은 남의 열병보다도 자기의 감기를 더 고통스럽게 여기며 다른 사람의 금송아지보다도 자기의 동전 한 닢을 더 소중하게 여기기 마련이다. 그렇기에 자기 발등에 불이 떨어지지 않으면 강 건너 불 구경하듯이 외면하기 마련이라고 하지만 광주시민이 너 나할 것 없이 같이 봉기한 광주항쟁에 대해서 이렇게 남의 일 같이 할 수 있을까.

그것도 지성인이란 사람들이 말이다! 그러나 그런 것에 좌절되고 실망해서는 안되겠다고 생각한 나는 충남대학에 다니면서 그곳 사람들과의 접촉을 통해서 또는, 오가는 기차나 버스의 옆 사람과의 대화를 통해서, 어떤 때는 서울의 친지들을 통해서 광주항쟁에 대한 인식을 확대시키려고 노력했다.

그런데 여기에서 느낄 수 있는 것은 생활에 안정을 기하고 현실을 즐기는 사람일수록 기득권이 침해당하고 동요될까 두려워, 더 위축되고 더 근신하는 모습을 역력히 살필 수 있었다. 생각하면 어처구니없는 일이다. 조그마한 소아에 집착하여 현실을 긍정하고 협조하여 기득권을 지키려는 안간힘은 변화를 바라고 현실에 불만을 가진 사람들과의 계층을 조성하고 위화감을 일으켜 사회 불안을 크게 할 수도 있는 것임을 까맣게 모르고 있다. 마치 우물 안의 개구리처럼 말이다.

■ 고마운 사람들(2)

11월 초순의 고마운 사람들(1)에 이어서 나와 우리 동지들에게 고마움을 주신 사람들을 기록해 둔다. 앞에서는 상무대 영창 생활과 재판관들에 대해 기록했으나, 여기서는 출감 전후에 나와 동지들을 도와준 사람들을 언급하겠다.

아픈 사람이 건강의 고마움을 알고 빈궁하고 고독한 가운데서 살아본 사람이 자기를 도와주는 고마운 사람들의 정을 절실하게 느낄 수 있는 것 같다. 단말마적 힘 위주의 시대적 소산물인 우리의 처지가 경제적으로 궁핍되고 정신적으로 고독과 절망을 헤매는 상황은 정도의 차는 있지만 거의 공통적이다.

나의 경우는 경제적인 고통을 받을 처지는 아니지만 그럴수록 동료들에게 큰 죄를 짓고 있는 느낌이 더하다. 사람들은 우리를 장하다고 추켜세우고 만나서 술, 밥 먹자고 하며 또 자신들의 빚(?) 때문에 고민하는 모습을 보여주기도 한다. 그러나 그것은 극히 순간적인 것이고 대부분의 시간은 괴롭고 아픈 마음을 가눌 길 없어 전전긍긍하는 동료들이 많다. 할 일 없이 그 많은 날들을 보내는 딱한 처지, 흐느적거리는 대중 속에서 절해고도에 위리 안치된 고독과 절망은 한시도 우리를 떠나지 않는 것들인 것이다.

나는 남보다 시샘이 많은 사람이다. 그래서 남에게 비교해서 뒤떨어지지 않으려 최선을 다하고 노력해보는 사람이지만, 이 시점에서 내가 자위할 수 있는 것은 이 시대를 살아가는 지성인의 최소한 할 일이라고 자부할 뿐 뾰족한 자랑거리가 없다. 이런 때 우리를 이해하고 돕는 고마운 사람들이 있음은 우리를 지탱하게 하는 큰 지주요 의지처라 볼 수 있다.

그러한 면에서 나에게 고마움을 베푸는 사람들로 우선 역사를 하는 사람들이 많음을 지적할 수 있다.

내가 종사하는 분야여서 우선 인간적으로 가까운 관계에 있기 때문이지만 그들이 나에게 보이는 친절과 고마움은 그들이 종사하는 학문의 성격에서 오는 것도 큰 것 같다. 역사는 시간과 공간 속에서 인과관계로 이루어지는 학문이기에 시간과 공간을 떠날 수는 없다. 그러나 역사가 이야기하는 시공(時空)은 세속적이고 찰나적인 것이 아니라 영원한 가치와 진리라는 입장에서 오히려 현실적이고 일시적인 시공을 초월하는 학문일 수 있다는 점인 것이다.

마치 나에게 큰 죄라도 진 것 같고, 갚을 빚이라도 많이 진 것처럼 대해주는 사학과의 동료들, 그리고 국사교육과의 동료들, 또 멀리서 잊지 않고 물심양면의 관심을 가져준 민현구 교수, 김두진 교수, 홍승기 교수 그리고 충남대의 정구복 교수, 최근묵 교수 그리고 사학과의 교수들이 모두 관심과 염려를 표해주는 분들이다. 특히 김두진, 홍승기 교수는 전남대에 재직 시 교육지표 사건에 서명하시어 퇴직당했을 때 내가 그분들에게 해준 일이 별로 없음을 생각하면 나의 부끄러움이 더해진다. 역시 그분들은 그 때의 그 값진 고통을 통해 그만큼 커지고 성장되었는지 모른다.

다음으로 또한 나를 잊지 않고 찾아주며 관심을 표해주는 젊은 교수들에게 고마운 마음 금할 수 없다. 박영근, 조긍호, 오수성, 문유찬, 이명남 교수들과 교육학과의 젊은 교수들이 고통을 나누자고 자주 찾아와 주었다. 또한 사학과 교수님들은 10만원을 가지고 와 나를 당혹하게 했다. 과 교수들은 김동원 교수와 나에게 복직되는 날까지 매월 10만원씩을 도와주기로 했다 한다. 교수님들의 정은 고마우나 나는 생활에 여유가 있으니 그 돈을 함께 김동원 교수에게 도와주었으면 고맙겠다고 돌려보냈으나 동료들의 정은 고맙기 짝이 없다.

내가 어려운 가운데 의연하게 살 수 있었던 것은 고등학교 때 친구들의 모임인 영원회(永遠會)벗들의 덕이 큰 것 같다. 이들 가운데 의대교수인 이제혁은 친형제처럼 나를 걱정하고 도와주었으며, 한전에 다니는 이형용은 광주항쟁이 일어나자 나를 숨겨주겠다고 제의했던 친구로 나의 뒷바라지에 열성이었다. 그리고 검사인 노승행, 정용식은 그들의 신분에도 불구하고 나에게 많은 관심과 배려를 아끼지 않았고 그 밖의 이광일 선생, 김상훈 외교관, 박수길 공군 대령 등도 나를 지켜주는데 열성이었다.

그 다음으로 의식교수들의 동참의식이다. 차산 안진오, 김현곤, 이홍길, 배영남, 김정수 교수들이 과거의 뼈아픈 체험을 통해서 특별한 관심과 배려를 보내주고 있음은 역시 그들은 지난날의 체험을 통해 그만큼 성장하고 성숙한 때문이겠지.

또한 평소에 가깝게 지내는 모임의 친구들도 나를 이해하고 관심을 표시해주어 고맙다. 나는 정이 남달리 많은 편이어서 중학교 동창모임에 가까운 친구들의 모임이 있고, 또 광주의 동창들이 모이는 광북회(光北會)가 있는데 모두 큰 배려를 표하고 있다. 그리고 고등학교 모임으로 도원과 금요회가 있는데 기회가 있을 때마다 염려와 관심을 표하고 있으며 특히 정이 많은 친구들의 두터운 정은 잊을 수 없다. 나에게 정신적이고 물질적인 도움을 준 친구들로 전남대에 같이 있었던 이관수, 정근호, 정석종, 김광수, 조동섭, 서용택 교수의 배려도 잊을 수 없다. 그리고 서울사대 동창모임인 사수회(師水會)의 관심도 잊혀지지 않는다.

한편 우리에게 물적인 도움을 준 기독교 교수협의회에 고마움을 표하고 싶다. 나는 남에게 도움을 받는다든가 폐를 끼치는 것을 아주 싫어하는 성격이다. 그래서 나를 잘 이해하는 친지들이 나의 자존심을 자극하지 않으려고 무척 조심을 한 때문이거나 또 내가 실질적으로 도움이 필요한 정도가 아니기에 물질적 도움을 주지 않거나 내가 외면해 버린 일이 많다. 그러나 내가 처한 처지가 공감을 느껴서인지 딱해서인지 모르지만, 주위로부터 많은 정신적, 물질적 도움을 받았다.

이러한 주위의 도움에 보답하는 길은 내가 좀 더 의연하고, 가는 길에 매진하며 굳세게 살아가는 길이다. 그렇게 함으로써 이 사회가 밝아지고 이 나라가 발전할 수 있지 않을까 생각하면서 나의 길을 열심히 살아가려고 다짐한다. 그리고 내가 좀 더 좋은 입장 그리고 좋은 환경이 된다면 나를 도와준 그 정을 되돌려 주위의 괴롭고 어두운 사람들에게 따뜻한 온정을 더 적극적으로 표시해야겠다고 생각해보는 것이다.

광주항쟁 기간 중 나를 아끼고 지켜준 이맹범 중령을 잊을 수 없다. 그는 통합병원 행정부장이란 군인이면서 내가 피신할 곳이 마땅치 않아 고민하는 것을 보고 자기 집에서 지내도록 배려하여 나를 숨겨주었고 수감 중에도 나를 위해 헌신한 친구다. 그리고 5월 18일 새벽 2시에 나를 따뜻하게 맞아 숨겨주었으며 나의 뒷바라지와 격려에 물심양면의 도움을 준 친구 김중곤의 정도 잊을 수 없다.

살얼음 같은 현실에서 어둡고 괴롭고 지친 삶을 살아가면서도 나와 우리 동료들에게 관심을 가지고 물심양면의 도움을 준 그 따뜻하고 자상하고 아름다운 마음씨가 바로 이 사회, 이 겨레가 살아 있고 밑바닥이 튼튼함을 나타내주는 것이라 굳게 믿어 좀 더 강인한 마음으로 나의 길을 열심히 그리고 꿋꿋하게 살아야겠다고 다짐하게 했다.

■ 갈수록 흔들리는 삶의 자세

날이 갈수록 견디기 어렵고 흐트러지는 자신을 발견할 때마다 안타깝기만 하다. 나는 요사이 나 자신의 문제에 대해서 깊이 생각하면서 자신을 체크하곤 하는 버릇이 생겼다. 그것은 내가 그만큼 흔들리고 있음을 자각하기 때문이며 이렇게 흔들리다가는 넘어져 버릴 수도 있다고 생각하니 두렵고 괴로운 마음으로 온몸에 전율까지 느낀다.

먼저 내가 요사이 크게 고민하는 것은 교수의 자세를 지키고 있느냐의 문제이다. 나는 출감 후 동료교수나 대학원생들에게 강단에서 교수노릇 하기보다는 감옥에서 교수노릇 하기가 더 힘들다고 했다. 그리고 감옥에서보다도 출감 후 교수의 자세를 잃지 않기가 더 어렵다고 생각하여 현재까지 나는 그것을 성공적으로 수행해 왔으며 앞으로도 자신있게 나를 지켜갈 수 있다고 호언장담한 일이 있다.

그런데 그 말이 아직도 귀에 쟁쟁한 지금 나는 자신을 가누기 힘들다고 낙망하고 있으니 이 얼마나 부끄러운 일이냐고 자책해 본다. 그렇다고 교수의 자세와 품위를 지키기 위해서 무엇을 어떻게 해야 하느냐고 생각해 볼 때 그것은 한마디로 선비의 자세를 잃지 않아야 한다고 말할 수 있을 것이다. 조문도면 석사가의(朝聞道 夕死可矣: 아침에 도를 들으면 저녁에 죽어도 좋다.)라는 태도는 과연 선비의 자세로 우리가 추앙하고 있는 처신이기에 나도 선비의 자세를 지켜 의연하고 강인하게 나를 채찍질하면서 살아가야겠다는 것이다.

교수가 도대체 무엇인가 사회에 나아갈 방향을 제시하고 사회의 방부제, 각성제의 노릇을 하면서 사회의 의식을 심화시켜 나가는 것이 교수의 사회적 임무라고 할 때 그것은 글의 발표와 강단을 통해서 가능한 일일 것이다. 그러나 오늘의 현실은 우리에게 연구실을 빼앗아 갔고 강단을 못 서게 하였으며 글을 발표할 수 없게 하였으니 우리가 할 일이 무엇이며 어떻게 살아가야 하는 것인가.

옛날의 선비는 상소를 통해서 그들의 결연한 뜻을 왕에게 고했고 동료들에게 표시했다. 어떤 분들은 죽음을 택하여 그들의 의지를 확인했고 많은 사람들이 유배를 당하면서도 그들의 뜻을 굽힐 줄 몰랐다. 많은 사람들이 권력에 아부해서 그들의 안일과 영화를 추구했지만 진정한 선비는 괴롭고 외로운 길을 택했음을 우리는 역사를 통해서 흔히 보아 왔다.

역사는 어쩌면 그러한 수난의 발자취를 기록한 것이기에 사서들은 그러한 기록들로 점철되어 있다. 나는 분명히 다른 사람보다 더 좋은 환경에서 사회의 혜택을 받은 교수였다. 그러기에 내가 다른 사람보다 이 사회에 보람있고 뜻 있는 일을 할 의무가 있으며 그것이 이 나라, 이 역사를 발전하게 함을 잘 알고 있다.

그러나 이 단계에서 내가 처한 처지와 능력의 한계를 알고 나니 답답하고 짜증스럽다. 글을 못쓰고 강단을 빼앗기고 어떻게 교수의 역할을 하란 말인가. 더구나 요사이는 대학에 찾아가기가 죽기만큼이나 괴롭고 싫다. 그 많은 동료와 학생들에게 나의 처절한 꼴을 보이고 싶지 않기 때문이라 자위하지만, 나를 보는 그들의 괴로움을 덜어주는 뜻도 숨어있을 것이다. 그러나 현재의 나는 다른 동료교수보다 훨씬 좋은 처지다.

이제 시작한 박사과정을 성실하고 알차게 꾸려 나간다면 전화위복이 될 것이며, 많이 생각하고 깊이 느끼며 부지런히 글을 써 나가면 나의 성장에 큰 보탬이 될 것이고 뜻 있는 기간이 될 것은 확실하다. 이제 방황과 동요를 말끔히 청산하고 좀 더 보람있는 축적과 심층화를 통해서 나를 키워나갈 수 있도록 심기일전하여 새 출발을 해야겠다. 그것만이 나를 되살리고 나를 지켜보는 많은 사람들에게 보답하고 용기를 줄 수 있을 것이다.

다음으로 내가 견디기 어려운 것은 일가친척에 대한 괴로움이다. 나는 이제까지 주는 편, 베푸는 입장에서 일가친척이나 주위에 대해왔다. 그것은 나의 주위가 모두 나의 처지만큼 못하기 때문도 있지만 나의 성격상 남에게 괴로움을 끼치지 않기로 각오한 처지이기에 나는 좀처럼 주위에 신세를 지려하지 않은 터이다. 사실 나의 주위에서 오늘의 나를 더욱 괴롭고 슬프게 하는 것은 나의 여동생으로 혼자된 원체 엄마의 처지다. 나는 가끔 동생의 꿈을 꾸며 또 때때로 그를 생각하면서 슬픔을 억제하고 눈물짓곤 한다.

우리 6남매 중 가장 마음씨가 착하고 못 배운 그놈이기에 더욱 안타깝고 가련해지는 것이다. 하기야 내가 대학에 있을 때도 그놈에게 별다른 도움을 주지는 못했지만 나는 항상 그놈을 나의 생의 일부로 생각하고 있으며 도와야한다고 생각했고 또 그럴 수 있는 나를 확인하면서 나의 슬픔을 달래 왔다.

그러나 지금은 나 혼자 살기도 어려우니 어떻게 그놈을 도울 수 있으며 그놈은 몹시 고생하고 있는 가운데 조카들이 무럭무럭 자라고 있어 더 큰 어려움이 닥치리라고 생각하니 나는 깊은 고뇌와 오열 속에 파묻히고 만다. 그 다음으로 나를 둘러싸고 있는 주위의 일가친척들에게 이제 별 도움도 줄 수 없고 오히려 나에게 보조의 손길을 뻗치는 그들을 대할 때마다 나는 처절하고 괴로운 마음이 깊어만 간다.

그렇지만 이런 때의 나일수록 그들을 도와야 하고 괴로움을 같이해야 한다고 생각하며 동분서주하지만 가끔씩 치미는 고독과 능력의 한계를 생각하면 짜증스럽고 주위가 원망스럽기까지 했다. 그것은 나의 처지가 정상이 아닌 때문도 있겠지만 주위에서 나를 대하는 사정이 예전과는 다르기 때문이라는 자격지심이 강하게 작용하고 있음이겠지 하고 나 자신을 위로했다.

나는 벌써 여러 차례 어려운 문제에 부딪혀 그 때마다 남몰래 괴로움과 아픔을 씹으며 나를 달래 보았지만 능력의 한계와 패배의 빈도나 심도가 커질수록 깊은 심연에 빠져버리는 것 같다. 그러나 굳게 딛고 일어서고 힘있게 어려움을 극복하고 살아야 한다. 그래야만 나를 지켜보고 나에게 구원을 바라는 일가친척에도 큰 힘이 될 수 있으며 큰 희망을 줄 수 있을 것이다.

세 번째로 친구들에 대한 미묘한 감정이 나를 더욱 괴롭게 한다. 나는 대인관계에서 그늘지거나 수줍음 없이 의연하게 살아가고 싶고, 또 나는 기회 있을 때마다 주위의 사람들에게 티없이 대해주라고 요청하고 있다. 그러나 그것이 서로가 그렇게 되지 않은 것 같아 마음이 무거울 때가 있다. 나는 그럴 때마다 분위기가 침울해지고 자연스럽지 못함이 모두 나 때문이라고 표출하기도 하고 자위하기도 한다.

처음 나는 출감할 때 주위의 벗들에게라도 광주항쟁의 정신적인 동참자가 되자고 역설했지만 여의치 않아 고독과 좌절에 빠진 일이 한 두 번이 아니었다. 그래서 나 때문에 미묘한 분위기를 갖지 않도록 태연하게 살려고 마음을 고쳤으며 그러한 가운데 마음속으로 체득되고, 의식화, 생활화되리라고 기대를 걸기도 했었다. 만나는 친구마다 차나 술, 밥을 사겠다고 하지만 본래 남의 신세지기를 원하지 않아 한사코 외면해 왔다. 그럴 때마다 그들은 나를 위로하고 격려하기 위해서 자리를 만들려고 서두르니, 내가 자연 그들과의 접촉을 삼가고 있는 것이다. 그래서 외출을 잘 안하고 집에 파묻혀 있는 경우가 많은 것이다.

그러나 나를 아는 친지들을 만날 때마다 내가 건강하고 의연하게 살아가고 있음을 보여주는 것이 나의 임무라고 생각하기에 여간 신경을 쓰지 않을 수 없다. 가끔 농담으로 친구들로부터 실업자라는 애칭을 받고 눈칫밥 먹는 녀석이라는 말을 듣는다. 그럴 때마다 가슴에 닿는 것이 있지만 애써 태연한 채 하면서 그냥 받아넘기곤 한다. 그럴 때마다 나는 굳게 믿고 다짐한다. 너희의 진정은 정의의 사회가 실현되어서 우리들이 어깨를 펴고 다닐 수 있을 날이 하루 빨리 오기를 학수고대하고 있겠지 하고….

네 번째로 나는 정신적인 건강에 대해 많은 염려를 해 본다. 충격이나 강박 관념을 못 견디는 것이 아니라 이 현실, 이 나라가 나에게 한이 되어 한숨과 깊은 잠을 이룰 수 없는 것이 요즘 나의 정신 상태이다. 어떤 때는 환상(幻想)으로 끝나버리고 어쩔 때는 몽상(夢想)인 것들이 나의 잠을 설치게 하고, 활동하다가도 그런 순간에 빠져 있을 때가 가끔 있다.

나는 사회활동을 활발하게 하다가 그 자리를 떠난 지 얼마 안되어 죽는 사람을 우리 사회에서 많이 보아 왔다. 또 정치일선에서 날뛰고 하늘의 새라도 떨어뜨리는 세도가들이 권좌를 쫓겨나서 갑자기 타계하는 경우가 있음을 흔히 보았다. 그것은 흔히 그들의 기를 순화시키지 못하여 한으로 되어 소위 화병으로 죽는 경우일 것이다. 한과 원망이 크면 클수록 견디기가 어려울 것이며 그것을 효과적으로 극복하지 못한다면 목숨을 잃고 마는 것 같다.

나는 언제인가 교육지표 사건으로 교직에서 그만 두었던 동료 한 분이 언제든지 죽을 수 있도록 극약을 가지고 다닌다는 말을 듣고 큰 충격을 받은 일이 있었다. 그렇게 될 수 있을까 하고 그분의 극단적이고 격렬한 성격을 탓해보았다. 그러나 그것이 표현되느냐 그렇지 않으면 잠재해 있느냐의 문제이지 그러한 생각을 가져볼 수는 있는 것 같다.

사실 생각하면 숨이 차고 기가 막히는 것이다. 교수 중에서도 생활 자체를 위협받는 분이 여럿이며, 동지들 중에서 어둠과 괴로움 그리고 아픔, 처절함 가운데서 고통받고 있는 것이 나를 더욱 분하고 한스럽게 한다. 그러나 이런 강박관념과 환상의 연속으로 정신적 질환에 빠져서는 안되겠으며 감정은 더욱 풍부하게 정신은 더욱 건강하게 가져서 이 어려움을 극복해야 한다.

다섯 번째로 나의 신체적 건강이 여의치 않은 것 같다. 정신과 육체가 불가분의 관계에 있기 때문에 정신적 고통 속에서의 신체 건강의 유지에 무척 관심을 쏟아야 할 처지이다. 나는 상무대헌병 영창에서 동지들과 같이 피부병을 얻어서 고통받았으며 그것이 근절되지 않고 컨디션이 나쁠 때마다 재발하여 나를 귀찮게 한다. 이 피부병은 옴 같은 것의 일

종인데 가려움증으로 견딜 수 없을 정도다. 나는 이 병의 치료를 위해서 병원도 부지런히 다녔고 대전에 가는 날은 반드시 유성온천에서 목욕하는 일과를 정해 피부병을 치유하고 있으나 근절되었다고 생각되지 않으니 걱정이다.

그리고 매일 아침 일찍 일어나서 막둥이를 데리고 운동장을 돌며 평행봉을 하고 손동작을 하면서 나의 건강을 유지하기 위해 노력을 한다. 이제 이러한 건강 유지가 하나의 관습이 되어 하루라도 거르고 나면 몸이 무거워지고 신경통이 심하여 견딜 수가 없다. 사람들은 신경통으로 아프고 다른 곳이 편치 않다고 하면 보안대와 헌병대에서 몸을 다쳐서 그런다고 지레 판단을 내리기 일수이다. 나는 매를 맞지 않았으며 그것 때문은 아니라고 강조하지만 모두 수긍하지 않으며 오히려 내가 당국의 지시에 의하여 발설하지 않은 것으로 착각하고 불신하는 기색이어서 나를 어리둥절하게 하는 경우도 많다.

나는 여러 가지 요인으로 정상이 되지 못한 나 자신을 정상화하고 동료들이나 일가친척에게 그리고 친구들에게 모범이 되고 바람직한 사람이 되어야겠으며 그들에게 용기를 주고 그들을 격려할 수 있는 내가 되기 위해서 최선을 다해야겠다.

오늘의 현실은 분명히 비정상의 상태다. 이러한 비정상의 사회일지라도 나는 그에 부화뇌동하지 않으며 깊고 풍부하게 인간을 이해하고 사랑하면서 합법칙성의 원리에 어긋나지 않는 생활태도 사고관념 그리고 건강을 유지해야겠다.

간절한 소원(所願)

나는 기회 있을 때마다 눈을 감고 간절히 기도한다. 하루 세 때 식사 전과 잠자리에 들기 전에 그리고 조용히 혼자 있을 때 기도하는 것이 버릇이 되었다. 그 때마다 나는 소원하기를,

> 이 나라, 이 역사, 이 겨레는 파렴치하고 몰지각하며 잔인무도한 몇 사람의 무부(武夫)들의 총칼에 짓눌려 질식당하고 있으며 모욕당하고 있고 조소당하고 있으면서 숨을 헐떡이고 있는 실정입니다. 이 나라 역사는 이 순간 수 십 년을 뒷걸음질치고 있으며 세계의 여러 나라로부터 모멸을 당하고 있습니다. 하느님은 이 땅에 사랑과 정의를 실천하시는 심판을 하신다고 알고 있습니다.
>
> 우리가 당하고 있는 고통과 아픔이 너무 크고 견디기가 어렵습니다. 하느님의 징험을 우리 앞에 보여주실 때가 무르익은 것 같습니다. 더 많은 시험과 시련을 주시는 뜻은 하느님의 심판을 진실 되게 믿는 가를 보고파 하는 것이라 생각해 봅니나. 그러나 이 나라, 이 겨레, 이 역사는 자칫하면 이 현실을 영속적인 것으로 인정해 버리는 죄악에 빠져 버릴 처지에 놓여있는 위험한 시점이고 보면 이 이상 더 무엇을 기다릴 힘마저 없어졌답니다. 부디 실험을 통해 역사의 증좌를 보여주시옵소서.
>
> 이 나라는 지난날의 오욕과 불명예를 씻고 민주주의 국가를 실현하는 신생국으로 순탄한 발전을 할 수 있으며 세계 각 국에 고무적인 발전을 보여주기도 했습니다. 그렇지만 이승만, 박정희의 독재자들에 의해서 그리고 현재는 무부들에 의해서 야만적이고 잔인한 국가로 알려져 있습니다. 그래서 세계의 관심은 이 나라에서 정의와 자유를 외치다가 생명을 바치고 고통 받고 있으며, 계속적인 수난의 행렬을 안타깝게 지켜보고 있습니다. 이 나라가 몇 사람의 권력욕에 사로잡힌 무부들 때문에 야만국가, 구제받지 못할 나라로 전락해도 되는 것입니까? 이것은 분명 비정상이며 시급히 바로잡아져야 할 과제라고 생각됩니다.
>
> 한편 이 민족은 수 천년의 질곡과 수탈 속에서 고통스러운 생을 영위해 오면서 드디어는 일제의 노예가 되었습니다. 그러나 불굴의 저항과 투쟁을 통해서 우리 민족이 살아있음을 과시했고 역량을 축적하여 해방과 독립을 쟁취했습니다.

그런데 또다시 악독하고 가증스런 독재자에게 순종하는 양, 비겁한 방관자가 될 뻔했으나 그렇지 않음을 4·19를 통해서 그리고 계속되는 민중의 투쟁을 통해서 특별히 광주항쟁을 통해서 과시했습니다. 그러나 오늘의 냉엄하고 비참한 현실이 우리 겨레를 굴종과 비굴과 무력자 그리고 나약한 민족으로 규정짓고 있으니 이 얼마나 안타까운 일입니까.

우리 겨레들은 한 많고 수난의 역사를 통해서 무사안일, 굴종, 방관, 묵인을 숙명처럼 알고 살아왔으며 지금 이 현실에서 그것을 재확인해 가며 무기력해지고 있습니다 그러나 우리 겨레는 수 천년동안 이 나라를 굳게 지켜왔으며 근대 국가로의 지향을 위해서 수많은 피와 땀과 거름을 해온 민족이랍니다. 이렇게 모욕당하고 이렇게 무력한 사람으로 규정지어도 좋단 말입니까.

또한 이 나라 역사는 세계 역사의 흐름에 뒤늦게 편입했습니다만 훌륭한 역량을 발휘하고 뛰어난 지혜를 동원하여 새로운 역사를 개척해 나가고 있습니다. 그런데 난데없는 무부들의 총칼에 의해서 이 나라, 이 겨레, 이 역사는 구제받지 못하고 잔인무도한 백성, 발전을 모르는 비운의 역사를 되풀이하는 나라가 되어 버렸습니다. 물론 이것이 순간으로 끝나고 그들 무부는 역사의 죄인, 이 겨레의 철천지원수, 그리고 이 나라의 반역자로 심판받겠지만 오늘의 이 순간이 그렇게도 길고 지루하게 느껴지는 것은 내가 너무 조급하고 초조한 탓일까요.

하느님이시여 하루 빨리 심판을 내려주십시오. 증거를 보여 주십시오. 정의가 승리하고 역사가 발전하며 이 나라가 축복받는 나라가 되며 이 민족이 우수한 능력을 가진 민족임을 알게 해 주십시오.

이 나라는 많은 잠재력과 오랜 역사를 가진 나라로 세계의 축복과 모범을 보일 수 있는 나라라고 확신합니다. 이 겨레는 우수한 재능과 불굴의 정신, 그리고 정의를 사랑하고 평화를 존중하는 훌륭한 민족임을 알고 있습니다. 이 역사는 분명히 발전하고 정상적으로 성장하는 모범이 되는 역사를 창조할 힘을 가진 나라인줄 믿습니다. 몇 사람의 무부에 의해서 그렇게 나쁜 나라라고 오인되고 오해될 수 없는 훌륭한 나라라는 것을 확신합니다.

우리 수많은 정의와 평화, 인간에 대한 사랑이 넘치는 사람들이 그들이 바라는 바를 위해 생명을 초개같이 바쳤고, 수많은 동지들이 고통을 받고 있으며, 수많은 후배동지들이 죽음과 고통을 두렵게 생각하지 않고 줄을 이어서 달려오고 있습니다. 우리 이제 그만 희생을 감수하고 시험을 당하지 않게 되기를 바라며 그들의 잔인무도를 노출시키지 않도록 하느님의 심판이 빨리 내려 주시기를 간절히 바라옵니다. 수많은 영령들의 명복을 빌고 옥중에서 고통받는 사람들의 건강을 바라며 그들의 가족들이 좌절하지 않기를 바라고 후배 동지들의 용감한 항쟁에 행운이 깃들기를 바랍니다.

■ 레이건의 방한(訪韓)과 가택연금

언제인가 레이건의 방한이 있었다. 나는 레이건과 같은 스타일의 대통령을 좋아하지 않으며 더욱이 그가 독재자 전두환의 손을 들어주기 위해 한국을 방문한다니 울화까지 치민다. 미국은 세계 민주주의의 수호자요 인권 신장에 앞장서는 나라라고 하는데 어찌하여 그가 독재자 전두환을 인정하고 그의 손을 들어주기 위해서 방한을 하는 것인지 도저히 이해할 수 없는 일이다.

그런데 더욱 나를 미치게 하는 것은 레이건의 방한 기간 중 나와 광주항쟁 관련자들은 가택에 연금된다는 것이다. 하기야 전두환이나 군사책임자들이 광주에 나들이 할 때는 우리의 동정을 감시하고 또 평상시에도 원격감시나 뒤를 쫓는 모습을 자주 당하지만 이번과 같은 가택연금은 처음이었다.

며칠 전부터 서광주경찰서의 정보과에서 외지에 출타계획이 없느냐. 계획이 있으면 변경해 달라는 연락은 받았지만 가택연금을 당할 줄은 몰랐다.

레이건이 방한하는 날 아침 일찍이 서광주경찰서의 경사란 사람이 집을 찾아와서 레이건이 한국을 떠나는 날까지 같이 있어야겠다고 거실로 들어왔다. 나는 화가 치밀어 당신이 무슨 권리로 남의 집을 침입하여 머무느냐고 항의하면서 내가 하고 싶은 일은 레이건을 해치는 것이 아니라 무기만 있으면 전두환 등을 처치하고 싶다. 그러나 총도 없고 그럴 힘도 없어 이렇게 조용히 지내는 것이니 걱정하지 말고 돌아가라고 요구했다.

그러나 그 경사는 자기도 처자식과 같이 먹고 살아야 하기 때문에 이런 짓을 하지 않을 수 없으니 너그러운 마음으로 용서해 달라면서 애처롭게 사정까지 하였다. 나도 당신이 무슨 죄가 있겠느냐. 시키는 놈들이 죽일 놈들이라는 말을 하고 기왕에 만났으니 이야기나 좀 하자고 하여 부드러운 분위기가 되었다.

나는 그에게 광주항쟁 기간에 광주에 있었느냐고 물었더니 광주에서 근무했으며 도청이 점령당하는 날 자기들도 광주에서 퇴각하여 피난했다는 것이다. 그 후 27일 광주 진입을 앞두고 광주 지리에 어두운 군인들의 길 안내(향도)를 위해 긴급 소집되어 27일 새벽에 맨 앞에서 군인들의 광주 진입에 안내를 담당했다 한다. 나는 그때 시민군들이 군인들을 향하여 정조준해서 발사했느냐 그렇지 않으면 저항하지 않거나 공중으로 총을 쏘았느냐고 물었다. 그 경사는 대답하기를 시민군이 정면으로 대항하고 사격했으면 제가 이렇게 살아 있겠느냐고 했다.

그와는 뜻하지 않은 인연으로 시간을 갖게 되었고 그도 나를 이해한 듯이 밀착 감시하지 않고 가끔씩 집에 들어와서 머물다가면서 나를 귀찮게 하지 않았다.

우리들 광주항쟁 관련자들은 독재자들이 시킨 정보당국이나 경찰들에게 계속 감시당하면서 체크당했으며 우리들이 모일 때는 멀리서 미행하면서 그들의 상부에 보고했다.

사람이 사람을 감시하고 연금시키며 미행하는 이러한 비인간적 범죄는 언제나 이 땅에서 자취를 감출 것인가. 총칼과 불법으로 정권을 도둑질한 독재자들은 그들이 박해하고 짓누른 양심인사들이 항상 무섭고 부담스러울 것이다. 그러나 그러한 자들은 역사를 보면 죄악을 계속하다가 드디어는 몰락의 길을 걷고 만다. 저 가증스러운 군인 범죄자들에게 하늘의 심판, 정의의 심판이 다가오고 있음을 훤하게 내다 볼 수 있다.

제3부 남기고 싶은 이야기들

다양한 강의

매일 계속되는 명선생님의 성경 말씀과 나의 역사 강의도 이제 바닥이 가까워진 것 같아 동지들의 교양의 폭을 넓히기 위해 또 다른 강사를 동원하기로 했다. 우리 광주항쟁의 동지들은 악조건과 감시 속에서도 오랫동안 의식화 작업을 통해 이제는 광주 시민의 대표로 자부할 수 있는 역량을 가졌다. 사실 언제나 밀고자들이 박혀있는 입장에서, 강의에 나서라고 권하기도 어렵지만 동지들을 생각해서 모두 선뜻 나서니 고맙기만하다.

이광우 교수가 침묵을 깨뜨리고 우리의 정치현실과 국민의 의식수준이란 제목과 우리 경제정책의 문제점 등을 강의하여 동지들의 관심을 많이 집중시켰다. 우리의 정치사에는 합리적이고 냉엄한 심판이 결여되었고 그때마다 눈물과 망각으로 지워지는 것들뿐이었다고 역설했다. 사실 프랑스의 대혁명에서 왕까지 처형했던 준엄한 심판과 영국의 청교도혁명에서 왕을 처형한 그 전통을 통해서 프랑스나 영국의 역사가 정상적인 발전을 해왔다.

그리하여 다시는 그러한 심판을 받을 위인들이 등장할 수 없도록 전통이 되었다. 반면 우리 역사에는 그러한 심판이 한 번도 내려지지 않았고 오히려 눈물과 망각으로 이어지는 역사를 꾸려왔다. 다시 말하면 서구의 정치사는 합리적인 판단과 결정을 소중하게 했는데 우리는 감정적인 의견을 앞세워 이성적 판단을 흐리게 해버렸다는 것이다.

한말의 일제 앞잡이에 대한 심판, 해방 후 친일세력과 민족을 괴롭힌 악질분자들에 대한 처리, 그리고 민주당 정권 시 자유당 치하의 비행에 대한 심판들이 합리적이고 냉엄하게 가해졌더라면 총칼을 앞세워 집권욕을 채우는 5·16이 일어날 수 없었으며 우리의 역사는 오점을 되풀이 하지 않아도 되었다는 주장이다.

특히 가까운 예를 든다면 자유당독재의 총책임자인 이승만이 하야하고 하와이로 떠날 때 소갈머리 없는 백성들(愚衆: 우중)은 그를 눈물로 환송했고, 그가 하와이에서 객사하자 국민장 운운하며 그에게 동정과 추모의 정을 아끼지 않았다. 그리고 10·26 이후 독재자 박정희의 장례에 그 많은 사람들이 눈물을 흘리는 꼴불견은 우리의 역사 의식을 얕잡아 보지 않을 수 없었고 결과적으로는 제2, 제3의 독재자를 창출해 냈다.

다음 경제 개발 정책에 관한 강의에서 자원이 부족한 우리나라에서는 차관을 도입하여 수출품을 만들 수밖에 없으나 정치와 경제가 다 같이 부패하여 지나친 누수현상으로 샘을 파보았자 물이 나오지 않는다는 것이다. 이런 틈에 집권자와 그에 결탁한 일부의 재벌들이 변칙적으로 축재해 빈부의 차가 커지고 사회 계층간의 위화감만 커지며 외채만 누적되어 가서 우리 경제는 심각한 병에 걸려 있다는 것이다.

다음으로 김홍명 박사의 강의다. 김박사는 하버드에서 박사과정을 하였고 미국에서 교수직을 역임했던 인재로 서울대에 채용되기 위해 5월에 귀국했다. 그런데 박석무선생과 하룻밤 술을 먹고 날을 보낸 것이 범인 은닉죄로 연루되어 같이 고생하고 있으며, 같은 죄로 김영모씨(국회도서관)와 김판금(미원과장)씨가 있는데 우리들 입장에서는 미안한 생각이 많다. 미국에서 길들어진 생활이 이러한 엄청난 곳에서 어떻게 견딜까 하고 우리는 걱정도 했다. 그러나 우리보다 잘 견디면서 우리에게 용기를 많이 주고 있다.

그분은 주로 정치사의 강의와 미국 생활의 소개를 곁들여 무료하고 막연한 우리 생활을 살찌게 하였다. 먼저 정치사 강의는 그리스의 플라톤과 아리스토텔레스의 정치학 강의인데 우리에게 매우 인상적인 것은 그리스 사회는 군인을 사냥개에 비유한다는 것이다. 그 사냥개는 주인이 잘 먹여서 집의 도둑을 지키고 밖에 나가서 사냥하는데 쓴다는 것이다.

그래서 주인 앞에서는 꼬리를 흔들고 충성을 다하는 개들이 행여나 주인을 물지 않을까 하여 절대로 정치에 간여할 수 없도록 엄격하게 격리해 놓았다는 것이다. 참 잘 지칭한 표현이다. 주인을 보호하고 집을 지켜주며 산에 가서 사냥을 하여 주인 앞에 바쳐서 주인의 은혜를 갚는 사냥개가 칭송받는 것이지 주인을 물고 짓눌러대는 개는 죽임을 면치 못해야 할 것이다.

또한 김박사가 소개하는 미국인의 생활은 그야말로 합리주의가 기본을 이룬 가운데 맹목적인 감정풀이로 인생을 살아가지 않음을 엿볼 수 있었다. 나는 김박사가 지옥과 같은 이 생활을 잘 견디기에 무슨 비결이라도 있느냐고 했더니 미국에서 학교에 다니느라고 노동을 많이 해서 어지간한 고생은 견딜 수 있다고 하며 자기보다 나이가 많거나 몸이 약한 분들이 잘 견디는데 그것을 못 견디겠느냐고 미안해하기까지 했다.

참 오랫동안 우리나라를 떠나 갖은 고통 끝에 금의환향한 그의 높은 학식과 인격을 조국은 수용하지 않고 그를 이 인간지옥으로 보냈다. 말은 않지만 그가 미국에서 대학교수자리도 버리고 나라에 헌신하겠다고 찾은 조국이 해야 할 일이냐고 생각하면 우리의 현실이 부끄럽고 분하기까지 한다.

다음은 김영모 선생의 차례다. 그는 국회도서관에 근무하여 흥미있는 국회소식을 우리에게 전해 주었다. 집권자의 독재성 정도가 국회의 활력을 좌우한다고 전제하고 자유당 정권, 민주당 정권, 공화당 정권을 통해 민주당 정권시대가 의원내각제였으니 국회의 전성기였고, 다음으로는 자유당 정권 그리고 유신 이전의 공화당 정권 때였다고 한다.

국회를 우리는 흔히 민의의 전당이라 한다. 민의를 바탕으로 한 정부일수록 국회를 존중하고 민의를 거역하는 독재정권일수록 국회를 시녀(侍女)로 전락시키는 것이다. 그래서 국회의원은 애기보는 직업이 되어 그것도 큰 애기를 보느라고 야단이었음을 생각하면 언제쯤 민의에 바탕을 둔 우리의 정부 우리의 국회가 될 것인지 기다려진다.

끝으로 김판금씨는 미원판매과장을 하고 있는 엘리트인데 이곳에 어쩌다 끌려와서 상당히 조심하는 편이고 그가 신봉하는 교회의 성격(순복음교회)때문인지 현실주의적이었다. 명선생님이 공판정에 나갔을 때 집사인 그가 대신하게 된 성경 강의는 많은 질문과 반박까지 불러일으키곤 했다.

그러나 그는 여기에 오게 된 것을 원망하지 않고 하느님이 하시는 일에 순종하는 태도로 담담하게 보내고 있으니 칭찬할 일이다. 이러한 여러분들의 다양한 강의를 통해서 동지들은 교양을 넓히고 의식을 심화시키면서 법정투쟁에서나 이곳에서의 생활이 훨씬 의연해지고 있으며 앞으로의 인생에 큰 거름이 될 것은 분명할 일이다.

■ 별난 일들 1 (고문과 얄팍한 회유의 심문)

광주항쟁에 대한 조서는 거의가 다 살인적인 고문과 인간 본능을 이용한 얄팍한 회유에 의해서 작성되었다고 한다. 그도 그럴 것이 합리적인 지성층들의 정당한 행위를 제외하고는 모두 증거가 없는 것들이기 때문에 한결 같이 강요된 자백에 의존할 수밖에 없었다.

먼저 고문의 형태를 들면, 몽둥이, 전기고문, 물고문, 개미고문, 지렁이고문, 잠 안 재우고 밥 안 주기 등등이 있고, 얄팍한 회유로는 밥이나 빵을 주면서 달랜다거나 담배를 주면서 회유하고, 너는 보내줄 터이니 다른 사람들의 행위를 밀고하라는 방법 등이다. 먼저 몽둥이 고문은 못 견디어 자백할 만큼 때리는 것이 아니라 죽여도 좋다는 식으로 휘둘러 버리는 것이다. 모인의 말을 들으면 일제 시대의 야만적 탄압도 쇠몽둥이라 하여 통증을 줄 정도의 매질이었는데 눈을 감고 마구 휘둘러대니 머리고 척추고 다리고 신경을 다친 사람이 많다.

머리를 다친 사람으로 사범대 국어교육과 박용석 군은 폐인이 되다시피 하여 병원에 있으며, 김영철(도청팀)은 뒤에 재발하여 정신이상이 되기도 한 경우가 있는데, 그러한 예가 또 여럿이 있다 한다. 척추라든가 신경을 건드려 가끔 발작이 나는 경우는 6소대에서만도 김공휴(자게농 직공), 박철(광주고 졸업생)군의 경우가 있는데, 그는 갑자기 전신이 마비되고 오그라져서 의식을 잃곤 했다.

다리의 신경이 상해서 병원에 입원한 경우로 위인백씨(이기홍 변호사 사무장)가 있는데 3개월 만에 퇴원해서 겨우 활동하는 처지이다. 물고문은 아무 것도 먹이지 않고 수도에 연결된 호스를 입과 코에 대고, 많이 먹으라고 옆에서 조롱하며, 먹여서 정신을 혼몽시킨다고 한다. 그리고 물에 고춧가루를 타서 먹이는 경우도 있다고 한다.

다음으로 이곳에서 처음 들은 개미 고문이 있다. 그것은 불개미를 통에다 키워 그것을 몹시 흔들어 옷을 쳐들고 사타구니에 집어넣으면 성기를 중심으로 전신을 성난 개미가 물고 다닌다는 것이다. 그러나 손발을 묶어놓은 처지에서 어쩔 수 없이 신음과 고통만을 되씹을 뿐이라 한다. 지렁이 고문도 개미고문과 같은 방법으로 하는 모양인데 다행히 우리 소대에는 당한 사람이 없어 자세한 내용은 알 수 없다.

그리고 얄팍한 회유로는 하루 이상을 굶겨 고문을 해놓고 김이 무럭무럭 나는 고기국밥을 가져다 놓고 먹이면서 구슬리는 경우로, 실감난 경험담은 신만식군(6소대 소대장)의 경우가 있다. 40여 시간을 굶기면서 몽둥이질과 고문을 하고 나서 고기국밥을 가져다 놓고 유혹하는데 안 넘어갈 장사가 없더라는 것이다. 그래서 뒤집어 쓴 죄명이 김치강도, 된장강도, 라면강도, 콜라강도 등이라 한다. 다음 담배의 유혹을 받은 사람은 김종○(별명 훌라훌라)이 있는데 고문을 받으면서 담배 몇 개 받아 피면서 하라는 대로 이야기해놓고 보니 3년 구형을 받았으니, 6개피에 3년이면 담배 1개피에 6개월씩의 징역이 해당된다는 것이다.

고문 이야기가 나왔으니 말이지 광주항쟁에 관련된 4천여 명의 관계자들이 인간적인 대우는 차치하고 고문을 당하지 않은 경우는 우리 몇 사람을 제하고는 드물다고 한다. 우리들보다 늦게 들어온 조선대 교수들의 경우만 하더라도 상당일자가 지난 후에 헌병대에 넘어왔는데 모두 반신불수의 모양이 되었으니 기가 막힌다. 그리고 그 심한 고문이 보안대와 헌병대 주위에서 자행되었는데 특히 영양센터라는 간판이 붙은 상무대 식당은 광주항쟁 관련자의 피를 무던히도 빨아간 곳으로 동지들이 입을 모아 저주했다.

헌병대 건물과 그 뒤의 즐비한 천막에서 자행된 고문은 주야로 계속되어 수사관의 호명을 받은 동지들은 발버둥을 치며 가려하지 않고, 불려나가면 초죽음이 되어 돌아왔다 한다. 그래서 수사관이 부르는 소리를 염라대왕의 호출이라고 불렀으며 피투성이가 되거나 실신해서 돌아오면 서로 간호하고 도와주면서 동지애를 발휘했다 한다.

그리고 가장 곤혹스러운 경우가 너는 내보내 줄 터이니 다른 사람을 밀고하라는 소리에 넘어갔으니, 특히 의식이 얕은 동지들이 서로 얽혀 더욱 곤혹을 겪었으며 그런 뒤에는 서로 밀고하게 하여 모두 같이 뒤집어씌웠다 하니 한심한 노릇이다.

그러한 반면에 학생이나 우리들 경우는 어지간한 일이면 우리가 자청해서 떠맡아버려 오히려 수사관들을 당혹하게 하는 경우가 많았다. 특히 한상석의 경우는 학생들 문제로 밝혀지지 않은 어려운 것은 모두 내가 한 일이라고 도맡아 아도도리(화투놀이에서 나머지는 모두 자기 몫이라는 뜻)의 보살님으로 통했다.

생각하면 독재권이 강한 전근대사회일수록 고문이 심한 것이 사실이고, 일제 시대처럼 이민족에 의한 지배를 받는 경우 그것이 한층 더한 것은 이해가 간다. 우리의 역사에서 국사범이란, 고문에 의해서 강요된 증거를 가지고 처리해 왔음은 잘 알려진 일이다. 하지만 고문은 우리를 근대화시켜 전근대적인 질곡과 수탈로부터 해방시켜준다는 미명하에 우리를 침략한 일본제국주의가 저지르고 가르쳐 준 죄악이다. 그들이 자기들의 욕구 달성을 위해 얼마나 많은 고문과 살인을 자행했던가를 생각하면 오늘날의 이러한 인간학대는 해방 후 일제 잔재를 청산할 사회정의 확립이란 단계를 거치지 않은 것이 큰 이유가 될 것이다.

한일합방 이후 36년 간 우리들 애국자의 피와 눈물과 생명을 앗아간 일본 제국주의자의 고문과 살인 또 그들의 앞잡이가 되어 미친 듯이 날뛴 친일 반역자들의 악랄한 행위는 우리가 잘 알고 있는 터다. 그런데 일본 경찰을 그대로 계승했고, 일본식 군대 출신자에 의해서 건군된 우리군대는 그 몹쓸 놈의 짓을 본받아 발전시켜 인간의 동물적인 잔학성을 만끽하면서 고문을 자행하곤 했다.

어떤 새디스트들은 그것을 통해서 희열을 느끼기도 한다고 하는데 그렇다면 사람의 탈을 뒤집어쓰고 다니는 야수에 지나지 않은 것이다. 그런데 고문을 하면서 한 수사관은 우리는 어떠한 정권이 들어서더라도 이렇게 충성을 하면서 살겠다고 하더란다. 이러한 생각이 바로 그들을 모질고 혹독하며 자신만만하게 만든 전통성이 아닌가 생각하면 우리 역사에서 민족정기 혹은 사회정의의 심판이 준엄하게 내려지지 못한 것이 큰 취약점이란 것이다.

인간이 인간을 학대한다거나 다른 인간을 지배하고 탄압하면서 희열을 느끼는 동물성보다 자기들 인간에 대한 깊은 교양과 인간에 대한 사랑이 밑바탕에 깔려 있는 사회가 되어야 할 것이다.

인간의 존엄성, 그것은 그 어느 것과도 교환하거나 대체할 수 없는 불가침의 신성한 것으로 다같이 지키고 아끼는 의식구조가 이루어 져야할 것이다. 그렇지 못한 인간 학대는 인류 공동의 적으로 규정하여 준엄한 심판을 내릴 수 있는 제도적 장치가 마련되어야 하고, 고문이란 야수성은 제거되어야 할 가증스러운 것이며 저주받아야 할 것이다. 고문으로 피눈물을 흘리고 실성을 해버렸거나 생명까지 빼앗긴 사람들과 고문의 후유증으로 고통 받는 수많은 분들을 지켜보면서 인간의 한 사람으로 죄스러움을 금할 수 없다.

별난 일들 2 (잡범 전과자의 생태)

똑같은 이목구비를 가진 인간이지만 소양의 정도, 생활환경, 인성, 사고방식에 따라서 여러 형태의 모습으로 나타나고 또 그러한 것을 당연한 것으로 알고 즐기고 살아가는 모양이다. 나는 그것을 전과자들의 생태 속에서 뚜렷하게 살필 수 있었다. 이곳에는 광주항쟁 관련자들뿐만 아니라 폭력범, 사기범들이 계엄령 위반으로 수용되어 있기 때문에 그들과의 생활을 통해서 절감할 수 있는 일들이 한두 가지가 아니다. 하기야 다른 유형의 수감자들은 문제도 되지 않지만 광주항쟁 관련자들도 전과자들이 상당수 끼어있어 그들과의 생활에 어려운 점이 많으며 지금은 많이 순화되고 의식화되었지만 완전한 상태는 못되고 있다.

그들에게는 인간의 본성인 순수성이 결여되어 있어 세상을 부정하고 자기들 방식대로 살아가려는 태도가 있다. 그들은 문신을 과시하고 전과 몇 범임을 자랑하면서 이런 것들이 앞으로의 생활에 큰 자랑이 되고 현재의 감방생활에도 그의 진가를 인정받아야 된다는 자세다. 그럴 때마다 여러분이 광주항쟁으로 관련되어 이곳에 와 있는 것은 수치스러운 범죄자로서가 아닌 광주 시민의 대표로 선발되어 광주 시민의 고통을 대신 받고 있는 것이니 범죄자가 아니라고 일깨워주면서 지난날의 부끄러운 전과는 들먹이지 말라고 타이르곤 한다.

광주항쟁 관련자 중에 일부 난폭자들이 있어 지탄을 받고 있는 것은 어떠한 민중행동에도 그런 것쯤 있기 마련이지만 옥에 티가 된 것만은 틀림없다. 그들은 곧잘 욕지거리를 하고 싸움질을 하지만 외부간섭에 쉽게 굴복하는 취약성을 가지고 있다. 그들은 심판일이 가까워지자 징역보따리를 챙기는 등 수선을 떨면서 그들의 고향에라도 돌아가는 기분으로 설레어 있고, 교도소로 가보면 자기들을 인정할 것이라고 호언하면서 안하무인의 태도를 보일 때도 있다. 그럴 때마다 우리는 설령 실형언도를 받아 교도소에 가더라도 양심은 깨끗한 사람들로 떳떳하게 살아야 되며 또 그러한 대우를 받도록 싸워야 한다고 강조하였다. 그리고 제발 지난날의 부끄러운 전과 경력을 감추고 의연한 새 출발을 하자고 타이르고 또 그러한 설득이 본인들에게 실리가 있을 듯하여서인지 많이 수그러졌다.

자기들 개인의 욕망에서 일어난 감정에 의해서 범죄를 한 사람들이 아닌 양심대로 살기 위하고 이 나라, 이 겨레, 이 역사를 자랑스럽게 하기 위해 나를 바쳐 행동한 사람들이란 것을 우리가 자랑으로 간직하고 또 주위에서 과연 그러한 분들은 다르다는 인정을 받을 수 있어야 한다. 그러기 위해서는 분명 여러분이 과거에 교도소나 소년원에서 생활했던 추억이나 경험을 말끔히 씻어버려야 할 것이며 실제로 교도소 측에서도 우리를 그렇게 대우하게 될 것이라고 타이른 덕택으로 많이 순화되었다.

그러나 광주항쟁 관련자가 아닌 폭력범이나 사기범들은 우리의 힘이 전적으로 미치지 못하고 명분이 서지 않기 때문에 설득할 수는 없다. 그러나 같은 방에서 생활하는 동안 개인을 위해서 야욕을 부리면서 사는 것보다, 뜻 있는 일에 자신을 바치는 의협심을 고취시키려고 노력했지만 그들이 나름대로 세운 위계질서는 너무 벽이 두껍고 탄탄하여 깨뜨리기 어려운 것 같다. 모두 형님이란 호칭으로 이루어진 위계질서는 정연하기 이를 데 없어 치소를 금치 못할 노릇이다. 이들은 거의가 전과 20범 이상이며, 어떤 자는 30범이라 하는데 그들은 별을 많이 딴 자(전과가 많은 자)가 왕초가 된다.

첫째, 형님(왕초)이 사용하는 식기(츄레이)는 고정되어 있다.

둘째, 자고 일어나면 침구의 정돈을 맡은 사람이 따로 있다.

셋째, 치약, 칫솔 당번 그리고 비누, 세숫물 수건 당번이 따로 있어 철저하게 지배적인 생활을 즐기며 잘 때도 침구를 펴주는 사람이 있다.

넷째, 의복세탁은 말할 것도 없이 모든 시중이 다 다른 사람에 의해서 이루어지며 밥 먹는 것과 대소변 보는 것만 자신들의 손으로 해결한다.

그리고 침구가 부족하더라도 그들은 몇 겹씩 덮으면서 다른 사람들은 한 장 차례도 안되니 참 기가 막힌 노릇이다.

자유와 평등을 모토로 삼은 광주항쟁 관련자들은 도저히 이해할 수 없고 용납할 수 없는 일이지만 그런 사람들과 충돌하면서 풍파를 일으킬 것이 아니라 그들을 감복시키는 우회작전을 펴나가느라고 시간이 걸린다. 윤영규 선생, 명노근 선생이 노력을 많이 했으며 장두석씨는 정면 충돌을 일으켜 곤경에 처했다 한다. 그들은 어디서나 기득권을 주장하고 권위를 내세우는 사람들인데 반하여 단순한 사고방식을 가지고 있기도 하여 점차 그들을 감화시켜가는 편이다.

그러던 것이 드디어 쌍십사태(10월 10일 단식투쟁사건)를 계기로 큰 고비를 넘겼다. 그들은 처음에 괜히 학생들이 일을 벌여 고요한 호수에 풍파를 일으켜 우리들을 괴롭히고 있다고 노골적인 불만과 거친 행동이 여기저기서 표출되었다. 그러나 그러한 고통을 우리들의 단결된 힘으로 극복하여 원상으로 회복하고 나니 과연 학생들의 행동은 존경할 만한 하다고 학생들의 의식심화 프로그램에 적극적으로 가담하기도 하고 우리도 앞으로의 인생을 보다 뜻 있게 살아야겠다고 다짐하기도 했다. 이제 오락회를 개최하면 제법 열심히 참가하고 뜻 있는 말에 귀를 기울이며 그들의 특권을 포기하기도 해갔다.

그러나 권력자와 폭력배가 본래 그 심적 구조를 같이 하기 때문에 그들은 쉽게 권력자에게 이용당하고 또 타협해버리는 속성이 있어 십 년 공부 나무아미타불이란 허탈감도 느껴진다. 그러나 같이 생활하는 동안 먼저 광주항쟁 관련자들은 다른 잡범들과는 달리 확실히 자랑스러운 사람들이란 것을 인식시키려고 노력했다. 또 당장에는 어렵더라도 어떤 계기가 이루어지면 우리가 뜻하는 길인, 나 자신을 버린 뜻 있는 삶을 살아갈 수도 있지 않을까 하는 가능성을 기대하면서 그들과의 고달픈 삶의 다툼을 계속해갔다. 헤어지는 날 그들은 과연 우리에게 따뜻한 환호를 보내주었고 우리도 그들과의 생활이 뜻 있었음을 어렴풋이 느꼈다.

■ 별난 일들 3 (수사관들의 금품갈취)

광주항쟁으로 많은 광주 시민이 죽었고 많은 광주 시민이 고통과 피눈물을 흘렸으며 엄청난 돈이 빨려 들어갔다고 한다. 신문에 이름이라도 나서 공공연히 재판을 받아 자유와 금품을 빼앗긴 사람들은 그럴만한 이유라도 있는지 모르지만 선량하고 못사는 시민들의 돈을 불법적으로 갈취한 경우가 많다는 것이다.

군 사회가 흔히 감각적으로 사치, 술과 여자, 그리고 돈을 앞세우는 전통이 있다고들 하는 터에 광주항쟁의 수사과정에서 금품의 갈취와 같은 것은 있을 법한 일이다. 흔히 자백과 목격자의 유무로 단정지우는 범죄사실인지라 그 가운데 조직적으로 금품 거래를 자행했다는 것이다. 가령 이 학생이 무기를 들고 있는 것을 본 일이 있는가를 확인시키기 위해 증인이 될 사람을 찾아가거나 자기 집을 검증한다면서 재산을 빼낼 궁리를 모색한다는 것이다.

사실 광주항쟁은 광주에 사는 사람 또는 광주에 자식이나 친지를 둔 사람은 본인이 보이지 않으면 죽은 것으로 단정하고 그 시체를 찾으러 방황하던 처지였다. 죽었다고 생각하는 자식이나 동생이 돌아오면 그의 생사여탈권을 가지고 있는 수사관에게 잘 할 수밖에 없고 그가 죽으라면 죽는 시늉이라도 할 지경이다. 금품을 요구하고 수수하는 것은 극히 자연스러웠다는 것이다.

그래서 4천명 정도의 사람들 중에서 가정에서 보살펴 줄 수 있는 처지의 자제들은 모두 돌아가고 무의무탁하고 능력이 없는 사람들이 대부분 잔류해서 광주 시민이 한 일들을 이들 몇 사람들에게 모두 뒤집어 씌웠다는 것이다. 나는 그러한 이야기를 처음에는 부정해보고 그럴 수가 없을 것이라고 했다. 그것은 나를 담당한 수사관이 돈이란 소리는 입 밖에 내지도 않았기에 그것은 그야말로 유언비어라고 단정했다. 그러나 하도 심상치 않아 옆에 있는 이광우 교수 더러 혹 그런 유혹을 받아 보았느냐고 물었더니 그런 일이 있다는 것이다.

담당 수사관이 말하기를, 자기는 그림을 좋아하는데 이 지방에는 좋은 그림이 많다더라는 식으로 운을 띄우는가 하면 자기가 안양에 집을 짓고 있는데 자금이 딸려 집을 올리지 못하고 있다고 하는 것이었다. 그래서 무엇이라고 했느냐고 물었더니 하도 말 같지 않은 소리기에 들은 척도 안했다는 것이다. 또 뒤에 박영근교수를 담당한 수사관도 같은 사람인데 그런 비슷한 소리를 들었다는 것이다.

생각하면 기가 막힌다. 우리를 담당한 수사관들이 중앙에서 김재규팀을 담당한 자들이라며 수사진에서는 최고의 자부심과 대우를 받는 자들이라 했다. 그러한 자들이 우리들 교수에게까지 공공연히 금품을 요구했다면 다른 피의자들에게는 얼마나 혹심했겠는가. 그런 식으로 수많은 금품과 보화를 짊어지고 서울로 올라가, 그렇지 않아도 못사는 이 지방을 더욱 못살게 만들어 버렸는가 생각하면 어디서 그 보상을 받아야 할 것인가

수사관들의 금품 갈취가 몇 만원 몇 십 만원 단위가 아니라 몇 백 만원, 심한 경우는 3천 만원을 한 사람에게 받아냈다는 뒷이야기도 있고 보면, 4천명 중에서 우리 360여명을 남겨놓은 나머지 사람들이 그런 대상이 되었던 것이니 그 액수가 얼마나 될는지 충분히 짐작이 간다. 금품의 갈취가 사실이고 또 그 액수가 백 만원 단위였다는 것은 뒤늦게 잡혀 들어 온 사회학과 4학년생 이혜명군에게서 확인되었다.

그는 5월 18일 전남대 앞에서 데모를 했다는 혐의로 잡혀 왔는데 현장 확인과 목격자 탐방을 위해 데리고 집으로 가더니 2백만원을 요구하더라는 것이다. 그래서 그런 큰 돈이 어디에 있겠느냐고 말했더니 자기만 먹는 것이 아니라 위에 있는 사람들과도 나누어야 되기에 그 정도는

있어야 한다는 것이다. 하도 기가 막혀서 나는 그런 짓을 할 수 없다고 했더니 굴러오는 복덩어리를 방망이로 내쫓는 멍청한 놈이라고 야유를 하더란 것이다. 참 기가 막히는 일이다.

이렇게까지 파고드는 파렴치와 부도덕을 무엇으로 변명하고 무엇으로 보상받을 수 있을지, 모든 정치가 올바른 과정을 밟아서 정정당당하게 이루어져야지 권모술수와 우연 속에서 이루어진 총칼의 승부 뒤에 오는 부작용이 이렇게 큰 것인가를 생각하면 가증스럽기까지 한다. 어쩌다 신문을 보면 대서특필로 부정축재자들을 척결하면서 그 소유 재산을 국가에 헌납하게 했다고 한다.

그런데 그들이 헌납하겠다는 전 재산이 흔히 말하는 재산보다 엄청나게 적다는 것이며 그 차액은 아마도 중간에 수사하는 사람들의 수중으로 들어갔는지 모른다고 속삭이는 소리를 많이 들었고 나도 그럴 법한 일이라고 생각했다. 어차피 갖고 보자는 데서 출발한 일이니 이런 천재일우의 기회를 이용하여 무엇이든지 갖지 않으면 안 된다는 초조하고 절박한 심정에서 모두 손을 대기 마련인 것 같다.

이렇게 부도덕하고 무질서하게 갖고 보자는 마음들이 노대체 이 나라, 이 겨레의 역사를 어떻게 감당할 수 있으며 이 나라의 장래를 어떻게 끌고 갈 수 있을 것인가. 아흔 아홉 사람의 죄인을 놓치더라도 한 사람의 무죄한 사람을 괴롭혀서는 안 된다는 명언이 동서고금을 통해서 받아들여지는 진리일 터인데 이러한 식으로 마음대로 빼앗고 긁고 한다니 도대체 어쩌자는 것이냐. 우리네 사회에서 과정이나 방법 등이 중요하지 않은 자리로 물러나 버리고 결과와 목적 달성이 크게 중시된 것이 어제 오늘의 일이 아니라고 한다.

정직하고 거울이 되어야 할 위정자들의 이러한 생태는 바로 그 밑에 있는 추종자들의 부도덕과 불륜을 가져왔으며 그러한 폐단은 밑으로 내려갈수록 눈덩이처럼 커져 결국은 광주 시민의 상당수가 그 굶주린 이리떼의 위장을 채워주었다. 그런 결과로 돈과 재화가 없거나 그러한 것과는 타협하지 못한 사람들이 모든 책임을 도맡아 짊어지고 이렇게 어려운 생활을 살아가고 있는 것이다. 그러나 사람이 떳떳하지 않게 모은 재산이나 떳떳치 못한 행위가 만인의 희열을 가져다주지 못할 것이니 언제나 괴로움과 번민 속에서 그 이상의 대가를 치르는 날이 있을 것이라고 확신하면서 하루빨리 이 나라에 부도덕과 불륜의 싹이 사라지기를 바란다.

김 수사관과의 대화

김 수사관(김용규 헌병상사)은 의정부에 살고 있으며 육본 헌병대에 소속되어 있는데, 광주항쟁 학원반 담당을 위해 파견되어 5, 6명의 수사관들 중에서 나를 담당하여 나와 깊은 인연을 맺은 사람이다. 그는 나보다 일주일 전에 잡혀온 김동원 교수의 담당 수사관이었으며 우리들 사정을 깊이 알고 있는 사람이다. 나는 우선 김수사관의 사람됨을 간파하기에 신경을 곤두 세웠다. 보안대 지하실에 끌려온 이 몸이 어떻게 되느냐는 그의 행동거지에 달렸기 때문이다.

그렇다고 호의를 받아 피의사실을 은폐한다는 문제와는 전혀 다른, 몽둥이질과 고문을 하느냐 안하느냐의 문제에 관해서이다. 그런데 몇 차례의 대화와 접촉을 통해서 우선 그런 공포에서는 해방된 느낌이 들어 김 수사관을 이해시키는데 관심을 쏟았다. 조서 작성과 심문이 계속되는 동안 여담을 통해 그 사람의 마음을 떠보고 또 그도 그의 생각을 나에게 표현하는 데서 몇 가지 한계성을 눈치챘다.

나는 조서 작성 때 많은 애로를 느꼈다. 수사관의 의도는 우리들이 현실 사회에 불평과 불만을 가진 것은 가난한 집에 태어나서 어려운 삶을 살아가면서 자연스럽게 반항심이 생겼다고 쓰라는 것이다. 그것을 간파한 나는 현실 비판 정신은 사회의 부조리와 모순 때문이라고 논리를 전개하여 마찰을 일으켰다.

나는 그와의 인간적인 대화를 계속하면서 옛날부터 전해오는 말에 사가살(士可殺)이나 불가욕(不可辱)이란 말이 있는데 이 말은 선비는 죽일 수는 있지만 욕보여서는 안 된다는 말입니다. 우리의 생각은 생명과도 바꿀 수 없는 만큼 굳어져있으니 그것을 고치려는 생각보다는 수사관이 문제삼으려는 피의 내용을 지적하여 조서를 작성하는 것이 속 빠를 것이라고 설득했다.

그러나 김 수사관은 지하실에 처넣은 나를 고문할 수도 있고 학대할 수도 있지만 교수 예우를 해가면서 반성하는 투의 말을 써넣어야 한다고 강조했다. 나의 피의 사실들은 내가 이미 각오하고 한 일들이고 그 일에 대해서 후회하고 있지 않은 이상 그럴 필요는 없으니 뒷날 나의 신상에 대해 걱정해주는 마음은 고맙게 받아들이겠으나 그럴 수는 없다고 완강히 거절하여 나를 대하는 폼이 달라지는 것 같다. 그는 몇 차례나 나의 재판 회부를 말리려고 노력했던 것 같으나 여의치 않아 나를 검찰에 넘기면서 많은 증거와 증인을 채택하여 법정 투쟁을 해보시라고 위로하며 정말로 미안해했다.

그런데 김 수사관이 30헌병대 영창에 있을 때 나를 찾아왔다. 나는 그에게 평소의 말투대로 다정하게 이야기했으며 이 세상을 옳게 사는 것이 후회없는 것이라고 충고하고 있는데 옆에 있는 수사관이 아니꼬운 눈초리로 두 사람이 어떤 사이냐고 캐물으며 의아스럽게 생각했다. 우리는 피의자와 수사관의 관계이지만 누구에게나 부끄럽지 않은 떳떳한 관계로, 그럴 수 있는 처지라 했더니 수그러진다. 사실 당시의 시퍼런 칼날 같은 분위기에서 내가 제법 인간적인 대우를 받은 것은 김수사관의 솔직담백한 성격 때문이었고 그러한 점에서 나는 그의 인간성에 감사하고 싶어졌다.

더더군다나 뒷날 흘러나온 이야기지만 우리들을 다른 수사관들이 금품을 노골적으로 요구하고 치근덕거렸다는 소문을 듣고 보니 그와 나 사이에는 담백하고 인간적인 대화만이 있었음을 자랑스럽게 생각했다. 나를 재판에 회부한 것은 내가 한 일이 집권자들의 눈에 가시 같았고 또 너무 명명백백했기 때문이리라. 김 수사관이 보아주지 아니해서 그랬다고 생각하지도 않고 또, 보아달라고 부탁해본 일도 없어 담담한 기분이었다.

뒷날 사회에서 만나면 대포라도 한 잔하겠다는 생각인데 들리는 말에 의하면 그는 나에게 무척 미안해하고 마음 아파하며 괴로워했다 한다. 그럴듯한 이야기인 것이 출감 후 몇 번의 기회가 있었음에도 불구하고 전혀 연락을 주지 않았고 또 내가 만나려 하면 일부러 피하려 들은 것 같다.

김 수사관은 광주를 떠나기에 앞서 마지막으로 나를 찾아와서 정말 죄송스럽다고 사과하고 자기가 우리들 다음으로 조선대 교수들(박총장 측근세력)을 조사하였는데 전남대 교수님들과 너무나 대조가 되었으며 김동원 교수와 우정을 나누면서 잘 살기 바란다는 말을 남기고 떠났다.

우리 사회가 모두 맡은 임무가 달라서 역할이 각각 다르지만 보다 중요한 것은 인간의 본성을 지킬 줄 알고 인간을 사랑하며 이해할 줄 아는 자세라고 생각한다. 비록 학식이 많지 않고, 하는 일이 남을 괴롭히는 직책이지만 나는 김 수사관을 좋은 사람이라고 평하고 싶다. 우리는 인생을 살아가는데 권도와 패도가 아닌 정도로 살아갈 필요가 있고 또 그것이 진가를 평가받을 때 얻는 기쁨은 다른 기쁨보다도 더욱 값지고 보람된 것임을 또 한 번 실증할 수 있을 것 같다.

▪ "광주는 결코 승리할 것입니다"라는 울부짖음

상무대 영창이라는 인간지옥에서 허덕이는 동지들의 참상은 형언할 수 없는 처지다. 5월 27일 새벽까지 도청을 지키다가 조기 두름 엮듯이 끌려온 동지들의 고통은 더욱 견디기 어려운 상태였다. 막바지에 도청에 들어온 이들은 거의가 구두닦이, 넝마주이, 고아원 출신들로 정신적인 무장이나 이론적인 의식화가 이루어지지 않았기 때문에 굶주림과 고문 그리고 무력적인 폭압을 이겨나가기가 어려웠다.

그리하여 이들의 분노는 절정에 달해 5·18 자정에 검거되어 온 전남대 학생회 간부나 복적생 그리고 뒤늦게 참여한 도청 수습위원회 지휘 학생들을 향해 비난과 욕설을 퍼부었다. 특히 김상윤이나 정동년 등의 복적생 지도자들은 날마다 끌려가서 고문과 구타를 당하여 받는 고통스러움보다 도청에서 끌려온 동지들의 성난 분노를 견디기 어려웠다고 한다.

나는 이곳에서 2~3일을 지내면서 대학교수요 역사를 전공하는 사람으로 한마디 외쳐 호소해야 되겠다고 생각했다. 모두가 굶주림과 고문 및 구타, 그리고 상호간의 갈등으로 몹시 격해있는 상황을 더 이상 모른 체할 수 없다고 생각했기 때문이었다. 드디어 입을 열어 여러 동지들에게 한 말씀드리겠다고 외치고 다음과 같이 울부짖었다.

여러분 동지들! 이 비참한 상황은 결코 오래가지 않습니다. 여러분은 위대한 광주 시민을 대표해서 훌륭한 투쟁을 했고, 그 결과 여기까지 끌려와서 차마 인간으로서 못 당할 고통을 겪고 있습니다. 그러나 이러한 현상은 세찬 폭우가 쏟아지고 있는 일시적인 상황이며 구름이나 안개에 태양이 가려있는 순간에 지나지 않는 것입니다. 우리가 이 순간을 이겨낸다면 소나기가 그치고 안개와 구름이 사라져 태양이 그 웅장한 모습으로 나타나 우리들을 환하게 비춰줄 것입니다. 나는 역사를 공부한 사람으로 우리 광주는 반드시 승리할 날이 올 것이라고 굳게 믿습니다.

우리는 그 때까지만 참고 견디면 위대한 광주 시민의 대표로 모든 영광과 자랑을 누릴 수 있을 것입니다. 우리는 우리가 잘먹고 잘살기 위해서 이러한 고생을 하고 있는 것이 아닙니다. 민주주의를 살리고 사람다운 삶을 살기 위해서 일어선 광주 시민을 대표해서 끝까지 싸웠으며 여기에 끌려와서 고통을 겪고 있는 것입니다. 광주 시민은 우리를 이곳에 보내놓고 제발 몸 성하게 잘 있으라고 기도하고 있습니다. 우리의 뒤에는 위대한 광주 시민과 세계의 양심들이 지켜보고 있는 것입니다. 우리 모두 이 견디기 어려운 고통의 순간을 굳게 이겨 나갑시다. 간절하게 호소하고 싶습니다.

이 말을 하는 동안에 도청의 동지들이 술렁거렸다. "제가 교수면 별것이냐. 또 우리들에게 거짓말로 유혹하는 거냐. 이제는 학생이고 교수이고 간에 다 필요 없다. 밥 좀 많이 주고 고문 좀 하지말고 우리를 집으로 돌려보내 달라"는 등의 불평이 자자하였다.

나는 더욱 큰 소리로 "여러분, 나는 역사를 가르치는 교수로서 확실하게 말할 수 있습니다. 우리 광주는 꼭 승리할 것이며, 여러분은 위대한 광주시민을 대표해서 영광과 자랑을 누릴 수 있을 것입니다"하고 자신있게 말하자 불평하는 소리가 잦아들면서 그렇게만 되었으면 오죽이나 좋겠느냐고 했다.

나는 그날 밤 김상윤 군과 따로 대화를 나누었다. 그는 교수님의 말씀은 우리 모두를 위해서 좋은 것입니다만 현 정세로 그렇게 될 가능성이 희박하지 않겠는가 하는 것이었다. 나는 절대로 그렇지 않으니 용기를 잃지 말고 굳게 이 싸움을 이겨나가자고 서로의 손을 꼭 잡았다.

■ 광주에 전두환·노태우를 수감한 역사박물관을 만듭시다

광주항쟁의 구형이 끝나고 공판이 진행되자 상무대 영창의 분위기도 날로 살벌해지고 동지들의 마음은 불안과 공포에 떨고 있는 것 같았다. 나는 이런 분위기를 바꿔보기 위해 광주에 전두환, 노태우를 잡아넣고 역사박물관을 만들어 그들에게 군밤을 주거나 침을 뱉게 하며 발길질을 하게 하여 그 사람들에게 차등에 따라 입장료를 받으면 광주시의 재정에 큰 도움이 될 것이라는 박물관 계획을 설명했다.

즉, 광주가 승리하는 날, 이 나라의 민주주의가 완성되는 날, 전두환과 노태우 등 광주 학살자를 잡아다가 동물원 같은 곳에 가두어 잘 먹이고 길러서 그를 구경하는 사람들에게 능력과 분노의 정도에 따라 그들에게 사형(私刑)을 가하게 하면 광주시민과 세계의 양심들이 환호할 것이라는 것이다. 이 때 그들을 사육하고 관리하는 사람은 우리 동지들이 담당한다면 얼마나 좋겠는가. 우리 모두 그 날까지 참고 견디면서 우리들의 의식을 높이고 교양을 쌓아가야 그 날이 오면 우리 모두가 의연하게 대처할 것이라고 역설했다.

그러자 우울하고 움츠려들었던 동지들은 빨리 그 날이 왔으면 좋겠다고 하면서 웃음소리가 감방 안을 떠나가게 했다. 나는 나의 발상이 동지들의 마음을 바꿔놓았다고 생각하여 한 걸음 더 나아가 우리 모두가 며칠 있으면 석방되거나 광주교도소로 옮겨가지만 곧바로 모두 석방될 것이다. 그때 우리는 매년 5월 18일이 되면 모두 금남로로 나와서 오늘의 고통과 분노를 되새기며 위대한 광주, 민주의 선구자 광주 시민을 자랑하자. 이제 모두 광주 시민의 대표답게 의연하고 용감하게 재판정에 나가서 우리의 할 말을 다하고, 교도소로 가거나 사회에 나가더라도 5·18 동지들답게 모범적인 행동을 하는 것이 필요하다고 역설했다.

다양한 체험담들

광주항쟁으로 여기에 붙들린 우리들은 동지애로써 서로 이해하고 서로 아끼기 위해 “자기의 지나온 길”이란 프로그램을 넣어 모두가 원하는 대로 자기 소개의 시간을 갖기로 했다. 명장로님의 성경 강좌와 나의 역사 강의 그리고 다른 분들의 전공 분야들은 어쩌면 다른 동지들에게 그림의 떡같이 실감나지 않는 이야기일 수 있다. 또한 그러한 말들은 자기들에게 별로 이해가 되지 않은 데서 오는 위화감 같은 것이 생길 것 같아 그것을 없애기 위해 대부분 밑바닥 생활을 해온 자신들의 지나온 처절한 삶을 이야기하는 시간이 훨씬 실감날 수 있으리라 여겨졌다.

먼저 김영철씨의 인생 경험은 그의 처절한 투쟁의 역사요, 진실한 삶에 이르기 위한 산 역사였다. 그는 고등학교를 나온 후 서울에 가서 이것저것 하다가 신문 배달을 하게 되었는데 그것 역시 배달부를 착취하는 것이어서 총무와 피투성이가 되는 투쟁을 통해 그 근성을 뿌리뽑아 주었다. 그리고, 광주에 내려와서 광천동 아파트에 살면서 청소 운동을 벌렸었는데 모두가 조소하고 꿈꾸는 사나이로 손가락질했다.

그러나 박관현 등이 협조하여 훌륭한 성과를 거둔 결과, 냄새나고 어두컴컴한 광천동 아파트가 살기 좋은 곳이 되어 셋돈이 많이 올라갔다는 이야기며 그곳에서 어린 아이들을 중심으로 신용협동조합운동을 편 결과 많은 오해와 사기꾼이란 누명도 뒤집어썼다. 그러나 그것을 이기고 참아나가 지금은 수 천 만원 자산의 신협이 되었으며 사회봉사활동으로 들불야학을 해주고 있다는 내용의 이야기를 들었다. 나는 우리가 모르는 속에서 이 나라와 이 겨레, 이 역사를 위해 일하는 거룩한 모습을 이곳에서 발견할 수 있음을 감사하게 생각했다.

다음으로 이양현 노동 운동자의 체험담이다. 그는 전남대 사학과 1학년에 다닐 때부터 학생운동에 관련되어 퇴학을 당한 후 노동자 세계에 뛰어들었다 한다. 그러나 그것은 먹고살기 위한 수단도 되지만 수많은 노동자들이 자본주의의 수탈 속에서 아무 소리도 못하고 아무 것도 모르는 채 짓밟히는 것을 막아보자는 노동 운동의 목적이 더 컸다고 한다. 그는 가는 곳마다 노동자의 권익과 기본권 확보에 앞장서는 활동을 하여 자본주와 큰 마찰을 빚곤 했는데, 서울 청계천 상가에서 분신자살한 전태일 선배의 뜻을 잇는다는 기분으로 상가의 노동자들을 조직화하는 일을 했다.

그리고 그의 배우자는 모공장의 여직공으로 노동 조직에 관여되어 두 사람이 수배를 받고 한동안 피신했다 한다. 그는 광주 광천동 공장 등에 이름을 바꾸어 취직을 했다가 경찰과 기업가들이 어떻게 본색을 알고 해고 조치를 하는 통에 한동안 어려움이 많았으나 이제는 노동운동에 자신을 가졌다고 말했다. 나는 그가 평소에 말 한마디 없이 이 생활을 감내하고 있는 본받을만한 동지요 후학이며 그가 특히 사학과를 중퇴했다는데 나도 자부심을 느꼈다.

세 번째로는 윤순호군이다. 그는 허리가 좀 굽어 꽃쓰는 형편인데 들불야학의 생도로 공장에 다니면서 착실하게 자신을 일깨우는 공부를 해서 이번에도 윤상원군을 도와 큰 일을 성실하게 치렀다고 한다. 그는 몸이 불구인데다가 가난하여 공부도 제대로 못했지만, 성실하고 자신에 부끄럽지 않은 그의 평소의 생활과 이번의 활동으로 퍽 믿음직스럽게 보인다.

특히 소대 내에서 모범적이고 헌신적인 봉사활동을 통해서 더욱 그의 처지가 돋보이는 것으로 보아 사람이 많이 배우고 사회적 지위가 높다고 반드시 훌륭한 삶을 산다고 볼 수 없음을 새삼스럽게 느끼게 했다. 그는 광주항쟁 시 윤상원, 전용호, 나명관, 박용준, 김성섭, 김경국 등과 같이 투사회보를 발행하여 잡혀 온 동지다.

그 다음으로 광주항쟁 시 상황실장을 한 박남선씨의 지나온 길에 대한 소개다. 그는 그의 지나온 생활이 자랑할만한 것보다 죄스러움이 많았다고 전제하고 특히 서울에서의 복덕방 생활은 많은 죄를 지은 것 같다고 말했다. 그는 그의 어두웠던 지난날을 속죄하는 기분으로 살아오면서 광주항쟁 시 부끄럽거나 후회스러운 일을 해보지 않은 것이 큰 자랑이며 그것을 통해서 자신의 인생을 다시 출발하겠다는 비장한 각오다.

그의 말 가운데 이번에 가장 괴로웠던 것은 자기에게 심한 구타와 고문을 가해 북괴의 간첩으로 몰려는 것이었다면서 한 몸의 죽음을 각오하고 굴복하지 않았다는 것이다. 그 이유는 자기가 북괴의 간첩이 되어버리면 광주항쟁의 성격이 민주시민혁명이 아니라 북괴의 사주를 받은 책동이 되기 때문이었다고 하면서 자기에게 유별난 유혹도 있었으나 끝까지 굽히지 않고 광주 시민을 지켰다고 한다.

다음 화순의 조씨 인생담이다. 그는 형제간에 고아원에서 자라 구두닦이와 버스 정류장 부근의 심부름으로 어렵게 살다가 착실함을 인정받아 화순 정류소에서 버스의 시발(始發)을 맡아보고 있으며 자기를 따라와 살고 있는 아내와 갓난아이가 보고 싶고 배가 고파서 못살겠다는 하소연이다. 그의 인생담은 울음이 절반 섞인 목소리로 애절하기 짝이 없었고, 저러한 사람을 붙잡아다 왜 괴롭히는지 군당국자들이 원망스럽기만 하다. 그러나 분명 조씨에게 이러한 괴로움도 새 인생을 사는데 밑거름이 될 것이니 어려운 일을 당할 때는 이때를 회상하면서 이겨가라고 타일러 주었다.

마지막으로 서울에서 옷장사를 했다는 모군의 이야기인데 그의 말을 빌리면 옷장사란 투기성이 강한 것이며 옷의 원가는 참 싸다고 한다.

모두 각양각색의 다른 인생들이 털어놓은 인생담은 우리에게는 색다른 것이었고 안일하게 살아온 우리에게는 중요한 교훈을 담아주고 있다. 이 사회는 언제나 불평 없고 위화감 없는 평등한 사회, 상호이해와 신뢰 속에서 서로 존경하고 축복하는 사회가 될 수 있을는지 모르겠다. 이 사회의 밑바닥에서 자신을 불태우며 꿋꿋하게 살아가는 거룩한 분들의 피땀이 헛되지 않도록 그들에게 하느님의 사랑과 은총이 내려주시길 빌 뿐이다.

■ 잔인한 탄압

이번 군사집권자들처럼 철저하고 잔인하게 대학을 짓밟은 일도 드문 것 같다. 지난 번 보안대에서 훈방된 다섯 분 교수들은 사표를 강요당했고 사표를 강요당하지 않은 사람들도 여러 가지로 신분을 제한한다고 한다. 우리는 재판이 계류 중이라 해서 직위해제를 시켜놓고 있으며 7월 1일부로 나와 박준규 교수가 승진하게 되었는데 그것이 기각되어버렸다 한다.

군인들이란 생각이 단순하고 흑백논리로 훈련된 사람들이기에 나 아니면 적으로 생각하여 철저하고 잔인하게 응징하려는 것 같다. 일찍이 18년간의 독재와 유신이란 굴레까지 씌운 박정희씨도 안 한 일을 서슴없이 쾌도난마처럼 해낼 수 있는 것은 추진력이 좋다는 증거일까? 그만큼 불안과 초조감에서 저지른 야만적 행위일까? 그렇지 않으면 발본색원하여 모범을 보이자는 작진일까? 하여튼 무부(武夫)들의 만용에 아연실색할 노릇이다.

군과 대학이 그렇게 적대적일까? 군이 국가의 간성으로 155마일의 휴전선을 경계로 북한을 지키는 막중한 책임이 있음을 대학이 부정하거나 방해한 일이 전혀 없으며, 신성한 국토방위의 본연의 임무를 성실하게 수행하는 자세를 높이 찬양한다. 그리하여 후방에서는 그렇게 값비싼 대가를 치르고 지키는 자유를 내실화시키기 위해 우리는 강의실과 자치활동을 통해서 잘못된 현실을 비판하고 반성한다.

그러므로 군과 대학은 이 나라, 이 역사를 발전시킨다는 면에서 수레의 두 바퀴처럼 보조를 맞추어 조국과 민족에 봉사하고 있음이 틀림없다. 그런데 군인들이 본연의 임무보다 정권에 집착하여 엉뚱한 짓을 하기에 그것이 잘못되었으니 원상대로 돌아가기를 갈구하고 충고하는 우리들의 충정을 자기들의 방해세력으로 단정하고 이렇게 혹독하고 잔인하게 짓밟아야 하는가.

우리는 유신정권 때에 수많은 자유인을 짓밟고 탄압한 위정자들이 그 뒷처리에 골머리를 앓고 있는 것을 보았다. 지성의 상아탑이고 이 나라의 양심을 이끈다는 대학과 대학교수를 총칼로 짓밟고 짓눌러버리면 그만인 것인가. 군이 국가와 민족 그리고 역사를 지키는 대외적 역할을 감당하였다면 그보다 훨씬 중요한 내실화로 진정한 진리를 탐구하고 역사 발전의 원동력을 길러 이 나라의 앞날을 보람차고 찬란하게 이끌고 나갈 책임은 대학에 있는 것이다. 그러므로 우리는 현실을 비판하고 자유로운 사고를 통해서 앞날을 이끌 윤리와 지성을 도야하고 있는 것이다. 이것이 어떻게 사회질서를 어지럽히고 국가발전을 해치며 이적행위에 해당된다는 말인가

나는 늦게서야 대학에 들어와 나 같은 이가 교수라는 어렵고 중요한 자리를 더럽히는 것 같아 항상 마음 조리고 열심히 공부하고 깊은 생각을 하면서 부족한 만큼 최선을 다해보려고 했다. 그러기에 다른 교수들이 싫어하고 꺼리는 서클도 지도하여 그들을 순화시키고 그들의 활동을 자유롭게 하며 그들에게 밀어닥치는 외적 풍랑을 막아주는 방파제 노릇을 해보겠다고 다짐하고 그러한 길을 지키면서 갖은 어려움을 많이 겪었다. 어떤 때는 나의 이 노력과 고충이 그렇게 믿고 의지하던 탈반 써클의 학생들에게까지 오해를 받아 규탄의 대상이 되기도 했으며 당국자의 심한 간섭과 압력을 받아 당황하고 곤혹스러운 일이 많았다.

그러다가 10·26을 맞은 나는 누구보다도 이를 환영했고 역사를 공부하는 나의 생각으로는 이것이 진즉 올 것, 당연한 것이 늦게나마 온 것이라 생각했다. 우리는 지난날의 귀중한 교훈을 살리면서 점차적으로 내실을 다져 가며 어려움을 극복해야 된다는 생각으로 글도 발표했고 학생들을 설득하기도 했다.

이 나라 발전을 위한 중요한 기회를 놓치지 않아야 한다고 안타까워했으나 목소리만 커도 싸움이 일어난 줄 알고, 즐거워 부둥켜안고 우는

울음소리를 사람이 죽은 줄로 착각하는 군인들의 음흉한 생각은 달랐다. 자기들의 집권을 위해 민주 회복의 기회를 빼앗아 가는 듯하여 그것을 저지하기 위해 나는 모든 것을 각오하고 괴롭고 아픈 짐(시국선언문 기초)을 지기로 하였다.

그러나 무부들이 그렇게 잔인하고 혹독할 줄은 생각 못 했더니 잔인한 핍박에 당황하지 않을 수 없었다. 그리고 3년 넘게 전임강사 생활을 해서 얻은 승진의 기회마저 박탈당하고 나니 나는 전임강사 생활을 면치 못 하는가보다 하는 절망이 앞을 가렸다. 세상 사람들은 권위를 좋아하고, 사회규범은 상하구별을 좋아하며 격식화하기 좋아한다. 전임강사나 조교수가 똑같이 대학 강단에서 대학생을 지도하고 학문을 연구하는 교수인 것만은 틀림없는데 일반사람들이 생각하기는 강사와 교수라는 큰 차이로 받아들인다.

나는 언제인가 의예과 학생들에게 한국사를 강의했는데 끝마치는 종강의를 하는 중에 제법 격조높은 말을 했다. 이 때 한 학생이 교수님은 그러한 생각과 각오로 교단에 언제까지 서실 생각이냐고 물어왔다. 그의 말은 그런 말씀과 강의를 하고서도 교수직에서 견딜 수 있느냐를 묻고 있는 것이다. 나는 교수직을 그만두는 것은 자의와 타의의 두 가지가 있는데 그렇게 미련을 갖고 싶은 마음은 없다고 생각하나, 5, 6년 정도 했으면 원이 없겠고 여건이 허락되고 분위기가 보장되면 평생에 이렇게 보람된 직장이 또 있겠느냐고 대답한 일이 있다.

그런데 전임강사를 못 면한 채 3년여에 교수직을 그만두다니 아무리 해도 저들의 처사가 가혹하고 잔인한 생각이 들어 섭섭함이 분노로 바뀌어진다. 그러나 겨우 마음을 안정시킬 수 있었던 것은 내가 그래보았자 내 몸만 해롭다는 현실적 계산도 강했다. 하지만 그것보다도 내 인생이 이것으로 끝날 것도 아닌 바에야 2보 전진을 위한 1보 후퇴의 교훈으로 생각하고 이 어려움을 극복하면서 건강하고 꿋꿋하게 살아야겠다고 다짐할 수 있었기 때문이었다.

■ 배신자의 당황 (독침사건 장계○군의 경우)

광주항쟁에서 독침사건에 대해 모르는 사람이 거의 없으며 그 일은 전 세계적으로 떠들썩한 사건이다. 그것은 충격을 줄 수밖에 없었으니 독침이란 간첩들이 이용하는 흉기로 너무나 잘 선전이 되어 광주항쟁의 총본부에서 독침을 맞은 사건이 일어났다면 공산간첩이 스며들었으며 광주항쟁의 성격 자체가 어떻게 규정지어져야 할는지 모르는 중대한 일이기 때문이다.

사실 광주항쟁을 지켜보는 광주 시민 그리고 전 국민은 경악을 금치 못했고 광주항쟁을 수습하고 있는 당사자들을 몹시도 당황하게 한 조작의 촌극이 독침사건인 것이다. 이것은 광주항쟁의 성격을 묘하게 유도하려는 측의 사주를 받아서 일으킨 소란이므로 당사자는 그 후 행방을 감추었고 그 진상의 철저한 규명으로 긴장과 불안은 해소될 수 있었던 사건이다.

그런데 독침사건의 장본인을 이곳에서 만났으니 그가 바로 장계○이란 사람이다. 당시에 도청에서 일을 맡았던 동지들의 말을 종합하면 다음과 같다. 장계○은 아버지가 전직 경찰이고 본인은 술장사를 하는 사람인데 아버지를 인연으로 하여 군 기관과 접촉이 되어 광주항쟁을 흔들어 버리려는 계획을 가지고 도청에 접근하기 시작했다. 처음에는 자칭 수습위원으로 활약한 장동○의 비서로 활동했다. 다음에는 수습위원장 김창길에게 접근하여 자기가 거느리는 동료들이 있으니 무기고를 책임 경비하겠다고 제의하였으나 그 신상을 의심한 김군이 거절했다 한다.

그런데 장계○은 자칭 정보부장이라 말하면서 도청을 출입했는데 그곳에서 이 사람 저 사람의 신상을 파악한 후 친구를 시켜 자기의 등에다 볼펜을 찌르라고 해놓고 독침이다 라고 소리를 지르고 난 후 친구 등에 업혀 대학병원으로 옮겨갔다가 행적을 감추어 버렸다는 것이다. 그런데 광주항쟁이 진압되던 날 모두 보안대로 끌려갔는데 그곳에서 번쩍이는 구두에다 담배를 피우면서 신사복을 입고 선글라스를 쓴 젊은 자가 초죽음이 되어 있는 동지들을 일일이 지적하면서 그 신상을 밝혀 도청에서의 역할과 활동이 전부 드러났다는 것이다.

그런데 이상하게도 장계○은 석방되지 않고 수감되어 동지들은 모두 그를 죽이고 싶었지만 이곳에서도 특수임무를 띄우고 있는 것으로 생각하여 간혹 주먹 세례나 가하였을 뿐 어쩔 수 없었다고 한다. 그러나 모두 죽여야 한다고 이를 갈았으며 출감 후에 기어이 복수하겠다고 벼르는 사람이 있는가 하면 이제는 면전에서 배신자이므로 너는 영원히 저주받을 것이라고 악담을 하여 당사자는 물론 주위를 당혹하게 하였다.

그런데 그렇게 얼굴 가죽이 두꺼운지 또는 모자라서 그런지 혹은 특수임무 때문인지 곧잘 우리들 대화에 끼어들지만, 모두 징그럽게 생각하고 노골적으로 꺼지라고 밀어낸다. 또한 그는 명교수나 나에게 접근하면서 인사도 극진하게 하는데 나에게는 공대를 나와서 나의 강의를 들었다고 하기도 해서 주위에 그런 사실이 있느냐고 물었더니 동지들은 그가 동신고를 몇 년 전에 나온 거짓말쟁이며 사기꾼이라고 대놓고 욕을 한다.

그는 7소대에서 묻혀 살다가 뜻한 바가 있었던지 우리 6소대에 들어와 여러 사람에게 학대와 모멸을 받고 심지어는 사회에 가서 내가 너에게 복수해주겠다는 으름장 속에 며칠을 견디다가 다시 7소대로 돌아가더니 교도소 이감 때에 자취를 감추었다.

나는 장계○에 대해서 곰곰이 생각해 보았다. 그가 정말로 군 기관의 첩자인가. 그래서 끝까지 이곳의 동정을 살피는 임무로 들어와 있는지 혹은 그의 넋두리처럼 그도 배신을 당해 이용만 당하고 수감자의 신세가 되었는지 알쏭달쏭하기만 하다. 그렇게 엄청난 독침사건의 장본인이었고 동지들을 손가락질해서 죽음의 도가니로 몰아넣은 장본인이 어떻게 우리와 같이 수감자로 전락해야하는지 정말 의심 투성이다. 흔히들 이야기하는 것처럼 죽도록 이용만 해먹고 자기들이 이용하지 않았다는 것을 과시하기 위해 희생양으로 이곳에 버려두는 것인지 알 수 없는 일이다.

다만 그가 어떤 사람이고 그의 역할이 무엇이었든지 간에 그러한 엄청난 일을 저질러 놓고 저렇게 뻔뻔스럽게 굴 수 있으며 그를 둘러싼 증오와 분노가 그를 노려보고 있지만 그가 건재한 것으로 보아 이곳 사람들도 어지간히 수양을 쌓은 사람들이란 것을 느꼈다. 비록 그에게 현재 어떠한 응징이나 보복이 없다 하더라도 광주항쟁과 독침사건의 장본인인 장계○은 잊혀질 수 없는 것이며 언젠가 가닥을 칠 날이 있겠지 하고 마음을 정리해 보았다.

또한 그는 자칭 정보부 부장이라 하면서 상당한 힘을 과시한 것 같았고, 그 밑에서 신만식 군은 정보부원 노릇을 하면서 그를 신주처럼 받들었으며 그는 곧잘 장동○를 앞세웠기에 광주항쟁 시 꼴불견 쓰리장(세 사람의 장)이란 별명이 붙기도 했다 한다.

장동○는 10대 국회의원 선거에서 낙선한 사람인데 광주항쟁이 벌어지자 자기가 무슨 명사나 되는 듯이 자칭 수습위원으로 날뛰었다. 그의 밑에서 장계○ 같은 놈이 활약하였고 또 한 사람은 장세○목사라는 사람으로 그도 역시 많은 여운을 남기면서 목회자의 탈을 쓰고 못된 행각을 벌였기에 광주를 욕보인 세 사람의 장씨란 이름으로 소문이 났다.

사실 어려운 일을 한번 당하고 나면 많은 체험들이 쌓이고 또 그것을 경험삼고 거울삼아 발전하는 것이지만 이번 광주항쟁에서 배신자 장계○이 주는 교훈은 매우 컸다. 그것은 그가 한 일이 엄청난 일이었기 때문인 점도 있겠지만 그의 철면피하고 가증스러운 소행과 얼굴빛 속에서 더욱 그를 모멸하게 했다. 사람이 좋은 일을 하고 남을 위해서 살기는 어렵지만 사람으로 태어나 인간의 본심을 저버리고 남을 괴롭히고 남을 죽음의 구덩이에 빠뜨리는 행위는 도저히 용납하기 어렵고 저주받아야 마땅한 일이다. 그가 한 행위와 품은 마음도 뒷날 광주항쟁에 대한 역사적 평가가 내려지는 날 엄격하고 냉정하게 가려져야 할 일 가운데 하나로 생각되는 것이다.

■ 소위 강·온 양파의 감정대립

광주항쟁을 수습하기 위해 구성된 광주항쟁수습대책위원회는 흔히들 강경파와 온건파가 있다고 이야기한다. 그러니까 21일 도청에 들어가서 바로 조직한 김창길, 허규정, 김종배, 정해민, 황금선 등이 중심이 되어 조직한 수습위원회는 광주항쟁을 이미 벌어진 상태에서 상처를 적게 해 빨리 수습하자고 주장하였다. 이 수습위원회는 전남대학생 김창길(농대생)이 위원장을 맡았고 빨리 타결을 하자는 편이었기에 어른들로 구성된 시민대표들이 군 당국과 몇 차례의 접촉을 가지고 대화한 것을 긍정적으로 받아들였고 또 이 사태를 작전으로 취급하는 군 당국의 요구가 더 많아져도 어쩔 수 없다고 생각하는 쪽이 온건파이다.

반면에 소위 강경파라는 쪽은 김종배를 위원장에 허규정, 정상용을 부위원장으로 하여 박남선(상황실장), 윤석루(나석대상), 윤상원, 윤상옥, 김영철, 정해민, 이양현 등이 주축이 되어 25일부터인가 임무를 맡은 사람들이다. 이들은 군 당국과 협상을 하더라도 명분 있는 협상을 통해서 광주 시민의 입장을 부각시켜야 한다는 주장을 했던 사람들인 것 같다. 나는 광주항쟁 기간 중 피난을 다닌 처지여서 그 내막이 어떻게 돌아갔는지는 자세히 모르나, 수습을 하여 광주 시민을 안정시키는데 어떤 대책이 더 설득력있고 타당한 주장이었느냐의 차이에서 온 것 같다.

이들에 대해서 군 당국자들은 온건파가 자기들의 방침에 순응했다하여 관대하게 다스리려는 경향인 것 같고 강경파라는 쪽은 내란으로 몰고 가는 저의가 있었으니 철저하게 다스리려는 방향인 것 같다. 그러나 그들을 어떻게 다스리느냐 하는 것은 군 당국의 손에 달린 일이고 이곳 감방에서 상호간의 감정 대립과 오해가 뒤범벅이 되어 있는 것 같아 여간 마음이 언짢고 가슴 아팠다.

다같이 광주항쟁의 수습을 위해 몸과 마음을 내던지고 나섰던 사람들이 서로 의심하고 불신하여 감정대립을 일으키는 것은 온당치 못한 것 같아, 나와 명선생은 그 무마를 위해서 상당히 노력했다. 그런데 소위 강경파 쪽에서는 온건파 김창길 위원장을 필두로 하는 사람들이 군 당국과 야합하여 이중행동을 취했고 그 결과 광주항쟁이 아무런 결실도 없이 수많은 상처만 남겨버렸다는 주장이다. 이에 대해 온건파 쪽에서는 노골적인 불만은 못하지만 강경파들이 반대하지 않았다면 광주항쟁을 타협을 통해 수습함으로 군 당국의 보복을 받지 않았을 것이라고 주장하면서 강경파들이 명분 있는 주장을 내세워 한 일이 무엇이냐고 반격을 가한다.

나는 강경파와 온건파의 문제가 다분히 불신풍조의 만연 속에서 서로를 불신하기 때문에 갈등이 심화된 것 같다고 생각했다. 좋게 보면 당위론과 현실론의 차로서 어떤 것이 실제로 더 큰 이익을 가져왔느냐 혹은 명분 있는 타협을 해야 할 것이냐는 상황인식의 차라고 볼 수도 있다. 일찍이 우리는 병자호란을 당해서 강경파인 김상헌이나 삼학사(三學士 : 청에 끝까지 반항한 사람들)가 있었는가 하면 온건파인 최명길이 있어 그들의 대립이 심각했었다. 그런데 그들은 서로의 입장을 비판했지만 양편 다 나라를 사랑하는 마음은 같았고 또 온건파인 최명길도 드디어는 청나라에 압송되어 곤혹을 겪은 역사가 있다.

나는 이 단계에서 가장 중요한 것은 서로의 불신을 해소하는 것이라 지적했다. 광주항쟁과 군 당국을 보는 견해의 차라 한다면 충분히 서로의 입장이 이해가 간다. 내가 그 입장에 섰더라도 실리를 내세우는 현실론이 설득력이 있었고, 비겁한 타협보다는 뜻 있는 죽음이 낫다는 생각을 가졌을 때는 강경파 쪽인 명분론이 더 긍정적인 것이다.

그러니 서로가 서로를 불신하고 오해하지 말고 서로의 시각차이로 생각하고 이후부터는 화기애애한 사이가 되어야 한다고 강조했다. 그래야 광주 시민을 위하여 자신을 버렸던 그 당시의 지도자들이 뒷날 더 의연해지고 존경받을 수 있는 것이다. 그런데 여기서 한 가지 전제되어야할 일이 있다면 온건파가 군 당국에 자신들을 내맡기고 또 광주 시민과 수습팀을 배신했다면 문제는 다른 것이다.

그런 일은 결코 있을 수 없고 있어서도 안 되는 일이며, 지금 저들도 똑같이 수감되어 고통을 겪고 있는 입장을 보면 그러한 오해가 기우란 것이 증명되었지 않겠는가. 그러니 이제부터는 제발 서로 반목 갈등하지 말고 지도자의 품위를 지키기를 바란다고 당부했다. 그리고 지금 판결을 앞둔 이 시점에서 온건파는 소위 강경파였던 사람들에게 조금이라도 누가 되는 소리나 증거를 제시하지 않아야 될 것이며 그들의 심정을 건드리는 표정이나 말을 하지 않도록 각별히 조심해야 될 줄 안다고 주의시켰다. 그도 그럴 것은 상당히 심각한 판결이 각본에 의해서 내려질 것이라고 유포되는 것으로 보아 자칫 잘못하다가는 큰 변이 일어날 가능성이 있기 때문이다.

실로 나라를 생각하고 광주 시민을 생각해서 몸을 바치고, 총칼을 무섭다고 생각 안하며 일을 처리하겠다고 뛰어든 그들의 용기와 넘치는 인간애에 대해 모두 존경받고 칭찬받아 마땅한 사람들이다. 그들은 그들의 용기와 사랑으로 광주항쟁이 이 역사에 길이 빛나는 것과 같이 그들의 역할이 보람 있게 평가되고 남을 것이라고 나는 역설하였다.

이 어려운 때를 당하여 우리 모두 같이 광주항쟁에 목숨을 잃는 분들의 입장을 생각하면 작은 일에서의 대립과 갈등을 불식해버리고 좀더 의연하고 화기가 넘치는 인간관계가 필요하다고 나는 강조했다. 그 후 강·온의 대립은 사라져 법정에서 온건파는 강경파를 옹호하는 내용을 주장하여 따뜻한 인정을 나누었다 하니 우리 광주항쟁 관련자나 광주 시민의 입장에서 지극히 다행한 일이라 아니할 수 없다.

■ 열띤 토론 1 (로마서 13장)

이곳 동지들은 모두 성경에 대해서 친밀감을 가지고 읽고 또 읽어 어지간히 통달해진 셈이다. 그도 그럴 것이 약한 처지요 고통을 겪는 입장에서는 무엇인가 의지하고 싶은 심정이 강하게 작용하는 점도 있겠지만 명노근 장로님의 성경말씀 시간에 많은 감화를 받아서이고 또, 다른 책을 구독할 수 없기 때문에 자연히 성경책만을 상대하게 되어 있다. 여러 종류의 성경책과 원서까지 동원하여 문맥이 이상한 곳 내용에 의문이 있는 것은 서로 묻고 또 명장로님의 유권적인 해석에 의지하곤 하여 어떤 대목은 번역이 아주 잘못된 곳도 있으며 어떤 구절은 본뜻과 달리 인용되는 수도 있음을 많이 찾아냈다.

그런데 우리에게 흔히 침묵을 강요하는 집권자의 편에서 애용하는 성경구절로 로마서 13장이 있다. 그러나 그 전문을 음미해 보면 그러한 내용이 아닌 것을 확실히 알 수 있으니 우선 그 전문을 보자.

> 사람은 누구나 다 위에 있는 권세에 복종해야 합니다. 모든 권세는 하나님께로부터 온 것이며 이미 있는 권세들도 하느님께서 세워주신 것이기 때문입니다. 그러므로 권세를 거스르는 그 사람은 하나님이 정한 것을 거스르는 것이며 따라서 거스르는 그 사람은 자기에게 내릴 심판을 각오해야합니다. 선한 일을 행하는 사람들에게는 통치자가 두려울 것이 없고 악을 행하는 자에게만 두려움이 됩니다. 당신이 집권자를 두려워하지 않으려거든 선을 행하시오. 그러나 당신이 악한 일을 행하면 두려워 할 수밖에 없습니다.
>
> 그는 공연히 칼을 차고 있는 것이 아닙니다. 그는 하느님의 일군으로서 악을 행하는 자에게 하느님의 진노를 집행하는 사람입니다. 그러므로 다만 진노를 두려워해서만이 아니라 또한 양심을 위해서도 복종해야 합니다. 여러분이 세금 바치는 것도 같은 이유에서입니다. 그들은 하느님을 섬기는 자들로서 이 한 가지

임무에만 종사하고 있습니다. 그러므로 여러분은 그들에게 여러분의 의무를 다 해야 합니다. 조공을 바쳐야할 자에게는 조공을 바치고 세금을 바쳐야할 자에게는 세금을 바치고 두려워할 자를 두려워하고 존경할 자는 존경해야 합니다.(평이한 문장으로 고쳤기에 원문에 충실하지 못함을 용서바람)

또한 비슷한 내용으로 디도에게 보낸 편지 3장 1절에서 "그대는 그들을 다시 일깨워 지배자들과 권세잡은 자들에게 복종하고 순종하게 하며 모든 선한 일을 할만한 준비를 갖추도록 하시오"라고 말씀하고 있다.

이러한 성경의 구절이 토의의 주제가 된 것은 김판금 집사님의 성경말씀 시간에 이 내용을 인용했기 때문인데 이곳의 동지들이 거기에 반론을 제기 한 데서부터 시작된 것이다. 또한 이 내용은 일찍이 김종필씨도 인용하여 자기들의 정권을 옹호하려 했고 또 권세자들에게 아첨하고 추종하는 교역자나 신앙인들이 자기들의 입장을 합리화하는 구절로 자주 애용하였다.

그런데 우선 이 내용은 전체적으로 음미해서 파악해 볼 필요가 있는 것이다. 첫째, 우리가 권세에 복종해야 되는 이유는 그 권세가 하느님으로부터 왔고 하느님이 세워주신 것 때문이라 전제했다. 그렇다면 전지전능하신 하느님이 귀여운 자녀에게 복종의 대상으로 세우신 권세가 불의와 부정의 권세이며 옳은 자를 탄압하고 사리사욕에 눈이 어두워 총칼을 휘두르는 집권자일 것이냐가 문제인 것이다.

둘째, 바로 하느님이 인정하고 세우신 권세는 하느님을 대신할 수 있는 능력과 권능을 가진 자이기에 우리들 중에 선한 일을 행하는 사람에게는 통치자가 두려울 것이 없고 악을 행하는 자에게만 두려움이 된다고 부연 설명하고 있는 것이다. 또한 그러한 경고나 주장은 계속되고 있으니 권세자는 공연히 칼을 차고 있는 것이 아니다. 그는 하느님의 일꾼으로서 악을 행하는 자에게 하느님의 진노를 집행하는 사람이라고 말씀하고 있다.

이러한 천명(天命)사상은 양의 동서를 막론하고 공통적이었으니 동양에서도 천명은 천자(天子)를 통해서 지상의 백성들에게 집행되는데, 천명은 세속적으로 인정된 기왕의 천자에게 고정된 것이 아니라 유덕자(有德者)에게 옮겨가는 것으로 보았다. 하늘은 항상 백성의 마음들을 보살피고 있어 부덕한 권세자가 백성을 괴롭힐 때는 먼저 재앙으로 경고하고 그래도 반성과 개전의 정이 없을 때는 천명이 다른 곳으로 옮겨간다는 것이다.

『맹자(孟子)』에서 제자들이 맹자에게 묻기를 일찍이 탕(湯)이 신하로서 걸(傑)임금을 방(放)하고 주(周) 무왕(武王)이 주(紂)임금을 벌(伐)했다는 사실을 알고 계십니까? 하고 물었다. 그러자 맹자는 나는 탕과 무왕이 사람인 걸과 주를 방벌했다는 말은 들었어도 신하가 임금을 방벌(放伐)했다는 이야기를 들은 일이 없다고 대답했다 한다. 그것은 바로 걸과 주가 천명을 잃었기 때문에 천자가 아니라 하나의 평범한 사람에 지나지 않는다는 말이다.

그러므로 로마서에서 말하는 권세자는 하늘이 지상의 속세를 다스릴 수 있는 능력과 권능을 주었던 것이지 포악하고 탄압하며 살인하고 약탈하며 유린하는 독재정권의 집권자 전부를 가리킨 것이 아님은 너무도 명백한 것이다.

그런데 요사이 집권자들은 그들의 속성에서 그렇다 치더라도 소위 일부의 성직자나 혹신한 신앙인들이 무엇 때문에 그렇게 세속적인 권력과 야합하려는지 도저히 이해가 가지 않는다. 그들이 권세를 탐하였으면 정계에 투신하든지 그렇지 않으면 육군사관학교로 갈 일이지 왜 신학교에 갔으며 또 그들이 부를 그렇게 탐하였다면 사업가가 되든지 브로커가 될 일이지 왜 성직자가 되어 가지고 권세에 아부하고 재물을 탐내는지 모를 일이다. 성경의 말씀이나 진리를 앵무새처럼 줄줄 외우고 경건하며 엄숙한 채 하면서 왜 그렇게 속물근성을 버리지 못하는지 답답하기만 하다.

그들은 정말로 하느님의 말씀을 잘못 이해하고 있을까. 그럴 리가 없다. 성직에 몸을 담그고 그 말씀을 전파하기로 생을 바친 분들이 그것을 몰라서 그럴 리가 없다. 그렇다면 또 다른 딱한 사정들이 있는지 모르겠지만 이 세상을 구원하고 진리를 전파하며 참사랑의 길을 인도해야 할 사람들이 권세에 아부하고 부를 탐내면서 빈둥거리는 모습은 아무리 선의로 해석하고 관용으로 대하려 해도 용서받을 수 없을 것 같다.

또한 솔직하게 하느님 말씀은 이렇지만 현실은 그렇지 못해 양심을 굽히고 타협하지 않을 수 없다고 고백한다면 모르지만 로마서 13장이 어떻고 우리는 부지런히 돈을 모아 교회를 많이 짓고 복음을 전파하며 세상 사람들을 하느님의 식구로 맞아들이면 세상이 저절로 좋은 세상이 된다는 궤변을 지껄인다. 또한 부지런히 돈을 모아 외국에 선교사를 파견하여 세계 시민을 하느님의 구속자로 만들어 세계 평화에 이바지하고 동시에 국위를 선양한다고 기염을 토하는 데는 아연실색할 뿐이다.

자기 몸과 마음을 깨끗하게 가지지 못하고 올바르게 행동하지 못하면서 권세와 타협하고 재물을 탐하여 호의호식하고 육체적 평안을 누리면서 여기에 논리적 위안까지 얻으려는 궤변은 도저히 용서받지 못할 것 같다.

요사이 서울의 영락교회나 여의도의 순복음교회는 신도수가 수 십만 명이고 교회의 건물이 세계적으로 웅대하며 헌금이 1주에 몇 억씩 쏟아져 들어온다고 한다. 이 고장 광주에도 그런 비슷한 교회가 있으며 많은 성직자들과 신도들이 그것을 부러워하고 그것을 추종하려 하고 있다. 교회가 하느님의 말씀을 전하고 실천하는 도장이 되어야할 영적인 신성한 장소라는 것을 부정할 사람은 아무도 없다. 그렇다면 그 건물이 크고 화려해야 하며 신도수가 많아야 하고 헌금이 많이 걷히어야 하는 것이 교회의 진가를 측정하는 척도가 될 수 없음은 너무도 분명한 것이다.

이 사회는 불신의 사회요 허깨비의 사회라고 하는데 바로 그러한 것은 외형과 내실이 부합되지 않은 데서 오는 것으로 그것을 불식하고 사회를 보다 정의롭고 사랑스럽게 이끌어야 할 것이다. 그럼에도 불구하고 교회가 더 요사스럽고 더 소란스럽게 앞장을 서니 사랑의 종소리가 또 다른 속임수로 불러들이는 소음으로 여겨지는 것도 과언이 아닌 이 사회, 이 현실을 교회와 성직자는 끝까지 외면할 것인가.

■ 열띤 토론 2 (악법도 법이다)

이 말은 주지하다시피 그리스의 성인 소크라테스가 사형 언도를 받고 탈옥을 권유한 측근에게 독배를 마시고 일생을 마치며 남긴 말이다. 그리고 정권과 법률을 손에 쥔 사람들이 그들을 반대하는 사람들에게 애용하는 구절이기에 이 문제에 대해서 같이 생각해보기로 하여 제의한 것이다. 마침 정치학 박사요 정치사를 전공한 김홍명 박사, 정치학과 이광우 교수도 계시고 하여 진지하게 이 문제를 다루어 보자는 것이다.

그런데 사람들은 항상 자기들 중심으로 모든 것을 보고 모든 것을 생각하며 판단한다. 그러기에 보는 사람의 입장에 따라서 제각기 다른 해석이 나오는 것은 그럴만한 이유가 있다고 보나 그것은 피상적으로 사물을 보고 진실에 대한 애착과 집념이 적기 때문에 그러한 현상이 야기되기 쉬운 것 같다.

먼저 김박사로부터 소크라테스를 처형한 당시 아테네의 상황을 들어보기로 했다. 김박사 말에 의하면 당시의 아테네는 여러 형태의 독재정치를 체험하고 나서 민주주의에 대한 사랑과 집념이 강하게 작용되어 행여나 민주정치를 깨뜨리는 음모가 있을까봐 시민 모두가 주의를 집중시키고 있었다. 소크라테스는 아테네에서 태어났고 그곳에서 자랐으며 70 평생 동안 세 차례의 참전(펠로폰네소스전쟁 : 아테네와 스파르타의 주도권 싸움)을 제외하고는 조국을 떠나본 일이 없으며 평의회위원으로 활약하는 사람이었다.

그런데 그의 친구 가운데 아테네에 해독을 끼친 사람, 공포정치를 했던 사람, 스파르타에 동조한 사람들, 아테네 민주정치에 위험한 인물들이 있어 그의 입장을 난처하게 하기도 했다고 한다. 그러나 소크라테스는 사람들이 많이 모이는 곳에 나타나서 진리에 대한 이야기를 할 때 야유나 비판이 섞인 말들을 함부로 쓰면서 몸으로써 지(知)와 덕(德)을 일치시키고 개인주의로 흐르지 않게 하고 시민의 덕을 가지도록 강조했다.

아테네의 유력자들은 소크라테스가 거침없이 쏟는 비판과 야유가 그리스의 민주정치를 흔들리게 할 위험이 있다고 생각하여 소크라테스가 폴리스의 신(神)들을 믿지 않고 다른 새로운 신을 도입해서 청년들을 타락시킨다는 죄목으로 그를 고발하게 되었다.

소크라테스는 500여명의 배심원들 앞에서 자기 자신이야말로 참되게 청년들을 교육하는 아테네의 양심이라고 말하고 폴리스의 신을 믿지 않았다는 것은 중상모략에 불과하다고 변명했다. 심판의 결과는 약간의 차로 소크라테스를 유죄로 판결했으나 벌금형을 고려했다.

그러나 소크라테스는 자신이 아테네 최고의 영예를 받을만한데 자신에게 벌금형 심판은 부당하다고 거부해서 처벌 방법을 결정하게 된 제 2회 재판에서 훨씬 많은 표 차이로 사형이 선고되었다. 그리하여 그는 망명하려면 얼마든지 도망갈 수 있었지만 "악법도 법이다"하고 독배를 마셨다는 것이다. 김박사로부터 당시의 상황 설명을 듣고 우리는 세각기 의문나는 점을 보충해서 설명을 들었고 의견을 제시했다.

그런데 우리가 여기서 알아야 할 것은 당시의 아테네 법이 그들을 반대하는 사람을 탄압하기 위해 만든 독재자들의 악법이었는가. 또 소크라테스에게 내린 배심원의 심판에 자유로운 법과 양심의 판단이 가능했는가 그리고 소크라테스에게 사형을 언도한 제 2회 재판의 타당성 등을 먼저 따져 보자는 것이다. 소크라테스를 고발한 아테네는 민주정치를 파괴하는 음모가 있을까 하여 초조하고 불안한 가운데 위정자들을 비판하고 야유하는 소크라테스의 연설이나 그의 교우관계는 위정자들에게 심히 위험스럽게 생각되었다는 점이다.

물론 정치 기술이 고도로 발달되지 못한 그리스시대였기에 비판이나 야유가 포용성있게 받아들여지지 못한 점은 충분히 인정하나 그의 유죄

인정의 투표과정은 정당하다고 생각되고 당시의 아테네 법은 독재자들이 자기의 사유물로 제정한 것이 아니라고 생각할 수 있다. 특히 500여 명의 배심원이 법과 양심에 따라 투표하여 근소한 차로 소크라테스의 유죄를 인정한 것은 당시의 지성의 한계성을 인정한다.

그러나 그 절차는 정당하고 특히 우리의 현실과 비교한다면 법의 제정이나 운용 면에서 비교가 되지 않는다. 우리나라는 법이 위정자의 필요에 의해서 수단과 방법을 가리지 않고 부적합하게 일방적으로 제정되었으며 그 운용은 권력자의 시녀가 되어 지배자의 지시에 따른 요식행위에 불과했고, 우리 동지들 모두가 그렇게 다루어질 것이 틀림없는 것이다.

다음으로 그에게 사형을 언도한 두 번째의 심판은 비록 그 판결 과정은 합법적이지만 당시 지성의 한계치고는 너무나 옹졸하고 편협하다. 배심원들 앞에서 잘못되었다고 고분고분하지 않았다고 벌금형 밖에 안 되는 죄목이 사형으로 둔갑한다는 것은 말이 되지 않는다.

마지막으로 제일 중요한 사항은 소크라테스가 망명 권유를 뿌리치고 "악법도 법이다" 하면서 독배를 마셨다는 대목이다. 소크라테스는 그의 조국 아테네를 사랑했고 그가 외친 것은 아테네의 진실한 발전을 위해서였지 그가 호의호식하고 고귀한 자리를 탐내서 한 일이 아니었음은 분명하다. 비록 그에게 내려진 사형선고가 이성적인 판단을 결한 것이 사실이지만 당시의 아테네 법은 정당한 법이었고 그의 판결과정이 정당한 것이었다면 그도 당연히 법의 판결을 따라야 할 것이다.

다만 그가 법의 심판을 따르는 것은 당연한 일인데 과연 소크라테스가 악법도 법이라고 하면서 준법정신을 강조하기 위해서 그가 독배를 마셨는가의 문제이다. 그것은 사실과는 다른 이야기가 분명하다. 소크라테스가 망명을 거절하고 독배를 마신 것은 악법도 법이다라는 말을 하고서 한 일이 아니다. 그가 법을 지키는 것도 당연하지만 현실적이고 육체적인 죽음을 택해서 조국이 정한 사형을 비겁하고 부정한 짓으로 외면할 수 없었음은 물론이고 그는 그의 죽음을 통해서 조국을 사랑하고 그가 본보이고 싶었던 떳떳하고 자랑스러운 삶을 완성시키려 했다고 볼 수 있다.

삶이란 중요한 것이다. 생명이란 한 번 끊어지면 다시 이을 수도 없고 모든 것이 끝장나버리는 것이다. 그러나 그러한 소중한 삶도 언젠가는 끝나기 마련이고 인생의 몇 십 년이나 몇 년은 개인에게는 소중하지만 인류 역사의 영겁 속에 별다른 의미를 줄 수도 없는 것이다. 그러기에 오래 사는 것보다 어떻게 살 것이냐가 중요한 가를 찾아서 그러한 삶에 충실하여 유한한 육체적인 삶을 영원한 정신적인 삶으로 승화시키는 것이다. 소크라테스는 위대한 성인이다.

그는 70 평생을 그의 조국 아테네를 위해서 살았고, 그의 말대로 아테네 최고의 영예를 받을 만한 위대한 지성인인데 배심원들의 불만스런 비양심적인 판단이라는 이유로 한 번도 떠나본 일이 없는 조국을 떠날 수는 없는 것이며 그가 자부하는 떳떳하고 자랑스러우며 영광스러운 삶을 포기할 수는 없는 것이다. 그의 인생이 70이라면 비굴하게 감옥을 빠져 나와서 살면 몇 년을 더 살 수가 있을 것이며 또 그렇게 사는 것이 뜻 있는 일인가 생각하면 누구나 부정적일 수밖에 없는 것이다.

그보다 못한 군인도 전쟁터에서 죽을 수 있는 영광을 찾고, 이름 없는 선비도 지조를 지키면서 목숨을 초개같이 버리는데 소크라테스가 육체적인 삶의 연장을 위해서 망명을 택할 수는 없는 것이다. 그러므로 소크라테스의 일생은 성자로서의 부끄럼 없고 떳떳하며 자랑스러운 일생으로 완성된 것이며 이것이 역사 속에서 오래 사는 길을 우리에게 가르치고 있다. 이러한 소크라테스의 죽음을 당시의 상황과 본인의 심경 등 심층분석을 하지 않은 채 집권자들이 반대하는 사람, 비판하는 사람들을 탄압하는 논리로 이용하기 위해 말을 조작하는 것은 또 한 번의 죄를 범하는 것일 것이다.

■ 하느님에 대한 구원

나는 이곳에서 성경을 봉독할 기회를 많이 가졌다. 구약성경이나 신약을 차분하게 읽을 기회가 없었던 나에게는 다시없는 기회라 생각하여 매일 성경을 봉독하였다. 또 신약의 영문판은 영어 공부를 겸해서 정독(精讀)하였으며 여기에다 명선생님의 성경말씀을 통해서 마음의 양식이 풍부해져 감을 느낄 수 있었다.

내가 기독교에 관심을 가진 것은 대학시절로 서울의 경동교회의 장로이신 족형(族兄)을 따라 강원룡 목사의 설교를 들으면서부터였다. 전부터 천주교가 우리나라에 전래되어 많은 고난과 시련을 겪으면서도 꺾이지 않고 봉건적인 지배 체제나 구사회 속에서 탄압과 배척을 이겨내며 우리나라의 민중들에게 인간존중, 평등사상, 그리고 합리적인 사회건설에 크게 공헌해왔음을 잘 알고 있다. 그런데 근대사에서 보면 신교의 전래와 함께 더 활발한 자유 평등 사상의 유입으로 우리 사회의 근대화에 이바지했으며 일제 시대에는 독립운동사상의 고취를 통해서 많은 애국자를 배출해 냈음을 역사 속에서 나는 익히 알고 있다.

우리 역사에서 원시적 미신에서 종교의 신앙으로 의식의 확대와 정치체제가 계속 변천해 왔는데 불교 유교 기독교 등의 외래 종교와 천도교, 대종교 등의 민족 종교가 시대와 역사의 상황에 따라 정치와 밀접한 관계를 가지면서 부침해 왔다. 동학의 후신인 천도교는 종교로서 사상을 심원하게 정립하지 못했고 본래 구한말의 사회를 바로잡기 위한 사회사상으로 전성을 보이는 한계성 때문에 종교적 신앙으로 그 저변을 확대치 못하고 있다. 더욱이 한말의 동학농민혁명이나 일제 하 3·1운동의 주체가 된 자들은 일제로부터 혹심한 탄압을 받아 크게 위축되고 말았다.

그러한 면에서 기독교는 민중의 종교로 민중의 의식성장과 자유 평등의 근대적 사상 보급에 공헌하였으며 크게 우리 역사에 이바지하였다. 그리고 앞으로도 우리 사회의 근대화를 위해서 그 역할이 크게 기대되는 종교로 사회운동의 측면에서도 매우 중시되어 왔던 것이다. 나는 경동교회에서 사회개혁운동의 지도자적 존재였던 강원룡 목사의 설교에 심취하였고 군대생활 속에서도 신앙생활을 계속했으며 세례를 받았고 또 하느님의 말씀을 실천하는데 앞장섰다.

그러나 본래 합리적으로 따지기 좋아하고 논리적 체계 수립을 필요로 하는 학문 생활에 몸을 담그다 보니 무비판적으로 빠져들어 가는 신앙생활이 어쩐지 어색하게만 느껴졌다. 그리고 진리의 실천을 외면하고, 짓밟히며 탄압받는 자의 편에서 그들을 어루만지고 보살피는 신앙의 본질을 외면하는 교파들의 성직자와 신도들이 얄미워서 신앙생활에 충실치 못했다.

그런데 이곳에 와서 새롭게 인생을 익히고 인간의 존엄성이 함부로 짓밟히는 현실에 직면하고 보니 저절로 하느님을 불러 보게 되었다. 그래서 주일마다 찾아주는 주일예배를 기다려 보았고 명선생님의 성경말씀에 귀를 기울였으나 몇 가지 의문점은 여전히 가시지 않는다.

첫째, 모든 신자들이 갈구하고 성직자들이 강조하는 구원의 대상이 개인이냐, 사회이냐 하는 문제이다. 많은 교파의 성직자나 신도들은 교회를 다니고 헌금을 하며 성경을 봉독하고 하느님 말씀을 몸으로 옮기면 자기가 구원을 받는다고 생각하고 그러므로 죽은 후에 천당에 갈 수 있다고 한다. 그런데 인간은 사회적 동물로 인간 개체는 따로 존재하지만 사회와 완전히 분리할 수는 없는 일로 사회야 어떻게 되든지 나만 하느님을 믿고 하느님에 충실하면 천당에 간다는 생각은 다분히 이기적이고 선민적인 생각인 것 같다.

사회가 고통과 질곡 속에서 온갖 수난을 겪고 있는데 그것을 모르는 체하면서 어떻게 하느님 말씀을 따른다고 할 수 있으며, 사랑의 마음을 발휘했다고 할 수 있느냐는 것이다. 오늘날 교회도 많고 목사도 많으며 신도 수는 엄청나게 많다. 그렇다면 사회는 더 바람직하게 변했으며 하느님의 뜻으로 가득찼느냐고 했을 때 그렇지만은 않은 것 같다. 이러한 면에서 교회와 성직자 그리고 신자들도 다 같이 크게 관심을 가지고 깊이 생각해야 할 문제인 것 같다.

다음으로 종교와 정치가 정교분리라는 경계선을 지킬 수 있는 것이냐 하는 것이다. 물론 근대국가에서는 정교분리를 엄격하게 규정하고 있는데 그것은 당연히 그래야 할 것이다.

여기서 내가 주장하고픈 것은 정교를 분리시켜서는 안 된다는 것이 아니라 민중의 시대에 민중의 정신세계를 지배하고 있는 종교가 정치의 흐름이나 정치적 불륜으로 인한 사회적 문제에 무관심할 수 없다는 것이다. 정치의 목적이 바람직한 정의로운 사회를 건설하는 것이며 종교도 인간의 양심을 일깨우고 진리의 말씀에 충실하게 하여 밝고 맑은 사회를 이룬다는 입장에서 그 책임이 똑같다는 것이다.

우리 나라의 현실은 마음이 아닌 물질이, 정신이 아닌 육체가, 원리가 아닌 힘이, 순리가 아닌 총칼에 의한 강압이 지배하고 있다. 이러한 현실 속에서 어떻게 자신의 안심입명(安心立命)이나 자신의 천당행만을 기원할 수 있고 또 그것이 가능한 문제인가 생각해 봐야 할 것이다. 하늘을 찌를 듯한 교회당의 건물, 물밀 듯이 밀려드는 신도들의 인파가 이 사회를 이렇게 병들게 하였다고는 못할 지라도 최소한 방관자라는 비난은 면할 길이 없다.

최근에 개인주의 풍조가 만연하여 남이야 어떻게 되든지 나만이 평안하고 잘 살자는 생각들이 지배하고 있는데 현대사회에서 진정한 개인주의는 인간의 다양성을 인정하고 자유와 평등을 실현하는 과정인 것이지, 사회구성원으로서의 책무나 본질을 외면하자는 것은 아닐 것이다. 사랑, 믿음, 정신, 정의 등을 부르짖고 이 나라의 근대화에 중요한 몫을 담당한 기독교의 빛나는 공적은 진정한 민주사회의 건설에 대한 역사의 기대를 저버릴 수 없을 것이다.

성직자나 믿음이 강한 신도들이여 이 땅에 사랑과 자유, 평등의 근대 정신을 전파하는 길이 바로 하느님의 말씀을 펴는 것이요, 하느님의 말씀에 충실하는 것이라 생각할 것이다. 정치와 종교의 분리나 심지어는 집권자의 권세에 아부하여 이 민중, 이 사회의 고통과 수난을 외면하는 종교는 이 땅에서 뿌리를 굳히기 어려울 것이다.

그러므로 나와 우리 모두가 하느님에게 간구하기를 이 나라와 이 겨레, 이 역사의 발전을 위해서 우리가 무엇을 해야 할 것인가를 교시하여 주시고 올바른 길을 용감하게 걷도록 용기와 지혜를 주십사 하고 기도해야 할 것이다. 그렇게 하는 것이 우리 자신이 하느님을 믿고 하느님의 신도로서 임무를 다하는 것이다. 그런 뒤에 하느님의 정의로운 심판을 기다려야 할 것이다.

희한한 재판

우리나라에서 사법부의 독립이라든가 법관이 법과 양심에 따라 재판한다든가 하는 것은 형사사건의 경우 특히 정치적 사건의 경우 전혀 기대할 수 없는 것이다. 하기야 그러한 것이 지켜진 선진 민주국가라면 우리가 이 지경이 될 필요조차 없다. 그렇지만 엄정중립하고 사회정의의 실현에 앞장서야 될 사법부가 권력의 시녀로 전락한지 오래지만 사람들은 행여 올바른 심판을 고대하면서 의지해 보고 기대해 보는 것이다. 마치 물에 빠진 사람이 지푸라기라도 잡는 심정으로 말이다.

우리들 문제에 대해서 터놓고 이야기하는 사람들도 있다. 검찰관이나 수사관이네 하는 사람들도 너희들이 승리했으면 위대한 혁명가들이겠지만 실패했다는 이유 때문에 단죄되는 것은 어쩔 수 없다고 한다. 오늘의 시대는 민주 사회요, 민중의 사회다. 오늘날에도 고리타분한 왕조사관, 당파의식에 의한 승부의 판가름이 강요되어야 한다는 말인지, 우리들 대부분은 옳게 살며 정당한 것을 주장하고 행동했을 따름인데, 소급해서 불법으로 모는 이유는 무엇인가. 그것은 감정적인 보복이요, 자기들의 폭력을 합리화시키려는 얄팍한 속셈인 것이다.

묘한 놈의 재판도 있다. 불기소, 공소기각 등을 주장하는 재판관이나 검찰관의 판단을 무슨 근거로 그리고 무슨 법 이론으로 거부하고 단죄하려는지 이해가 되지 않는다. 기소하는 검찰관이 교수님은 죄가 되지 않습니다. 그래서 그 정도의 행위는 지성인이라면 누구나 할 수 있는 것이지요. 또한 교수라는 직책으로 이 나라, 이 민족을 지키고 갈 길을 제시하는 지성으로 당연히 해야 할 일을 하신 것이라는 말에 나는 처음에 귀를 의심했으나 진실한 표정을 읽고 그들의 솔직한 심정을 이해했다.

법을 담당한 검찰관이 죄가 안 된다고 하는데 누가 기소하는 것인지 뒤에 친지의 면담 요청이 있어 재판관인 법무사를 사석에서 만났다. 어디서 많이 본 듯한 사람이 인사를 하는데 인사를 그냥 하고 보니, 우리의 담당 판사이다. 사석이고 해서 비록 심판받는 입장이지만 하고 싶은 소리를 다 했다. 세상에 이럴 수가 있느냐. 그 당시 우리의 주장은 정당한 것이고 우리가 그런 일을 안하고 누가 하겠느냐고 했더니 그 사람도 빙긋이 웃으면서 하는 말이 "옳으신 말씀입니다. 저희들 마음이야 당장에라도 내보내 드리고 싶었습니다만 잘 안 되는군요" 했다.

특히 우리들 공판정 때를 회상하면서 왜 우리가 진술하고 주장하는데 검찰관이나 심판관이 아무 말도 안 했냐고 물었다. 그러자 저희가 무슨 말씀을 드리겠습니까? 그저 앉아 있는 것도 황송하고 쳐다보기도 민망해서 고개를 숙이고 있었다는 말을 듣고 도대체 우리의 죄는 누가 정해서 죄인이 된 것이냐고 중얼거렸다. 검찰관이나 심판관이 죄가 되지 않는다고 한 것을 유죄로 단정된 것이 분명한 오늘의 우리 처지는, 이 사회를 사는 사람이면 다 쉽게 수긍을 한다. 제발 법과 양심에 따라 심판하고 심판받는 사회에서 합리주의적으로 사고하고 판단하는 우리나라가 하루 빨리 이룩되어야 하겠다고 넋두리해 본다.

또한 광주항쟁의 군사재판에 대해 해괴망측한 사례를 보았다. 우리대학의 정익섭, 이방기, 이광우 그리고 나는 보통군법회의 구형공판에서 정교수와 나는 2년형을 구형받았고 두 이교수는 1년 6개월의 구형을 받았다. 그런데 조선대의 C모, Y모, J모, K모 교수는 2년 6개월씩의 구형을 받았다. 그것은 검찰관들이 보기에는 의식문제로 기소된 전남대 교수들보다는 폭력문제로 기소된 조선대교수들의 죄질이 더 무겁다고 본 것 같다. 우리는 별 느낌 없이 구형공판을 끝내고 영창으로 돌아왔고 조선대교수들은 통합병원으로 돌아갔다. 그런데 며칠 후에 조선대의 K모교수를 만났는데 자기들의 구형량이 너무 억울해서 육군본부에 진정서를 내서 다시 구형공판을 받았다는 것이다. 그 결과 1년 6개월로 감축되었다고 자랑을 한다.

나는 그까짓 구형량이 무슨 관계가 있느냐고 웃어버렸지만 무슨 놈의 재판에서 구형공판을 두 번씩이나 할 수 있느냐고 법관들에게 힐문했더니 그럴 일이 있었다는 것이다. 광주항쟁의 재판과정에서 군 지휘관들은 조선대와 밀착되어 조선대 교수들을 옹호하려 했고 법관들은 양심에 따라 의연하게 행동한 전남대 교수들을 옹호하고 두둔하려 하여 총칼로 재판할 것이 아니라 법과 양심에 따라 재판해야 된다고 주장했다 한다. 그러한 과정에서 조선대 측에서 손을 써서 구형공판을 두 번이나 갖는 희한한 일이 벌어졌다는 말을 듣고 쓴웃음을 지었다.

나의 한국사 강의 1

동학농민혁명과 우리 역사

국민학교도 못나온 사람부터 대학교수까지 함께 생활하는 이곳에서 일과로 되어 있는 역사 강의는 무척 다루기 어려운 수준이다.

그러나 몇 일째 계속되는 강의내용 중에서 우리 동지들에게 가장 역점을 두고 강의한 내용의 제목들은 동학농민혁명, 독립협회운동, 3·1운동 그리고 4·19혁명인 것 같다. 나는 우리의 한말의 역사를 자주독립과 민권쟁취라는 면에서 자체 내에서 충분히 근대화를 달성할 수 있었다고 보고 있고 최근 들어 국사학계에서도 긍정적인 견해에 관심들을 가지고 있다.

동학농민혁명은 바로 그러한 점에서 자주적 근대화 이론을 내세울 수 있는 중요한 자료가 되는 사건으로 우리의 역사에서 높이 평가받고 있다. 근대역사에서 민중이 역사의 주인공으로 활동한 것은 근대사의 성격을 규정하는 것들 중 가장 중요한 것이다. 물론 근대라는 의미가 다분히 서구사(西歐史)에서 따온 개념이지만 인류역사라는 관점에서 양의 동서가 문제될 것은 없기 때문에 우리 역사에서도 그 개념을 그대로 적용해야 되는 것이다.

실학과 근대의 연결, 18세기의 사회경제 발전과 근대의 연결 등에 대한 여러 연구와 주장들이 있지만 이곳의 동지들에게 깊은 내용과 어려운 논리를 전개할 수 없어 동학농민혁명이 우리 역사에서 차지하는 위치를 중심으로 소개하려는 것이다.

1876년 일본에 의해서 문호가 열리자 근대화의 물결은 상당히 거세게 밀려들어오기 시작했다. 물론 그것은 제국주의적 침략이란 배속에 편승해서이긴 하지만 그래서 자주 독립이 중요하느냐 근대화(근대적 사회개혁화)가 중요하느냐를 놓고 논란이 벌어지고 있었다. 그런데 선각자들은 근대화를 통해 민중의 힘을 기르고 국가를 튼튼하게 하면 자주독립도 달성될 것이란 가상 속에서 일본과 야합했다. 그것이 갑신정변이란 쿠데타로 발생되었다.

그러나 갑신정변은 민중의 호응을 받지 못하고 청의 간섭에 의해 좌절되었으며 이로부터 개화 혹은 근대화란 개념은 나라를 일본에게 넘기거나 이씨왕조를 정면 거부하는 금기로 여겨졌다. 그러는 가운데 민씨척족정권과 우유부단한 고종은 내실과 외강을 이룩하지 못하고 수탈과 착취 그리고 외국의 정치·경제적 침략을 심하게 했다. 그래서 농촌은 피폐하고 국가의 자주성이 심각하게 흔들리자 반봉건적, 반제국주의적 기치를 높이 들고 민중이 봉기한 것이 동학농민혁명인 것이다.

동학의 평등사상과 민족주의 그리고 새로운 세상을 만들겠다는 개벽(開闢)사상으로 의식화된 농민대중은 동학의 교단조직과 결합되면서 삼례와 대궐 앞 그리고 충청도 보은에서 반봉건, 반외세를 외치고 시위를 전개했다. 특히 보은집회에서는 수 만명이 참여했는데 그 중 51%가 호남인이었으며 가장 강렬한 시위를 전개했고 조정의 타협과 무력시위로 자진 해산했으나 끝까지 남은 사람의 70%가 호남인이었다.

이들은 남접(南接)으로 현실개혁의지를 강렬하게 표출한 농민들이었는데 보은 집회와는 별도로 원평에서 1만 여명이 모여 보은의 동학농민과 서울로 진출할 것을 도모했었다. 이들은 보은집회가 평화적으로 해산되자 귀향하여 1893년 11월에는 전봉준 장군 등 20여명이 모여 사발통문(沙鉢通文)을 작성하여 혁명을 준비했었다.

고부의 탐관오리 조병갑을 응징하는 동학교도이면서 농민인 민중의 혁명적 봉기는 삽시간에 삼남지방을 중심으로 파급되어 전근대적 수탈과 질곡 그리고 외세의 침입이라는 현실에 반항하여 궐기했던 것이다.

전봉준 장군이 이끄는 동학농민군의 주력은 황토현에서 관군을 타도하고 영광, 함평, 장성을 석권하던 중 중앙의 경군(대포 2문과 신식무기로 무장한 병력 300명)을 황룡전투에서 대파시키고 전주를 점령하여 북상(北上)할 태세를 갖추었다. 이때 정부의 힘으로 진압할 수 없음을 자인한 조정은 나라의 운명보다는 자신들의 기득권을 지키기 위해 청에게 원군을 요청했고, 불청객 일본군까지 밀려들어 우리나라는 내우외환 속에서 동학군과 휴전협정을 맺었다.

그것으로 동학농민군은 집강소라는 혁명정권을 통해 폐정을 개혁하면서 혁명사업을 추진했다. 당시의 전라도 전역에 걸쳐 혁명정권이 수립되어 전근대적인 요인을 제거하던 중 일본군의 대궐점령과 국권유린을 듣고 항일구국투쟁을 외치고 재봉기하였다.

전봉준 장군이 이끄는 남접 10만 병력과 손병희가 이끄는 북접(北接) 10만 명이 논산에서 집결하여 서울로 진군하기 위해 북상해서 공주에서 일본군 및 일본군이 지휘 조종하는 관군과 대결했다. 공주혈전에서 처절한 투쟁을 전개했지만 일본군의 정예부대를 감당할 수 없어 패전하므로 동학농민혁명은 실패로 돌아갔다. 이때 동학농민혁명으로 죽은 사람이 30만이라고 기록되어 있는데 그 중 대부분이 이 지방 전라도 사람인 것은 두말할 필요가 없는 것이다.

여기에서 중요한 것은 농민으로 구성된 혁명군이 관군을 격파했고 그 여세는 충분히 서울을 점령할 수 있었으니 외세의 간섭만 없었다면 우리 스스로의 힘으로 전근대적인 봉건체제를 타도하고 자주적인 근대화를 달성할 수 있었다는 점이며, 그만큼 우리 민중은 성장했다는 점이다. 비록 동학에 의해서 선도되고 조직화되긴 했지만 수 백 만의 민중이 스스로 나서서 나라를 구하고 봉건적 체제를 타도할 수 있었다는 것은 우리 민족이 쌓아온 힘의 결과인 것이다.

그리고 동학농민혁명에서 보여준 이 지방 사람들의 구국정신은 임진왜란 때 나라를 소생시킨 이 지방 사람들의 애국정신의 연장이었고 그것을 확인한 것이며 또한 그들이 보인 혁명정신은 그대로 이어져 바로 여러분의 피에 연결되고 있는 것이다.

우리는 우리를 압박하는 많은 요소들을 제거하고 정당하게 우리의 입장을 지킬 수 있는 권리를 가지고 있는 것이며 그것을 쟁취하기 위해 일어선다는 것은 당연한 행위인 것이다. 그러한 정신이 없이는 역사는 발전할 수 없는 것이며 그러한 속에서 질곡과 수탈은 가중되는 것이다.

여러분, 벌써 근 90년 전에 우리의 조상들은 스스로의 힘으로 봉건적 잔재로 가득 차있는 이 나라를 구하고 제국주의적 침략으로부터 이 나라를 지키기 위해 혁명의 대열에 앞장섰으며 그들은 충분히 그럴 수 있는 힘을 쌓고 있었던 것이다. 그러한 조상들의 거사가 외세에 의해서 실패로 끝났지만 그러한 힘들은 날이 갈수록 더 커지는 것이고 자라는 것이기 때문에 그러한 것들을 밑거름으로 하여 역사는 발전할 것이다. 여러분이 겪고 있는 이 고통과 아픔도 역사의 발전을 위한 값비싼 진통이라고 생각하고, 귀엽고 훌륭한 얼굴을 가진 옥동자같은 내 조국의 탄생을 위해 계속 뜻을 키우고 용감하게 행동해야 할 것이다.

동학농민혁명은 비록 일본의 신무기 때문에 좌절되었지만 우리 역사에서 최초로 민중이 역사의 주인공으로 우뚝 선 근대사의 서막이요 이후 계속된 민주운동과 민족운동의 원동력으로 우리역사를 발전시키는 추진력이 되었다. 그러므로 80년 광주항쟁의 주인공인 우리는 바로 동학농민혁명의 계승자인 것이다.

나의 한국사 강의 2

독립협회 활동과 우리 역사

흔히 우리 역사에서 일본이 우리나라를 근대화시켰다고 한다. 우리들 스스로의 힘으로 할 수 없는 일을 일본이 떠맡아 우리나라를 근대화시켰다는 말이다. 그런데 이러한 주장은 일본이 전근대적 질곡과 수탈 속에서 우리를 해방시켜 준 은인이라고 비약하는 논리의 근거이다. 그것은 일제식민사관이나 우리 역사를 깔보고 하는 소리요, 사실은 우리 스스로 근대화할 수 있는 힘을 축적해 있었고 외부의 간섭이 아니었다면 우리 역사는 그렇게 진전될 수 있었다. 그것은 동학농민혁명이 그렇고 또 독립협회 활동에서 충분히 증명될 수 있는 것이다.

1896년 1월에 1884년의 갑신정변으로 일본을 거쳐 미국에 망명하였다 돌아온 서재필은 이 나라의 근대화를 이룩하기 위해서는 국민의식을 향상시키는 일이 중요하다는 생각에서 독립신문을 발행하여 국민을 깨닫게 했고 독립협회를 만들어 대중을 조직화했다. 1898년부터 대중들이 적극 참여하여 독립협회의 주도권을 잡고 구국운동을 전개했으니 밖으로는 러시아나 다른 세력을 몰아내고, 안으로는 전근대적인 지배계층에 반항하여 투쟁했다.

그들은 시위활동을 통해서 민중이 역사의 주체임을 과시했고 청원활동을 통해서 그들의 정당한 의사를 관철하려 했다. 그들의 자주독립 쟁취투쟁과 민권신장운동이 점점 결실을 맺어 왕이나 위정자들도 그들의 압력에 굴복하게 되었다. 그러나 보수 반동세력이 왕을 책동하여 드디어 황국협회라는 어용단체를 조직하여 독립협회와 맞서 실력으로 독립협회의 민중활동을 저지하게 하여 서울시가는 양측의 혈전장이 되었다.

그러나 자기가 할 일을 알기 시작한 민중들은 어용단체인 황국협회와 싸우고 한편으로 그들의 주장을 관철시키기 위해 날카로운 투쟁을 전개하였다. 독립협회를 지지하여 시위하는 군중이 한번에 3만 명이 넘었을 정도라면 당시 서울인구가 21만 정도였으므로 민중 속에 뿌리박은 구국 활동임을 짐작할 수 있다.

여기에 놀란 고종은 독립협회의 주장에 따라 국회를 열고 민의를 존중해서 국정을 펼쳐 가겠다고 굳게 약속했다. 그러나 보수 반동세력의 저주스러운 장난이 작용되고 민중의 힘이 커지는 것을 불안하게 생각한 일본, 러시아의 동의를 얻어 야음을 이용해 군을 동원하여 독립협회의 지도자들을 체포하고 본부를 점령해 버렸으니 근대화된 조국의 탄생을 눈앞에 두고 그 꿈이 좌절되어 버린 셈이다.

우리는 우리의 역사에 이러한 저주스러운 음모와 책동을 흔히 보아 왔고 기득권자들의 그런 짓들 때문에 우리 모두가 이 시간에도 고통을 받고 있는 것이다. 그러나 그러한 음모와 책동은 과거에는 통용되었고 또 그것은 일시적 미봉책 역할을 했으나 도도하게 흘러가는 역사의 물결을 거부했기에 드디어는 망국으로 줄달음질 쳤다. 그런데 오늘날은 분명 역사의 주인이 민중이요 민중을 거역하는 어떠한 기도나 불순한 책동은 민중의 힘에 의해서 응징을 받을 것이요 절망적이고 처절하기만 한 현실은 한때의 순간으로 끝나고 마는 것이다. 우리들 모두는 마음과 뜻을 굳건하게 하여 머지 않아 닥칠 승리의 그 날까지 건강하고 굳세게 살아가야 한다.

우리는 지금으로부터 80여년 전에 민중의 힘으로 반외세의 자주독립과 반봉건의 민주화를 쟁취할 수 있는 힘을 가졌으나 그것을 외세와 야합하여 군대를 동원해서 짓밟아 버린 가증스러운 기득권자들 때문에 나라가 망하고 만 것이다. 당시의 우리 조상들은 수만 명씩 모여서 추위와 고통을 견디면서 온몸으로 나라와 민족을 위해서 투쟁했으며 그러한 전통이 계승, 발전되어 오늘의 우리를 일어서게 한 것이다.

나의 한국사 강의 3

3·1운동과 우리 역사

우리는 자주적 근대화를 달성할 수 있었을 터인데 그 꿈을 이뤄보지 못한 채 제국주의의 식민지로 전락하고 말았으니 국민들 가슴속에 쌓였던 분노와 풀지 못한 한들이 오죽하였으리요. 또한 세계에서 비교할 수 없을 정도로 철저한 탄압과 착취를 일삼은 일본의 식민통치는 나날이 원한과 분노가 더해 드디어 폭발한 것이 3·1운동이다.

1919년 3월 1일 서울을 비롯하여 전국 방방곡곡을 만세 시위로 뒤흔들어 놓았고 이 고장 광주에서도 3월 10일부터 3차례에 걸쳐 광주시가를 누벼 많은 사람이 검거되어 옥고를 치렀다. 박은식의 「한국통사」에 의하면 이 때 시위에 가담한 연인원이 2백만을 넘었으며 여기에 대한 일제의 잔혹한 탄압은 야수와 같았는데 그 대표적 예가 수원의 제암리 사건이다.

일본인의 좁은 마음씨와 악랄한 근성을 유감없이 발휘하여 우리 민족을 죽이고 상하게 하였으며, 검거하고 고문하여 자기들 멋대로 짓밟았다. 나는 우리를 괴롭히는 잔인한 방법이나 우리를 짓누르는 비참한 현실은 일본 제국주의자들에게서 배워 발전시킨 것이라 생각하면서 이민족에게나 자행하는 그러한 수법을 동족에게 원용하고 더 가혹하게 구는 이 악랄성은 무엇의 심판을 받아야 마땅할지 궁금하다.

하기야 우리의 역사에서 사회정의에 입각한 엄정한 심판을 해본일이 없기 때문에 일제 시대 일본의 앞잡이는 그대로 이승만 정권에서 행세했고 그들은 민주당 정권 때에 약간 주춤한 듯하다가 5·16 군사쿠데타로 또다시 민중을 짓눌렀고 그 이후 계속 승승장구 일취월장 성세를 누리고 있는 것이다.

3·1운동은 전 국민이 동원되어 거국적으로 벌인 민족의 정당한 외침이었지만 처절한 상처만을 남긴 채 뜻을 이루지 못해 사람들은 흔히 그 실패의 원인을 찾고 한계성을 강조하면서 그 운동의 성과를 과소평가하려 하고 있다. 그러나 3·1운동은 그것이 비록 일본 놈들이 휘두르는 총칼에 의해 잔인하게 끝났지만 이것은 우리 민족의 갈 길을 제시했고 세계에 우리의 독립능력을 과시했으며 총칼로 짓누르면 된다는 어림없는 수작을 우습게 만들었고 그것은 일본의 통치방법을 바꾸게 까지 했다.

우리는 역사에서 민중의 좌절과 실패를 더 많이 보아왔다. 그것은 매우 불행하고 안타까운 일이며 우리 역사의 성장이 그만큼 더디다는 것을 말하고 있다. 그러나 우리는 우리 역사의 후진성만을 탓하면서 도전과 투쟁을 벌이지 않는다면 현상유지나 퇴보의 연속으로 끝나버릴 것이 확실한 일이다. 우리는 도전과 투쟁을 통해서 힘을 축적시키고 우리를 발전시켜 우리의 역사를 찬란하게 이끌어 가는 선구자, 창조적인 소수가 되는 길을 택했기에 이곳에서 고통받고 있는 것이다.

이 처절하고 고통스러운 인간지옥, 그러나 이 고통과 시련이 우리 역사 발전의 밑거름으로 거룩하고 영원히 기념될 것임은 분명한 것이다. 우리들 선각자들이 모두 피나는 고통을 감내했고 심지어는 생명을 바치고 싸워온 결과 피의 역사는 그것을 밑바탕으로 하여 지금까지 발전을 해 왔던 것이다.

3·1운동의 교훈은 바로 현실적인 실패가 역사적 승리로 바뀐다는 준엄한 역사법칙을 우리에게 제시하고 있는 것이며, 3·1운동 때는 최고 3년 징역 정도에 그쳤는데 우리는 엄청난 형량들을 구형받고 있으며 언도도 각본대로 행해질 것이다. 우리 너무 낙심하지 말고 우리 앞에 전개될 찬란한 조국의 역사를 위해 그 디딤돌이 되는 영광을 간직하면서 굳세게 건강하게 살아나가자.

1919년의 3·1만세시위는 일본제국주의의 총칼 앞에 온 국민이 자발적으로 저항한 것이며 그것은 일본의 무단통치가 한민족의 자유와 평등 그리고 애국심을 짓누를 수 없다는 것을 웅변으로 말해준 것이다. 그 당시는 무자비한 일본제국주의의 무력과 살상행위로 좌절되었지만 3·1정신은 계승되고 발전되어 오늘의 우리들에게 이어지고 있다. 3·1운동은 세계에서 가장 악랄한 일본제국주의에 저항한 위대한 민족투쟁으로 우리민족의 강인함과 유구함을 유감없이 과시한 것이다.

이로부터 미국을 비롯한 세계의 여러 나라는 일본제국주의자들의 침략성과 야수성을 똑바로 인식하게 되었고 우리 민족의 수난과 고통을 공감하게 되어 한국의 독립에 관심을 갖게 되었다. 그리고 우리의 민족운동은 하나로 응집되어 상해임시정부를 중심으로 독립투쟁을 전개하게 했으며 국내외에서 치열한 애국항쟁을 전개하여 한민족의 우수성을 전 세계에 알릴 수 있었던 것이다. 이러한 3·1정신이 해방 후의 분단과 독재를 타도하려는 민중운동으로 이어져 우리가 일으킨 광주항쟁도 그 연장 선상에서 보아야 하는 것이다.

■ 나의 한국사 강의 4

4·19혁명과 우리 역사

우리 근대사를 민중이 주인공으로 등장하는 과정의 투쟁사라고 볼 수 있을 때, 헐벗고 굶주리고 탄압 당하던 우리 민중의 등장은 그만큼 험한 가시밭길이고 피눈물로 얼룩졌으며 죽음의 연속이었다고 볼 수 있다.

동학농민혁명이 그러했고 독립협회의 민중 활동이 그러했으며 3·1운동 또한 처절한 피와 상처의 진열장이었다. 그러나 역사는 그러한 값비싼 희생을 제물로 하여 발전하여 왔으니 우리 역사의 무궁한 발전을 위해서는 계속적으로 도전과 투쟁을 벌이면서 빚어진 희생을 감수해야 할 것이다.

우리 민중이 역사의 주인공으로 역할 할 수 있는 역량은 이미 축적되고 성장했으나 그 때마다 안팎의 사정들이 그것을 가로막고 전근대적 탄압과 수탈을 계속해 왔음을 볼 수 있고 또 어떻게 보면 그것들이 우리 현실의 전부인 것처럼 느껴지기까지 했다. 그러나 우리가 말하려고 하는 4·19혁명은 분명 최초로 우리 민중이 역사의 주인공의 자리를 확보한 뚜렷한 증거요 최초의 민중혁명성공사례이다. 따라서 4·19혁명은 우리 역사의 찬란한 금자탑임을 누구나 부인할 수 없는 것이다.

그런데 4·19혁명을 학생혁명으로 한정 지으려 하거나 혹은 미국의 간섭 때문에 성공한 한 사건으로 가볍게 보려는 생각은 분명 역사를 왜곡하고 있는 것이다. 4·19혁명은 우리 민중이 그만큼 성장하고 힘을 축적해서 쌓아 올린 거룩한 탑이오, 학생이란 특수층이 갑작스럽게 만들어낸 조잡품도 아니오, 더욱이 미국이 만들어 준 외제품은 절대로 아닌 것이다. 우리는 한말이나 일제시대에도 우리 역사에서 민중이 주인공 역할을 할 수 있었을 정도로 성장했음을 살필 수 있었다.

그러나 해방 후 남한에는 대한민국이 수립되어, 이승만 정권의 독재와 부조리는 전쟁으로 폐허가 된 우리나라를 정신적으로도 크게 멍들게 하고 말았다. 우리는 6·25를 당하여 자유를 위해 생명을 바친 많은 동포들을 바로 옆에서 보면서 이승만 정권이 자신의 안일과 영구집권을 위한 파렴치한 행위를 계속해 분노가 쌓이기 시작했다. 가장 극을 이룬 대표적 사례들이 부산의 정치파동이오, 사사오입 개헌 파동이며, 2·4보안법 파동이고, 3·15부정선거였다. 집권자들은 그들 앞에 아첨하는 부류들에 가려, 참다운 민중을 의식하거나 민중의 눈초리를 외면하고 민중의 힘을 간과하기 쉬었다.

그러나 무지한 것 같고 초라하게 생긴 우리 민중은 밟으면 꿈틀거리는 지렁이도 아니오, 건들면 짖어대는 개도 아닌 것이다. 그들은 자기가 이 나라의 주인이어야 함을 알고 누구나 똑같이 사람대접을 받으면서 살아야 하는 것을 느끼고 살아가는 슬기로운 만물의 영장인 것이다. 그들은 그들의 피땀을 모아 자녀들을 교육시키며 그들의 투표권행사를 통해 보다 자랑스러운 조국을 가꾸는 일에 참여하곤 했다.

정치적으로 이승만 정권이 자행한 독재와 탄압은 날이 갈수록 그 도를 더하여 스스로의 무덤을 파게 했다. 한편 경제적으로는 불법귀속재산처리, 외국원조물자의 편중적 처리, 달러특혜, 특별융자, 차관알선을 통해 그들과 야합한 소수의 재벌들을 길러서 그들을 마음껏 이용하고 이권을 독점시켜 독재정권과 재벌은 힘을 합해 민중을 짓밟고 수탈했던 것이다. 이러한 정치, 경제, 사회구조 속에서 인내력 좋은 민중은 참고 살았고 부분적인 항의도 해보았지만 위정자들은 반공이란 구실 하에 용공이란 무시무시한 협박과 죄를 뒤집어씌우면서 우리를 짓누르고 깔아뭉개려고 했다. 그러나 역사의 견인차 역을 즐겨 맡는 학생들은 그것을 두려워하거나 죽음을 아끼지 않았다.

마산의 1,2차 데모로부터 시작한 부정선거에 대한 항의는 우리 역사의 갈 길을 예시하고 있었다. 위정자들은 학생들과 시민들에게 총칼로 휘두르기도 했으며 연행하여 고문으로 죽이기도 했다. 공산당의 조종을 받았다고 떠들어댔지만 이제 현명한 민중은 속아넘어가지 않았다. 한동안 폭풍전야의 고요가 계속되는가 했더니 드디어 태풍은 불고 말았으니 4·18고려대학생들의 시위가 바로 그것이었다.

우리대학 중에서 특히 농민의 자식들이 많은 고려대생들, 일제시대부터 항일구국의 역을 즐겨 맡았던 고려대학교 전교생은 국회의사당 앞에 진출하여 3·15부정선거를 규탄하는 시위를 감행했다. 고려대생들은 어둠이 깔리자 시위를 끝내고 집으로 돌아가려는데 난데없이 깡패들이 쇠뭉치 몽둥이를 휘둘러 평화로운 시위대를 집어삼키려 했다. 어리석은 위정자들은 이 정도로 겁을 주면 조용해지겠지 생각해서 한 수법이겠지만, 4·19의 날이 밝자 오늘은 모두 할 일을 해야된다는 생각으로 학교로 모여들었다.

나는 당시 대학 3학년생이었는데 4월 18일에는 몸이 아파서 학교에 못 나갔으나 이날은 불편한 몸이지만 역사의 현장에 참여하겠다는 의지로 학교에 갔다. 사실 모두가 강의실에 앉아 강의를 받았지만, 약속 시간을 기다리는 초조와 설렘으로 교수님의 말이 귀에 들어오지 않는 편이었다. 1교시가 거의 끝날 무렵, 모이자 나가자 라는 구호를 신호로 모두 교정으로 뛰어나가 종로를 거쳐 국회의사당으로 향했다. 밀물처럼 쏟아져 나오는 학생의 물결을 어찌할 수 없었던지 경찰은 시민들과의 합류만을 막을 뿐 충돌을 벌이진 않았다.

연도의 시민 그리고 옥상의 시민 창을 내다보는 시민들은 오랜만에 활짝 웃는 얼굴로 손을 저으며 우리를 환호하고 있다. 골목골목, 이 길 저 길에서 합세한 수많은 학생은 국회의사당으로 중앙청으로 밀려들기 시작했다. 국회 앞에서 간단한 성토대회를 마치고 우리 서울대 시위생들은 중앙청으로 향했다. 중앙청 앞 광장과 광화문 등을 꽉 메운 채 우리들은 부정선거를 규탄하고 독재정권을 응징하면서 연좌데모를 하였다. 이때, 완전무장한 군병력트럭이 나타나기도 했으나 수많은 군중을 보고 단념한 듯 사라지고 우리는 기세를 올리며 성토에 열을 올렸다.

그 간에 서울대생의 일부는 결사대를 조직하여 선발대로 경무대쪽을 접근하고 있었던 것 같다. 점심때쯤, 동국대생들이 우리들을 헤치고 경무대로 달려가고 동성고학생들이 앞장서서 달려갔다. 우리도 중앙청을 떠나 경무대로 향하여 스크럼을 짜고 달려갔을 때, 최루탄이 무수히 쏟아졌다. 그러나 줄곧 밀고 앞으로 앞으로 달려갔다. 그때 귀를 찢는 듯한 총성이 연달아 울리고 우리는 혼비백산했는데 얼마 후 시체와 선혈로 물들인 옷깃을 뒤흔든 학생을 실은 트럭들이 질주하기 시작했고, 그 때 파출소가 불타기 시작했다.

이제 서울시는 완전히 아수라장이 되었고 서울신문사가 불타고 총성이 여기저기서 울리었다. 계엄령이 선포되었으며 집으로 돌아가라고 마이크 소리가 울린다. 우리는 내무부 앞에서 어두워질 때까지 농성시위를 하다가 일단 해산했다. 그러나 민중의 분노를 총칼로 누를 수 없었던지 그리고 군대는 국민의 군대이기에 경찰과 다른 친밀감을 보인 계엄군은 우리에게 보복하지 않았으며 정세는 걷잡을 수 없이 변해갔다.

4월 25일에 교수님들의 데모가 있었다. 존경하는 교수님들은 희생학생들의 피에 보답했다. 이승만 정권은 물러가라는 준엄한 심판의 데모였다. 그러자 이승만 독재자는 하야를 발표했고, 독재정권은 무너졌다. 그때 미국대사 메카니기가 결정적 역할을 했다고 하지만 그들은 우리 민중의 뜻을 객관적으로 파악하여 희생을 줄인 그 공로는 인정할 수 있지만, 4·19혁명을 그들의 공로로 돌릴 수는 없는 것이다.

4·19혁명! 전 국민의 뜻을 집결하여 학생을 선발대로 시작하여 쌓은 거룩한 민족의 금자탑은 분명 이제 특권지배자의 시대가 가고 민중의 시대가 되었으며 부익부, 빈익빈의 불공평이 제거되고 민중에 의한 민중을 위한 민중의 시대가 되었음을 엄숙히 선언했던 것이다.

그러나 몰지각한 정치인들이 구각을 벗지 못한 작태 속에서 한때의 수선거림이 보였으나 차츰 안정을 되찾아 가는 편이었다. 이 때 정권을 도둑질할 기회를 엿보던 불순분자들이 총칼로 정권을 도둑질했으니 그것이 5·16군사쿠데타다.

이 때 내각제의 장면총리는 겁에 질려 수녀원에 꼭꼭 숨어버렸고 윤보선대통령이 준엄하게 진압을 위한 조치를 취해서 군과 협조했다면 우리 역사에서 무식한 군인들이 정치에 뛰어드는 선례를 만들지 않았을 터인데, 애석하고 분하게 5·16쿠데타는 성사하고 그로 인해 민중은 또다시 짓눌리고 수탈당하는 불운을 겪어야 했다. 그러나 이 엄청난 시대착오적 폭거는 역사의 심판을 면치 못할 것이며 군이 정치에 개입하게 된 못된 병폐는 길이 지탄을 받아야 할 것이다.

4·19혁명은 우리 민족의 역사를 바꾸었지만 나의 인생사도 완전히 바꾸고 말았다. 시골의 가난한 농민의 아들인 나는 어렵게 고학을 하면서 대학에 진학하였고 열심히 공부하여 동양사 교수님인 채희순교수의 특별한 총애를 받고 앞날을 약속받은 처지였다. 그러니까 4·19혁명이 일어나지 않았다면 나는 계속 공부를 하여 서울대의 교수가 될 수 있었다. 그런데 역사를 공부하고 사회정의도 실현해 보겠다는 나에게 큰 충격을 준 것이 4·19혁명이었다.

4월 19일 오후에 경무대를 향하여 중앙청 옆길로 달려가던 차에 경무대쪽에서 쏟아지는 총알과 귀를 찢는 총소리는 나로 하여금 같이 스크럼을 짠 친구(김상훈 : 문리대 독문과생)도 팽개치고 도망치는 비겁자로 만들었다. 얼마나 도망치다 보니 나 자신이 부끄러워졌고 이렇게 더럽게 살아서 무엇을 하겠다는 것이냐고 반문하면서 미워지기 시작했다. 나는 그 길로 발길을 돌려 시위현장으로 돌아와 보니 그 때까지도 여학생들인 서울약대 생들은 아스팔트에 엎드려 죽여라고 절규하고 있었다.

이윽고 경무대 쪽에서 사상자들이 흘린 붉은 피로 젖은 옷을 휘날리며 고등학생 시위대들의 성난 분노의 목소리가 나의 심장을 찢어지게 했다. “형님들 너무 하십니다. 동생들이 이렇게 죽어가도 되는 것입니까” 라는 울부짖음은 그 후 날이 저물 때까지 시위를 하게 했고 집으로 돌아와서도 잠을 이루지 못하게 했다.

산다는 것이 무엇인지 모두가 자신의 안일만을 추구한다면 이 사회는 어떻게 발전할 것이며 역사는 어떻게 흘러갈 것인가. 밤새도록 총소리가 계속되었다. 나는 그 이튿날도 계속 시위현장을 찾아 다녔고 나는 경무대 앞에서 죽었어야 할 몸이라고 여러 번 중얼거렸다. 4·19혁명 직후 부패, 특권추방 시위대에도 빠짐없이 참여했으며 그 후 계속된 7·29선거에도 우리 역사과를 이끌고 구례군을 책임지고 선거계몽활동을 했다. 나는 피아골의 외딴 마을까지 걸어가서 4·19의 피를 헛되이 하지 말자고 외쳤으며 그러한 산촌의 현장에서 또 많은 것을 배웠다.

4·19의 충격은 나를 그대로 놔두지 않았으며 상아탑의 안일함에 안주하지 않게 만들었고 드디어는 사회개혁에 뛰어들게 했다. 그리하여 피난민촌인 성북구 삼양동 산비탈에 삼양직업사회학교를 동지들과 같이 1년간 운영하였으며 군에 입대하여서도 동두천 미군부대에서 동두천직업사회학교를 운영하면서 못 배우고 굶주린 사람들의 편이 되겠다고 다짐했다.

그 후 제대하여 중고등학교에 있으면서도 그 꿈을 버리지 않았고 지금의 아내도 그 꿈을 이루자고 선택했다. 그러한 방황 속에서 늦게 대학원에 진학하였고 그것이 인연이 되어 전남대에 뒤늦게 발을 들여놓았으나 현실비판과 개혁의지는 계속 불타 유신체제에 저항했으며 80년 광주항쟁을 만나 이곳에 앉아 있는 것이다.

4·19혁명은 내 인생행로를 완전히 바꾸어 놓은 것이며 어려운 일에 부딪치면 언제나 “나는 4·19때 죽었어야 할 몸인데”하면서 비장한 각오와 용기를 갖고 정면으로 돌파하고 살아올 수 있게 했다. 그러나 나는 나의 살아온 길을 후회하거나 부끄러워하지 않으며 앞으로도 이 같이 굳게 살아가겠다는 결심이다. 나는 역사를 머리로만 공부하는 것만 아니라 가슴으로 뜨겁게 느끼고 온몸으로 겪으면서 살아가려는 생각이다.

전남대 교수협의회의 시국선언과 나

80년 5월 13일에 발표된 전남대 교수들의 시국선언문은 나에게는 자신의 운명을 바꿔놓은 것이고 전남대 교수들의 양식은 물론 당시 지식인들의 의식을 담았으며 5·18광주항쟁과 깊은 관련이 있는 것이다. 또한 이 시국선언문으로 교수협의회 회장이신 정익섭 교수께서는 엄청난 고통과 수난을 당하였으며 보안대에 끌려간 동료교수들께서도 선언문의 내용 때문에 구타와 폭행을 당하였던 것이다. 그래서 시국선언문의 작성과정과 그 내용 그리고 그것이 끼친 영향에 대해서 적어두고 싶은 것이다.

먼저 80년의 봄은 다른 어느 곳보다 광주, 서울에서 민주화의 열기로 뜨겁기까지 했다. 특히 전남대학은 과거 정권들로부터 엄청난 박해와 고통을 당했기 때문에 제적당한 학생들의 복학과 78년 교육지표사건으로 옥고를 치렀거나 파면당한 교수님들의 복직으로 학교에는 민주화의 분위기가 달아올랐다. 교수들은 이제까지 권력에 짓눌려 죄의식을 느끼면서 어쩔 수 없이 비굴하게 살아왔던 암울한 심정을 씻어내고 싶은 충동까지 겹쳐 발걸음도 가벼웠고 바빠졌다. 복직교수환영회가 개최되고 복학생위안잔치가 벌어지는가 하면 이제는 떳떳하고 밝은 마음으로 살자고 다짐하는 분위기가 교수나 학생들에게서 역력하게 보였다.

80년의 새학기가 시작되자 학원의 자율화를 추진하는 학원자율화 추진위원회(한상석위원장)가 조직되었고 민주적인 학생회 활동을 준비하였다. 그 후 학생들은 학생활동을 이끌 총학생회장으로 광천동 들불야학에서 고학생들을 지도한 박관현군을 선출하고 각 단과대학에서도 학생회장을 선출하여 한상석군이 준비하여 이끌었던 학원자치위원회의 활동을 계승하여 정상적인 학생활동에 돌입했다. 또한 학생들은 어용교수추방준비를 서두르면서 어용교수백서를 작성하기 시작하여 과거의 정권에 자의나 타의로 참여한 교수들을 전전긍긍하게 했으며 이에 대한 찬반논의도 분분했다.

어용교수규탄이나 추방운동에 참여하거나 이를 필요하다고 생각하는 일부 교직원들은 지식인들이 불의나 부정 그리고 독재의 탄압에 정면으로 대항하기는 어려울지 모르나 그들의 앞잡이가 되어 그들을 합리화시켜준 것은 어떤 이유로도 용납할 수 없다는 주장이다. 그러나 그 추진방법이나 목표에 대해서는 여러 주장들이 있었다. 과격하고 급진적인 사람들은 이제는 분명 과거를 청산하고 단절시켜 새로운 학원을 만들어야 한다고 주장하여 어용교수의 규탄은 물론 추방까지 서슴지 않아야 된다고 열을 올렸다.

그러나 대부분의 동료교수들이나 온건한 학생들은 우리대학에서 부도덕한 정권의 앞잡이가 실존했느냐 그렇지 않고 정부기관이나 단체들의 요구에 의해 강연이나 했고 글을 썼으며 기관의 평가회에 참여하는 정도의 활동을 했으므로, 그러한 행동이 옳지 않았음을 반성하고 새로운 출발을 다짐하는 정도의 선에서 어용교수문제를 매듭지어야 한다고 주장하였다. 여기에서 분명한 것은 학생들의 힘이나 결정으로 교수들의 추방이 자행된다면 과거 정권의 폭력으로 강요한 학원파동과 결코 다르지 않다는 우려가 지배적이었다.

목소리가 높은 학생, 화끈하고 급진적인 학생들은 어용교수백서를 발표하고 이에 해당되는 교수들에게 학교를 떠나라고 강요하면서 교수들의 연구실을 폐쇄하는 과격한 행동을 하였으며 어용교수장례식까지를 치르면서 학내문제를 마무리했다.

한편 학원자율화추진과정이 빚어낸 여러 문제들과 학원의 현안문제 그리고 학원이 앞으로 나아갈 방향을 논의하는 교수들의 공식기구로 전남대 평의회와 전남대교수협의회가 있는데 각 단과대학에서 두 사람씩

평의원과 교수협의회 이사를 선출하여 구성된다.

먼저 전남대교수평의회는 상위법인 교육법과 교육법시행령에 그 설치와 구성 및 기능이 명시화되어 있지만 그것은 대학의 보직자와 사회인사로 구성하여 총장의 자문에 응하는 협의체였다. 전남대에서는 한 번도 조직, 가동된 일이 없고 다른 대학들도 이와 유사하였다. 그런데 1980년의 전남대 평의회는 학교의 제문제를 심의하고 학칙을 제정하며 대학의 운영방침을 결정하는 막강한 권한을 가진 초법적 기구였다. 평의회는 법대의 안용섭 교수를 의장으로 명노근 교수를 부의장으로 선출하여 활발한 활동을 하였다.

또한 전남대교수협의회는 재직교수 전체를 그 구성원으로 하여 오랫동안 교수의 친목을 도모하며 학교 발전과 교수의 권익을 옹호하는 기능을 수행했다. 그러므로 회장단은 단과대별로 돌아가면서 맡아왔고 체육대회나 애경사의 상조활동 그리고 학교의 당면문제의 제기 등을 해왔다. 그런데 10·26이후 유신체제가 무너지고 대학의 자율화와 민주화가 추진되면서 회장을 윤번제가 아닌 대학교수 전체의 직선제로 고치고 학교의 여러 문제에 대해서 토론하고 심의하는 교수전체의 총회의 기능을 수행했다.

그리하여 공과대 101강당에서 교수총회를 개최하여 회장을 선출했는데 사범대의 정익섭 교수가 공과대의 오항기 교수를 물리치고 당선되었으며 부회장에는 공대의 이방식 교수와 법대의 이방기 교수가 선출되었다. 교수협의회가 주관하는 교수 전체의 총회는 그 소집과 운영에 애로가 많아 1년에 한두 차례 개최하는 정도며 각 대학에서 선출된 두 사람의 이사들로 이사회를 구성하여 운영하였다.

한편 정치상황은 급변하여 숨가쁘게 돌아가고 있었으니 10·26으로 박정희 독재자가 피살되어 유신체제가 붕괴되었다. 그러자 그의 친위조직이요 아류였던 전두환, 노태우 등이 12·12군사반란을 일으켜 군사권을 장악하여 통일주체국민회의에서 선출된 최규하 대통령을 협박하여 안개정국을 조정하면서 집권음모를 추진하고 있었다.

생각하면 박정희 군사독재자는 4·19혁명으로 등장한 민주당정권이 집권초의 취약성과 오랜 이승만 독재정권의 후유증으로 시달리고 있을 때 그를 추종하는 군인들을 거느리고 정권을 강도질한 후 빈곤타파와 안보체제강화를 표방하면서 독재와 지역차별을 자행했다.

그 결과 어느 정도의 경제성장은 이루었으나 재벌중심으로 고속성장을 추구하여 빈부의 격차가 심화되었으며 독재권력과 재벌의 야합과 횡포로 노동자와 민주시민은 수탈과 탄압을 받았다. 특히 그가 자행한 전라도 차별정책은 동서분열을 심화시켰으며 안보체제강화라는 정책으로 남북대립을 증폭시키고 이데올로기로 민중을 얽어매었다. 점점 민심이 이반하고 반대세력이 강화되어 1971년 대통령선거에서 부정으로 겨우 김대중 후보를 눌렀으나 그의 위기의식은 고조되었다.

그는 1972년 7월 4일 7·4남북공동선언을 북한의 김일성과 합작하여 발표해 국민의 눈과 귀를 한쪽으로 돌려놓고 10월 17일에는 유신독재를 자행했다. 그는 긴급조치를 발동하여 많은 학생들과 민주인사들을 탄압하고 수감하다가 부마사태가 일어나자 더욱 발악하던 중 그의 측근인 김재규 정보부장에 의해서 10월 26일 총살당했다.

박정희가 피살되자 그의 보살핌으로 특권을 누리고 장래를 약속받았던 전두환, 노태우 등의 신군부는 12·12군사반란을 일으켜 정승화 육군참모총장겸 계엄사령관을 체포한 후 군사권을 장악하고 최규하 대통령을 협박하여 안개정국을 조성하면서 집권음모를 추진하고 있었다. 이때 80년 봄의 열기가 가장 뜨거웠던 서울과 광주의 학생들은 새학기가 시작하면서 학원민주화와 함께 나라의 민주정부수립을 위해 전열을 정비해 갔다.

반면 전두환 등 신군부는 김대중, 김영삼, 김종필 등 이른바 3김씨를 서로 대립, 갈등하게 하면서 그들의 집권시나리오를 실천에 옮기고 있었다. 이때 서울의 대학생들과 광주의 전남대학생들은 신군부의 야욕을 간파하고 전국적인 학생대표모임을 가지면서 거리로 뛰쳐나와 시위를 전개하기 시작했다. 정보와 무력을 한 손에 장악한 신군부세력은 학생시위를 활용하면서 그들의 집권음모를 실현시키려 했다.

이에 이를 걱정한 전국의 대학 교수들이 각 대학별로 시국선언문을 발표해 학생들의 시위가 신군부 세력에 악용될 소지가 있으니 자제하라는 당부와 함께 앞으로 이 나라가 나아갈 방향을 밝히었다.

고려대 교수들의 시국선언에 이어 서울대, 연세대에서도 교수들의 시국선언문이 발표되어 학생들의 과격한 시위가 불순세력들에게 악용될 수 있으니 냉철한 이성으로 자제할 것과 최규하 정부에게 빨리 대통령 선거를 실시해 민정이양을 서두르라고 촉구했다.

한국의 민주화에 많은 공헌을 한 전남대도 교수들이 가만히 있을 수 없으니 우리의 뜻을 모아야 할 것이 아니냐고 의견들이 속출했다. 그런데 전남대의 시국선언추진을 교수평의회가 할 것인가 교수협의회가 주도할 것인가에 양론이 있어 정익섭 교수협의회장과 나는 평의회의 안용섭 회장과 명노근 부회장을 만나 추진주체 문제를 협의했다. 그 결과 교수 전체의 이름으로 발표할 시국선언은 협의회가 교수총회를 열어 추진해야 한다고 의견이 모아졌다.

정익섭 회장과 나는 5월 11일에 교수협의회 이사회를 열어 시국선언문의 작성을 법대의 안동준 교수에게 의뢰한 후 12일에 교수비상총회를 개최하기로 하고, 각 대학의 이사들이 교수들의 많은 참석을 독려하기로 했다.

5월 12일 10시에 공대 101강당에 각 대학에서 교수들이 모여들었고 강의나 부득이한 사정으로 참석치 못한 교수들은 위임장을 보내 총회의 성원을 이루었다. 교수협의회는 회장이신 정익섭 교수의 개회사에 이어 시국선언문을 채택해야 되는 당위성을 좀 들어보자는 동의가 있어 회장이 나에게 그 일을 부탁했다. 나는 한국 근·현대사를 전공하는 사람으로 이번의 교수협의회총회를 개최하는 간사이기 때문에 기꺼이 응낙하고 단상으로 올라갔다.

나는 우리 역사가 발전해 온 과정에서 많은 어려움을 겪었지만 그때마다 학생이나 지식인들이 자신들을 불태워 역사를 발전시켰으며 우리 대학은 특히 반체제 활동과 11분의 교수들이 교육지표발표로 큰 역량을 축적했다. 그러한 역사와 전통을 계승한 우리 교수들이 이 어려움을 지나쳐버릴 수 없는 것이다.

우리 지식인들은 우리의 뜻을 분명하게 밝혀 학생들을 설득하고 이 나라의 발전방향을 제시해야 한다. 우리의 대학은 이 나라의 역사발전을 이끌었고 앞으로도 나라의 갈 길을 제시할 엄숙한 사명을 가지고 있다. 우리 지난날의 비굴함과 잘못을 청산하고 역사발전의 선구자가 되자고 역설했다.

이어서 안동준 교수가 초안한 선언문을 낭독하여 채택하려 했으나 교수들이 이구동성으로 그러한 내용이 어떻게 우리의 뜻을 담았다고 할 수 있느냐 다시 선언문을 작성하자고 주장하였다. 그리하여 그 기초위원으로 박영근 교수, 이정환 교수, 안장순 교수 그리고 나를 선출하여 기초위원이 작성한 내용을 교수협의회 이사회에서 책임지고 채택하여 발표하기로 했다. 비상교수총회는 열기와 흥분으로 가득 차 우리 교수도 이제 할 말과 할 일을 해야 한다고 다짐했다. 나는 우선 교수시국선언을 초안한 안동준 교수에게 죄송하고 미안하다는 말을 몇 번씩이나 하고 교수들의 성화가 이와 같으니 어쩔 수 없다고 서로 위로했다.

나를 비롯한 4명의 기초위원들은 별도로 만나서 시국선언문에 어떤 내용을 담을 것이며 어떻게 초안을 작성할 것인가를 협의했다. 서로 이야기를 나눈 끝에 4명이 각각 따로 선언문을 작성해서 교수협의회 이사회에 그 채택을 맡기기로 했다. 각자가 흩어져 선언문을 작성해 13일 10시에 모이기로 하였다. 약속대로 4명이 모였는데 안장순 교수는 자신이 농학을 전공하여 도저히 글을 쓸 수 없어 그냥 왔다고 하여 세 사람이 쓴 선언문을 놓고 의견을 모아 보았으나 서로의 관점과 논리가 달라 그 채택을 이사회에 맡기기로 했다.

나는 교수협의회 이사회에 3통의 초안을 제출하고 그 중의 하나를 채택해 달라고 요구했으나 속으로는 내가 쓴 것이 채택되지 않기를 희망했다. 왜냐하면 어제 안동준 교수의 초안을 부결시켰으며 교수총회개최를 주도했고 시국선언의 당위성을 주장한 장본인이기 때문에 내가 주도하여 자기 것을 채택했다는 비난을 받을까 두렵기 때문이었다. 그러나 이사회의 분위기는 전혀 달랐으니 전남대 교수들의 뜻에 합치한 선언문을 채택하자고 하여 내가 작성한 선언문을 박수로 채택했다.

드디어 본인이 작성한 시국선언문을 채택하여 부회장 이방기 교수가 원지를 긁어 복사하였다. 그리고 그 배포는 총무간사인 사범대의 손규현 교수가 맡았으며 가능한 한 많은 부수를 복사하여 학생들과 시민들에게 배포하기로 했다.

5월에 접어들면서 학생들이 전열을 정비해 시가지 데모를 벌이기로 하여 전남대는 5월 14일에 처음으로 정문의 경찰저지선을 뚫고 금남로를 거쳐 도청 앞의 분수대에 모여 민주성회(民主聖會)를 갖게 되었다. 수만 명의 학생과 시민들이 분수대를 중심으로 모여 박관현 전남대총학생회장의 주도로 식을 진행시켰다. 이 때 식순에 전남대 교수들의 시국선언문 낭독이 들어 있어 누가 분수대에 올라가 낭독할 것인가를 의논했다.

교수평의회 의장인 안용섭 교수를 거론하기도 했으나 교수총회의 대표인 교수협의회 회장이신 정익섭 교수가 낭독하기로 하여 부축을 받고 분수대에 올라간 정교수가 엄숙하게 선언문을 낭독했다. 민주성회를 마치고 전남대 교수들과 학생들은 대형태극기를 선두로 시가행진을 시작해 금남로, 공설운동장을 거쳐 전남대로 돌아왔다. 그런데 금남로에서부터 비가 억수로 쏟아졌으나 교수와 학생들은 한사람도 빠져나가지 않고 물에 흠뻑 젖어 씩씩하고 장엄한 대열을 지어 시위행진을 끝마쳤다.

5월 15일 제2차 민주성회와 16일 횃불시위를 끝마친 전남대는 해산하면서 비상계엄확대나 휴교조치가 자행되면 곧 바로 전남대 정문에 모이자고 해산한 후 토요일에는 정상적으로 등교했다. 5월 17일 자정을 기해 계엄령 전국 확대조치가 내려져 미리 준비한 군부대가 전남대를 비롯한 조선대, 교육대에 진주했으며 군인들은 학교를 샅샅이 수색해 우리가 인쇄 비치한 교수시국선언문 5만여장을 압수해 갔는데 무식한 군인들은 이것이 바로 공산당문서라고 단정하고 구속된 교수들이나 나에게 만행을 서슴지 않았다.

그리고 이것을 낭독하신 정익섭 교수와 이를 작성한 나는 구속되어 재판에 회부되어 유죄판결을 받았다. 그런데 이 선언문의 내용에 문제가 된 것은 민중이라는 어귀로 이것은 북한에서 쓰는 인민대중을 약칭한 말이라 우겨댔고 나는 국민대중의 약칭이라고 변명했다. 그러면 5월 13일 작성한 시국선언의 내용을 아래에 붙이기로 하겠다.(참고로 6항의 후반인 "북괴는 국민의 철통같은 안보태세를 오판하지 말라"는 이사회에서 여러 상황을 고려해 첨가하였음을 밝혀둔다)

시국선언문 원본

時局宣言

우리는 지난날 旧体制의 独善과 질곡속에서 良心의 表現을 다하지 못했고, 社会正義 実現에 能動的으로 行動하지 못했음을 깊이 반성한다.
旧体制는 安保와 経済成長을 빙자하여 歴史의 主体인 民衆을 弾圧하고 기만하기 위해 言論을 御用化하고 野党을 侍女化하기 위해 갖은 手段을 恣行했다. 수많은 民主人士들은 그들의 生存権마저 유린당했으며 真実을 외치는 学生들은 学校에서 追放·收監되었고 低賃、穀價的 経済政策에 労働者와 農民은 수탈당하고 一部 財閥만을 肥大하게 했다.
10.26事態는 抑圧当한 民衆들을 蘇生시켜 歴史의 主人公으로 再登場시켰다. 그러나 旧体制의 残存勢力들은 그들의 延命과 合理化를 위해 몸부림쳤고 드디어는 再起를 노리는 印象마저 짙게 풍기고 있다. 이러한 状況에서 歴史의 主体인 民衆들은 분노하며 民主化를 위해 절규하고 있는 反面, 流言蜚語가 紛紛하면서 社会의 不安과 経済的 混乱은 事実以上으로 과장되고 있다. 이를 直視한 우리는 旧残滓를 清算하고 社会正義가 実現되는 自由民主国家로 発展하여 民族統一의 主体的 力量을 培養하기 위해 다음과 같은 事項을 決議하고 그 実践을 促求한다.

1. 過渡政府는 非常戒厳을 即時 解除하여 国軍은 国土防衛에 専念케 할 것이며 政府主導下의 改憲은 中断하고 真正한 民意와 輿論에 立脚한 憲法을 制定하여 빠른 時日안에 民主政府에 政権을 이양하라.
2. 学園의 主張을 긍정적으로 받아드려져야 하며, 私学의 族閥体制는 追放되어야 하고 学園民主化의 저해요인과 사찰·휴업·휴교 등 一切의 外部干渉은 排除되어야 한다.
3. 言論은 하루 빨리 旧体質을 脱皮하여 公平하고 深層的인 報道를 通해 올바른 輿論을 形成할 것이며 새 歴史創造와 民主勝利에 앞장 설것을 促求한다.
4. 旧体制下에서 부당히 抑圧받아 投獄되고 未復権된 民主市民은 석방·복권할 것이며 民主化를 저해하는 諸般 悪法을 廃棄하라.
5. 労働者와 農民을 包含한 民衆들의 生活을 保障할수 있는 所得均配를 위한 制度的 装置가 마련되어야 한다.
6. 一般国民은 과장된 社会混乱宣伝에 오도되지 말며 民主化를 위한 진통을 理解하고, 忍耐해줄것을 바라며 北傀는 国民의 철통같은 安保態勢를 誤判하지 말라.
7. 学生은 理性과 良識을 가지고 슬기롭고 平和롭게 行動하여 学園의 正常化에 앞장 설것을 바란다.

1980년 5월 13일

全南大学校 教授協議会

시국선언문 정서본

시국선언(時局宣言)

우리는 지난날 구체제(旧體制)의 독선(獨善)과 질곡 속에서 양심(良心)의 표현(表現)을 다하지 못했고 사회정의구현(社會正義具顯)에 능동적(能動的)으로 행동(行動)하지 못했음을 깊이 반성한다.

구체제(旧體制)는 안보(安保)와 경제성장(經濟成長)을 빙자하여 역사(歷史)의 주체(主體)인 민중(民衆)을 탄압(彈壓)하고 기만하기 위해 언론(言論)을 어용화(御用化)하고 야당(野黨)을 시녀화(侍女化)하기 위해 갖은 수법(手法)을 자행(恣行)했다.

수많은 민주인사(民主人士)들은 그들의 생존권(生存權)마저 유린당했으며 진실(眞實)을 외치는 학생(學生)들은 학교(學校)에서 추방(追放) 수감(收監)되었고 전시효과적(展示效果的) 경제정책(經濟政策)에 노동자(勞動者)와 농민(農民)은 수탈당하고 일부재벌(一部財閥)만을 비대(肥大)하게 했다.

10·26사태(事態)는 억압당(抑壓當)한 민중(民衆)들을 소생(蘇生)시켜 역사(歷史)의 주인공(主人公)으로 재등장(再登場)시켰다. 그러나 구체제(旧體制)의 잔존세력(殘存勢力)들은 그들의 연명(延命)과 합리화(合理化)를 위해 몸부림쳤고 드디어는 재기(再起)를 노리는 인상(印象)마저 짙게 풍기고 있다. 이러한 상황(狀況)에서 역사(歷史)의 주체(主體)인 민중(民衆)들은 분노하며 민주화(民主化)를 위해 절규하고 있는 반면 유언비어(流言蜚語)가 난무(亂舞)하면서 사회(社會)의 불안(不安)과 경제적 혼란(經濟的 混亂)은 사실이상(事實以上)으로 과장되고 있다.

이를 직시(直視)한 우리는 구잔재(旧殘在)를 청산(淸算)하고 사회정의(社會正義)가 실현(實現)되는 자유민주국가(自由民主國家)로 발전하며 민족통일(民族統一)의 주체적(主體的) 역량(力量)을 배양(培養)하기 위해 다음과 같은 사항(事項)을 결의(決議)하고 그 실천(實踐)을 촉구(促求)한다.

1. 과도정부(過渡政府)는 비상계엄(非常戒嚴)을 즉시(卽時) 해제(解除)하여 국군(國軍)을 국토방위(國土防衛)에 전념(專念)케 하고 진정(眞正)한 민의(民意)와 여론(輿論)에 입각(立脚)한 헌법(憲法)을 제정(制定)하여 빠른 시일(時日)안에 민주정부(民主政府)에 정권(政權)을 이양하라.

2. 학원(學園)의 주장(主張)은 긍정적으로 받아들여져야 하며 사학(私學)의 족벌체제(族閥體制)는 추방(追放)되어야 하고 학원민주화(學園民主化)의 저해요인과 사찰, 휴업, 휴교 등 일체(一切)의 외부간섭(外部干涉)은 배제(排除)되어야 한다.

3. 언론(言論)은 하루 빨리 구체질(旧體質)을 탈피(脫皮)하여 공평(公平)하고 심층적(深層的)인 보도(報導)를 통해 올바른 여론(輿論)을 형성할 것이며 새 역사창조(歷史創造)의 민주대열(民主隊列)에 앞장설 것을 촉구(促求)한다.

4. 구체제하(旧體制下)에서 부당(不當)히 억압(抑壓)받아 투옥(投獄)되고 미복권(未復權)된 민주시민(民主市民)을 석방, 복권할 것이며 민주화(民主化)를 저해하는 제반악법(諸般惡法)을 폐기(廢棄)하라.

5. 노동자(勞動者)와 농민(農民)을 포함한 민중(民衆)들의 생활(生活)을 보장(保障)할 수 있는 소득균배(所得均配)를 위한 제도적 장치(制度的 裝置)가 마련되어야 한다.

6. 일반국민(一般國民)은 과장된 사회혼란선전(社會混亂宣傳)에 오도되지 말며 민주화(民主化)를 위한 진통을 이해(理解)하고 인내(忍耐)해줄 것을 바라며 북괴(北傀)는 국민(國民)의 철통같은 안보태세(安保態勢)를 오판(誤判)하지 마라.

7. 학생(學生)은 이성(理性)과 양식(良識)을 가지고 슬기롭고 평화(平和)롭게 행동(行動)하여 학원(學園)의 정상화(正常化)에 앞장설 것을 바란다.

1980년 5월 13일

전남대학교(全南大學校) 교수협의회(敎授協議會)

■ 판결문 (보통 군법회의판결문, 고등 군법회의판결문, 재심 판결문)

보통 군법회의판결문 (1심)

전교사계엄보통군법회의
판 결

사건번호 : 80계엄보군형공 제131호
사 건 명 : 소요, 계엄법위반
피 고 인 :
생년월일 :
직　　업 : 별지 기재
주　　거 :
본　　적 :
검 찰 관 : 소령 박영식
변 호 인 : 변호사 심난섭(피고인 전원에 대해 사선)
주　　문 : 별지 기재

별 지

피 고 인　정익섭(　　)교수
1924. 1. 17.생
주거 : 전남 광주시 북구 신안동 146의 3
본적 : 충북 음성군 감곡면 월정리 597

피 고 인　이상식(　　)전임강사
1938. 2. 20.생
주거 : 전남 광주시 서구 농성동 635의 9
본적 : 전남 장성군 삼서면 홍정리 253

피 고 인　이방기(　　)부교수
1934. 9. 13.생
주거 : 전남 광주시 서구 서 1동 112의 17
본적 : 전남 광주시 동구 대인동 150

피 고 인 이광우(　　)부교수
1933. 2. 15.생
주거 : 전남 광주시 북구 운암동 493의 53
본적 : 전남 광주시 서구 월산동 159의 19

주　　문 피고인들을 각 징역 1년에 처한다.
이 판결 선고전의 구금일수 중 85일씩을 위 형에 각 산입한다.
피고인 이방기, 동 이광우에 대하여는 이 판결 확정일로부터 2년간 위 형의 집행을 유예한다.

이 유

(범죄 사실) 피고인 정익섭은 전남대학교 사범대학 교수직에, 동 이상식은 같은 학교 인문사회대학 전임강사직에, 동 이방기는 같은 학교 법과대학 부교수직에, 동 이광우는 같은 학교 인문사회대학 부교수직에 각 재하는 자 등으로서 평소 호남 푸대접, 정치 일정 불투명, 현 정부가 유신체제의 연속이라는 등 이유로 반정부적 입장을 취해오던 자 등인바,

1. 피고인 정익섭, 동 이상식은 공동하여 1980. 5. 14. 09:00경 본관 3층 교수회의실에서 위 이상식이 작성한 "우리는 지난날 구체제의 독선과 질곡 속에서 양심의 표현을 다하지 못했고—"로 시작되는 이른바 시국선언문 초안을 인쇄하여 배포하기로 결의하고 동교 인쇄소에 의뢰하여 동 시국선언문 5,000부를 인쇄, 동교 교수 및 학생들에게 배포하여 계엄사령관의 계엄포고문 제1호 제2항을 각 위반하고,
2. 피고인등은 같은 달 16. 18:00경 전남 도청 앞 광장에서 전남대학교, 대학생을 비롯한 재광지역 전 전문대학교 학생 및 일부 고등학생 등 약 30,000여명이 시국성토 대회를 열고, 5·16 화형식을 마친 후 횃불을 수백개 들고 광주시 금남로 계림동 등 시내 중심가 일원을 불법시위 하는데 가세하여 동 지역의 교통이 두절되게 하는 등 다중이 폭행 협박하여 같은 시 일원의 평온을 해하고 계엄사령관의 계엄 포고령 제1호 제1항을 각 위반한 것이다.

증거를 살피건대
판시 제1의 사실은

1. 피고인들의 법정에서의 판시사실에 부합하는 각 진술.
1. 검찰관 및 군 사법경찰관 작성의 피고인들에 대한 각 피의자 신문조서 중 판시 사실에 부합하는 각 진술기재.
1. 시국선언문의 현존.

판시 제2의 사실은

1. 피고인들의 법정에서의 판시 사실에 부합하는 각 진술.
1. 검찰관 및 군 사법 경찰관 작성의 피고인들에 대한 각 피의자 신문조서 중 판시 사실에 부합하는 각 진술기재.
1. 육군 제6033부대 대령 백남이 작성의 상황일지 중 판시 사실에 부합하는 기재 등을 종합하여 인정할 수 있으므로 판시 사실은 그 증명이 충분하다.

법률에 비추건대 피고인들의 판시 소위중 판시 제1의 점은 계엄법 제15조, 제13조, 계엄포고령 제1호 제2항, 형법 제30조에, 판시 제2의 점은 형법 제115조 계엄법 제15조, 제13조, 계엄포고령 제1호 제1항에 각 해당하는 바, 소요죄는 소정형중 징역형을 선택하고 판시 제2의 각 소위는 1개의 행위로 2개의 죄에 해당하므로 형법 제40조, 제50조에 의하여 중한 죄의 소요죄에 정한형으로 처단하기로 하고 동죄 및 판시 제1의 소위는 형법 제37조 전단의 경합범이므로 동법 제38조 제1항, 제50조에 의하여 형이 가장 중한 소요죄에 정한형에 경합가중하여 피고인 등을 징역 1년에 각 처하고, 동법 제57조에 의하여 판결선고 전 구금일수 중 피고인들에게 각 85일을 각 산입하고 피고인 이방기, 동 이광우는 그 정상에 참작할 만한 사유가 있으므로 형법 제62조 제1항에 의하여 이 판결확정일로부터 2년 간 위 형의 집행을 각 유예한다.

이상의 이유로 주문과 같이 판결한다.

1980. 10. 24.

재판장 심판관 대령 이용태
법무사 소령 안수일
심판관 중령 황재춘

<table>
<tr><th colspan="3">확 인 서</th></tr>
<tr><td rowspan="7">피고인인적사항</td><td>본 적</td><td>장성군 삼서면 홍정리 253</td></tr>
<tr><td>소 속</td><td>광주시 서구 농성동 635-9</td></tr>
<tr><td>(주 거)</td><td></td></tr>
<tr><td>계급군번</td><td>전대 강사</td></tr>
<tr><td>성 명</td><td>이상식</td></tr>
<tr><td>생년원일</td><td>1938. 2. 20.(42)</td></tr>
<tr><td></td><td></td></tr>
<tr><td rowspan="2">판결</td><td>연 월 일</td><td>1980. 10. 24.</td></tr>
<tr><td>요 지</td><td>징역 1년 미통 85일</td></tr>
<tr><td colspan="2" rowspan="3">확 인 내 용</td><td>원 판결대로 확인함.</td></tr>
<tr><td>을 으로 감형함</td></tr>
<tr><td>형의 집행을 면제함.</td></tr>
<tr><td colspan="3">위 와 여 히 확 인 함

1980 년 10 월 30 일

전교사계엄보통군법회의
관할관 중장 소준열</td></tr>
</table>

고등군법회의 판결문 (2심)

육군본부 계엄고등군법회의

1980년 12월 29일 판결			
법무사		서기	

판 결		
사건번호		780 고보 군 형 항 제 409호
사 건 명		소 요, 계엄령 위반
피고인의 인적 사항	성 명 생년월일 계급, 군번 소 속 (주 거) 본 적	"별 지" 기재와 같음
관여한 검찰관		소령 이병옥, 중위 심내권
변 호 인		변호사 김호현, 동 김영신, 동 임태유 (피고인들 전원을 위한 국선)
항 소 인		피고인들 및 검찰관
변 론		거 침
원 판 결		전 교사 계엄보통군법회의 80형공광 제131호 1980. 10. 24. 판결.
주 문		피고인들에 대한 원심 판결을 모두 파기한다. 피고인들에 대하여 형의 선고를 각 유예한다.

별 지

피고인들의 인적사항

성　　명　정익섭
생년월일　1924. 1. 17생(57세)
직　　업　교수
주　　소　광주시 북구 신안동 146의 3
본　　적　충북 음성군 감곡면 월정리 597

성　　명　이상식
생년월일　1938. 2. 20생(43세)
직　　업　전임강사
주　　소　광주시 서구 농성동 635의 9
본　　적　전남 장성군 삼서면 홍정리 253

성　　명　이방기
생년월일　1934. 9. 13생(47세)
직　　업　부교수
주　　소　광주시 서구 제 1동 112의 17
본　　적　광주시 동구 대인동 150

셩　　명　이광우
생년월일　1933. 2. 15생(48세)
직　　업　부교수
주　　소　광주시 북구 운암동 493의 53
본　　적　광주시 서구 월산동 159의 19

이　　유 **1. 피고인 정익섭, 동 이상식의 교수 시국선언문 출판의 정당행위 주장에 대한 판단**

피고인들은 본 건 교수의 시국선언문 출판문 출판은 정치적 목적을 위한 것이 아니고 학원의 정상화와 국가 사회의 안정을 위해서 교수들의 학생들에 대한 지도력 회복 및 더 나아가 학생들의 이성적 자중을 촉구하는 교육적 의미를 가진 것이므로 피고인들은 위와 같은 출판이 불법출판이라는 위법성의 인식이 없었으며, 또한 그 출판은 피고인들의 직능과 관련된 업무수행을 위한 행위이거나 사회상규에 위배되지 아니하는 행위로서 정당행위에 해당되는 처벌할 수 없음에도 불구하고 원심이 모두 유죄로 인정한 것은 사실을 오인하여 계엄포고령 제1호 제2항의 출판에 관한 법리를 오해하였거나 형법 제16조 및 제20조의 정당행위에 관한 법리를 오해한 위법이 있다고 하는 바,

원심에서 적법하게 증거조사를 마쳐 채택한 여러 증거들에 당심증인 민준식의 증언을 더하여 이 건 기록에 의하여 검토하여 볼 때 원심판시 출판의 내용이나 목적 등으로 미루어 보아 피고인들의 행위가 단순히 업무수행을 위한 것이거나 사회상규에 위배되지 않는 행위라고 보여지지 아니하며, 원심이 판시한 바와 같이 이 건 범행당시 계엄법과 이에 근거한 포고령이 그 효력을 지속하고 있으므로 원심 판단은 정당하고 달리 원심이 계엄법에 관한 법리를 오해하였다거나 정당행위에 관한 법리를 오해하였다고 볼 아무런 사유가 없으므로 위 주장은 받아들이지 아니하며,

2. 피고인 정익섭, 동 이상식, 동 이방기, 동 이광우의 교수의 학생들에 대한 임장지도라는 정당행위 주장에 대한 판단

피고인들은 교수의 학생지도는 학칙이 규정한대로 교수의 의무이며, 교수는 학교당국의 지시에 따라 경찰당국과 학교측이 합의한 교수의 임장지도 목적으로 학생들의 시위시 경찰과 같이 학생시위에 대의 양편을 호위해 가면서 이를 더 이상 확산되지 않게 하고 시민이나 불순분자들의 접근을 방지하기 위하고, 정당한 업무를 수행하기 위하여 한 행위로서 정당행위에 해당되어 처벌할 수 없음에도 불구하고 원심이 유죄로 인정한 것은 사실을 오인하여 정당행위에 관한 법리를 오해한 위법이 있다고 하나

원심이 적법하게 증거조사를 마쳐 채택한 여러 증거들에 당심증인 민준식의 증언을 더하여 이 건 기록에 의하여 검토하여 볼 때 원심판시 시위의 내용이나 목적 및 행위등으로 미루어 보아 피고인들의 행위는 이미 교수의 학생들의 임장지도라는 업무수행의 한계를 넘어선 것이라고 보여지므로 원심판결은 정당하고 달리 원심이 피고인들에 대하여 정당행위에 관한 법리를 오해하였다고 볼 아무런 사유가 없으므로 위 주장 또한 받아들이지 않기로 한다.

3. 양형부당 주장에 대한 판단

피고인들 및 피고인들의 국선 변호인은 원심의 피고인들에 대하여 선고한 원심의 형의 양정은 너무 무거워서 부당하다하고 이와는 달리 검찰관은 원심의 형의 양정이 가벼워서 부당하다 하므로 살피건대, 피고인들의 지위 및 연령, 성행,

지능과 환경, 이 건 범행의 동기, 수단과 결과, 본 건 당시의 상황, 범행후의 정황 등 양형의 조건이 되는 여러 가지 사정을 참작하여 보면 원심의 피고인들에 대한 형의 양정은 너무 무거워서 부당하다고 생각되므로 이 점에서 검찰관의 항소는 이유없고 피고인들의 항소는 이유 있다. 따라서 원심판결은 파기를 면치 못할 것이다.

그러므로 군법회의법 제421조, 제404조 제16호에 의하여 원심판결을 파기하고 일건 기록에 의하여 군법회의가 자판하기에 충분하다고 인정되므로 같은 법 제425조에 의하여 변론을 거쳐 이 군법회의가 직접 판결한다.

이 군법회의가 인정하는 피고인들의 범죄사실과 이에 대한 증거의 요지는, 당심증인 민준식의 증언을 증거로 더하는 외에는 원심판결의 각 해당란에 기재되어 있는 바와 같으므로 같은 법 제429조에 의하여 이를 모두 그대로 인용한다.

법률에 비추건대, 피고인들의 판시 소위중, 피고인 정익섭, 동 이상식에 대한 판시 제1의 소위는 계엄법 제15조, 제13조, 계엄포고령 제1호 제2항, 형법 제30조에, 피고인들에 대한 판시 제2의 소위는 형법 제115조 및 계엄법 제15조, 제13조, 계엄포고령 제1호 제1항에 각 해당하는 바, 소요죄의 소정형중 각 징역형을 선택하고, 피고인들에 대한 판시 제2의 각 소위는 각 1개의 행위가 2개의 죄명에 해당하는 경우이므로 형법 제40조, 제50조에 의하여 무거운 소요죄에 정한 형으로 처벌하기로 하고, 피고인 정익섭, 동 이상식에 대한 판시 제1의 죄와 판시 제2의 죄는 같은 법 제37조 전단의 경합범이므로 같은 법 제38조 제1항 제2호, 제50조에 의하여 형과 죄질 및 범정이 중한 판시 제2의 소요죄에 정한 형에 각 경합가중하기로 하여 그 소정형기 범위 내에서 피고인들을 각 징역 1년(원심 미통 각 85일씩 산입)에 처할 것이나 정상을 참작하여 위 형의 선고를 유예하는 것이 상당하다고 인정되므로 같은 법 제59조 제1항을 적용하여 피고인들에 대하여 위 형의 선고를 각 유예하기로 한다.

이에 주문과 같이 판결한다.

1980. 12. 29.

육군계엄고등군법회의

재판장 심판관 소장 전제현
심판관 준장 이구호
법무사 소령 박남국
법무사 소령 김석조
법무사 소령 최달순

<별지>

<table>
<tr><th colspan="3">확 인 서</th></tr>
<tr><td rowspan="6">피고인 인적사항</td><td>본 적</td><td>장성군 삼서면 충정리 253</td></tr>
<tr><td>소 속
(주 거)</td><td>광주시 서구 농성동 635-9</td></tr>
<tr><td>계급 군번</td><td></td></tr>
<tr><td>성 명</td><td>이 상 식</td></tr>
<tr><td>생년 월일</td><td>1938. 2. 20</td></tr>
<tr><td></td><td></td></tr>
<tr><td rowspan="2">판결</td><td>연 월 일</td><td>1980. 12. 29.</td></tr>
<tr><td>요 지</td><td>선고유예</td></tr>
<tr><td colspan="2" rowspan="3">확 인 내 용</td><td>원 판결대로 확인함.</td></tr>
<tr><td>을 으로 감형함.</td></tr>
<tr><td>형의 집행을 면제함.</td></tr>
<tr><td colspan="3">위와 같이 확인함.
1980년 12월 29일
육군계엄고등군법회의

관할관 대장 이 희 성</td></tr>
</table>

재심 판결문

광주고등법원
제 1 형사부
판 결

사 건	98재노1 계엄법위반
피 고 인	1. 정익섭 교수 240117 - 1552111 주거 : 광주 북구 신안동 146의 3 본적 : 충북 음성군 감곡면 월정리 597
	2. 이상식 교수 380220 - 1559017 주거 : 광주 서구 농성동 635의 9 본적 : 전남 장성군 삼서면 홍정리 253
	3. 이방기 교수 340913 - 1558228 주거 : 전남 화순군 남면 벽송리 523 본적 : 광주 남구 서동 112의 17
	4. 이광우 명예교수 330215 - 1560017 주거 : 광주 북구 신안동 483의 11 본적 : 광주 남구 월산동 159의 19
항 소 인	피고인들 및 검찰관(피고인들에 대하여)
검 사	이창세
변 호 인	변호사 정순일(피고인들을 위하여)
재심대상판결	육군 계엄고등군법회의 1980. 12. 29. 선고 80고군형항 제409호 판결

원심판결	전교사 계엄보통군법회의 1980. 10. 24. 선고 80계엄보군형공 제131호 판결
주 문	피고인들에 대한 원심판결을 각 파기한다. 피고인들은 각 무죄
이 유	피고인들의 항소이유의 요지는, 첫째 피고인들의 원심판시 각 행위는 정당행위에 해당함에도 불구하고 원심은 법리를 오해하여 피고인들에 대한 그 각 판시 범죄를 유죄로 인정한 위법이 있다는 취지이고, 둘째 피고인들에 대한 원심의 각 형은 너무 높아 부당하다는 것이며, 한편 검찰관의 항소이유의 요지는, 피고인들에 대한 원심의 각 형은 오히려 너무 낮아 부당하다는 것이다.

그러므로 먼저 피고인들의 위 정당행위라는 주장에 관하여 살피건대, 이 사건 공소사실의 요지는, "피고인들은 전남대학교 교수들인바, (1) 피고인 정익섭, 이상식은 공동하여 1980. 5. 14. 09:00경 전남대학교 교수회의실에서 피고인 이상식이 작성한 '우리는 지난 날 구체제의 독선과 질곡속에서 양심의 표현을 다하지 못했고…'로 시작되는 이른바 시국선언문 초안을 인쇄하여 배포하기로 결의하고, 전남대학교 인쇄소에 의뢰하여 위 시국선언문 5,000부를 인쇄하여 동료 교수들 및 학생들에 배포하여 계엄사령관의 계엄포고문 제1호 제2항을 위반하고, (2) 피고인들은 같은 달 16. 18:00경 전남도청 앞 광장에서 전남대학교 학생들을 비롯한 광주지역 소재 대학교, 전문대학 학생 및 고등학생 등 약 30,000여명이 시국성토대회를 열고, 5·16화형식을 마친 후 횃불을 수백개 들고 광주 동구 금남로, 계림동 등 시내 중심가 일원을 돌면서 불법시위하는데 가담하여 동 지역의 교통을 두절하게 하는 등 다중이 협박하여 광주 시내 일원의 평온을 해하고 계엄사령관의 계엄포고령 제1호 제1항을 위반한 것이다"라고 함에 있는바 전두환 등이 1979. 12. 12. 군사반란 및 1980. 5. 18. 내란을 전후로 1981. 1. 24. 비상계엄의 해제에 이르기까지 행한 일련의 행위는 군사반란죄 및 내란죄가 성립되어 헌정질서파괴범죄에 해당하는 것으로 판명되었고(대법원 1997. 4. 17. 선고 96도3376 판결), 이 사건 기록에 의하면, 피고인들의

위 각 행위는 전두환 등의 이러한 헌정질서파괴범행을 저지하거나 반대한 행위로서, 이는 헌법의 존립과 헌정질서를 수호하기 위한 정당한 행위라 할 것이다.

그렇다면, 피고인들의 위 각 행위는 형법 제20조 소정의 정당행위에 해당하여 범죄로 되지 아니함에도 이를 유죄로 인정한 원심판결은 더 이상 유지될 수 없다 할 것이므로 피고인들의 나머지 항소이유와 검찰관의 항소이유에 관하여 판단할 필요없이 형사소송법 제364조 제2항, 제6항에 의하여 피고인들에 대한 원심판결을 각 파기하고 변론을 거쳐 다음과 같이 판결한다.

이 사건 공소사실의 요지는 앞에서 본 바와 같은바, 이에 대하여는 위에서 본 파기이유와 같이 피고인들의 행위는 형법 제20조 소정의 정당행위에 해당하므로 형사소송법 제325조 전단에 의하여 무죄를 선고한다.

이상의 이유로 주문과 같이 판결한다.

1998. 6. 24.

재판장 판사 맹천호
판사 김진상
판사 김정호

제4부 역사교수(근·현대사 전공)가 살핀 역대 정권들과 나의 삶

■ 몸부림친 복직운동

5·16 군사 쿠데타로 집권하여 18년간 군부독재를 자행했던 박정희가 1979년 10월 26일 그의 부하인 중앙정보부장 김재규에 의해서 살해되자 민주화의 물결이 타오르기 시작했지만, 박정희의 총애를 받던 전두환. 노태우 등이 12·12 군사 쿠데타를 일으켜 집권 음모를 추진하였다. 전두환 일당은 군부대의 사조직인 하나회를 조직하여 군부 내 세력을 확충해 오다가 박정희의 죽음을 틈타 계엄 사령관인 정승화 참모총장을 불법 체포하여 실권을 장악했다.

전두환 일당은 허수아비 정권인 최규하를 조종하면서 집권야욕을 추진하는 중 서울과 광주의 대학들이 크게 반발하자 계엄령을 전국으로 확대하여 학생들을 탄압하자 5월 18일에 전남대 앞에서 학생들이 계엄철폐와 전두환 타도를 외치고 금남로로 진출하여 광주민주화운동이 본격화되었다.

1980년 5월 27일 미명을 기하여 공수특전대와 20사단을 투입해 광주를 장악해 정권을 완전히 장악한 후 전남대 교수 12명을 비롯해 서울대의 변형윤, 백낙청, 고려대의 강만길, 이상신, 충남대의 이종수 교수들을 교단에서 축출했다.

전국의 해직교수들은 천주교와 진보적인 기독교의 지지를 받으면서 시민대학을 개설하여 시민들을 상대로 민주화운동을 전개했으며 광주에서는 천주교정의평화구현단과 YMCA와 공동으로 시민대학을 개설하여 정치학이나 역사 강의를 중심으로 시민들의 민주화운동을 촉진했다.

또한, 광주시민들의 의식이 높아서 YWCA나 여학사회 등에서 국사 강의를 요청해와 나의 울분을 달래주었다. YWCA에서는 전 간부들과 회원들의 국사교육을 실시했는데 5·18로 구속되셨던 조아라 회장과 이애신 전 총무 그리고 김경신 현 총무 등이 수강했는데 조아라 여사는 맨 앞자리에 앉아서 노구를 이끌고 열심히 수강하셨다. 조 회장은 역사 공부를 하고 나니 5·18의 구청사에서 유동의 신청사로 옮긴 것을 후회하시기도 했다. 구 청사에서는 5·18에 중요한 회의를 하였고 투사회보를 발행했으며 5·27 진압 시에는 박용준이 총살된 현장이기도 했다.

광주 여학사회는 해직된 나를 돕기도 하면서 역사에 대한 인식을 높이고자 3개월 동안 강의를 하였는데 대학을 나온 지성인들에게 역사의식을 넓혀주고 해직의 분노를 풀 수 있어서 큰 보람을 느꼈다.

한편 의식 있는 분들의 도움도 컸으니 광주교대에서 근무하셨다가 해직되어 기독병원 부속인 기독간호전문대 학장이 되신 서수현 학장은 우리의 처지를 이해하여 정익섭 교수에게는 국어를 나에게는 국사 강의를 부탁하여 울분을 달래고 생활고 해결에 큰 도움을 주셨다.

살인마요 독재자인 전두환 가해자가 눈을 부릅뜨고 지켜보고 있는데 이렇게 의로운 일에 나서 주신 모든 분이 바로 군부독재를 종식시키는 큰 힘들이 되었을 것이며 나를 격려해준 여러 분들께 감사를 드린다.

■ 해직교수회 조직과 산악등반 및 복직촉구활동

5·18로 수많은 광주시민을 학살하고 투옥한 전두환 정권은 5·18의 발상지요 중심인 전남대에 대하여 총장, 교무처장, 학생처장(2심에서 무죄선고로 복직), 교수협의회 회장, 부회장, 간사, 교수평의회 의장, 부의장, 송기숙 교수 등 12명을 해직시켰다. 가장으로 처자식을 부양해야 하고 사회적 명망을 지닌 교수들을 무더기로 파직시킨 만행은 감당하기 어려운 청천의 벽력이었다.

우리는 거리로 쫓겨나서 생계도 막막하지만, 건강이 걱정되어 모여서 의논도 하고 등산을 매주 1회씩 시행하기로 했다. 등산은 주로 무등산을 찾았고 한번은 영암 월출산을 등반하기도 했다. 월출산은 무리한 산행이었지만 우리 모임의 회장인 안용섭 교수님의 아들이 영암군수로 재임 중이라 우리를 위로하기 위해 특별히 초청하여 모처럼 성찬을 대접받았다.

우리는 1개월에 한 번 정도 전남대 총장을 찾아가서 우리의 복직을 독촉하기로 했는데 모두 점잖은 분들이라 내가 주로 앞장섰다. 우리가 도청 앞 민주성회에 참석하고 가두행진에 앞장선 것은 당시 총장인 민준식 교수의 지시를 성실하게 따랐기 때문이며 그것이 죄라면 참여교수 전체를 똑같이 처리해야지 우리만을 처분했으니 그것은 현재 총장이 책임져야 한다고 주장했다.

또한 오항기 현 총장은 공과대 101강당의 교수협의회 회장 선거에서 현재 해직된 정익섭 교수가 당선되고 차점으로 낙선된 처지였으니 그때 입장이 바뀌어졌다면 당신께서 우리와 같이 수감되고 해직되었을 것이라고 윽박질렀다. 오총장님은 민준식 총장께서 5·18의 책임을 지고 해직되고 그 후임으로 부임하여 전체 교수들에게 우리의 현실은 생잔(生殘)하는 것이 최상책이라고 강조하였다. 공대 교수인 오총장은 살인자 전두환이 전남대 전체를 없앨 수도 있는데 살아남아 있는 것만도 다행이라는 논지였다.

오총장은 조용히 계시는 교수들과는 달리 전남대 교수들 전체를 대표해서 우리가 해직당했으니 전남대 총장이 우리의 생계를 책임지고 우리의 복직을 추진하라고 강요하는 나에게 너무 과격하다고 달래기도 했다.

오총장님은 보안대에 자주 연락하면서 분위기 조성에 노력하다가 전두환 정권이 유화책을 쓰면서 우리와 직접 대화를 제의했다. 우리는 거절할 이유가 없어 자리를 같이했는데 그쪽의 주장은 복직을 추진시키기 위해서 많은 노력을 하고 있는데 너무도 강경하여 일방적이라 주장했다. 나는 조선 시대의 선비를 아느냐고 물으면서 우리가 바로 마지막 선비라 생각하라고 말했다. 우리의 선비는 죽일 수는 있지만 욕보일 수 없는 것(士可殺 不可辱 : 사가살 불가욕)이라 설득하기도 했다.

우리는 복직 후 제멋대로 사느라고 자주 모이지도 못하다가 재심에서 무죄판결을 받아 못 받은 급료를 청구하여 해결되자 노성만 총장의 노고를 치하하고 감사하는 자리를 금수장 식당에서 갖게 되었다. 역대 총장 중 우리 문제에 앞장서서 활발히 활동해 주신 것은 고맙기 짝이 없었는데 나는 인문대 학장으로 있으면서 부족한 것은 서로 보완해 가면서 잘 처리했는데 특히 송기숙 교수가 교육지표 사건으로 해직되어 시간강사 신분이었으나 우리와 똑같이 교수 신분으로 해결할 수 있었던 것은 다행스러운 일인데 이 일로 송 교수가 나에게 따로 수고했다는 치하를 하기도 했다. 그런데 일을 진행하는 과정에서 노 총장이 애로에 봉착했으니 법조계에 친구들이 많으니 나더러 해결해 달라고 구원을 요청했다. 알고 보니 학교에서 급여 문제 처리안을 교육부에 상신했고 교육부는 총무처에 올렸는데 이 문제는 법무부의 자문을 받아야 된다고 해서 난관에 봉착했다고 한다. 나는 광주지검장을 지낸 노승행 친구에게 알아봐

달라고 연락했더니 그 친구가 법무부 자문위원으로 어제 그 문제를 논의하다가 재론하기로 했다는 것이다. 법무부의 의견들은 우리에게 급료를 지불하면 이제까지 무죄 방면된 모든 사람들에게 급여를 지불해야 형평성을 갖는다고 논란이 되었던 것이다. 그래서 나는 너희들 자문단들이 그런 일들을 걱정할 일이 아니라 무죄 방면된 우리에게 급여를 지불하는 것이 타당한 것만 결정해야지 지난날 모든 사항을 논의할 일이 아니지 않느냐 했더니 친구는 네 말이 맞다고 하면서 이튿날에 결정을 보았다 한다. 이후 광주민주화운동에 관련되어 해직된 사람들이 모두 급여를 소급해서 받을 수 있게 되어 큰 보람을 느끼게 되었다.

■ 복직운동과 목포대교수 취직

교수들을 무더기로 해직한 전두환 정권은 안팎으로 부딪친 저항을 무마하기 위한 시도를 했다. 나에게는 교육개발연구원 교수 취직을 제안해 왔는데 다른 교수들과 형평성 문제도 있었기에 고민 끝에 거부했으나 나날이 짙어가는 실직의 고통은 심각해졌다.

1984년이 시작되면서 다른 대학으로 취업했다가 본 대학으로 복귀하였으면 좋겠다는 제안을 받았다. 우리 해직교수들은 무조건 취업을 보장하는 것이 아니라 연구업적이나 해당 대학의 수용 여부를 조건으로 삼았기 때문에 심각한 논란이 있었다. 우리는 각자의 결정에 일임하기로 하였는데 안용섭, 오병문 교수와 나는 목포대를 희망했고 정익섭, 박영준 교수는 전북대를 희망했다.

나는 목포대 사학과 취업을 타진해 보았으나 격렬한 반대에 봉착했는데 목포대의 학장은 전남대 상과대 교수였던 오창환 교수였고 교무처장은 배종무 사학과 교수였는데 대학에서 반대하면 내가 단념할 수밖에 없다고 판단하고 단념했는데 목포대 측에서는 시간을 두고 깊이 생각하자고 보류했다.

정부의 방침이고 나와는 적지 않은 관계가 있었으니 오 학장은 전남대학에서 80년 5·18을 같이 겪었기 때문에 우리의 형편을 잘 이해하고 있었으며 교무처장인 배종무 교수는 서울대 선배요 박사과정을 전남대 대학원에서 밟고 있는 처지였다.

목포대학에서 좀 만나자고 연락이 와서 찾아갔더니 배교무처장이 사학과 교수회에 나를 참석시켜 현장에서 결정을 보라고 촉구하고 나가버렸다. 그래서 사학과 교수들과 나는 운명적인 담판을 벌였는데 사학과 교수들은 나를 받아들일 수 없는 이유로 첫째 나의 사학과 체재 기간의 보장 문제이니 그것을 확실하게 매듭지어야 할 것이고 둘째 학생들이 유명 교수를 맞게 되면 자신들이 비교평가 된다는 것이며 셋째 대학의 자율성이 침해되어 반대한다는 것이었다.

나는 의견을 듣고 참담한 심정이었으나 비굴하게 구걸하고 싶지 않아 여러분의 뜻이 그렇다면 나만 좋다고 할 수 없으니 내가 단념하겠다고 일어서면서 마지막으로 한마디만 하겠다고 말문을 열었다. 나는 미증유의 사태를 당해 나라와 민족을 위해 분연히 떨쳐 일어나 할 일을 한 것에 후회하기 싫다. 그런데 역사를 공부하는 여러분에게 분명히 말하고 싶은 것이 있으니 들어주시길 바랍니다. 우리나라 미풍양속에 지나가는 길손이 소나기를 만나 옷이 젖은 채로 마을에 들려 구원을 요청하면 거처를 마련해주고 옷을 말리게 하며 잠자리를 마련하고 식사를 제공해준다고 합니다. 내가 이런 상황에서 소나기를 피하려고 하는데 여러분이 더구나 역사를 공부하는 분들이 문을 닫고 축객한다고 하니 과객인 내가 물러갈 수밖에 없지 않겠느냐고 잘들 계시라고 문을 박차고 나오려 했다. 이때 교수들이 나의 손을 잡고 말리면서 나이 어린 우리가 버릇없이 어리광을 부렸으니 노여움을 풀어달라고 사정했다. 나는 매우 놀랐고 세상의 인심은 몰라도 세상에서 역사를 전공하는 교수란 자들이 이렇게 비정한가 생각했으나 나의 처지가 촉급하여 그들의 만류를 들어주기로 했다.

그리하여 3월부터 7월까지 목포대에 취업하게 되었고 전남대에 해직 교수들이 모두 복직하게 되어 3년 6개월 만에 그렇게도 간절하게 기다리던 강당으로 돌아오게 되었다.

전남대 복직과 따돌림

오매불망 끝에 그리운 강단으로 복귀한 우리는 뜻밖의 차가움에 놀라지 않을 수 없었다. 플래카드를 걸고 성대한 환영식을 기대하지는 않았지만 고생하고 돌아온 동료들에게 이럴 수밖에 없는 것은 너무한 것이 아닌가 싶었다. 아직도 전두환 정권이 건재했기 때문일까 혹은 선별 복직론까지 거론되었기 때문이었는지는 몰라도 견디기 몹시 힘들었다.

우리나라에서 민주화를 외치는 사람들을 똘아이 취급하고 문둥병에 걸린 사람들로 취급하는 풍조 때문인지 모른다고 하지만 우리가 출감하여 거리에서 동료 교수들을 만났을 때 마주친 동료들이 옆길로 빠지거나 오던 길을 서둘러 돌아가는 모습들을 많이 겪었기에 이상할 것도 없는 일인지 모른다.

한번은 교수협의회 회장으로 옥고를 치르고 오신 정익섭 교수를 만났는데 너무나 외롭고 쓸쓸하여 생병이 날 정도라는 하소연하는 말씀을 듣고 차차 나아지겠지요 라고 위로를 드린 일이 있다. 같이 학생들 앞에서 대형 태극기를 앞세우고 금남로를 행진했던 동료들이 이렇게 차가울 수 있는가 생각하니 정말 너무하는구나 하는 생각이 들었다.

교수라는 사람들은 연구실이나 강단에서 자기의 연구 성과를 교육하면서 옆 사람도 쳐다보지 않는 속성을 가진 사람들이기 때문일는지 모른다. 그러나 그들도 사람이고 동료의식이나 상식을 공유하며 날카로운 지성을 지닌 사람들이 아닌가? 우리는 5·18을 같이 겪었고 뜨거운 함성을 외쳤던 사람들이 아니었던가 생각하니 입맛이 씁쓸하기만 하다.

의예과 한국사 강의를 하고 있으면서 정의는 승리하고 역사는 발전한다고 열성적인 강의를 하였더니 교수님 그러시다가 또 강단에서 쫓겨나시고 수난을 겪으시면 어찌하실 것이냐 걱정하는 학생의 질의가 있었다. 당시에도 정보계 형사들이 강의실에 들어와 지켜보는 상황이기에 걱정이 되었던 모양이었다.

나는 학생의 걱정어린 질문을 듣고 단연코 대답했다. 내가 복직은 하였지만 정년퇴임을 무사히 맞을 수 있을 것이라고 장담하지 않고 부끄럽지 않게 당당하게 살아갈 뿐이라고 대답했다.

세월이 흐르고 역사가 발전하여 김영삼 정권이 등장하고 뒤이어 수평적인 정권 교체가 있었으며 노무현 정권이 들어서자 나는 여러 총장에게 강의실이나 연구실이 부족하다고 엄살만 부리지 말고 대통령에게 5·18민주홀로 수십 층의 건물을 요구해 그 1층은 5·18 기념전시관으로 사용하고 남은 공간을 연구실이나 강의실로 하자고 건의했더니 총장들은 이구동성으로 우리 교수들의 정서가 5·18을 좋아하지 않는다고 단호한 어조로 거절당한 일이 여러 번 있었다. 5·18의 발상지요 중심인 전남대가 이렇게 5·18을 혐오하거나 기피하는 정서이니 그 희생자들인 우리의 설 자리가 없는 것이다. 그러나 우리는 결코 위축되거나 외면당하지 않고 5·18 주역으로 의연해야 한다고 다짐했다.

복직 교수들이 냉대와 따돌림을 받은 것에는 복직 교수들에게도 많은 문제가 있었다. 당시의 상황은 우리가 개선장군이나 점령군이 아닌 가해자 전두환이 엄존했고 우리의 처지를 딱하게 생각하여 은혜를 베풀었다는 상황인식이 바닥에 깔려있기 때문에 우리가 성은이 망극하다고 허리를 굽히기를 기대하는 분위기가 있었던 것도 부인할 수 없었기 때문에 양쪽의 간격이 너무 멀었다는 이유도 있는 것 같았다.

또한 복직 교수들은 모두 개성이 유별난 사람들이고 오랜 기간에 시달리고 지쳐서 무슨 전리품이나 특혜를 바랐던 망상이 깔려 있었기 때문도 있었을 것이다. 그러나 당시의 상황은 당시 교무처장의 회상에서 살필 수 있듯이 선별 복직론을 무마하고 일괄 복직을 추진한 것이었다는 어려움이 엄존했다는 상황에서 짐작할 수 있었다.

충남대 교환교수 시절에 일어난 일들

건국대 전국대학생 시위사태 때의 비분강개한 강의

차디찬 분위기에서 몇 년을 지내고 있는 나에게 교환교수 타진이 있었다. 학교 측에서는 학생들과 격리시키자는 계책이었는지 모르겠으나 좋게 생각하며 밖에서 고생했으니 특별한 배려라고 생각할 수 있기도 하다. 그러나 우리 같은 문제 교수들을 받아줄 대학이 있지 않을 것이라고 생각하면서도 기회가 주어진다면 응낙하겠다고 했다. 대학에서 교환교수는 서로 가고 싶어 하는 선망의 대상이었기 때문이다.

나에게 충남대 사학과에서 받아주겠다는 동의가 있었는데 그것은 내가 해직 기간에 충남대에서 박사과정을 밟고 있었고 특히 역사를 공부하는 사람들이라 사려가 깊었기 때문인 것 같았다. 나는 4년간의 분노를 달래고 공백을 최소화하기 위해 충남대 박사학위과정의 기회를 제공해 주었기 때문에 항상 고마운 마음을 갖고 있는 처지였다. 재학 중에 나에게 친절을 베풀어 주신 사학과 교수님들이나 국문과의 김병욱 교수(광고 3년 후배며 고향이 장성이고 생각이 통하는 분) 그리고 사회학과의 장하진 교수(전남여고 제자이고 의식이 뚜렷했으며 뒤에 여성부 장관이 됨)들과 다시 만날 수 있다는 생각에 교환교수 결정을 기쁘게 생각했다.

교환교수는 일주일에 4시간 강의를 하고 출퇴근은 자유롭게 하기 때문에 나는 충남대에 2일간 출근했으며 4일간은 전남대 연구실에 머물게 되었다. 내가 교환교수로 가 있는 동안에도 정세가 긴박하게 돌아갔으니 1986년에 이르러서 전두환 집권이 끝나고 새로운 대통령 선거가 다음 해에 예정되었으며 민주화 투쟁은 더욱 가열차게 진행되었다. 독재자 전두환은 자기의 퇴진 이후를 생각하여 쿠데타를 같이했던 노태우의 후계 구도를 실행하기 위해 여러 조치를 시행 중이었으나 격렬한 저항에 직면하게 되었다.

해마다 5월이 되면 전국의 대학생들이 광주의 전남대에 집결하여 5·18을 계승하자고 격렬한 투쟁을 전개했으며 날이 갈수록 학생들의 투쟁 열도가 가열차게 진행되었으니 모두 광주의 피에 보답하고 5·18 정신을 계승하고 발전시키자는 투쟁이 가열차게 전개되었다. 광주의 진상이 알려지면서 정치계는 물론이고 지식집단인 대학교수들과 민주화 투쟁의 선두에서 투쟁을 전개해 오던 대학생들이 격렬하게 항쟁했다.

내가 충남대에 교환교수로 가 있던 1986년에도 대학교수 및 초중등교사 사이에서도 집단적인 민주화운동이 시작되었다. 이해 3월에는 고려대학과 교수 28명이 시국선언문을 발표하기 시작해 잇달아 선언문들이 발표되었고 학생들이 전대협(전국대학총연합회)을 결성해 본격적인 치열한 민주화 투쟁을 전개했고 그 결과의 하나로 10월 28일에는 전국의 학생들이 건국대학에 모여 치열한 투쟁을 전개했다.

전두환 정권은 정권의 운명이 위험하다고 판단하여 건국대에서 벌어진 전국대학생들의 집회를 김일성의 지령을 받은 대학생들이 대한민국을 무너뜨리려 한다고 부풀려 선전하고 철저한 탄압을 가했다. 이때 수백 명의 대학생들이 연행되어 의정부로 압송하여 협박과 설득을 자행했는데 나의 친구인 나예균 선생(고인이 됨)을 학부모 설득단으로 선발해 구속 학생들을 설득하기도 했다. 친구의 아들은 서울대 법대생으로 학생 시위에 참여했다가 구속되었다. 친구 아들은 뒤에 사법시험에 합격해 판사를 거쳐 변호사로 살고 있다.

위기의식에 직면한 전두환 정권은 건국대 시위대가 김일성이 지령을 내려 대한민국을 전복하려 했다고 위협했으며 앵무새 언론들을 총동원하여 전 국민을 협박했다. 이때 전국의 대학생들이 동조하여 각 대학에서 시위를 전개했는데 내가 근무하고 있는 충남대는 조용하기만 했다.

나는 수백 명이 청강하고 있는 강의실에서 학생들에게 비분강개하여 지금 건국대에서 무슨 일이 벌어지고 있는지 아느냐 학생들의 시위를 북괴 김일성의 조종을 받아 대한민국을 전복시키려 한다고 협박하고 있는데 너희들 대학생들이 강 건너 불구경만 하고 있느냐 너희들은 대학생의 자격이 있는 사람들이냐고 분개하여 외쳤더니 학생들은 우리는 멍청도 머저리 학생들이라고 자학하면서 우리가 대학생 자격이 있는지 모르겠다고 탄식하였다.

나는 교환교수의 신분으로 나를 받아준 교수들의 입장이나 나에게 가해질 핍박은 까맣게 잊어버리고 분노와 탄식에 기가 막혀 비분강개하고 말았다. 우리는 철저한 감시가 따르고 있지만 나라와 민족의 처절한 상황을 생각하면 또다시 본능적인 발작이 일어난 것이다. 한편 생각하면 우리가 수많은 협박을 받고 고통을 받지만 비겁한 지성은 더욱 스스로를 위축시키는 것이다.

한편 전국의 대학생들은 해마다 5월이 되면 광주학살의 진상을 규명하자면서 전남대에 모여들었다. 학생들은 5월항쟁에 함께하지 못한 죄책감과 민주항쟁의 열화를 불태웠는데 언제나 전남대는 그 중심이 되어 5월항쟁의 정신을 이어갔다. 1985년의 전남대 민주화투쟁에서 가장 격렬했던 3민투쟁은 강기정 전 위원장이 그 선봉에 섰다.

5월 민중항쟁을 체험했거나 목도했던 광주·전남의 학생들은 전남대에서 가열찬 투쟁을 전개했거나 서울로 진학해서도 철저한 감시와 탄압을 무릅쓰고 항쟁을 계속했다.

전남대 총학생회장 박관현과 광주고 동기인 신계륜은 1980년 고려대 총학생회장으로 민주화운동을 전개하다가 구속되었고, 1987년 연세대생 이한열군은 시위에 앞장서다 최루탄을 맞아 죽음에 이르러 6월항쟁의 포화선이 되었으며, 1989년에는 한양대학생회장 임종석군이 전대협의장으로 학생투쟁을 이끌었다.

1987년 전남대학생회장(국문과)은 6월항쟁을 성공적으로 이끌었고, 다음 해에 전대협부의장으로 활동했으며, 1989년도 학생회장 송갑석(경영학과)군은 다음 해에 전대협의장으로 학생투쟁을 이끌었다.

■ 격렬해진 민주항쟁과 6·29 선언

정권욕에 눈이 뒤집힌 전두환·노태우 등 정치군인들의 12·12 군사 쿠데타와 5·18 광주학살 이후 민주항쟁이 가열차게 전개되었고 그 선두에 선 학생들의 투쟁은 한 치 앞을 내다보기 어려운 상황으로 치닫고 있었다. 수많은 사상자와 구속자를 내면서 무력으로 짓밟은 광주의 비극이 북한군의 개입이라 왜곡시키면서 길들어진 언론을 시켜 모면하고자 안간힘을 썼지만 광주의 진실은 전 국민의 분노를 샀고 세계적인 저항을 사고 말았다.

국회를 없애고 추종자들로 국가보위비상대책위를 구성하여 국정을 농단한 전두환 정권은 날이 갈수록 위기에 봉착했다. 전두환 독재자는 언론 통합과 국수주의적 역사조작 그리고 스포츠 활성화 등으로 국민의 저항 의식을 마비시키고 학생들에게 군사교육을 강화시켜 남북관계를 극한 대치시켜 국민정서를 오도했다.

역사의 선구인 대학생들이나 대학교수들은 독재정권의 속임수나 허구를 타도하기 위해 몸부림쳤으니 긴장과 대립은 격화되었다. 광주학살에 침묵하고 독재의 강압에 주춤했던 민중들의 의식을 깨우치고 불러일으키는 학생들의 항쟁은 날로 격화되었다. 1986년 한 해에 서울대생 이동수(5.20일), 이재호(5.26일) 등이 광주학살의 진상을 밝히고 살인마 전두환을 응징하여 퇴진시키자고 외치면서 스스로 목숨을 끊었고 이어서 또 다른 학생 1명도 뒤따라 목숨을 끊었고 3,400명이 구속되었으며 시위를 진압하기 위해 최루탄 구입비가 60억에 이르렀다.

1987년에는 광주학살을 자행하고 독재정권을 자행한 전두환의 대통령 임기 7년이 끝나는 선거가 있고 이제는 더 이상 탄압과 독재를 묵과

할 수 없다는 학생들과 민중의 항거가 극에 달했다. 1월에는 동료 학생의 행방을 추궁받던 서울대생 박종철 군이 고문 끝에 살해된 사건이 발생했으니 이것으로 국민적 저항이 극에 달했다.

날로 격해지는 저항에 한계를 인식한 전두환은 자신의 안전을 보호받고 자신을 합리화시키는 후계자로 노태우를 지명하려는 획책을 추진하고 있었다. 다음 해에 개최되는 서울올림픽을 위해 국가의 안정과 번영이 필요하다고 강조하면서 4월 13일에 현재의 헌법을 계속 지키겠다는 호헌선언을 하였다. 대통령선거는 자신과 같이 체육관에서 지지자들만 모여서 추대하는 간접선거를 실시하고 국회를 두지 않으며 독재정치를 유지하겠다는 것을 선언한 것이다.

이러한 전두환의 호헌선언에 대해 전 국민의 항쟁은 고조되었고 특히 대학생들과 교수들의 격렬한 반대에 나섰다. 전남대에서는 사학과 학생들과 사범대 국사교육과 학생들이 먼저 반항에 앞장섰는데 이들은 플랭카드를 들고 학내시위를 전개하면서 모든 학생의 궐기를 선동했다. 나는 이들의 시위를 지켜보면서 이제는 더 이상 보고만 있을 수 없다고 역사를 공부하는 학생들이 먼저 일어섰으며 이어서 대학생늘이 궐기에 나섰다. 국민들이 나라를 지키라고 쥐여준 총칼을 들고 국민을 살상하고 억압하는 독재를 자행하는 꼴을 용납할 수 없다고 나선 것이라고 몹시 비분강개했다.

학생들의 항쟁을 지켜보던 대학교수들도 행동에 나섰으니 국립대로서는 서울대에 이어 두 번째로 전남대 교수 60명은 "현 시국에 대한 우리의 견해"를 발표하는 성명서에 서명하고 학생들과 같이 독재정권의 타도에 나섰다. 이에 복직 교수들이 앞장서서 참여했으며 이것은 80년의 처절한 피해를 극복하려는 노력이었고 5월 항쟁 이후 꾸준하게 진행해 왔던 분노를 또다시 폭발시킨 것이다.

1980년의 광주학살은 12·12 군사 쿠데타로 집권 야욕을 노골화한 전두환. 노태우 등의 군사집단은 그들의 집권을 향한 노골적인 폭거로 국민을 속이고 국제적 비난을 받으면서 파렴치한의 극치였다. 앵무새처럼 떠들어대는 언론과 공포에 떨고 있는 국민의 침묵 속에서 보수 골통들과 누리는 화려한 잔치를 끝낼 때가 가까워진 것이다.

광주의 학살에 보답하자는 학생들의 시위 항쟁은 날로 거세지다가 드디어 종말에 이르렀으니 그것이 바로 1987년의 6월항쟁이었다. 학생의 시위 투쟁이 격화되어가는 과정에서 이것을 독재정권이 진압하는 과정에서 이한열의 죽음이 있었다. 6월 10일 연세대생 이한열이 시위투쟁 중 경찰의 최루탄에 의해 사망하는 사건이 발생했다. 전국의 대학생들은 이제 독재정권의 최후를 위한 투쟁은 극에 달했으니 바로 6월항쟁이 본격화되었다. 이한열의 유해가 고향인 광주 망월 묘역에 안치하는 항쟁이 치열하게 전개되었으며 재야 정치권도 전열을 정비하여 학생투쟁에 합세했다.

6월항쟁의 위세에 눌린 민정당의 노태우 후보는 직선제 대통령선거를 포함한 6·29선언을 발표하였다. 체육관에서 간선제로 그들만의 선거에 의했던 대통령을 국민이 직접 선거하는 헌법 개정이 10월에 국민투표에 의해서 결정되어 군부독재정권은 막을 내렸고 국회가 부활되었으니 명목상의 군사독재는 종지부를 고했으며 80년 광주학살도 진상을 조사하고 치유에 들어가게 되었다.

나는 몇 차례 박종철 군의 아버님과 이한열 군의 어머님(배은심 여사)을 뵈올 수 있었는데 두 분들은 전태일 군의 어머니(이소선 여사)와 함께 5월 항쟁의 어머님들이 함께하는 5월 어머니회나 민가협(민주화가족협의회)에 참여하시느라고 광주에 오시기에 만났다. 아들들을 민주화운동에 바치는 아픔을 참고 살아가시는 모습들을 지켜보면서 미안하고 죄스럽게 생각했다. 그러나 그들의 죽음이 헛되지 않고 정의사회와 역사발전을 이룩하는데 밑거름이 되었다고 생각하면 장하다고 생각하면서 꿋꿋하게 사시기를 바랄 뿐이다.

■ 민주진영의 분열과 노태우 정권

6월항쟁으로 대통령 직선제를 쟁취한 민주진영은 자신들의 집권을 위한 치열한 경쟁을 벌이고 있었는데 대체적인 분위기는 조직력이 강한 통일민주당의 김영삼이 우세했으나 5·18 민주화 투쟁에 참여하지 못한 취약점을 가지고 있었다. 처절한 투쟁을 전개한 광주의 입김이 강해 평화민주당의 김대중의 기세가 만만치 않았다. 군부 세력의 종식을 고대하던 민주세력들의 갈망은 단일화를 기대했으나 두 차례에 보라매 공원에서 뜨거운 열기에 고무된 김대중은 끝까지 민주세력의 단합에 외면하여 노태우가 당선되고 김영삼, 김대중은 2위, 3위로 낙선했다.

비록 민주 세력이 단일화되지 못했지만 운명이 걸린 전두환과 노태우 일당은 선거 직전에 대한항공의 KAL기를 폭파시켜 위기의식을 조작하였다. 군부 세력들은 김현희를 북한 간첩으로 조작하여 민간 항공기를 폭파시켜 그들의 재집권에 성공할 수 있었다.

다음 해 4월의 총선에서는 김대중의 평화민주당이 제2당이 되었고 김영삼의 통일민주당과 김종필의 민주공화당이 여당인 민정당을 압도하여 정국이 크게 불안했다. 평화민주당을 중심으로 야당들은 전두환의 5공 청문회와 광주민주화운동의 진상규명을 강력히 추진하여 전두환을 백담사로 유배시켰다. 비록 직선제 대통령이긴 하지만 전두환과 공범인 노태우 대통령으로서는 국면타개를 위해 평민당을 배제한 3당 야합을 추진했다. 김영삼, 김종필을 끌어들여 민자당을 결성해 김영삼의 입지가 크게 강화되었다.

노태우 정권은 88올림픽을 성공적으로 치렀고 3당 야합을 통해 국회의 다수당이 되어 정국을 안정시킬 수 있었으나 남북문제의 해결이나 외교 관계를 활성화시키려 노력했으나 보수정권의 한계에 부딪혔고 체질이 다른 정파들의 야합으로 결속력은 한계가 있었다. 그러나 호랑이를 잡기 위해 호랑이 굴 속으로 들어왔다는 김영삼은 튼튼한 영남의 지역 기반을 활용하여 당내의 입지를 강화시켜 나갔다.

한편 민주항쟁을 주도적으로 이끌었던 대학생들은 전국대학생협의체(전대협)를 결성하여 광주민주화운동의 진상규명이나 북한 관계를 독자적으로 추진하면서 3당 야합의 노태의 정권을 맹렬하게 공격하여 나갔다. 전두환을 계승한 노태우 정권도 대학의 사찰을 강화하고 학원을 통제하자 이에 반발하여 투신자살하는 사건도 발생했다. 명지대 강경대 학생이 수사를 받다가 죽자 박승희 전남대 학생이 91년 5월 19일에 광주학살의 진상규명과 학원의 자유를 보장하라고 부르짖고 분신했다. 그의 장례 행렬이 전남대 교정에서 금남로를 거쳐 도청 앞에서 노제를 지내고 망월동으로 행했는데 우리 복직 교수들이 앞장섰고 수많은 학생이 뒤따랐다. 그러나 지역 기반을 중심으로 할거하는 정치 세력의 한계를 극복하지 못했다.

서울올림픽을 계기로 국위를 높이고 직선제 대통령이란 강점을 이용해 남북문제의 해결이나 소련의 고르바초프를 제주도에 초청하여 외교적인 성과를 올린 노태우 정권은 김영삼을 이용해 민간 정부로 변질시켰으나 전두환과 함께 군사 쿠데타를 일으켰고 광주학살을 주도했다는 한계성을 벗어날 수 없었다. 보통 사람의 시대라고 강조하면서 군사정권의 냄새를 불식하면서 국제적인 평화 분위기를 만나 5년 동안 정권을 유지했으나 지역 기반과 민주화 투쟁 경력을 갖춘 김영삼에게 전적으로 의존하면서 정권을 유지했다.

박사학위 취득과 학계에 문제제기

해직의 울분을 푸는 정신건강을 위해서 충남대에서 박사학위 과정을 이수했기 때문에 학위취득은 꿈도 꾸지 못했다. 나에게 그러한 기회를 준 것만도 고마움을 잃지 않았는데 교환교수의 기회를 주셨으니 감사하기 짝이 없게 생각하고 있는데 6월항쟁을 겪고 나서 충남대 측에서 학위논문을 제출해 달라는 반가운 소식을 전해왔다. 그것은 전두환의 군사독재가 끝났으니 이제 모든 것이 정상화되어야 한다는 반가운 소식이었다.

나는 평소의 신념을 중심으로 논문을 준비해 나가면서 통과 여부는 심사위원들에게 맡기기로 했는데 학계의 통설을 뒤집는 주장이었기 때문에 주저하였으나 나의 소신이었고 신념이므로 밀고 나가기로 했다. 학계에서는 한국의 근·현대사를 전공하지 않으려 하여 이 분야의 전공자들이 매우 드물다. 그것은 한국의 근·현대 분야는 시각차가 너무 크고 사상이나 이념의 차가 현재의 정치 상황과 너무 크고 대립되기 쉽기 때문이다. 일제강점기나 해방 이후의 사상 문제나 정치 현실 등에서 시각차로 대립되어 있기 때문이다.

나는 이미 시련을 겪었고 낙인이 찍혔기 때문에 사실을 직시하고 논리적으로 정리해야 하겠다고 각오하고 심사위들의 판단에 맡기기로 하여 논제를 「19세기 말 한국의 민중운동 연구」로 잡았다. 논지는 구체제의 수탈과 탄압을 견디기 어려웠던 농민들은 1862년(임술)에 진주에서 시작하여 익산, 함평 등 70여 지방에서 민중항쟁을 벌였으나 의식화와 조직을 갖지 못해 진압되고 말았다. 1884년(갑신)에는 김옥균, 박영효, 서광범, 서재필 등이 갑신정변을 일으켜 위로부터의 혁명을 시도했으나 3일천하로 끝나고 말았다. 그로부터 10년 후인 1894년에 동학의 평등사상, 민족주의, 개벽사상으로 의식화되고 조직화된 농민들은 동학농민혁명을 일으켜 평등사회와 민족주의를 실현하려 했는데 수백만 명이 참여하고 수십만 명이 살육된 채 조정이 불러들인 청군을 따라서 서울에 진입한 일본군의 신무기때문에 좌절되고 말았다. 그로부터 10여 년이 지난 1896년에 독립협회가 중심이 되어 자주독립과 민주주의를 쟁취하려 했으나 일본의 사주를 받은 고종과 보수 세력에 의해 진압되고 말았다. 이때 서울의 인구가 21만 명에 불과했는데 3만 명의 서울시민이 모여 10여 일씩 집회를 하면서 자주독립과 민주사회를 실현하려 했다. 그러므로 19세기 말에 3차에 걸쳐 자주독립과 민주화를 시도했으나 보수 기득권 세력과 일제 침략자들이 야합하여 진압되고 나라가 망하고 말았다는 내용이다.

반면에 기왕의 통설에서는 1862년의 임술민중항쟁을 진주민란으로 일부 지역의 농민들이 난을 일으켰으나 곧바로 진압되었고 1884년 갑신정변을 정권욕에 김옥균의 개화당이 정변을 일으켜 일장춘몽에 지나지 않아 역사의 후퇴를 가져왔다고 평가절하했다. 또한 1894년의 동학란은 전라도의 동학당들이 난을 일으켜 일본군을 불러들여 청일전쟁을 일으켜 일본침략을 촉진시켰을 뿐이라고 보고 있다. 또한 독립협회의 활동은 일부 시민들의 주장이었고 체제를 부정하여 탄압을 받았다는 것이다. 결론적으로 기왕의 통설은 통치자인 왕과 양반들의 반발만 불러일으켰고 결과적으로 일본이 침략하여 망국에 이르고 말았다는 것이다.

우리 민족의 역량이 스스로의 힘으로 자주독립과 민주화를 이룩할 수 있었는데 구체제를 계속하여 기득권을 누리려는 왕과 양반들이 침략 세력인 일제와 영합하여 식민지로 전락했다는 것이다. 이러한 통설은 우리 민족의 뛰어난 역량을 부정하는 보수적인 기득권 합리화론으로 우리 역사 전체를 안이하고 피상적으로 보면서 심층적이고 발전적인 시각과 어긋나는 것이다. 해방 이후의 혼란과 전쟁 그리고 정치인들의 대립 속에서도 민주화를 달성해가고 엄청난 경제성장을 이룩한 민족 역량을 과소

평가한 것이다.

우리 민족은 19세기 말에 어려운 상황 속에서 근대화를 성취하기 위해서 열과 성을 다했으며 특히 수백만 명이 참여하여 수십만이 희생된 동학농민혁명을 일으켰다는 것은 세계의 역사를 보더라도 찾아볼 수 없는 거룩한 성과였다. 그리고 서울 인구의 1할이 넘는 시민들이 며칠씩 밤낮을 가리지 않고 시위를 전개할 수 있었다는 것은 지금에서도 대단한 일이었다. 우리는 보수 기득권을 지키려는 왕과 양반귀족 그리고 호시탐탐 침략의 기회를 노리는 일본 제국주의의 야합만 아니었다면 우리 스스로의 힘으로 근대를 이룩할 수 있었다.

나의 박사학위 논문이 당시에는 납득되기 어려운 면이 있었으나 50년도 안 되는 지금에서는 수긍하고 동조하는 변화를 보면서 나름대로 보람을 느끼고 있다. 그래서 내가 항상 주장하고 역설하는 "정의는 승리하고 역사는 발전한다"를 실증하고 있는 것이다.

분노를 달래고 시간을 보내기 위해 시작한 충남대의 박사학위 과정이 나름대로 성과를 거둘 수 있었는데 대해서 충남대 사학과 교수님들께 감사를 드리고 싶다. 또한 당시 상황에서 교환교수로 받아수신 것은 잊을 수 없는 고마움이었다. 그것은 역사를 공부하는 사람들만이 가질 수 있는 배려와 통찰력이었다고 치하를 드리고 싶다.

■ 김영삼 정권과 민주주의의 발전

노태우 정권과 3당 야합을 자행한 김영삼은 호랑이를 잡기 위해 호랑이굴 속으로 들어갈 수밖에 없다고 민주진영을 등지는 행위를 변명했다. 군사정권을 타도하기 위해서 치열하게 투쟁하던 민주세력에게 전두환의 후계자인 노태우의 진영과 야합한다는 것은 크나큰 실망을 주었다. 그러나 노태우의 민정당과 야합한 김영삼은 당권을 장악해 가면서 그의 집권 기획을 실현시켜 나갔다. 군부세력의 완강한 반항을 뚫고 나가는 데는 그의 놀라운 돌파력과 노태우의 연약성과 취약성이 함께 작용했기 때문이었다.

여당의 김영삼과 민주당의 김대중, 통일국민당의 정주영이 격돌한 14대 대통령선거에서 김대중보다 193만여 표를 앞선 월등한 우세를 보인 김영삼이 당선되었다. 김영삼은 문민정부를 표방하면서 박정희로부터 시작된 군사독재 32년을 청산하기 시작했고 군부세력을 척결하기 시작했다. 1994년 4월에 군부 내의 사조직인 하나회를 해체시켜 전두환, 노태우의 기반을 뿌리째 뽑았고 새로 인재를 영입하여 신한국당을 조직해 탈락한 김종필의 자민련과 김대중의 새정치국민회의로 3당이 모두 지역 기반을 둔 3김 체제가 형성되었다.

문민정부의 김영삼 대통령은 역사의 심판을 내세우면서 12·12 군사쿠데타, 5·18 광주학살, 4·19혁명, 5·16 군사 쿠데타를 확실히 규정하였고 군사반란 이후 5·18 광주학살을 자행하고 집권한 5공 청산에 나섰다. 전두환을 수괴로 노태우를 동조자로 규정하여 방조자인 군부 요인들을 내란죄로 구속하여 전두환은 사형 노태우는 22년 6월의 형을 선고받게 했다가 2심에서는 전두환이 무기징역, 노태우는 17년형으로 감형되었다.

문민정부 들어 김영삼 대통령이 역사적 평가를 내리게 되었는데, 군사정권들이 자행한 5·16 군사혁명이나 평가 절하된 4·19 의거 그리고 12·12 사태 등 자기들의 집권을 합리화시킨 광주사태나 광주폭동이 제대로 정리되고 정당한 평가를 받게 되었다. 미화의 극치를 보였던 박정희의 군사혁명은 군사쿠데타로 격하되었고 이승만 독재정권을 타도한 4·19 혁명이 제대로 평가되었으며 12·12 군사쿠데타나 5·18 민주화운동으로 올바른 역사적 평가를 받게 되었다.

또한 1995년 6월에 그동안 유보되었던 지방자치단체장 직선제가 시행되었다. 서울특별시장과 직할시장, 도시자, 시장, 구청장, 군수 등의 선거를 주민들이 직접선거로 선출하여 풀뿌리민주주의가 자리 잡게 되어 주민들의 권익을 보장하게 되었다. 그러나 1996년 4월에 실시된 15대 총선에서 여당인 신한국당이 과반수에 미달되어 지역에 기반을 둔 3김시대의 한계를 실감하게 되었으며 개혁에 제동이 걸렸다. 문민정부의 김영삼 정권이 감행한 최대의 성과는 금융실명제로 1993년 8월 12일에 전격적으로 단행되었는데 이 제도는 금융시장이 위축되고 소규모 사업사들의 자금조달이 어려워지는 등 부작용이 있었으나 장기적으로 경제개혁의 기초를 놓았다는 점에서 국민들의 환영을 받을 수 있었다는 점에서 높이 평가되는 것이다.

김영삼의 문민정부는 국민이 선택한 정권이란 정통성을 기반으로 활발한 외교정책을 수립할 수 있었는데 1996년 9월에 서방 선진국들의 경제협력개발기구(OECD)에 가입하였고 남북문제도 적극적인 자세로 임하였다. 군사정권이 그들의 안보우선정책을 내세워 대립과 외면을 앞세웠으나 소통과 대화는 세계적인 추세였고 남·북이 분열되고 대립하고 있는 우리로서는 아주 긴박한 문제였다.

김영삼 정권은 1993년 3월 19일에 공산주의자로 끝까지 전향을 거부한 이인모 노인을 무조건으로 석방하여 북한으로 보내어 인도주의적 태도를 보였다. 이러한 유화 분위기에 북한이 남북정상회담을 제의한 남한의 뜻을 받아들여 1994년 6월 28일 정상회담을 위한 예비회담이 판문점에서 개최되었다. 그러나 김일성 주석이 7월 8일에 갑자기 사망하여 회담이 무산되었고 재야인사와 학생들의 조문을 정부가 제지하자 남북관계는 다시금 냉각상태에 빠지게 되었다.

김영삼 대통령은 건강은 자신이 해결할 수 있는 문제나 두뇌는 다른 사람의 것을 빌려 쓸 수 있다고 장담하여 자신의 능력은 한계가 있었다. 그는 그의 아들인 김현철을 총애하여 사람들은 그를 소통령이라 부르기도 했는데 아들의 비행이나 전횡이 문제 되었다. 김현철은 한보사태에 깊숙이 관여하여 구속되기도 해 급속하게 그의 평가가 저하되었다.

김영삼 대통령의 결정적인 실책은 경제 문제를 소홀히 하다가 IMF 사태를 당하게 되었다. 임기 마지막 해인 1997년 만성적인 외환위기에 시달려 국제통화기금에 200억 달러의 구제금융지원을 요청하면서 경제 주권의 심각한 위축을 가져왔다.

김영삼 대통령은 위기를 극복하기 위해 고건을 총리로 세우고 신한국당의 대표로 대법관 출신인 이회창을 감사원장으로 임명하였다. 대통령 후보로 경선을 통해 이회창이 선출되었으나 김영삼 대통령과 불화하여 대통령이 탈당하는 사태가 일어났고 경기지사인 이인제는 신한국당을 탈당하여 국민신당을 창당해 여당은 분열되었다.

김대중은 김종필과 연립정부를 수립하자고 하여 공동전선을 세우고 대통령선거에 임하여 대통령에 당선되자 국민화합을 내세워 김영삼 대통령과 합의해 사형에서 무기징역으로 감형된 전두환과 그의 동조자인 노태우를 사면했다. 김대중과 김영삼이 합작한 광주학살의 주범으로 구속된 전두환·노태우를 사면한 행위는 정치적으로 용인될 수 있을런지 모르지만 준엄한 역사적 평가를 외면한 처사로 두고두고 많은 논란을 일으키고 있는 것이다.

근 14년 만에 복직된 서명원 전남대 학생과장

서명원 선생은 한말 의병장의 아들로 성균관대를 졸업하고 공무원시험을 거쳐 공직에 근무하여 사무관으로 전남대에서 근무하는 강직하고 사무 능력이 뛰어났다. 그는 대학 시절에 4·19 혁명을 맞아 시위대열의 선두에 서서 경무대(청와대) 부근에서 검거되어 구속되기도 했다. 박정희 군사정권 때 학생지도도 어려웠지만 교직원들에게 지원되는 지도비 관리가 어려움이 많아 총장이나 처장은 적합한 책임자를 구하는 데 신경을 썼다. 서명원 선생은 강직하고 사무적 역량도 탁월하여 학생과장으로 발탁되어 성실하게 직무를 수행하게 되었다.

독재자 박정희가 18년 동안 유신까지 동원하여 집권하다가 1979년 10·26으로 정보부장 김재규에게 피살되자 서울과 광주의 뜨거운 민주화 열기는 학생들이 앞장서서 불태우고 있었다. 12·12라는 군사반란을 통해 집권야욕을 채워가고 있는 전두환. 노태우 등이 5·18 광주학살을 자행해 집권 가도를 달리고 있을 때 그 발상지요 중심인 전남대는 가장 큰 희생의 제물이 되었다.

1980년 5월 18일 야음을 타 대학에 중무장한 군대를 진격시켜 도서관에서 공부하는 학생들을 겁박하고 구타했으며 본부 사무실에도 난입하여 군홧발로 서류함을 걷어차고 소리를 지르는 만행을 일삼았다. 5월 14일 도청 앞 분수대에서 민주성회를 개최한 전남대의 학생들과 교수들이 대형 태극기를 앞세우고 시내를 두루 행진했고 15일에도 분수대 앞 민주성회를 계속했으며 16일은 횃불시위를 개최하면서 신군부의 계엄선포가 자행되면 전남대 정문에서 10시에 만나자고 약속했다. 약속대로 18일 10시에 정문에 모인 전남대생들의 시위가 금남로를 거쳐 5·18 민중항쟁이 전개되었다. 신군부의 특전공수대가 야만적 살상을 자행해 시민들이 무장을 하고 도청에서 투쟁하다가 21일에는 군이 시내를 비우자 시민통치가 시행되다가 27일 새벽에 군부가 진입해 광주학살은 끝났다.

이때부터 무장 군인들이 시가는 물론 대학을 점령하고 강압적인 통치를 자행했는데 5·18의 발상지요 중심인 전남대는 공포에 떨면서 생잔만 도모하고 있었다. 이때 문교장관 이규호가 초도 순시 차 전남대에 오게 되었고 학교 당국은 이 장관에서 대책을 보고하게 되었다. 이때 서명원 학생과장은 직무상 보고서를 작성했는데 그 내용이 군사적 만행을 비판하여 계엄당국의 격노를 샀다. 그 내용의 일부는 "학생시위의 발생은 정체불명의 무장괴한들이 학내에 불법적으로 진입해 도서관에서 공부하는 학생들을 검거해 옷을 벗기고 구타한 데서부터 시작했으니 대학의 평온을 유지하는 것이 급선무다. 또한 사망자를 보상하고 구속당한 학생들을 즉각 석방하라"는 강경한 어조였다. 이 보고서는 교무처장의 엄중한 지시로 문교장관에게 전달되지 않았으나 후에 보안대에 연행되어 수사과정에서 그 내용이 크게 문제가 되었다고 한다.

서명원 학생과장은 학생처장, 학생부처장과 같이 학생시위를 조장하고 자금을 유용했다고 보안대에 끌려가서 한 달 가까이 혹심한 조사를 받고 사표를 강요당하고 석방되었다. 서명원 학생과장은 어려운 처지에서도 자금유용이나 불법지출이 없었고 아무리 털기 위한 수사를 가했으나 완전무결하였으나 이규호 장관에 대한 보고서 초안이 문제가 되어 사표를 내고 석방되어 당시의 총장인 오항기 교수에게 강요받은 사표는 무효이니 철회해 달라고 간청했으나 오총장은 지금이 어떤 상황인데 철없는 소리를 하느냐고 꾸중을 들었다고 한다. 서명원 선생은 직무상 견책을 받은 것이 아니라 군부세력에 괘씸죄를 저질렀기 때문에 사표를 냈다는 것이다.

5·18의 발상지요 중심이었던 전남대는 교수 12명, 사무직 2명이 해임되었는데 출판 과장 김병학 선생은 구속에서 풀려나 해직되어 시름시름하다가 1년을 못 넘기고 별세하였고 교수들은 1984년 7월까지 복직되었

으나 학생과장 서명원 선생은 복직되지 못했다. 그것은 교수들이 적극적으로 항쟁을 전개해 집권자 전두환이 견디기 어렵기 때문도 있었지만 집권야욕을 채우고 권좌를 누리고 있었으니 더 이상 탄압을 가할 필요가 없었기 때문이었는지 모른다.

같이 해직되었다가 1984년 7월에 복직된 우리는 서명원 선생의 처지가 안타까워했으나 해결방법이 없었다. 그래서 죄 중에서는 괘씸죄가 제일 중죄라고 농담도 하였으나 죄책감만 더했을 뿐이었는데 1985년 5월에 복직을 청구하는 청원서를 작성했는데 여기에는 맨 앞에 복직교수 12명이 서명했고 뒤따라 369명의 교수가 동조서명하기까지 했다.

서명원 선생은 심성이 고왔고 성실했으며 강직한 성품이어서 많은 교수들의 마음을 움직였고 선생님의 딱한 처지가 안타까웠기 때문에 마음을 모을 수 있었던 것이다. 하지만 군사정권이 종지부를 찍고 김영삼의 문민정권이 들어서야 해결될 수 있었다. 김영삼 정권은 역사적 평가를 단행하고 전두환, 노태우를 반역자로 몰아 처단하면서 서명원 선생의 복직문제도 해결되었다. 김영삼 대통령은 민주세력의 지도자로 광주학살을 지켜보면서 단식투쟁을 전개하기도 했는데 그가 집권하자 광주민주화운동에 참여한 전남대 오병문 교수를 교육부 장관으로 발탁했다. 오 교수는 5·18 때 내란방조죄로 수감생활을 했으며 해직되었고 전남대 총장을 역임했다.

오병문 장관은 해직 교수로 서명원 선생의 복직청원서에 앞장서서 서명했기 때문에 실무자에게 강력하게 복직의 추진을 지시했고 대통령에게도 건의하여 1993년 6월 25일에 복직이 실현되었으니 1980년 7월에 해직되어 14년에서 1개월이 모자란 것이다. 아마 공무원으로 14년 가까이 해직되었다가 복직된 경우는 대한민국 역사에서 처음 있는 일이라 볼 수 있다.

서명원 선생은 한말의병장 서우범의 아들로 태어나서 일찍이 흥사단 활동에 참여하여 정직과 봉사활동 그리고 애국·애족 사상이 투철했으며 어려운 상황에서 인권운동에 참여하여 한국인권교육원 이사장으로 인권옹호 운동에 앞장서기도 했다.

우리 역사에서의 최초의 수평적 정권교체 김대중 정권

박정희 군사독재자에게 정면 도전하여 정보부에 의해 일본에서 납치되어 수중에서 살해되려다가 미국의 반대로 구사일생했고 전두환 살인자가 광주항쟁을 조장하여 내란을 일으켰다고 군법회의에서 사형을 언도했다가 미국의 구원으로 죽음을 면했으며 군부독재자들로부터 혹심한 탄압을 받았던 김대중이 대통령에 당선되어 국민의 정부를 출범시킨 것은 최초의 수평적 정권 교체였다.

대통령에 당선된 김대중 정부는 우선 IMF를 극복하여 경제 위기를 탈출해야 했는데 1998년에 미국, 일본, 중국과 정상회담을 가졌고 다른 국제기구나 경제협력기구들을 찾아가 외자 유치를 서둘렀다. 한편 경제 위기 극복을 위해 금 모으기 운동을 일으켜 국민의 애국심에 호소했는데 이것은 한말의 국채보상운동의 부활로 놀라운 국민들의 참여로 우리 민족의 민족 역량을 세계에 과시했다.

국민의 정부는 햇볕정책을 추진하여 북방문제를 해결하려고 노력해 그 서막으로 정주영이 500마리의 소 떼를 몰고 판문점을 넘어 북한을 방문한 것이다. 그리고 금강산 관광사업을 전개하여 꽉 막혔던 남북의 문이 열리기 시작했다. 이러한 가운데 스포츠 교류가 시작되었으며 2000년 6월에 대통령이 북한의 초청으로 남·북한 정상들이 6·15 공동선언을 채택하였다.

남북정상회담 이후 정치적, 군사적 회담이 여러 차례 계속되었으며 스포츠 교류나 남북의 이산가족이 상봉하기 시작하였고 올림픽에도 같은 복장을 하고 입장하여 평화 무드가 활발하게 일어났다. 이러한 노력들이 결실을 맺어 10월에 노르웨이 노벨위원회는 김대중 대통령의 일평생 민주화와 인권을 위한 노력과 남·북 긴장 완화에 대한 업적을 인정하여 노벨평화상 수상을 발표했다.

경제 위기 극복과 남북 평화 무드 조성에도 불구하고 지역 간의 갈등 문제는 완화되지 않아 4월 13일에 거행된 총선에서 영남을 기반으로 하는 한나라당이 133석을 차지하여 115석을 얻은 새천년 민주당은 제2당으로 전락했다. 이것은 투표율이 57.2%에 불과했고 망국적인 지역감정이 극에 달하였기 때문인데 이 결과로 소수당이 되어버린 김대중 정권은 힘이 빠지게 되었다. 영남지역을 기반으로 삼고 있는 한나라당은 박정희 18년간의 군사독재와 계속된 전두환 군사독재나 그리고 김영삼 정권에 이르기까지 37년간 정권을 장악하여 상대적으로 우월한 입장에서 정치권과 경제권을 독점하면서 기득권 세력으로 확실하게 자리 잡았다.

반면에 호남지역은 언제나 소외되었고 낙후되었으며 정치적으로 탄압당하고 외면당했다. 영남지역은 야당으로 불평과 비난이 비등했고 반면에 호남지역은 보수 기득권에 대한 투쟁이 심각해 갔다. 호남지방은 영남지방의 정치권과 경제적 독점 때문에 인구도 영남 쪽이나 수도권으로 이주하여 상대적으로 비교가 되지 못했다. 그리하여 선거에서 항상 불리하여 처음으로 대통령 선거에서 김대중 정권이 유일무이한 정권이고 어떤 대통령 선거에서도 항상 열세였고 패배를 당했다.

4·13 총선은 정부와 여당의 입지를 어렵게 만들었다. 국회를 장악하는 데 실패했을 뿐 아니라 영남에서는 단 1석도 여당의원이 당선되지 못한 것은 동서 간의 지역갈등이 심각하다는 것을 보여주었다. 이러한 상황에서 정부와 여당은 재야민주운동을 해 온 서영훈을 민주당 대표로 임명하여 부드러운 이미지를 심어주려고 했다. 서영훈은 적십자 활동을 꾸준히 해왔으며 남·북 관계에서 적극적인 접촉이 기대되는 훌륭한 인격인 사람인데도 갈등이 고조되는 정계에 희생물이 되고 말았다.

IMF를 효과적으로 극복하고 남·북문제도 순조롭게 풀어가고 있었음에도 불구하고 국회를 장악한 야당은 북한에 퍼주기만 하여 굴종적인 자세로 북한의 위상만을 높여주고 북핵 개발에 자금을 공급하고 말았다고 비판하였다. 국방력 강화에는 관심이 없고 북한의 눈치나 보면서 비위를 맞춰주니 국가안보가 위태롭기 짝이 없다고 김대중 정부를 비난하였다.

김대중의 국민정부는 언론이 보수 기득권을 보존하기 위해 역대 보수정권과 합작하고 있다고 언론개혁에 착수하여 조선일보, 동아일보, 국민일보의 대주주가 구속되기도 했다. 언론들은 전두환 정권에서도 군사정권에 온갖 교태를 부리면서 살아남았고 그들과 야합하여 그들의 사세를 키우고 기득권을 더 크게 확보하여 보수정권을 확실하게 지탱하게 했다.

국민의 정부는 외교문제가 난관에 봉착하게 되었으니 그것은 미국의 민주당 정권이 공화당 정권으로 교체되게 되면서부터 심각했다. 민주당의 클린턴 정권이 부시의 공화당 정권으로 바뀌어서 대북정책은 보수화로 전환하였다. 미국의 심장부가 탈레반의 테러에 의해서 파괴되었기 때문에 이를 보복하기 위해 보수정권인 공화당 정권이 강경한 대외정책을 추진했고 북한에 대해서도 핵을 포함한 대량살상무기를 조사해야 된다고 압박을 가했기 때문이었다. 그리고 일본에서는 보수파의 고이즈미 내각이 출범하여 보수화되고 있었다.

한편 김대중 일가의 부정부패가 발발했으니 이희호 영부인의 밍크코트사건이 발생했고 큰 아들 김홍일의 부패와 둘째인 김홍업의 부패가 폭로되어 국민들의 실망은 컸다. 광주에서 노무현 돌풍을 일으킨 민주당은 노사모(노무현을 사랑하는 모임)가 김대중 정권을 멀리하여 인기회복을 도모하는 과정에서 5월 6일에 김대중 대통령이 민주당을 탈당하고 자식들의 비리를 사과했다.

그리하여 최초의 수평적인 정권교체를 이룩한 국민의 정부인 김대중 정권이 종지부를 찍고 말았고 망국적인 지역차별은 호남정권의 재등장을 불가능하게 하는 상황이 되고 말았다.

노무현 참여정부의 꿈과 희망

IMF를 극복하고 남북문제를 전향적으로 접근한 김대중 정권은 힘차게 출발했으나 영부인의 밍크코트 파동에 이어 장남 김홍일, 차남 김홍업의 부정행위로 구속되는 사태가 연발하여 국민적 실망이 극에 달했다. 중간평가 성격의 지방자치 선거에서 호남을 제외한 전국에서 패배했고 국회의원 보궐선거에서도 여·야의 당선비율은 2:8로 완패당했다.

한편 처음으로 지역대의원선거에서 예상 밖으로 노무현이 한화갑, 정동영, 김근태, 김중권, 유종근을 꺾고 72% 지지를 얻어 김대중 대통령의 측근들을 압도했다. 광주에서 시작된 노무현 돌풍이 노사모(노무현을 사랑하는 모임)와 청년개혁층의 지지열풍을 타고 전국을 강타하여 2002년 4월 27일의 결선투표에서 압승한 것이다.

대통령 후보 경선이 끝난 후 지러신 6·13 난체장선서에서는 전라도를 제외한 전국에서 야당인 한나라당이 우세했으며 8·8 국회의원 재보궐선거에서 한나라당은 11명이 당선되었는데 여당은 2명에 불과했다. 12월 19일에 실시되는 대통령 선거에서 예상을 깨고 노무현 후보가 이회창을 누르고 당선되었다. 그것은 여론조사 결과 야권의 단일화가 이루어지지 않으면 여당이 승리할 수 없다고 판단해 단일화 투표 결과 노무현이 46%, 정몽준이 42%를 얻어 노무현으로 단일화되었는데 선거 하루 전에 정몽준이 이념이 다르다고 공조를 포기하여 세상을 놀라게 했는데 이에 충격을 받은 젊은 유권자들이 총집결하였고 노사모의 온 힘을 다한 헌신이 있었기 때문에 기적을 이룰 수 있었다.

노무현 대통령은 나라는 소수의 정치인이나 언론인 그리고 경제적 지배자인 기업인의 것이 아니라 모든 국민이 참여하여 이루어지는 것이라

하여 참여정부라 명명하고 국민과 함께하는 정부를 지향했다. 안팎으로 복잡한 상황 속에서 각계각층의 여론을 청취하여 국정에 반영하였는데 평검사와의 대화가 있기도 했다.

평검사와의 대화는 법무부 장관 강금실의 입회 아래 전국 각지에서 선발된 평검사들의 소리가 여과 없이 표출되었는데 권위적 집단인 평검사들이 대통령의 인사 청탁이나 지시들의 실태를 거론하면서 공격성 질문을 자행하다가 대통령이 격노하는 촌극이 벌어지기도 했다. 검사들이 자신들의 특권을 방어하기 위해 대통령을 굴복시키기 위해 계획적으로 대통령을 고발했다는 음모로 밝혀져 물의가 야기되었다.

노 대통령의 참여정부는 지역감정이나 기성세대들보다는 20~30대의 네티즌 세대의 지지 속에서 탄생된 것이기 때문에 50~60대의 거리감이 컸고 반발하기까지 했다. 그리하여 세대 간의 갈등이 노출되기도 했는데 복잡한 상황 속에서 국회의 탄핵을 받았으나 국민적 저항에 힘입어 헌법재판소에 의해 부결되었고 다음 총선에서는 압도적 다수로 여당의 승리가 있었다.

한편 외교적인 어려움에 부딪혔는데 미국의 이라크 침공이 자행되어 미국의 강요로 수백 명 규모의 공병대대와 의료부대를 파견했는데 미국의 이라크 침공이 미국의 이익을 옹호하기 위한 침략으로 인식되어 국회의 동의를 얻은 파병이었으나 정부는 책임론에서 벗어날 수 없었다.

또한 북한문제는 북한이 남한의 원조자금으로 핵무장을 서두르고 있다는 주장들이 대두하여 대북정책이 문제가 되기도 했다. 그리고 김대중 정부가 현금으로 2억 달러를 산업은행에서 대출받아 현대상선을 통해 북한에 송금했다는 설로 특검을 받기도 했다. 그러나 남북 유화정책은 우리가 지속하여야 할 정책이기 때문에 남북이산가족 행사가 계속되었으며 금강산 관광 문제나 개성공단은 계속 운영되었다.

노무현 정부는 수도권으로 집중되는 모든 문제를 해결하기 위해 지방분산정책을 추진했으니 수도를 세종으로 옮기고 정부산하기관을 지방으로 분산시키려 했다. 그러나 헌법재판소가 경국대전이나 관습법 운운하며 위헌이라 판결하자 국회와 청와대를 서울에 남기고 세종을 행정도시라고 했다. 그리고 정부산하기관은 전국의 각도에 이전을 추진했는데 각 시·도에 정부산하 기구를 1~2개씩 옮겨 인구의 분산과 기업 분산을 시도했다.

돈벌이에 나선 이명박 정권

경제를 살리겠다고 취임한 17대 대통령 이명박은 역대 대통령 가운데 그 유례를 찾아볼 수 없는 부정부패를 자행한 대통령이다. 현대건설 사장으로 악명 높은 이명박은 민주당의 정동영 후보를 압도적으로 따돌리고 대통령에 당선되었다. 대통령은 막강한 권력을 소유한 위치에 있기 때문에 마음만 먹으면 무엇이든지 할 수 있기 때문에 많은 사람의 시선을 받기 마련이다.

박근혜와 야당 경선에서 이명박은 수많은 재산을 다른 사람에게 위탁관리하고 있는 도곡동 택지나 자동차 부품회사인 다스가 자기 것이 아니라고 주장했다. 도곡동 땅은 그린벨트를 해제해 엄청난 액수가 되는 땅이며, 다스는 자동차 부품을 독점적으로 생산하는 업체인데 이것을 차명 관리하고 있는 업체인데 그것들이 이명박의 소유임을 모르는 사람이 없을 정도였다. 그런데 이것이 새빨간 거짓말이라고 부정했다.

이명박 대통령은 대통령에 취임하자마자 본격적인 돈벌이에 나섰으니 그 대표적인 것이 바로 4대강 개발사업이고 해외 자원외교이다. 우리나라 안에서는 4대강을 개발하여 물을 확보하여 홍수와 가뭄을 예방하는 것이고 해외에 자본을 투자하여 국가를 부강하게 하겠다는 것이다.

4대강 개발사업은 한강, 낙동강, 금강, 영산강을 개발하여 댐을 막아 물을 확보하여 홍수나 가뭄에 대비하여 수자원을 확보하겠다는 공사였다. 처음에는 물을 많이 확보하여 운하를 조성해 부산에서 서울까지 관광선으로 왕래하겠다고 하다가 여론의 반대로 수정하였다. 여기에는 막대한 예산이 필요하고 사전에 타당성 조사가 필수적이며 문화재 조사가 필요하였다.

여기에 필요한 국가 예산이 21조가 소요되는데 철저한 공개 입찰을 통해서 시행자를 결정해야 되는데 대통령이 토목공사 전문가였기에 측근들에게 공사를 맡겨 엄청난 돈벌이를 했다는 것이다. 일제강점기 이후 관례가 되어있는 10% 시공사가 관계 당국에 선납하는 제도를 활용했다는 것이다. 그러니까 21조의 10%인 2조 1천억을 챙겼고 공사 전체에 개입하고 부지매매 책정에 가능한 많은 부지를 책정하여 많은 부를 쉽게 챙길 수 있었다는 것이다.

또한 공사를 빠르게 추진한다고 하여 예비타당성 검사나 문화재 조사를 생략하게 했는데 이를 위해 사전에 반대자를 해임했는데 많은 역사학자나 토목건설 분야의 학자들을 교체하였고 환경 관계 시민단체들을 배제하였다. 그리하여 4대강 사업을 조속히 추진하여 많은 부작용을 야기하고 말았다.

4대강 개발공사가 많은 문제점과 부작용을 야기하여 댐을 철거하거나 보완책이 논의되고 있다. 많은 물의 저장으로 홍수로 인한 범람이나 수질의 악화, 생태계의 변화 등으로 댐을 해체하거나 수문의 개방 등이 광범위하게 이루어지고 있다. 가까운 예로 영산강의 죽산보 해제와 승천보의 개방 등이 실현되고 있으며 한강이나 낙동강, 그리고 금강의 개선책이 논의되고 있다.

돈벌이에 나선 이명박 대통령은 돈벌이 수단을 자원외교란 명목에 엄청난 국고를 유출했으니 그것에서 이명박은 얼마나 많은 돈을 챙겼는지 살펴보겠다. 돈이라면 나라가 망하고 손해를 보더라도 서슴지 않은 이명박 대통령은 상상을 초월한 장사치에 불과하다. 자원외교라는 미명으로 석유공사를 시켜 캐나다에 있는 하베스트 유전에 4조 5천억을 투자하고 그 유지·보수비로 6천억을 추가로 투자한 기가 막힌 일을 벌였다. 그런데 그 유전은 98%가 물이고 석유는 2%밖에 포함되어 있는 폐유전으로 이것은 돈을 벌자는 투자가 아니라 돈을 빼돌리는 사기극인 것이다.

한강 물을 팔아먹은 봉이 김선달이 옛날의 이야기로 전해오기는 하지만 대통령이란 자가 엄청난 국고를 빼돌려 챙겼다는 것은 21세기에 있을 수 있는 일은 아닌 것이다. 다음 정권인 박근혜 대통령이 조사하였지만, 초록은 동색이라 하는 척하고 말았던 것이란 주장들이 많다.

문재인 정부는 적폐의 극을 달린 이명박 전 대통령을 수사한 결과 다스나 도곡동 땅은 이명박의 것으로 차명재산이며 엄청난 부정을 자행했고 국정원의 비자금을 빼돌린 것이 확인되어 중형과 추징금을 선고받고 복역 중이다.

이명박 전직 대통령의 돈벌이가 다 밝혀지고 그 주변의 부정부패가 모두 사실로 밝혀진다면 과연 얼마나 될까, 그 진실이 모두 밝혀질 수 있었다면 하는 안타까운 처지다.

세상에 국리민복을 위해서 봉사해달라고 선출한 대통령이 사욕을 채우고 엄청난 치부를 해서 저승에까지 가지고 가려는지 한심스럽고 쓰디쓴 입맛만 다시고 있을 뿐이다.

박정희 독재자 망령의 재등장과 박근혜의 탄핵

박정희의 딸 박근혜가 제18대 대통령으로 등장했으니 헌정 74년 만에 23년간 부녀간에 이 나라를 주무르겠다니 기가 막힌 일이다. 박정희 정권이 나라와 민족을 빈곤에서 구출했으며 지상낙원을 이루어주었다고 착각하는 사람들에게는 다른 이야기지만 같은 당 의원이었던 전여옥은 박근혜는 100자 공주라는 말을 자주 했는데 그 말을 실증시킨 것이 그의 행적에서 드러났다. 그는 임기 동안 그의 영도자인 최태민의 딸 최순실의 꼭두각시 노릇만 하고 말았다. 취임식에서 오방색 깃발을 휘날리며 이상야릇한 모습들이 드러나 무속인 최태민의 영향력이 아닌가 의심하는 사람들이 많았다. 무속인 최태민은 꿈속에서 박근혜의 어머니 영상이 나타나 딸을 보살펴 달라고 부탁을 받았다며 청와대에서도 단절시키지 못한 채 방관하고 있었다고 한다.

박근혜 대통령은 문고리 삼인방이나 최순실이 청와대의 실권을 좌지우지하고 대통령의 집무나 정책 그리고 인사 결정을 좌우했으며 재벌들을 호령하며 경제 부정과 부패를 일삼았다. 또한 비서실장으로 김기춘을 임명했는데 그는 부산 초원식당에서 측근들을 모아놓고 김영삼 후보의 지지 연설을 하면서 "우리가 남이가"하면서 지역감정을 강조했는데 그것이 오히려 영남지방을 응집시켜 대통령에 당선시킨 일화로 유명한 장본인이다.

박근혜 대통령 재임 시절에 인천에서 제주로 가는 세월호가 침몰하여 초기의 구조조치를 외면하여 수백 명의 학생이 사망하는 사건이 일어나기도 했다. 문고리 삼인방이나 최순실 그리고 김기춘, 우병우 민정수석들에 둘러싸여 정책의 난맥상과 부정부패가 난무하여 날이 갈수록 심각해질 수밖에 없었다.

또한 북한 관계는 보수일관으로 대립과 충돌을 야기했는데 진보정권에서 채택하여 성과를 보이고 있었던 개성공단을 대책도 세우지 않고 폐쇄시켜 남북관계를 평화공존에서 대립 갈등관계로 악화시키고 말았다. 한편 박근혜는 박정희 대통령을 우상화시키고 보수화를 합리화시키기 위해 국사 교과서 편찬 작업을 추진했다. 검인정교과서인 국사 교과서를 국정교과서로 바꿔 보수정권의 입맛에 맞는 국정교과서를 만들어 주체의식을 강조하겠다는 주장이나 18년간 독재를 자행한 아버지 박정희를 신격화시겠다고 강력히 추진하였다.

이에 국사교사들의 반대가 심했고 학자들 90%가 좌경용공사상에 물들어 있다고 공개적으로 비난하면서 강력히 추진했다. 그런데 근·현대사를 전공하는 학자들이 한 사람도 국사 교과서 편찬에 참여하지 않아 사회학이나 정치학과 교수들을 동원해 국정 국사 교과서를 출간하기로 했다. 그러나 촛불집회가 일어나 독재자 박정희 무덤에 꽃다발을 바치려는 작업이 중단되었고 탄핵정국을 맞고 말았다.

박근혜 정권의 무능과 최순실의 정권농단은 날이 갈수록 심각해졌는데 그것이 발각되기 시작한 것은 대통령이 최순실에게 보낸 내용이 JTBC에 의해 발견되면서 부터였다. 처음에는 부정하고 넘어가려 했으나 점차 사실로 증명되면서 사회문제로 확대되었다. 즉 무능한 박근혜 대통령은 청와대 깊은 내실에 처박혀 있고 국정은 문고리 삼인방과 이것을 지휘하는 최순실에 의해서 자행되었다는 것이다.

날이 갈수록 참여자가 격증하는 촛불시위는 젊은 층에서 장년, 노년, 학생 등에 이르기까지 확대되어 나갔고 그 열기도 뜨거워져갔다. 여론에 밀려 정치계는 특검을 결의했고 박영수, 윤석열 등이 참여하는 특검이 실시되었다. 뜨거운 촛불시위와 특검결과가 속속 드러나자 국회는 대통령을 탄핵하자는 절차에 들어갔는데 재적 3분의 2 이상이 소요되는 국회의결의는 여당이 동조하지 않으면 불가능했다.

그러나 특검에 의해서 박근혜의 실정이 도를 넘었다는 사실에 직면하자 탄핵절차에 들어가 압도적 다수로 결의안이 통과되었다. 국회는 절차에 따라 탄핵결정권이 있는 헌법재판소에 넘겼는데 여당이 추천 임명한 헌법재판관이 많은 상황이라 그 판결에 국민의 눈과 귀가 집중되었다. 그러나 국민의 소망에 따라 만장일치로 대통령 박근혜의 파면이 결정되어 대통령 박근혜는 재판을 받게 되었고 19대 대통령 선거에 들어가게 되었다.

그리하여 박정희 독재정권 18년을 이은 박근혜 대통령은 5년 임기를 채우지 못하고 재판을 받아 수감되고 많은 벌금을 선고받았으며 아버지 무덤에 꽃다발을 헌납하지 못하게 되었다.

100자밖에 모르는 100자 공주가 그 추종자들이 꾸며낸 독재자 박정희 대통령의 뒤를 따라 얼마나 영광을 누릴 수 있을런지 역사가들의 추상같은 심판을 받아봐야 할 것이다. 우리 국민들이 눈물 많고 용서하는 것을 좋아한다고 하는데 추상같은 춘추필법이나 준엄한 역사의 심판으로 인해 그 효력은 떨어지고 말 것이다.

박근혜 대통령을 탄핵하고 법정에 세워 징역 22년에 추징금 68억을 선고받아 복역 중이지만 그를 추종하는 세력들은 너무나 억울하고 불쌍하다고 부질없는 동정심을 발휘하고 있다.

■ 적폐 청산과 남북문제에 앞장서고 있는 문재인 정권

대통령의 임무나 본분을 망각한 보수정권 10년에 분노한 국민들의 촛불혁명은 19대 대통령으로 문재인 정권을 탄생시켰다. 2017년 5월에 대통령에 취임한 문재인 정부는 적폐를 청산하고 우리의 최대과제인 남북문제의 해결하는 일이었다.

기득권을 누려온 보수정권이 부패와 장난은 하루아침에 해결될 수 없었다. 권력에 결탁한 경제계의 막강한 영향력을 뿌리째 도려낸다는 일까지 함께 해야 할 과제이기 때문이었다.

국민과 나라를 위하는 일보다 자신의 배 속을 채우려는 이명박 정권의 가증스러운 부패는 얼마나 깊고 엄청났는지 쉽게 파악하기 어려웠고 무능하고 무지한 대통령을 끼고 놀아난 간신들의 농락은 얼마나 심각했는지 찾아내기 어려웠다. 사법부에서 한정된 능력으로 완전하게 처단할 수 없는 일이었다.

이명박의 돈 벌기는 다스가 이명박의 소유로 이에 관련된 부패고리를 찾아 응징하였으며 국정원의 비자금 유용규명에 그쳤으니 그가 자행한 부정부패의 몇 퍼센트나 밝혔는지 모른다. 그리고 무능한 박근혜를 농락하여 자행된 문고리 3인방과 그의 두목인 최순실, 그리고 권력 주변의 간신들이 벌인 부정과 부패는 얼마나 파헤쳤는지 모른다. 그러므로 밝혀지고 논죄된 사실은 큰 황소의 털 하나에 그치고 말았을 것이다.

그러나 할 일이 차고 넘치는데 그것만 파고들 수 없어 돈벌이의 두목 이명박이나 무능의 극치인 박근혜에게 중형과 거액의 벌과금을 선고하는 데 그치고 말았다. 이명박이나 박근혜 주변에서 범죄를 방조했거나 실리를 챙긴 주변들은 안도와 조소를 보내면서 재기를 도모하고 있을 것이다.

문재인 정부의 최대과제는 남북문제의 해결이었다. 지구상에서 유일한 분단국으로 대립과 갈등이 극에 달해 전쟁까지 일으켜 초토를 만들었던 우리 민족은 다시금 대립하고 전쟁을 일으키는 일이 없어야 한다. 그러므로 대통령은 북한의 김정은을 타일러 핵무기를 없애고 평화 무드를 조성하여 북한의 동포들은 자유로운 생활과 부유한 삶을 누려야 하고 우리 국민은 전쟁의 공포에서 벗어나 우리 민족이 공동으로 번영할 수 있어야 한다.

문재인 대통령은 미국의 통제로 경제적 어려움을 겪고 있는 김정은과 유능한 장사꾼인 트럼프를 설득하여 한반도에서 핵을 없애고 평화를 누리게 하여 북한의 경제발전을 이룩하고 트럼프는 세계평화에 공헌한 공으로 노벨 평화상까지 수상할 수 있다고 적극적인 설득에 나섰다. 문 대통령은 김정은을 설득하여 판문점을 방문해 남북정상회담으로 한반도의 평화를 확실하게 합의했으며 평양을 방문하고 평양에서 대국민 호소를 했으며 백두산에 올라가 손을 잡고 평화를 호소하였다.

한편 문 대통령은 북한의 김정은과 미국의 트럼프가 직접 만나서 극적인 합의를 보게 해 한반도의 평화를 도모했다. 김정은과 트럼프는 싱가포르에서 1차 회담을 가졌고 2차로 베트남에서 2차 정상회담을 갖게 했으나 합의가 이루어지지 못했다.

또한 일본의 동경에서 거행된 G7 정상회의에 참석한 트럼프가 문재인 대통령과 함께 한국의 판문점을 방문해서 김정은과 손을 잡고 단독회담을 하게까지 하게 했다. 그리하여 문재인 대통령은 정상회담 타결을 위해 혼신의 노력을 했으나 협상이 진전되지 못한 채 트럼프의 낙선으로 일장춘몽으로 끝나고 말았다. 그러나 문 대통령은 북·미의 회담을 통해서 남북문제의 평화적 해결을 위해 계속적으로 노력하고 있다.

우리의 지상과제는 남북문제의 해결이다. 우리는 훌륭한 민족이고 엄청난 저력을 가졌으나 외세에 의해 분단되었고 동족상잔의 전쟁까지 치렀고 세계 유일의 분단 민족으로 수모를 겪고 있으며 무한한 역량을 발휘하지 못하고 있다. 이러한 절박한 상황을 하루빨리 극복하여 부끄럽지 않은 세계의 선도국가가 되어야 할 것이다. 그러한 면에서 문재인 대통령의 노력은 큰 칭찬을 받아야 할 것이다.

적폐 청산과 남북문제의 해결에 전념하고 있는 문재인 정부는 뜻하지 않게 세계를 강타하고 있는 코로나 19의 극복이었다. 이웃나라 중국에서 발생한 것으로 코로나 19의 예방에는 예방주사를 맞는 것밖에 없는데 그것을 빨리 구입하여 확보하는 것이 국가의 능력을 평가받는 경쟁이었다. 선진국인 미국이나 유럽 국가들이 우선적으로 확보했고 이스라엘이나 호주 등이 뒤를 이었다.

문재인 정권은 우선적으로 방역에 선도적인 입장이어서 세계적인 평가를 받았고 많은 주사약을 구입하는데 한발 늦었으나 전 국민의 적극적 통합으로 코로나 19에서 그 발생률이 월등하게 저조했다. 코로나 19는 꺾일 줄 모르고 변종들이 발생하여 무섭게 전파되고 있으며 수많은 사망자가 발생하고 있는데 언제 완전히 극복할 수 있을련지 모르게 되었다.

그러나 K방역으로 이미 세계적 명성을 떨치고 있으며 탁월한 국민적 단합으로 예방에 참여하고 있으나 3년 차에 이르는 코로나 19는 전 세계적 재앙으로 언제 완전히 극복할 수 있을지 예측하기 어렵다. 다만 방역과 치료에 여야가 합력하고 있어 그 전망은 밝다고 볼 수 있을 뿐이다. 때마침 대통령 선거가 진행되고 있어 사사건건 대립과 비난을 쏟고 있지만 코로나 19에 대처하는 국민의 시각은 일치하고 있어 우리의 국민적 역량과 문재인 정권의 대비책은 높이 평가되고 있다.

또한 문재인 정부는 활발한 외교활동을 전개해 G7 정상회의에 옵서버 자격으로 참여했으며 다른 정상들과 화상회의를 전개했고 미국 대통령과 여러 차례 전화 회담을 가져 국위를 선양해서 한국은 명실공히 세계의 리더로 활동했다.

문재인 대통령은 임기 말에 이르러서도 40%를 넘는 지지율을 보이고 있는 유례없는 국민의 지지와 사랑을 보이고 있으면서 한반도에서 다시는 전쟁을 없애자는 종전선언을 추진하고 있으며 코로나 19의 극복을 위해서 최선을 다하고 있는 열성에 대해서 감탄을 금하지 못하고 있다.

■ 일제강점 36년의 엇갈린 평가

제국주의의 막차를 탄 일본은 세계의 역사학자들의 평가와 같이 20세기 가장 악랄한 식민통치라고 볼 수 있다. 세계 역사에서 일제의 식민통치는 완전무결하게 착취하고 수탈했음을 말하는 것이며 무자비한 탄압과 살상을 자행했다는 것이다. 그런데 일본 사람들도 아닌 한국인들이며 보통 사람도 아닌 학자들이 일제의 식민통치를 미화하고 칭찬하는 사람들이 있다는 것은 통탄할 일이다.

그들이 다행스럽게 역사학자가 아니라 정치학이나 사회학을 전공하는 사람들이란 점에서 약간 위안이 된다. 학문의 성격상 사실을 심층적이고 종합적으로 성찰하는 역사학과 달리 정치학이나 사회학은 상황을 피상적이고 외향만 살피는 면이 있기 때문인지도 모른다.

일본의 관변학자들이나 일본의 사주나 혜택을 받은 외국인들이 일제 침략을 옹호하는 경우가 가끔 있었다. 동학농민혁명으로 부패하고 무능한 조선의 고종왕과 양반들을 살려준 것도 일본 침략자들이고 독립협회가 서울시민의 열화 같은 참여를 군대를 동원해 진압하라는 것도 일본의 공사였으며 동양 평화를 위해 일본의 보호를 받아야 된다는 을사늑약을 강요한 것도 일본의 이등박문이었다.

일제 침략자들은 대한제국의 군대를 해산시키고 조선을 강제로 협박하여 식민지로 만든 후 36년간 통치하면서 식민지 정리기, 식량 착취기, 병참 기지화로 구분하여 철저하고 완벽하게 통치했으며 200만 명이 참여한 3·1 만세 운동이나 1926년의 만세운동, 1929년의 광주학생독립운동을 잔인하게 살상하면서 탄압했다. 그리고 일제 침략자들은 만주사변을 일으켜 만주를 병합하고 중국을 침략하면서 2차 세계대전을 일으키면서 우리나라를 병참기지로 전락시켰다.

일제 침략자들은 우리를 수탈하기 위해 신작로를 개설하고 철도를 부설했으며 저수지를 만들어 한국을 근대화시켰다고 자랑하고 그들의 심부름꾼으로 부려먹기 위해 학교를 만들었고 군수품을 조달하기 위해 공장을 만들었다. 그들의 필요를 위해 공장을 지었고 그들의 전쟁을 위해 군인, 노동자, 위안부, 소년 비행사를 만들어 철저하게 탄압하고 인권을 유린했다.

일제 침략자들은 그들의 필요에 따라 경찰들을 고용하여 민중이나 독립운동가들을 무자비하게 고문하며 탄압했고 그들의 앞잡이로 관료들을 양성하였고 농민들을 관리하고 착취하기 위해서 동양척식회사를 만들었다. 그들이 양성한 군인들을 침략의 앞잡이로 만들어 동족을 이간시키고 탄압하는 도구로 활용했다. 그들이 양성해 앞잡이로 이용했던 일부 관료, 일부 경찰, 일부 군인, 일부 하수인들이 그들에게 배운 못된 짓을 십분 활용하여 오늘의 보수적인 기득권 세력으로 우리를 오도하고 있는 것이다.

우리 국민들의 역량은 탁월하여 무자비한 탄압과 수탈에 저항하여 민족운동을 줄기차게 전개해 우리의 말과 정신을 지켰으며 독립을 쟁취하기 위해 노력했다. 일제 침략자들이 자행한 폭력과 수탈 속에서 끈기 있게 저항하여 소생할 수 있었다. 우리 민족의 저력을 과소평가하면서 일제 침략을 미화하고 과대평가하는 학자들로 서울대의 이영훈 교수나 연세대 류석춘 교수는 대표적인 보수파 학자로 보수세력들을 옹호하면서 일제 침략을 추종하고 있는 상황이다. 이들은 보수언론과 연대하면서 보수 기득권을 유지 확대하고 있는 것이다. 우리가 불행하게도 일제 잔재들을 청산하지 못한 채 기득권 관료 일제에 길들여진 군부세력, 재벌세력 그리고 고문경찰이 앞장서서 무서운 세력을 과시하고 있는 것이다.

우리의 헌정사에서 이들은 정치주도세력으로 마각을 드러내기도 했으며 보수 기득권 세력으로 위력을 가지고 독버섯처럼 성장하고 있는 것이다. 이들은 일정 지역을 기반으로 보수화를 지향하며 진보적인 개혁세력을 좌경용공세력으로 매도하고 있다. 그러나 위기 대처 능력이 뛰어난 우리 민중들은 위기 때마다 벌떡 일어나 눈을 부릅뜨고 나라와 민족을 지키고 있는 것이다. 그런데 자신들의 과오를 인정하려 들지 않는 일본의 극단 우파세력과 결탁하여 우리들을 흔들고 있다.

요즘은 그 세력들이 강화되어 공공연하게 망동을 일삼기도 하는데 보수 골통을 자처하는 태극기 세력으로 지칭 되어 재계, 언론계, 법조계 그리고 특정 지역과 연결되어 활동하고 있다. 이들의 방자한 활동은 소녀상을 지키며 순수한 애국·애족을 이어가고 있는 수요집회를 방해하고 있다. 매주 수요일을 기해 소녀상지키기 운동을 방해하기 위해 소녀상 주변을 선점하는 엄마부대의 지도자 주옥순 등의 활발한 모습을 지켜보아야 한다.

이들은 박근혜 부대의 선발대가 되어 이 땅의 보수거점으로 활발한 활동을 하고 있는데 우리 역사는 정의가 승리하고 역사발전의 순리라는 것을 확실히 보여주는 응징이 있어야 할 것이다. 우리는 일제 침략자들의 노골적인 방해만 없었다면 19세기 말에 스스로의 힘으로 근대화를 쟁취할 수 있었던 민족역량을 지닌 국민이 분명하다.

서울대의 이영훈 교수나 연세대의 류석춘 교수 등이 주장하는 일제 침략의 합리화나 미화는 우리 민족의 역량이나 불굴의 의지를 모욕하는 반민족적이고 반역사인 주장임을 분명하게 밝혀주어야 할 것이다.

뒤틀린 대한민국의 출범과 이승만 정권

스스로의 힘으로 독립을 쟁취하지 못한 우리 민족은 분단의 비극을 맞았고 대립과 갈등으로 분열과 혼란을 거듭했다. 죽음을 앞둔 미국의 루즈벨트는 1945년 2월에 얄타회담에서 막강한 일본의 관동군을 힘 안 들고 타격하기 위해 스탈린의 대일 참전을 추구하여 한국의 분열을 초래하게 되었다.

소련의 스탈린은 일본에 참전하지 않는다고 기만전술을 써서 미군에 밀리고 있는 상황에서 정예의 관동군을 대미 전선에 투입하게 하여 소련은 참전하자마자 아무 저항 없이 한반도에 진출할 수 있었다. 그리하여 급해진 미국은 38선에서 한국을 분할 점령하기로 하여 우리는 분단되고 신탁통치나 미소 공동위 안이 거론되다가 기회주의자인 이승만이 단독정부 수립을 선포하고 말았다.

한편 북한에서는 소련군을 앞세우고 김일성이 북한에 들어왔는데 신의주에서 노령의 김일성을 환영하려던 시민들은 놀라움 속에서 33세의 청년을 맞게 되었다. 김일성의 본명은 김성주인데 1937년의 압록강변의 보천보 전투에서 참여해서 지휘관인 김일성 장군이 중상을 입어 전사하자 김일성으로 개명하였고 소련군의 인정을 받아 북한의 지도자로 군림하게 되었다고 전해진다. 이승만의 반공 단독정부 수립에 놀라 남북한의 지도자들이 평양에서 회동했는데 남한파의 김구, 김규식, 조만식 등과 북한파의 여운형 등 5인씩으로 구성해 좌우합작 운동을 논의했으나 결렬되고 유엔 감시 하의 총선으로 들어갔다. 남한만의 단독선거에 반대하여 제주도에서 4·3사건이 발생하여 수만 명이 희생되었고 이를 진압하기 위해 출동을 명령받은 14연대 군인들의 반란으로 여·순사건이 발생하여 많은 수의 양민들이 학살되고 군경들로 많이 희생되었다.

1919년 국내의 3·1 운동의 성과를 업고 등장한 상해임시정부가 이승만이 대통령인 한성정부를 정통으로 인정해 대통령이 된 이승만은 곧바로 미국으로 건너가 하와이 교포들의 환영리에 대통령 행세에만 치중하고 교포의 분열로 1924년에는 상해임시정부에서 탄핵되기도 했다. 그런데 1948년에 정치적 기반이 적은 이승만을 내각책임제의 대통령으로 추대하기로 했다. 이때 이승만이 갑자기 태도를 바꿔 헌법은 내각제와 대통령 책임제를 혼합시켜 국회를 통과하게 되었다.

북한의 김일성이 30대의 젊음으로 급격히 집권에 성공한 것은 소련의 적극적인 자원이 원동력이었지만 당시의 과제인 친일파 청산과 토지의 무상분배였다. 반면에 남한의 이승만 대통령은 그의 취약한 기반으로 친일파의 경찰, 관료, 군인들을 활용했기 때문이며 토지개혁은 유상매수, 유상분배 정책으로 국민들의 열광적인 환영을 받지 못했다.

1948년 9월에 국회에서 반민족행위 특별조사위원회(반민특위) 특별재판부가 구성되었지만 이승만 대통령이 그의 기반이 되는 경찰, 공무원을 보호하기 위해 반민특위를 무력화시키고 그 활동을 단축시켜 지상 과제인 친일파 숙청은 중단되고 말았다. 그리하여 대한민국은 민족의 전통성을 잃고 말았고 이승만 정권은 친일경찰, 친일공무원, 친일군대가 주류가 되었고 여기에다 북한에서 남하한 친일파 기독교인 지주 등의 서북청년당이 반공전선에 앞장섰다.

4·3사건과 여순사건 등으로 치안까지 불안한 가운데 제2대 국회의원 총선거에서 210석 가운데 이승만 대통령은 30석만을 확보했을 뿐이어서 정국의 혼란이 심각했다. 이러한 와중에 한국전쟁이 일어났으니 남침 준비를 끝마친 김일성은 탱크와 비행기는 소련이 제공했고 중국 공산당의 의용군 5만 명을 북한군에 통합시켜 남침을 자행했다.

소련과 중국의 지원을 약속받은 김일성은 1950년 6월 25일 새벽을 기해 38선 전역을 침범하여 3일 만에 서울을 점령하고 대전을 거쳐 낙동강 일대까지 진격했다. 아무런 준비 없이 북진통일만 외쳤던 이승만 정부는 부산으로 피난하였다가 미국을 비롯한 16개국의 원조로 맥아더 사령관의 지휘 하에 9월 15일에 인천상륙작전을 성공시키고 9월 28일에 서울을 탈환한 후 10월 1일에 38선 이북을 북진하여 압록강과 두만강까지 진격하였다.

이에 만주 진격을 우려한 중국이 100만 대군을 파견하여 전세가 역전되어 1951년 1월 4일에는 서울이 함락되고 오산까지 후퇴한 연합군이 다시 전열을 정비해 진격하여 오늘의 휴전선에서 휴전회담이 성사되어 유엔군과 북한 및 중공군이 휴전을 선언하여 한국전쟁은 막을 내렸다.

북한이 일으킨 한국전쟁은 남북한의 군대 약 240만 양민 학살자 100만이 넘었으며 평양은 관공서 3곳만 남고 모두가 파괴되었으며 남한도 엄청난 파괴를 당해 한반도는 초토화되었으며 우리 국민들은 먹을 것이 없어 굶주림에 헤매여 미국을 비롯한 우방국의 원조로 연명하였다.

한강철교를 폭파하여 많은 국민들을 수장하고 대전에 이른 이승만은 경기 이상과 경상도를 제외한 지역에 보도연맹 관련자를 살해하고 좌익과 우익으로 분열시켜 살상을 자행했고 부산으로 옮겨서 집권 연장을 시도했다 헌법에 의하면 대통령은 국회에서 간선으로 선출하게 되어 있는데 210명의 의원 중 30명밖에 안되는 의원을 가진 이승만은 집권 연장을 위해 발췌개헌을 자행했는데 그것은 반대파 국회의원을 버스에 태워 구속시키고 백골단, 땃벌떼 등 폭력단들을 동원하여 공포 분위기를 조성한 후 모든 단체들이 동원되어 조직된 자유당이 큰 역할을 했는데 부통령으로 무명의 함태영이 당선되었고 모든 권력은 자유당의 이기붕에게 장악되었다.

정권욕에 눈이 어두운 이승만과 자유당은 민심을 외면한 채 정권 유지에 혈안이 되었으니 대통령의 3선을 위해서 개헌을 추진할 수밖에 없었다. 전쟁이 끝나자마자 정권 연장에 나섰으니 각종 부정선거로 의석을 넉넉하게 확보한 이승만 정권은 개헌안을 1954년 11월에 투표에 부쳤는데 재석 203의 2/3 이상인 136표에서 1표가 부족해 부결되었는데 기상천외한 사사오입론을 내세워 통과를 선언했다. 203의 3분의 2는 135.33이므로 소수점 이하를 반올림하면 135가 된다는 수학의 진리를 거부한 것이다.

이승만 대통령과 자유당은 부산에서 폭력과 강압을 동원하고 계엄령을 선포해 공포 분위기를 조성해 기립투표를 자행해 대통령 직선으로 2대 대통령이 되었고 사사오입 개헌을 통해서 3선 제한을 폐지하여 3대 대통령으로 당선되려 했다. 야당은 신익희와 장면을 정·부통령으로 내세웠으나 신익희가 선거유세 차 광주를 방문하다 급서해서 대통령은 이승만이 당선했으나 부통령은 장면이 선출되었고 조봉암은 많은 동정표를 얻었다.

이에 위협을 느낀 이승만과 자유당은 국가보안법을 만들어 야당을 탄압했고 각종 선거에 불법과 부정을 동원해 진보당의 조봉암을 간첩으로 몰아 사형에 처했고 언론을 탄압했다. 그리고 4대 대통령 선거에는 야당의 조병옥, 장면이 정·부통령이 출마했으나 조병옥이 병사하자 3·15 부정선거를 자행하다가 4·19 혁명을 맞아 쫓겨나서 하와이로 떠나고 말았다.

대한민국의 초대 대통령 이승만은 많은 경쟁자를 암살하거나 탄압하고 각종 부정과 부패를 자행하여 집권하다가 4·19 혁명으로 축출되는 불행을 자초하여 헌정사를 오욕으로 이끌고 말았으니 공산화를 막고 국권을 지켰다는 잘못된 평가는 거두어야 할 것이다.

■ 4·19 혁명과 9개월의 민주당 정권

반공전선의 선두 지도자를 자체하면서 반공 단일정부를 세우겠다고 선언한 후 남한의 초대 대통령이 된 이승만은 많은 반대세력을 제거했으니 김구, 송진우, 여운형, 조봉암이 쓰러졌고 경쟁자인 신익희, 조병옥이 병사하자 비통한 국민들은 방향을 잃었고 그 선두에서 이승만을 타도하려는 학생들이 움직임이 활발했다.

친일세력을 기반으로 반공 논리로 북한과 대립하다가 김일성이 일으킨 한국전쟁에 엄청난 사람들이 살상되었으며 한반도는 초토화되었다. 그러한 가운데 권력을 유지하기 위해 자유당을 조직해 불법적인 개헌을 하며 영구 집권을 기도했다. 멀어진 민심을 부정선거로 가장하다가 드디어 몰락하고 말았다. 이승만과 자유당은 투표과정에서 막걸리표, 고무신표로 투표권을 매수했고 대리투표, 3인조, 9인소 투표를 사행했고 개표과정에서 피아노표, 올빼미표, 쌍가락지표, 빈대표, 다리미표, 개표과정에서 닭죽표 등 해괴망측한 수단과 방법을 동원했다.

1960년 3·15 대통령선거에서 부정선거를 자행하자 마산, 광주 등에서 야당과 학생들이 부정선거 규탄시위를 시작하여 마산에서 경찰에 검거된 김주열 학생이 최루탄이 박힌 시체로 발견되어 격렬한 시위로 발전했고 서울에서 18일에 고려대생들이 시위하다가 깡패들에게 무차별 폭행을 당한 것이 계기가 되어 4·19 시위가 격렬히 전개되었다.

서울의 전 고등학생과 모든 대학이 중앙청과 경무대(청와대)로 집결했는데 우리 서울대는 각 캠퍼스에서 중앙청 앞에 집결하였다. 고등학교 학생들이 앞장을 섰고 대학으로는 성균관대가 앞에서 진출하여 경무대로 밀고 들어갔는데 우리는 뒤따라가는데 최루탄이 쏟아져 눈을 뜰 수가 없었다. 우리는 여자들이 대부분인 약대생의 등에 얼굴을 기대고 가는데 중앙청 옆 진명여고 삼일당 부근에 이르렀을 때 총소리가 요란했고 앞장섰던 동성고 학생들이 경무대 앞에서 총을 맞고 살상되어 차에 싣고 후퇴했다. 총알이 빗발처럼 휘날리자 본능적으로 도망쳐 얼마나 달려가다가 멈추고 생각해보니 이래서는 안 된다는 생각이 들어 다시 돌아와 보니 약대생들은 그때까지 아스팔트에 엎드려 죽어라고 외치고 있었다. 계속해서 총에 맞은 학생들이 차에 실려 나오면서 싸우자고 외쳤다.

부근의 파출소는 불에 타고 시위대는 밀려 나오고 우리는 을지로에 있는 내무부 앞으로 가서 연좌시위를 하고 있었다. 이때 연도의 시민들이 음료와 빵을 주면서 격려하였고 우리는 어두워지자 해산하고 귀가했다. 밤이 새도록 시위는 계속되었고 총성이 울려 퍼졌는데 계엄령이 선포되었으나 완전 무장한 군인들은 우리들에게 발포하지 않고 웃는 얼굴로 대해주었다. 침묵의 며칠이 지나서 26일에는 노교수들이 학생의 피에 보답하자는 시위를 한 후 이승만의 하야가 발표되었고 이기붕은 그의 아들로 이승만에게 양자로 들어간 이강석이 쏜 총에 아내와 같이 맞아 죽었고 이강석도 자살했다.

학교는 조기 방학이 되었고 7월 29일 실시되는 내각책임제 하의 선거를 앞둔 대학들은 4·19 혁명의 완수를 위해 선거 계몽에 나섰다. 서울대는 단과대학별로 한과가 한 군을 맡기로 했는데 역사과는 내가 주장하여 가장 오지인 구례군을 선택했다. 우리 역사과는 남녀 25명 정도였는데 3학년이 주도하여 4명씩으로 조를 편성해서 우리 조는 남학생 3명, 여학생 2명으로 구성하여 구례에서 제일 낙후된 토지면과 마산면을 맡았다. 깊은 산골마을들을 찾아다니면서 4·19 학생의 피를 잊지 말라고 호소했다. 식사는 우리가 해결하고 잠자리는 마을에서 구해주었다. 우리는 피아골의 산골 마을들을 한 집도 빼놓지 않고 찾아 다녔는데 저녁에는 전기가 없어 등불을 빌려 가파른 마을길을 찾아다녔다. 가장 어려웠던 것은 마을 사람들이 제공하는 특식인 보리밥과 밀가루죽이었는데 서울 출신 여학생들은 먹을 수가 없어 굶은 적이 많았다. 우리는 두 면의 마을들을 한 곳도 빼지 않고 찾아다녔는데 가장 인상 깊었던 점은 마산면의 냉친리 마을로 200여 호가 넘는 마을에서 4·19의 값진 피를 잊지 말라고 호소했던 일이다. 낮에는 틈을 내서 화엄사나 연곡사, 피아골 등을 찾는 기회를 갖기도 했다.

선거 결과 야당인 민주당이 압도적으로 승리하였는데 민주당은 한민당 계열인 구파와 신진세력의 신파로 나누어 총리선거에 열을 올렸다. 대통령은 신·구파가 합의해 구파의 윤보선을 선출했는데 내각 총리로 신파의 장면과 구파의 김도연이 치열하게 경쟁을 벌이다가 나약하고 추진력이 적은 주미대사를 한 장면이 당선되었다.

1960년 8월 23일에 출범한 장면 정부는 사사건건 신·구파의 파벌싸움과 이승만 독재정권의 뒤처리에 정신이 없었고 경제는 어려웠으며 학생들을 중심으로 북한과의 교류가 추진되기도 했다. 이러한 흔들림을 기회로 호시탐탐 정권욕에 골몰하고 있던 박정희 소장이 주도한 5·16 군사쿠데타가 일어났다.

주동자 박정희 소장은 빈농의 아들로 태어나 대구사범학교를 졸업한 후 3년간 국민학교 교사로 있다가 만주로 건너가 만주의 사관학교를 졸업한 후 도쿄의 육군사관학교를 졸업한 후 만주로 올라와 정일권, 백선엽, 이한림 등과 같이 관동군에서 근무하다가 해방을 맞았다. 친형 박동희는 군정 때 대구 폭동의 주역으로 처형되었고 본인은 군에 입대해 근무 중 1949년에 여순반란 사건이 발생하여 군부 내 남로당 조사에 발각되어 무기징역을 받았다가 동료들을 고발한 공로로 2등병으로 감형되었는데 군무원으로 육군본부 정보처에서 근무하다가 장도영 정보처장의 덕으로 6·25 발발 때에 소령으로 임명되었다가 육군 소장으로 2군사 부사령으로 있다가 조카사위인 김종필 등과 함께 5·16 군사쿠데타를 일으켰다.

박정희는 예비군 훈련생 등 3,600명을 거느리고 한강을 건너 육군본부를 점령하였는데 이때 육군참모총장인 장도영은 묵인했고 장면 총리는 수녀원에 꼭꼭 숨어버렸다. 지휘권이 있는 미군사령부는 군통수권자인 장면 총리를 찾았으나 찾을 수 없어 실권이 없는 윤보선의 양해를 받으려 했으나 윤보선은 민주당 구파로 알력이 심하던 차라 쿠데타진압을 동의하지 않아 출동을 기다리던 이한림 군사령관은 무장해제당한 채 체포되고 쿠데타는 성사되었다.

박정희는 허수아비인 장도영 참모총장을 제거하여 미국으로 보내고 실권을 장악하여 18년간의 군사독재를 자행하게 되었고 헌정은 중단되었으며 보궐선거에 당선된 김대중은 의원선서도 못 한 채 국회가 해산당했다. 민주당 정권은 1960년 8월 23일에 출범하여 만 9개월도 못되는 다음 해 5월 16일 군사 쿠데타로 문을 닫았다.

■ 5·16 군사쿠데타와 18년간의 박정희 독재

군사쿠데타의 주동자인 박정희는 국가재건최고회의를 중심으로 혁명공약을 발표했는데 반공을 국시로 하고 파탄에 빠진 민생을 구제한 후 군 본연으로 돌아간다고 밝혔다. 그런데 중앙정보부를 설치해 무력통치의 중심으로 활용하고 군사 중심의 통치를 자행했는데 새마을운동을 전개해 농촌을 개혁하고 국가를 혁신하겠다고 나섰다.

박정희 정권은 한일협정을 서둘렀는데 김종필을 시켜 일본과의 협상을 추진해 무상 2억 불 차관 3억 불로 합의했다는 설이 퍼지자 학생들과 애국시민들이 다시 나라를 팔아먹은 놈들이라고 강력하게 반대했다. 이 돈이 36년간 수많은 애국지사를 살상했으며 식민통치를 자행한 일본 제국주의자들의 대가라는 것에 국민들의 분노가 극에 달했다. 아무리 돈이 급하고 박정희가 일본 육사 출신이라 하더라도 이것은 터무니없는 협상이라는 반대를 6·3조치로 짓누르고 1965년 6월 22일에 체결했다.

박정희 정권은 미국의 요구를 수용하여 베트남에 한국군을 파견했는데 70년 초까지 5.5만을 파견하여 젊은이의 피를 파는 행위라는 비판을 받기도 했는데 병사들의 급여나 공사비 등이 엄청난 거액으로 국내 건설자금을 충당했는데 여기서 막대한 비자금을 챙겨 스위스 은행에 예치했다는 비난을 받기도 했다.

박정희 정권은 독일에 많은 광부와 간호사를 파견하였고 중동에 건설노동자들을 파견하여 막대한 자금은 확보했는데 여기에서도 한국민의 애국심과 근면 등의 훌륭함이 유감없이 발휘되었다고 볼 수 있다.

박정희 정권은 집권 18년간에 국가재건과 고도성장을 추진하여 경제발전과 국민소득의 증가를 가져 근대화시켰고 가난과 굶주림에서 탈출하게 했다고 군사독재를 합리화하고 미화시켜 왔다. 이러한 통치가 가능하게 한 것은 남산의 중앙정보부의 공포적인 강압과 군대식 지휘 통제력이 뒷받침시켰으며 많은 부작용을 낳기도 했다.

고도성장의 부작용으로는 부익부 빈익빈이란 부작용을 낳았으며 상대적 박탈감으로 위화감을 조장하였다. 재벌의 횡포와 노동자의 희생이 뒤따랐고 강자와 약자의 편 가르기가 심각해졌다. 또한 개발과 혜택이 영남지역에 집중되어 다른 지역의 박탈감이 지역적 박탈감으로 고질화 되었으니 호남의 푸대접론이나 충청의 무대접 푸념을 국민감정으로 고정화되어갔다.

여기에 인사편중이 심각했는데 공직 기강을 쇄신한다면서 군인들은 공직 세계의 지도자로 중용했으니 군정 시에 장성이나 대령을 도지사로 임명했으며 대위를 사무관으로 특채 시켜 경찰서장으로 발령하여 행정체계를 군대식으로 개편했다. 그리고 대구사범 선후배들은 출세 가도를 달렸으니 선생이 교장으로 영전하고 모씨는 사장으로 벼락출세를 했으며 박정희와 선이 닿은 사람은 출제 가도를 달렸고 승승장구하는 기현상이 벌여졌다.

박정희 군사정권은 중앙정보부의 요원들을 행정관서나 모든 분야의 조직에 파견시켜 지휘 감독했으며 모든 활동을 지휘해 일사불란하게 독재체제를 구축해갔다.

정권욕에 눈이 뒤집힌 군인들의 군사변란이 민주체제의 종주국인 미국의 강력한 반대에 부딪히고 국민이나 야당들도 허망하게 정권을 빼앗긴 상태에서 민정 이양을 촉구하여 군사정부는 1962년 12월에 대통령 중심제와 단원제의 헌법을 제정 선포했다. 그리하여 1963년 1월부터 정치활동이 재개되어 10월에 대통령 선거가 실시되었는데 야당의 윤보선과 군정의 주동자인 박정희가 대결하여 15만 표라는 근소한 차이로 박정희가 당선되어 제3공화국은 군복을 바꿔 입은 박정희의 집권으로 1963년 12월에 시작되었다.

제3공화국의 박정희 대통령은 경제 제일주의와 조국 근대화를 내걸고 군대식으로 모든 정책을 밀고 나갔으며 중앙정보부의 보조를 받아 흔들림 없이 밀고 나갔다. 정신이 나간 국민들은 특유의 근면성과 애국심을 발휘하여 조국의 발전에 참여하여 1967년 5월의 대통령 선거에서 야당의 윤보선에 상당한 표차로 박정희 대통령이 당선되었다. 그러나 1971년에 실시되는 대통령 선거에는 박정희가 3선 금지조항에 걸려 개헌을 서두르지 않을 수 없었다. 그런데 1968년에 무장공비들이 청와대 인근까지 기습 공격하여 남북의 대립이 극에 이르렀고 박정희 정권은 흔들렸으나 개헌은 강력하게 추진되었다.

박정희 대통령은 이후락 비서실장과 김형욱 정보부장을 두 축으로 추진했으나 학생들과 야당의 강력한 저항에 부딪히자 위수령을 발동하여 준계엄 사태에 돌입했다. 야당도 신파와 구파로 나뉘어 무기력에 빠졌다가 40대 기수를 내걸고 김대중과 김영삼이 당을 활성화시켜 신파의 김대중이 대통령 후보로 등장해 71년의 대통령 선거에 임했다.

1969년 9월에 김종필의 반발이나 야당의 농성에도 불구하고 정보부장 김형욱이 폭력과 협박을 가하여 3선 개헌을 강행했으니 짧은 헌정사에서 이승만에 이은 두 번째 3선 개헌이었다. 그리고 1971년 4월에 대통령 선거에서는 박정희가 근소한 표 차로 야당의 김대중을 이기고 당선되었는데 김대중 후보는 이번이 마지막 대통령 선거이며 다음에는 대통령 선거가 없고 총통제가 될 것이다 라고 예언했는데 그 말을 박정희의 유신체제로 적중되었다.

박정희 대통령은 무리한 3선에서 더 이상 선거를 통해서 정권을 잡을 수 없다는 한계를 실감하고 영구집권 음모를 추진하였으니 그것은 남북문제를 이용하여 김일성과 의견을 조율하기 위해 이후락을 파견하여 평양의 김일성을 만나게 했다. 김일성도 주석제를 통해 영구집권을 꾀하고 있었기 때문에 협상이 급진전 되었다. 그래서 1972년 7월 4일에는 7개 항목으로 된 국민총화와 능률의 극대화를 내걸고 7·4 남북공동선언을 발표해 국민들을 깜짝 놀라게 하였다.

1972년 10월 17일 박정희는 비상계엄을 선포하여 국회를 해산시키고 비상국무회의에서 유신헌법을 제정한 후 11월의 국민투표로 확정했다. 새 헌법에 의해 선출된 통일주체국민회의에서 12월 23일에 장충체육관에서 제8대 대통령으로 당선되었다. 박정희 독재자는 일본에 체류 중인 김대중을 납치해 수중에 빠뜨려 죽이려다 미국의 방해로 실패했고 독재자 박정희는 유신에 반대하는 사람들을 탄압하기 위해 긴급조치를 발표했는데 4월 12일에는 서울대 농대생 김상진군이 할복자살하였고 계속하여 긴급조치를 거부하다가 많은 지도자과 학생들이 온몸으로 저항하다가 투옥되기도 하였다. 1975년 8월에는 개헌 청원 운동을 벌이던 장준하씨를 등산 중에 실족사를 가장해 살해했고 야당 지도자 김영삼을 국회에서 제명하자 부산, 마산에서 항쟁이 있자 특전단을 파견하여 진압하고 어떤 항쟁도 무자비하게 살상하라고 지시하다가 1979년 10월 26일에 궁정동에서 연회를 벌이다가 그의 부하인 중앙정보부장 김재규에게 경호실장 차지철과 함께 처참하게 총살당했다.

■ 노태우의 죽음(국장?)과 살인마 전두환의 죽음

2021년 7월에 5·18학살의 제2인자인 노태우 대통령이 오랜 병상에서 죽었다. 며칠 뒤에 학살의 총 책임자 살인마 전두환이 뒤따라 죽었다. 노태우는 10·26으로 박정희가 피살되자 그의 육사 동기인 수괴 전두환과 합작하여 12·12 군사쿠데타를 일으키는데 결정적인 공로를 세웠다. 전두환의 심복인 허삼수는 동료 몇 사람과 육군본부 참모총장이며 계엄사령관인 정승화를 총으로 협박하여 체포했고 노태우는 9사단장으로 서부전선의 최전방인 문산에서 북한군을 방어하고 있다가 휘하 장병들을 거느라고 국방부를 점령한 장본인이다.

이들에게 국민은 나라를 지켜달라고 무기를 주었는데 그 휘하 장병으로 하여금 국방부를 포위 공격하고 참모총장이며 계엄사령관인 정승화 대장을 체포한 것이다. 참 어이가 없는 일이고 대역죄를 저지른 사들이다. 하기야 그들의 대선배인 박정희도 그런 범죄를 저질러 18년간이나 권세를 누리다 총살이 되기도 했다.

이들은 선배인 박정희를 구국의 화신이요 조국을 빛냈다고 우상처럼 받드는 추종자들이다. 살인마 전두환과 그의 추종자인 노태우는 1980년 5·18 광주학살을 자행하여 전두환은 1987년까지 노태우는 전두환의 뒤를 이어 대통령까지 지내면서 화려한 발자취를 남긴 사람들이다.

그러나 민주화를 주도한 김영삼 대통령에 의해서 전두환은 국가반역죄로 사형을 언도받았고 노태우는 무기징역을 선고받았다. 그 뒤 감형되어 복역하다가 김대중이 대통령에 당선되자 두 사람이 합의하여 국민화합을 도모한다는 정치적인 발상으로 이들을 사면했다. 정치하는 사람들은 할 수 있을지 모르지만 춘추필법을 주장하는 역사가들에게 용납될 수 없으며 추상같은 역사의 심판을 중시하는 역사가들에게는 난신적자(亂臣賊子)로 사형을 시켜 종로 네거리에 그 목을 매달아 전시했어야 할 위인들이다.

과연 그들이 반성하고 국민의 용서를 받아 국민화합이 이루어졌는가, 그리고 그들의 추징금은 완납되었는가, 노태우는 반성하는 빛을 보이면서 추징금을 완납하였고 병중이라 광주에 와서 석고대죄를 못하고 죽었으나 아들을 보내 망월동을 찾아 여러 번 아버지의 뜻이라 하고 고개를 숙여서 사죄하는 듯했다. 그러나 살인마 전두환은 고개를 빳빳하게 들고 호령하면서 자기는 잘못이 없고 광주의 살상과 관계가 없으며 추징금은 겨우 절반을 남기고 가버렸다.

그런데 정치인들끼리 국민화합이란 명분으로 사면해준 두 범죄자들은 본인들이 직접 사과하지 않고 노태우 대통령이 먼저 죽자 선거철이라 눈치를 보며 손해를 보지 않으려고 국장으로 화려하게 보냈다. 나는 누가 조문왔는가에 관심을 가지고 보았는데 광주 민주화운동 때 도청의 상황실장으로 활동했던 박남선의 모습이 보였다. 박씨는 군사재판에서 사형 언도를 받았던 인물로 그때 전두환의 지시로 사형 언도를 받았다. 전두환의 지시로 사형 언도를 받은 사람들은 전남대 복학생 정동년, 조선대 출신으로 과격파 수습대표 김종배, 광주고속 기사 배용주 그리고 상황실장 박남선 등이었다. 나는 이들이 사형 언도를 받자 한 자리에 불러 여러분의 훈장은 광주시민들이 수요한 훈장들이다. 절대 흔들리지 말고 광주시민들의 대표답게 처신하면서 살아가시길 바란다고 위로하고 격려한 일이 있다. 특히 박남선은 그 후에도 몇 번 만났고 그의 아버지와는 가깝게 지냈는데 노태우 빈소를 찾는 모습을 보고 노태우 아들들이 많은 공을 들였구나 하는 씁쓸한 생각이 들었다.

며칠 있다가 살인자 전두환이 죽었다. 그는 광주학살의 원흉이고 그의 동생들도 악행을 저질렀으며 광주의 죄악을 모르는 일이라고 잡아떼면서 잘못했다고 사과하는 말도 안했고 추징금은 겨우 절반을 내고 갔다고 한다. 정말 못말리는 살인마로 뻔뻔스럽고 호화스럽게 살아온 망나니였다.

많은 사람은 저놈이 사람인가 조폭의 왕초인가 혹은 망나니인가 모르는 참 못말리는 인간말종이다. 그는 노태우와 달리 가족장으로 치렀고 장지도 정하지 못해 자기 집에 유골을 가져다가 보관하고 있다 한다. 어떤 사람들은 묘를 갖는다면 광주시민들이 도굴하여 갈는지 몰라 집에다 보관하고 있다고 농담까지 하는 사람도 있다.

호랑이는 죽어서 가죽을 남기고 사람은 죽어서 이름을 남긴다고 하는데 살인마 전두환은 살아있을 때 국민적 비난과 증오를 받았는데 죽어서도 묘도 갖지 못하고 집에다 유골을 보관해야 할 처지가 되었다.

우리는 어쩌면 살인마 전두환의 죽음을 보면서 사람으로 태어나서 얼마나 못된 짓을 하면 이렇게까지 될 수 있는가 하는 실증을 보는 것 같다. 얼마나 많은 사람들을 죽였고 얼마나 못된 짓을 했으면 저 꼴이 되었는가를 명확하게 보여주는 귀중한 교훈이 되고 있다고 볼 수 있다.

■ 동학농민혁명의 명예회복

동학농민혁명은 우리의 근·현대사의 서막이요 민주·민족운동의 원동력으로 역사 발전을 주도했다. 그러나 지배자들이 주도한 구시대에서는 동학란으로 평가절하되어 그 주동자들이 반역자들이라 낙인 찍혔고 그의 가족들은 생명을 부지하기 위해 고향의 터전을 버리고 유랑했으며 성과 이름을 바꾸고 살았다.

동학농민혁명의 명예회복은 혁명을 일으킨 지 100년이 되어서야 시작했는데 1983년 12월에 동학백주년기념사업회(동백추)가 전주에 모여서부터였다. 역사문제연구소(이이화 대표)와 전주기념사업회(한승헌 변호사), 광주·전남 기념사업회(이상식 교수) 그리고 민족문화예술총회(민예총) 그 밖에 관심 있는 분들이 밤을 새우며 사업의 명칭과 추진방향을 논의했다.

이 회의에서 가장 큰 쟁점이 되었던 것은 명칭이었는데 격론이 전개되었다. 보수·기득권층이 칭했던 동학란을 어떻게 바꿀 것인가 였는데 많은 의견이 나왔다. 진보적인 학자들로부터 갑오농민전쟁, 동학농민전쟁, 등의 명칭이 대두되기도 했으나 내가 주장한 동학농민혁명으로 결정되었다. 내가 강력히 주장한 1894년의 동학농민혁명은 동학사상으로 의식화되고 조직화된 농민들이 역사의 주인공으로 우뚝 일어서서 안으로는 반봉건의 민주화를 쟁취하려했고 밖으로는 반외세의 자주독립을 쟁취하려고 투쟁했기 때문이라고 설득했다. 그리하여 1984년 1월부터 동학농민혁명의 명예회복을 계속적으로 추진했는데 이때 KBS와 MBC가 "천둥소리"나 "개벽"같은 대작을 제작하여 방영했고 각 지역기념사업회는 적의하게 사업을 추진해갔다. 우리 광주·전남기념사업회는 전남도와 장성군의 협조를 받고 많은 사람의 도움으로 성금 6억을 마련해 동학농민혁명 과정에서 농민혁명군이 최대의 승리를 쟁취했던 장성황룡에 장성황룡 동학농민혁명 승전기념공원을 조성해 국가사적지(국가사적 406호)로 지정받아 지금까지 매년 5월 27일에 성대한 기념식을 거행하고 있다. 장성에서는 기념사업회를 조직하여 활발하게 활동하고 있는데 조복래, 김국태, 이공우씨 등의 열의가 대단하다.

조복래 의장은 승전기념공원 조성시 군의회의장으로 적극 협조했으며, 김국태 이사는 공원조성 때 도의원으로 많은 예산지원을 했고 이공우 이사는 황룡전투에서 신무기 장태를 제작한 장성 접주 이춘영의 증손으로 열성적이다.

동학농민혁명의 명예회복 운동은 유족회와 동학농민혁명 기념재단 그리고 각 지역의 기념사업회가 꾸준하게 추진하여 드디어 혁명이 일어난 지 110년이 지난 2004년 2월에 동학농민혁명 명예회복에 관한 특별법이 국회를 통과했다. 그리하여 혁명의 지도자들인 전봉준, 손화중, 김개남, 김덕영, 이방언 등을 비롯한 많은 분이 반역자에서 혁명의 선구자로 추앙받게 되었으며 그 후손들도 반역자의 후손으로 전국을 유랑했는데 자랑스러운 후손들로 명예회복을 이루었다.

그런데 혁명기념일 제정은 파란곡절을 겪었는데 그것은 정읍과 고창에서 대립하여 수년 동안 파란곡절을 겪다가 2017년에 합의하여 황토현 승전일인 5월 11일을 국가기념일로 제정하여 정부 주도로 기념식을 성대하게 거행하고 있다.

나는 평생에 역사 공부를 하면서 가장 자랑스러운 일로 동학농민혁명의 명예를 회복한 일이라고 손꼽고 있다. 그것은 수천 년 기득권자 중심의 우리 역사가 나라의 주인인 국민이 자주독립과 민주주의를 쟁취하겠다고 우뚝 일어서서 오늘의 역사발전을 시작한 동학농민혁명의 명예회복을 이룩했다는 긍지가 가득 찼기 때문이다.

나는 동학농민혁명 연구와 명예회복에 노력한 공로로 2017년 제10회 녹두대상(고창 동학농민혁명기념사업회 이사장 진윤식: 부상금 1천만원)을 수여받아 전남대학교 발전기금으로 출연하였다. 전에 출연한 5.18 기념적립금(5천만원)과 이번 1천만원을 더하여 매년 사학과 장학기금으로 2명의 학생에게 수여하고 있다.

1894년의 동학농민혁명은 가장 깨어 있는 호남인들이 주도하여 수백만 명이 참여하여 수십만이 죽임을 당했고 그것은 당시에 일본군의 신무기 때문에 실패했지만 그 후 계승, 발전하여 한말의 의병항쟁, 일제강점기의 독립운동·해방 이후의 민주화운동과 통일운동으로 꿋꿋하게 역사발전에 이바지하고 있다.

동학농민혁명의 명예회복 운동에 내 친구인 이이화 선생, 전주의 인권변호사로 감사원장을 역임하신 한승헌 변호사 등과 같이 내가 앞장서서 활동했다는 자랑은 아무리 강조해도 지나침이 없을 것이다.

호남인이 주도한 동학란이 반역이라 매도되고 외면당하다가 명예회복이 이루어져 역사 교과서에도 수정되고 매년 정부가 주도하여 기념식을 갖게 되었으니 그 감격은 정말 크다 할 수 있으며 혁명에 몸 바친 선구자들에게 경의를 바친다.

■ 「전남대 50년사」 편찬의 보람

「전남대 50년사」는 한국이 전쟁상태인 1952년 6월에 개교하여 험난했던 정치 현실과 행보를 같이해 온 대학의 수난사가 제대로 쓰여진다는 것은 몹시 중요한 일이라고 생각해 온 나의 각오는 남다를 수밖에 없었다. 더욱이 1980년 5·18의 발상지요 중심지인 전남대학의 역사는 바로 대한민국의 험난한 역사이다. 이제까지 전남대 30년사가 1982년에 출간되었지만 그 집필자들이 1980년에 해직된 교수들이 집필했고 전두환 독재자가 눈을 부릅뜨고 날뛰는 상황이라 사실대로 직필하기가 어려운 상황이었다.

집필자들인 김동원 교수는 서양사 교수요 송기숙 교수는 국문과 교수며 소설가이고 이광우 교수는 정치과 교수로 우리들 12명 가운데 생활이 가장 어려운 분늘을 선택했다. 이분들은 처음으로 전남대의 역사를 편찬하는 일은 매우 어려운 일이었고 해직 후 울분 속에서 살아가는 상황이었기에 제대로 집필되기가 어려웠다. 그리하여 집필 위원으로 임명되었던 교수들이 도저히 받아들일 수 없다고 의견을 모으자 편찬위원장인 최재율 교수가 교환교수로 고려대에 파견되어 1년 동안 다시 집필하는 우여곡절을 거쳐 출판되었다.

그러니까 이번의 50년사는 전남대 설립 이후 최초의 교사라는 데서 출판했으니 기본 자료나 준비가 없는 가운데 집필을 시작한 것이다. 전남대의 설립과정이나 한국의 민주화를 이끈 전남대의 민주화운동 과정을 소상하게 밝혀야 한다는 중차대한 임무를 띠고 있는 것이다.

또한 전남대 교수들은 최상채 초대 총장이 설립하여 운영했고 모든 과정은 최 총장이 주도한 것으로 알고 있는데 나는 역사를 전공한 사람으로 의문이 많았다. 국립대학이니까 나라에서 설립했고 총장을 임명하였으며 총장 책임 하에 일사불란하게 운영한 것은 아니었을 거라 생각해 왔다. 이때 전남대 설립 기성회장이셨던 이을식 전남지사가 살아계신다는 소문을 듣고 의문을 밝히기로 했다.

서울의 조용한 찻집에서 3시간 동안 전남대 설립과정과 초창기에 전남대를 설립한 뜻을 들었다. 이 지사는 당시 102세가 되시는 노인이셨지만 강직하고 두터운 신앙심으로 건강을 유지한다면서 이야기를 이어갔다. 그는 3·1운동 때 시위대 맨 앞에서 만세를 외치다가 일제의 무자비한 폭력으로 쓰러졌는데 사람들은 그를 죽었다고 거적을 덮어서 길가에 치워놨는데 마침 길을 지나던 김병로 선생이 거적 속에서 사람이 살아있는 것 같다고 데리고 나와 살아났다는 것이다. 지금도 다리가 불편해서 절름거린다는 것이다. 이승만 대통령을 만난 것은 이 지사의 삼촌이 상해임시정부의 대통령 비서실장으로 두 번째 밀파되어 독립자금을 모집하다 체포되어 옥사하셨는데 대통령이 귀국해서 조카를 찾아 만난 후 총애를 받아 전남 지사로 발령 받았다. 당시에 자유당이 창당되어 이범석의 족청파를 숙청했지만 이을식 지사는 대통령의 총애를 받고 있었다고 한다. 그러한 애국자 이을식 지사는 교육입국(敎育立國)이란 신념으로 전남대를 설립하기 위해 전력을 경주했다고 한다. 그리하여 도립대학인 의과대학, 농과대학, 상과대학을 도의회의 결의를 얻어 향교가 설립한 대성대학을 합쳐 국립 전남대학교를 설립했다 한다.

설립자금은 20억을 목표로 정하고 적산인 전남도시제사공사의 주식 6억 3천 476만을 도지사가 보관하고 있다고 도의회의 결의를 받아 설립자금으로 전액 기부하였고 향교재단이 소유하고 있던 18억 중 9억을 기증받았으며 또 다른 유지들의 헌성금으로 충당했다고 한다. 그런데 국립대학인데 정부는 전쟁에 전념하였기 때문에 한 푼도 출연하지 않고 소속직원들만 공무원으로 채용하여 오늘의 전남대를 설립했다 한다.

100살이 넘는 애국자요 교육자인 이을식 지사님을 뵈옵고 전남대학은 훌륭한 분을 만나서 이렇게 훌륭한 학교를 만들었구나 하는 생각이 들어 다음 개교식에 초청하고 싶다고 간청했더니 그때까지 살아있으면 꼭 참석하고 싶다고 말씀하셔서 돌아와 총장에게 말씀드렸더니 약속대로 참석해 주셨다.

나는 50년 본사와 함께 「전남대 50년 남기고 싶은 이야기」를 별책으로 편찬하여 초창기의 역사적 사실과 민주화 역사로 학생, 교수, 교직원으로 나누어 자세하게 남길 수 있게 되었다. 이것은 50년 본사에서 서술하지 못했던 중요한 사실들을 보충하고 검증이 덜 된 사항들을 모아서 책을 만들었는데 많은 역사자료가 되어 애독되고 있다.

나는 역사를 가르치는 교수로 한국의 근·현대사를 전공하면서 이러한 보람찬 일을 맡아서 잘 처리했다는 것이 보람된 일이었고 한국현대사의 축소판을 내 손으로 편찬했다는 보람을 느꼈다. 또한 영원히 잊힐 뻔했던 전남대 창립의 진실을 밝혔다는 것이 자랑스럽다고 생각했다.

「전남대 50년사」는 처음으로 그리고 진실된 전남대의 역사를 서술했다는 자부심을 갖고 세계사에 빛나는 1980년 광주민주화운동의 발상지요 중심에서 나는 나름대로의 일역을 담당했다는 떳떳함을 항상 자랑스럽게 생각하고 살아가고 있다.

■ 정년퇴임과 자유로운 학문 활동

대학교수는 만 65세가 되면 정년퇴임한다. 정치 현실이 안정적이지 못해 정년퇴임까지 교수직을 유지할 수 있을런지 불확실했으나 2003년 2월에 정년퇴임식을 맞이한 나는 여기까지 왔구나 하는 안도의 미소를 지었다. 그만큼 변태 군인들이 사라지고 사회가 안정되었구나 생각하니 다행스러운 생각이 든다. 나는 한국사의 근·현대 분야를 전공하여 다사다난한 전남대에서 유난히 활발한 활동을 전개하다 구속되어 1심에서 1년 징역을 선고받고 4년 가까이 낭인생활을 했고 살인마 전두환과 그의 친구인 노태우가 집권하여 위기는 계속되었으나 정의는 승리하고 역사는 발전한다는 소신이 실증되어 정년까지 맞을 수 있었다.

대학에서는 대체로 자기의 분야에서만 학문 활동을 하는 것이 불문율로 지켜지고 있다. 그러므로 나는 한국 근·현대사에 해당하는 19세기 말(조선 말기)에서 현재까지가 나의 학문영역이었다. 그런데 정년후의 학문분야가 아마추어로 바꾸어 한국사의 전 분야에서 활동하여도 무방한 것이다. 그리하여 가장 흥미로운 분야가 임진왜란에 관련된 역사였다. 나는 대학에 있을 때 안준 광주 교육감의 간절한 청을 받아들여 「의향」이란 책을 집필하였는데 그것은 우리 광주의 학생들은 전라도에 태어난 것을 몹시 불행하게 생각하며 가슴을 펴지 못하니 역사가인 교수님이 우리 고장의 자긍심을 높여주는 역사교재를 저술해 주시면 좋겠다는 요청이었다. 나는 평소부터 우리 고장은 우리 역사에서 항상 정의로운 세상을 만들려고 노력했다는 점을 자랑하고 있었기 때문에 그러한 역사자료를 모아서 책을 만들어 선생님들과 학생들에게 배포하고 교육시켰던 일이 있는데 특히 임진왜란을 당해 거의 나라가 망하게 되었을 때에 호남인이 앞장서서 나라와 민족을 구출할 수 있었다는 사실을 알게 되었다.

자랑스런 조상을 가진 후손들이 나에게 조상들의 업적을 빛내주시라는 책이나 글을 많이 썼고 활발하게 발표하여 보람을 느꼈다. 그리고 우리나라의 근·현대는 호남인이 나라의 주인으로 우뚝 일어서서 나라와 민족을 구해왔다. 한말의 의병활동이나 동학농민혁명, 일제강점기의 독립운동에서 호남인들은 언제나 앞장서서 활동했다. 해방 이후의 민주화운동이나 남북문제를 해결하는 민족 문제에 몸을 던지고 고난을 마다하지 않은 싸움에 용감하게 앞장선 사람들이 바로 호남인들이었다. 동학농민혁명·한말의병활동·광주학생독립운동·민주화투쟁의 정점인 5·18 광주민주화운동이 우리 고장에서 호남인들이 앞장선 나라와 민족을 위한 투쟁이었다.

나는 동학농민혁명을 박사학위 논문으로 발표하였고 동학농민혁명의 명예회복 활동을 꾸준하게 전개하여 관철시킨 보람을 간직할 수 있었다. 그리고 세계문화유산에 등재된 5·18 광주민주화운동에 조그마한 힘이나마 보탤 수 있어 자랑스럽게 생각하고 있다. 나는 80년 5·18 민주화운동으로 감옥 생활을 하면서 내가 전남대 사학과에서 근·현대사의 교수로 자리할 수 있었던 것이 나만이 누릴 수 있는 혜택이라고 자부하면서 살았다. 나는 광주시민이나 전라도민들이 5·18 관련 단체가 비난을 받고 짜증을 일으키더라도 모두 우리가 앞장서서 일으킨 거룩한 업적이니 참고 견디자고 강조하면서 저런 눈살 찌푸리는 일들도 우리가 똑바로 이끌지 못한 책임도 있다고 같이 부끄러워하자고 호소하고 싶다. 우리는 80년의 비참한 싸움에서 주먹밥을 만들고 먹을 물을 퍼 나르며 같이 분노했다. 함께 눈물 흘렸던 우리가 아닌가하고 호소하고 싶다.

나는 임진왜란에서 나라와 민족을 구출한 제봉 고경명, 망암 변이중, 충장공 김덕령, 회재 박광옥, 이순신을 도운 나대용 등의 활약을 많이 발표해 그들의 충절을 선양시켰다. 위대한 구국충신들을 배출한 장흥고씨, 광산이씨, 음성박씨 등의 문중관계자들과 긴밀한 관계를 유지하면서 조상들의 업적을 선양하는 일에 보람을 갖기도 했다.

근·현대사 국제학술대회 개최의 무산

박근혜 대통령이 역사에 관심이 많았는데 그것은 나라와 민족을 사랑해서가 아니라 18년간 독재를 자행한 아버지 박정희를 합리화하고 미화시키기 위한 안간힘이었다. 특히 중·고등학교에서 우리나라 역사교과서를 개편하는데 근·현대사로 따로 분리시켜 한 권의 책으로 편찬하려 했다. 그의 말에 근·현대사 학자들은 90% 이상이 좌경용공분자로 한국사를 잘못 가르치고 있으니 그것을 바로잡겠다는 것이다. 국민이 나라를 지키라고 준 무기를 그의 부하들에게 가지게 해서 쿠데타를 자행했는데 그것은 분명히 반역이기에 규탄받아 마땅한 것인데 그것을 혁명으로 미화하고 나라와 민족을 위한 구국활동이라 미화시키기 위해 교과서를 바꿔야 되겠다는 것이다. 그리하여 많은 학자들들을 동원해서 집필하게 했는데 근·현대사를 전공하는 역사학자들은 한 명도 참여하지 않아 정치학자나 사회학자들이 참여했다 한다. 그런데 박근혜가 탄핵을 받아 발행되지 못했으니 결국 아버지 무덤에 꽃다발을 바치려다 똥물을 붓고 만 꼴이 된 셈이다.

나는 문재인 정부가 등장하자 다시는 역사를 가지고 망상을 하거나 장난을 치지 못하게 하기 위해서 한국 근·현대사학회와 함께 국제학술대회를 개최하여 역사의 방향을 확실하게 밝혀야 되겠다고 생각이 들었다. 때마침 내가 잘 알고 지내는 분이 사학회 회장에 당선되었기에 역사의 바른길을 분명하게 밝혀내야 되겠다고 만나서 의논했다.

근·현대사학회 회장으로 당선된 분인 박맹수 교수는 원광대 사학과에서 동학관계 연구에 많은 업적을 냈고 나와 홍영기 교수 등 세 사람이 공동으로 전남 동학농민혁명사를 저술하여 좋은 평가를 받았으며 실력이 뛰어난 분이다. 우리나라의 역사학계가 불편부당하게 편 가르지 않고 역사적 사실을 연구하여 다른 분야보다 좋은 평가를 받고 있는데 특히 근·현대사학회는 연구대상이 근·현대사이기 때문에 연구하기를 기피하는 문제가 많아 연구자들은 정신을 바르게 갖으려고 노력한다. 좌·우의 편 가르기에 동요되지 않고 사실의 천착에 전념하시는 분들인데 보수·우파 정치계는 90% 이상이 좌경용공세력이라 보고 있다. 나도 좌경용공 교수라 낙인이 찍혔고 내가 쓴 80년 5·18 전남대 교수협회의 시국선언문은 광주학살부대로 진입한 계엄군들이 빨갱이 문서로 낙인찍어 처벌한 적이 있는 것이다.

나와 회장인 박맹수 교수는 여러 차례 논의 끝에 발표내용은 동학농민혁명에서 시작하여 일제강점기의 3·1 운동과 광주학생독립운동 그리고 해방 후의 5·18 광주민중항쟁을 다루기도 했으며 발표자들은 미국의 커밍부르스 그리고 일본의 강덕상 교수님과 국내의 명성있는 학자들을 모셔서 3일간 국제학술발표회를 갖기로 했다. 그 밖의 발표자들은 연구회가 선정하고 소요경비 1억 5천만원을 내가 마련하기로 했다.

나는 1억 5천만원을 마련하기 위해 역사에 관심이 많은 이계호 의원님과 긴밀하게 상의했는데 이 의원님은 동학농민혁명 때 증조부님이 참여하셔 돌아가시고 고향인 남원 둔덕에서 피난하여 담양의 월산면 산속 마을에 살게 되신 분으로 역사에 많은 관심과 이해가 깊은 분이다.

나는 이 의원과 함께 이 발표회 자금 1억 5천만원을 광주직할시, 전라남도 지사, 그리고 전라북도 지사에게 간청하여 부담하게 하자고 정하고 전라남도는 이 의원께서 책임지고 나는 광주시장에게 호소하고 전북지사는 박맹수 교수가 맡기로 했다.

가장 먼저 일을 성사시킨 사람은 이 의원님이었는데 전남의 유일한 민주당 의원이고 농수산분과 위원장이었기 때문에 전남지사님이 흔쾌하게 허락을 받았던 것이다. 나는 광주시장과 같은 운동권 활동을 해왔으니 조심스럽게 접근해야 했다. 마침 사학과 제자인 김보현이 시의원으로 문과 위원장을 하고 있기에 윤 시장에게 설득해 달라고 했더니 시장이 식사대접을 하겠다고 해서 융숭한 점심대접을 받고 훌륭한 계획을 마땅히 도와드리겠다고 허락을 받았다.

그런데 문제는 박맹수 교수가 담당한 전북지사의 부담인데 난색을 표한다는 것이다. 그 이유로 전북은 항상 광주·전남에게 이용만 당했다면서 다시는 전남이나 광주와 함께하지 않겠다는 것이다. 나는 당혹스럽기 짝이 없었으나 승복할 수밖에 없는 것은 나는 한국학호남진흥원을 같이 추진하자고 했는데 더 이상 광주·전남에 이용당하지 않겠다고 만나주지 않아 부지사만 만나서 냉대를 받은 기억이 있기 때문이었다.

이것이 무슨 청원사업도 아니고 역사적으로 핍박받고 천대받은 서러움을 풀고 이 나라를 구한 역사적 사실을 확인하자는 국제학술대회인데 이렇게 거절당하고 포기해야 된다고 생각하니 매우 속상하고 난감하였다.

■ 한국학호남진흥원 설립운동

어느 날 내가 좋아하고 존경하는 서명원 선생이 내 연구실을 찾아오셨다. 나는 반갑게 맞았는데 하시는 말씀이 한국학호남진흥원을 설립하는 일에 앞장서 달라는 것이었다. 서울에는 정신문화연구원이 있고 안동에는 국학진흥원이 있는데 우리도 그러한 기구를 설립하자는 설명을 듣고 명색이 한국사를 전공하는 사람으로 부끄럽기도 했다.

때마침 김대중 대통령은 안동에 설치한 국학진흥원에 500억 이상을 지원하면서 차별 없이 국민화합에 앞장서자고 역설했다. 안동의 국학진흥원은 국학의 중심이 경상도이기 때문에 국학연구센터로 연구자들은 양성하고 찾아오는 연구자들의 숙소로 거창하고 화려한 기숙사를 설치 운영하고 있는 것이다. 모든 면에 한발 빠른 그쪽 사람들은 정치인들 동원하여 예산을 확보하고 일치단결하여 재빠르게 움직이고 있는 것이다.

우리는 서울에 정신문화연구소의 후신인 한국학중앙연구원과 안동의 국학진흥원이 있다면 우리 호남에도 한국학호남진흥원을 설치하는 것이 타당하고 절실하다고 생각되어 뜻 있는 사람들이 앞장서서 추진하기로 했다. 우선 전라남도 지사, 광주시장 그리고 전북 도지사의 협력도 중요하고 정계의 국회의원들을 앞장세우기로 했다.

광주시장 박광태는 협조적이었고 전남지사 박준영이 때가 늦었으니 빨리 추진하자고 하면서 전북지사 김남주에게 연락해 놓을 테니 찾아가 보라고 격려했다. 그래서 기대를 걸고 찾아갔더니 지사는 자리에 없고 부지사가 기다리고 있다가 전북은 항상 광주·전남에 이용만 당하니 참여하지 않겠다고 매몰차게 냉대했다.

우리는 정치계의 도움을 받으려 여당의 이낙연 의원을 방문했는데 이

의원이 나의 중학교 후배가 되는 사람이고 지역구가 영광, 함평, 장성, 담양이므로 장성이 고향인 사람이라 친절하게 대해주었고 전북지사에게 농수산분과위원장 자격으로 협조하자고 간곡하게 부탁하기도 했다. 그리고 유력한 야당 의원인 이정현 의원이 필요하고 중요하다고 하면서 적극 협조하겠다고 했다.

그리고 나와 가깝게 지내는 정동채 의원은 서구 출신 의원이면서 문광부 장관을 겸하고 있어 적극 호응하고 도와줄 주무자라 생각했는데 경상도 눈치도 봐야 하니 조심스럽다고 한 발 뺐다. 나는 경상도 정치인들은 김대중 대통령에게 선수를 쳐서 대통령이 동서화합에 도움이 된다고 하여 안동에 국학진흥원을 설립하라고 500억 원이나 지원했는데 당신들은 눈치나 보면서 방관하면 되겠느냐고 항의했다.

박광태 광주시장은 창립총회에서 회장을 맡기로 했는데 부시장을 통해서 내가 회장을 맡으면 전적으로 협조하고 예산도 전남도와 함께 1억 원씩 부담하겠다고 말해놓고 자리에 참석하지도 않았다. 나는 시장을 회장으로 추대하기로 했던 계획이 차질로 끝나서 총회를 해산하지 못하고 회장으로 추대되었다.

지병문 의원이 주선하여 2억을 지원받고 활동을 시작했으나 지병문 의원이 강운태 의원에게 낙선해버리자 추진동력을 잃고 인건비로 2억원을 거의 탕진하고 부채만 쌓아가고 있는데 낭패에 빠지게 되었을 때 서명원 선생이 부시장을 역임한 나무석 씨를 모셔와서 맡기고 물러났다.

나는 정치력도 없고 요령도 부족하여 이러한 중책을 수행할 수 없다고 절망했을 때 구원해주신 서명원 선생에게 한없이 고마운 마음을 갖고 지켜보면서 그의 뒷바라지를 열심히 했다. 그런데 뒤늦게 광주직할시와 전라남도가 한국학호남진흥원을 설립하자고 나서 이종범 교수가 초대 원장을 맡았고 2대는 천득염 전남대 명예교수가 맡아 활동하고 있어 다행이라고 생각한다.

나는 학술대회의 무산이나 한국학호남진흥원 설립에서 보인 전북도의 반발을 정치인들이 만든 간극인가 그렇지 않으면 전북도민의 일반적인 정서인지는 몰라도 순수한 학술행사나 연구 사업에 왜 그렇게 결사적인 반대를 하는지 안타깝고 씁쓸한 생각이 들었다.

■ 「5·18 민주화운동과 전남대」 출판계획의 무산

전남대생들의 민주성회는 12·12 군사쿠데타를 자행한 신군부의 집권 야욕을 반대하기 위한 평화시위였다. 1980년 5월 14일부터 3일간 도청 앞 분수대에서 거행된 민주성회는 많은 시민들의 참여를 이끌어내고 신군부가 계엄을 내리면 아침 10시에 전남대 정문에서 모이자고 해산했다. 그런데 전두환이 주도한 신군부가 계엄령을 전국으로 확대하면서 대학에 중무장한 군인들을 투입하면서 전남대 정문 앞에 모인 전남대생들의 시위에서 시작되어 금남로로 진출하자 공수부대가 폭력적으로 광주시민을 살상하여 시민들이 총기로 무장하여 살상이 대량화되었다.

폭력적인 무장군대가 철수하자 21일부터 27일까지 시민들의 자치시대가 평화적으로 진행되었는데 27일 새벽에 탱크와 정규사단이 광주를 점령하고 살상을 자행하면서 진압되었다.

전두환 일당은 도청 잔류자들과 시위를 전도한 전남대의 교수와 학생들을 구속하여 시민들을 군 영창에서 비인간적 대우를 자행하여 그들의 집권야욕을 채웠다. 민주시민들은 옥중 투쟁과 법정 항쟁을 계속했고 국회의 청문회 투쟁을 벌였고 드디어 김영삼 정부는 전두환·노태우 일당을 반역자로 법정에 세워 중형으로 다스렸다. 그리고 학생들과 민주인사들이 줄기차게 항쟁을 계속하여 폭도들의 난동으로 폄하한 광주항쟁을 6월항쟁의 승리를 통하여 광주민주화운동으로 정립되었다.

유엔은 광주시민이 중심이 된 광주민주화투쟁이 인간의 존엄성 수호투쟁을 높게 평가하여 80년 광주민주화운동을 세계문화유산으로 지정하여 세계 인류가 본받고 기리자 한 것이다. 이러한 높은 평가를 받고 있는 광주민주화운동에 전남대가 그 발상지요 중심역할을 했다는 점은 모든 사람들이 이의 없이 동의하고 인정하고 있다.

신군부는 광주폭동의 진원지가 전남대라고 단정하여 많은 학생들을 죽이고 구속하였으며 20여 명에 가까운 교직원들을 구속하여 14명을 파멸시켰다. 총장, 양 처장, 교수협의회의 회장, 부회장, 간사, 교수 평의회의 의장과 부의장 등 학생 책임자들을 모두 처벌하였다.

그리고 광주시민들은 전남대생들이 모두 선동하여 물들이고 전파시켜 많은 살상자와 피해자를 배출했다고 준엄한 처벌을 했다. 구속자들 또한 우리는 전남대생들이 불을 질러서 그 불을 끄고 구경한 죄밖에 없으니 모든 것은 전남대가 책임지라고 공공연히 소리 질렀다.

그러므로 광주민주화운동의 발상지요 중심인 전남대는 그 피해에 대해서 막중한 책임을 느끼고 광주민주화운동의 피해나 치유에 항상 죄책을 느끼고 있는 것이다. 1980년 5월의 진원지요 중심인 전남대는 해마다 5월이 되면 전국의 학생들이 전남대에 집결하여 망월동을 참배하여 민주화투쟁열기를 불태웠던 것이다. 그것이 1987년 6월항쟁까지 계속되었고 그러한 투쟁들이 결실을 맺어 한국의 민주화는 성취할 수 있었다.

그리하여 고통스러웠고 견디기 어려웠던 아픔이 영광으로 꽃피웠던 전남대는 그 아픔과 고마움을 절실하게 느끼면서 5·18의 모든 것을 소중하게 간직할 책무가 있고 그와 관계된 모든 일을 엄숙하게 받들 책임이 있는 것이다. 전남대는 5·18의 전부를 책임지고 껴안아야 하는 것이다.

그럼에도 불구하고 전남대는 5·18 연구소만 설치했고 5·18을 위해 무슨 일을 얼마나 깊이 있게 대처했는지 별로 아는 사람이 적다. 그런데 문재인 정부는 5·18 기념사업을 추진하라고 70여 억원을 책정해 보냈는데 전남대는 민주의 길을 만드는 데 모두를 사용하였다.

나와 서명원 선생, 문석환, 전용호(당시 학생활동) 등은 5·18로 구속되었다 파면된 당사자들로 「전남대학과 5·18 민주화운동」을 집대성하여 영원히 남기자고 건의했다. 그러나 대학 당국은 이 예산은 오직 민주

길을 만드는 데 써야 한다고 거절당했다.

몇 차례 총장을 만나 강력하게 요청했고 그것이 어렵다면 다른 예산이라도 책정하여 5·18을 일으킨 역량의 축척에서 5·18을 상세하고 분명하게 서술하고 그 계승·발전 과정을 소상하게 밝히는 집대성한 작업은 남은 우리가 수행할 과업인데 그것을 거부하고 외면하는 것은 직무유기라고 강력하게 설득하고 간청했으나 냉정하게 거절당했다.

5·18 당사자들인 우리가 크게 죄악을 저질러 학교에 중대한 해악을 끼치고 나라에 명예롭지 못하게 한 것이 아니라 전남대학의 명예를 빛내고 세계 인류의 모범이 된 5·18 광주민주화운동인데 이렇게 소외받고 냉대받아야만 하는 것인지 토론의 광장에서 논의하자고 호소하고 싶은 것이다.

세계문화유산으로 등재된 80년 광주 5·18은 광주시민과 전남인 당사자들뿐만 아니라 우리 국민들의 자랑스러운 역사인데 이렇게 외면당하고 냉대받을 일인지 모두에게 호소하고 싶다. 1980년 5·18은 우리의 역사를 올바르게 나아가게 하는 지표가 되었으며 세계인들의 부러움을 사고 있는 빛나는 역사를 우리 전남대가 일으켰고 모든 상처와 영광을 오롯이 간직하고 있는 귀중한 역사의 자산이다.

그러므로 언제든지 「5·18 광주민주화운동과 전남대」는 집대성되어야 하며 소중하게 간직해야 될 자산임을 학교 당국은 명심해주기 바란다.

눈살 찌푸리게 하는 5·18 단체들

고생을 같이하더라도 결과를 사이좋게 나누기는 어려운 것이 사람 마음이라고 이야기를 많이 한다. 광주민주화운동 과정에서 광주시민들은 한마음이 되어 김밥을 싸서 나누어 먹고 있는 사람들이 공동체가 되어 어려움을 극복했다. 총알이 날아다니고 비행기까지 공중사격을 하는 가운데 광주시민들의 용감함과, 같이 싸워야 하는 하나된 마음은 높이 평가되는 것이다.

5천명 가까이 되는 동지들이 상처를 감싸주었는데 언제부터 이렇게 갈라져 싸우고 대립하였으며 비리를 탐내어 시민들의 가슴을 아프게 하는지 모르겠다. 나는 기회 있을 때마다 초심으로 돌아가자 5·18은 너희들이 앞장섰을 뿐이고 광주시민이 모두가 되어 함께한 일이라고 호소했지만 공염불이 되고 말았다.

5·18 단체들은 5·18 기념재단을 설립하고 유지하기 위해 5·18 재단후원회로 성금 100만원씩 출연하여 만든 단체가 있는데 그 결과로 재단법인으로 5·18 기념재단이 있고 사단법인으로 5·18 유족회가 있으며 5·18 부상자 그리고 5·18 공로자회가 공식적인 인증 단체다. 그런데 일부·사람들이 5·18 구속·부상자회를 조직하여 구속자와 부상자들을 포섭하여 활동하고 있다.

5·18이 푸대접받고 전두환·노태우 정권이 서슬이 퍼렇게 5·18을 광주사태라 낙인찍어 짓누를 때까지는 정권을 타도하기 위해 모두 한 덩어리가 되어 분란이 적었고 뭉쳐서 하나로 활동하였다. 그런데 김영삼 정권이 등장하여 5·18을 선양하여 대우하기 시작하면서 광주시에서 관심을 갖고 편의를 제공하고 약간의 대우를 하기 시작하자 움직임이 활

발해졌다.

5·18 기념재단이나 유족회 등은 일정한 보조를 받아 5·18 행사를 거행하는 데 힘을 쏟았는데 유족회에서는 유족의 범위에 직계만 해당이 되느냐 방계도 포함시켜 달라는 약간의 잡음이 있었을 정도였다. 그리고 곧 발족할 공로자회는 아직 출발준비 단계에 있다.

그런데 부상자회나 구속·부상자회가 그 출발부터 잡음이 일더니 그 가입자들이 늘어나면서부터 잡음이 일어났고 광주광역시나 국가에서 대상자들에게 상당한 관심과 배려가 있으면서부터 그것을 누가 더 차지할 것인가에서 서로 자기주장을 내세우고 먼저 차지하려는 욕심이 발동되기 시작했다.

여기에서 한발 더 나아가서 지역사회나 국가가 어느 정도 편의를 제공하고 기회를 넓혀주면서 그것을 어떻게 점유하고 누릴 것인가를 가지고 격렬하게 싸우기 시작했다. 여기에서 한발 더 나아가서 지역사회에 압력행사를 위해 일정한 거점으로 활용하기 위해 단체의 장이 되려는 자까지 등장했다.

또한 상당한 사람들은 5·18 유공자들의 자격 문제를 제기하기도 한다. 예를 들면 이해찬 씨나 경남지사 김정수 씨 등을 공격하는 사람들은 그 사람들이 광주 5·18하고 무슨 관계가 있느냐, 보수 골통으로 평이 난 사람들은 5·18이 북한에서 침투한 군인들이 개입했다고까지 모략중상하는 사람들도 있다.

나는 분명히 설명하지만 전두환·노태우 등 신군부는 김대중 일파들이 5·18 광수사태를 일으켰다고 몰아갔기 때문에 김대중 내란에 관련된 사람들이 5·18 유공자가 된 것이고 보수 골통들이 북한군 개입을 광주항쟁 과정에 정보원들이 다수 광주에 잠입하여 광주의 민중항쟁을 북한군의 개입이라 오도하려고 획책했다는 사실로 증명되는 것이다. 그 일례로 장계범을 독침사건으로 조작하려는 짓까지 있는 것이다.

5·18 광주민주화운동은 전남대생이 전남대 정문 앞에서 시위를 시작

하며 금남로로 진출해 군인들에게 난폭하게 진압을 당하자 광주시민이 분개하여 합세한 의로운 민중항쟁이다. 그것을 왜곡하거나 과장할 수 없는 엄연한 사실이다. 그리하여 국가적으로 그 공로를 인정하여 여러 가지 편의나 혜택을 주고 있는 기회를 악용하거나 이용하는 자들이 끼어들어 사리사욕을 채우려는 가증스러운 행위는 많은 사람의 눈살을 찌푸리게 하고 손가락질 당하는 것이다.

5·18 단체들은 우리 모두가 함께한 광주시민이나 민주 동지들에게 희망과 영광을 같이 할 수 있도록 초심으로 돌아갈 것을 생각해야 할 것이다. 그리고 광주시민들은 모두가 함께해 세계문화유산으로 등재된 광주민주화운동을 이룩했다는 자부심으로 참고 격려해줄 것을 간절히 부탁드리고 싶다.

■ 복직 교직원들의 죽음

5·18의 발상지요 중심이라고 단정한 전두환·노태우 등은 많은 교수를 구속, 해직시켰는데 김대중으로부터 총장을 통해서 복적생 대표 정동년에게 500만원을 받았다고 각본을 써가지고 와서 교무처장 박영준 교수를 혹독하게 구타하여 사실로 인증시키려 했으며 교수들이 학생들을 선동하여 광주항쟁을 야기했다고 하였다. 그리하여 전남대의 총장이하 주요 직책의 교수들을 일망타진했으니 그 명단을 보면 다음과 같다.

총장 민준식, 교무처장 박영준, 학생처장 김태진, 학생부처장 정석종, 교수협의회 회장 정익섭, 부회장 이방기, 간사 이상식, 교수평의회 의장 안용섭, 부회장 명노근(내란중요 종사자) 김동원 교수, 인문대학장 김정수, 교무과장 박준규, 송기숙(내란중요업무 종사자), 노희관(생활지도 연구소장) 오병문(내란방조죄) 이광우(포고령 위반), 안진오, 이석연, 이홍길, 박영근, 조견, 이옥남 등이었는데 김태진(고동군법회의에서 무죄) 교수 등은 석방되었고 유죄 판결을 받은 명노근, 송기숙, 오병문, 정익섭, 이상식, 이광우, 이방기 교수들과 훈방 후 사표를 낸 민준식, 박영준, 안용섭, 노희관, 김동원 교수 등 12명이 해직 파면되었다.

우리들 12명의 교수와 학생과장 서명원, 출판과장 김병학 등 14분이 해직되었다. 많은 충격을 받고 못견딘 분들이 돌아가시기 시작했는데 먼저 김병학 선생이 출판물을 인쇄해줘 학생시위를 방조했다고 구속되어 많은 고초를 받았다가 파면되었는데 시름시름하다가 1년도 못 되어 별세하셨다.

다음으로 교무처장으로 재임하였다가 민준식 총장이 김대중의 자금 500만원을 정동년에게 주는 것을 보았다고 많은 구타를 당해 온몸이 장독으로 새까맣게 멍이 들었고 보수성이 강하여 억울하다고 푸념하시더니 별세하였으며, 정익섭 교수협회 회장으로 도청 앞 분수대에서 전남대 시국선언문을 낭독하셨는데 몹시 못견디다 별세했고 다음으로 민준식 총장께서 별세하시고 보니, 모두 보수성이 강하여서 너무 억울해하시다가 돌아가셨다. 나는 정익섭 교수협회 회장님에게 정말 나 때문에 그렇게 되셨다고 많은 죄의식을 느꼈다. 정교수님은 온건하시고 몸이 약하신 편인데 교수협회의 간사인 내가 시국선언을 하자고 간곡하게 호소했으며 내가 쓴 시국선언문을 5월 14일 분수대 앞에서의 민주성회 때 분수대 위에 올라가서 시국선언문을 낭독하셨다가 구속되셨기 때문에 나는 상무대 영창에서 못견뎌 괴로워하신 것을 볼 때 인간적으로 죄송하게 생각해 얼굴을 들지 못할 때가 많았다.

며칠 전에는 송기숙 교수가 오랫동안 치매에 걸려 말도 못하고 걷지도 못하다가 돌아가셨는데 나는 송 교수의 따님에게 아버님의 병고에 내가 관계가 있어 항상 죄송하게 생각한다고 하면서 사죄하는 말을 했더니 교수님 그렇게 생각하지 말라고 위안을 받기도 했다. 그것은 우리가 수사를 받을 때 나보다 며칠 전에 구속되었을 때 수사관이 내가 쓴 교수협의회의 시국선언문을 들고 와서 이 공산당 문서를 네가 썼지 하면서 윽박지르니까 송 교수는 그것은 사학과 이상식 교수가 쓴 것이라고 하자 수사관은 엄청나게 구타를 하면서 이 자식이 여기서까지 거짓말을 한다고 구타를 당했다고 나만 보면 힐책했는데 나는 무엇하려고 나보다 빨리 잡혀갔느냐고 변명했으므로 몹시 미안해했다. 무식한 군 수사관은 글은 작가 송기숙만이 쓸 수 있다고 생각하여 그렇게 무자비하게 거짓말한다고 구타를 한 것 같다.

나보다 먼저 가신 교직원들의 죽음을 보면서 그분들의 명이 짧아서 가셨을까 아니면 지병이 있어서 먼저 가셨을까 하고 생각해 보았다. 그러나 우리가 당한 고초를 생각하면 그분들의 죽음과 상당한 관계가 있지 않을까 생각이 든다. 바르게 살자고 올바른 일을 하셨다가 전두환, 노태우 같은 역사의 죄인들에게 희생되었으니 내세에서나 평안을 누리시라고 명복을 빌고 먼저 가신 분들의 몫까지 다하여야 되겠다고 다시금 다짐한다.

이제 14명의 교직원 가운데 서명원 학생과장과 나만 살아 있다. 지난 날들을 생각하면 어떤 때는 이렇게 구차하게 사는 것보다 차라리 죽어버릴까 하는 생각이 여러 번 있었지만 이렇게 살아있다고 대견스럽게 생각하고 있을 때가 많다. 그러나 우리는 정의가 승리하고 역사는 발전한다는 믿음을 깊이 간직하면서 꿋꿋하게 그리고 의연하게 살아가자고 다짐하면서 죽은 분들의 몫까지 더 살자고 생각하고 있다.

■ 정의는 승리하고 역사는 발전한다

정의가 승리하고 역사는 발전하느냐의 문제는 많은 논란이 있으나 한국 근·현대사를 전공하고 험난한 삶을 살아온 나는 정의는 승리하고 역사는 발전한다는 확신을 갖고 있다. 나는 문득 전두환과 법정투쟁을 벌이다가 먼저 가신 고 조비오 신부가 생각난다. 조 신부와 나는 광주교도소에서 3일간이나 밤을 새워가며 정의가 지배하느냐 불의가 지배하느냐를 가지고 격론을 벌인 바 있다. 순찰 돌던 간수가 주의를 주고 갔지만 우리의 토론은 끝나지 않았다.

조비오 신부는 광산구 본량면 북생이 출신으로 내가 산 장성군 삼서면 가산부락과 가까운 곳이며 김성룡 신부님과 같이 공군 영창에 계시다가 교도소로 넘어와서 나와 같이 한방에 수감되어 만나서 많은 대화를 나누었다. 나는 조 신부님이 뜻밖에 이 세상은 악이 시배한나고 주장해서 깜짝 놀라서 깊은 논쟁을 벌이다가 사회에 나와서 내가 쓴 「역사교수가 겪은 역사의 증언」이란 책의 출판기념회에서 축사를 해달라고 했더니 이 교수는 자기가 이겼다고 자신만만하지만 우리의 논쟁은 끝나지 않았다고 주장하여 또 한 번 놀랐다. 그런데 조 신부가 먼저 타계하여 임동성당에 영결미사에 나는 참석해서 신부께서 우리의 논쟁은 끝나지 않았다고 해놓고 먼저 가버리면 내가 천당에 가서 당신과 계속 논쟁을 해야 하겠네 라고 그를 애도했다.

우리 역사에 지배자가 좌지우지하는 전근대사회에서는 악한 지배자로 폭군이나 악한이 마음대로 할 수 있을런지 모르지만 민중이 역사의 주인공으로 등장한 근·현대에서는 민중들의 뜻에 따라 역사가 결정되는 것이다. 우리는 조선 말기에 지배자가 잘못하여 나라까지 망했고 지구상에서 가장 악랄한 일제강점기를 겪었고 우리 힘으로 독립을 쟁취하지 못해 난데없는 반공주의자 이승만을 만나 분단과 전쟁을 치르고 많은 동족이 살상되었고 국토가 황토화되었으며 법을 무시하고 독재를 당했으나 4·19 혁명으로 나라를 제자리에 올려놓았다. 그러다가 5·16 군사쿠데타를 당해 18년간의 군사독재가 지배하다가 겨우 김재규의 총으로 빛을 찾을 수 있었다. 또다시 전두환·노태우 군사 독재를 만나 광주시민들이 학살과 탄압을 당하면서 항쟁했고 수많은 학생의 희생으로 다시 민주정권을 이룩했다.

유명한 영국의 역사가 아놀드 토인비는 「역사는 도전과 응전의 역사」라 해서 어떤 도전에 슬기롭게 응전하여 승리한 민족이 번영을 누린다는 주장도 있고 또 다른 사람들은 역사는 순환이 계속된다 하여 역사는 흥망이 되풀이된다고 주장하기도 한다. 그러나 우리의 역사는 비록 요철이 있었지만 위기 극복의 DNA가 뛰어난 우리 민족은 모든 어려움을 극복하고 꾸준하게 성장하고 있는 현실을 살고 있는 것이다.

한때 우리를 못되게 짓눌렀던 지배자는 폭군이나 독재자 그리고 살인마들로 낙인을 찍고 사라진 산 역사를 지니고 있다. 우리는 그러한 악한 자들이 다시는 나타나지 말도록 준엄하게 심판하고 용감하게 싸워서 정의가 승리하고 역사를 발전시키는 역사의 주인들이 됩시다.

「내가 산 100년의 역사」의 출판 준비

나는 친구들에게 100살까지 살아야겠다고 말하면서 「내가 산 100년의 역사」의 출판기념식에 꼭 참석해달라고 했다. 인간의 수명이 자꾸만 늘어가는가 보다. 우리가 어렸을 때 환갑잔치를 하시는 어른들을 보면 "참 오래 사셨습니다" 하고 부러움을 보냈는데 젊어서 70세가 되어서 고희잔치를 하시는 어른들을 많이 볼 수 있었고 요즘은 80세를 넘기는 사람들을 보고 나도 벌써 86세가 되고 있다.

그런데 나는 꼭 100살까지 살아서 「내가 산 100년의 역사」를 출간하고 싶은데 그것은 오래 살고 싶다는 욕망도 있지만 역사를 전공한 내가 격변의 100년을 꼭 남기고 싶은 간절한 소원이고 그 역사는 꼭 나만이 쓸 수 있다는 욕심 때문이다. 나는 「역사교수가 겪는 80년 5·18」을 저술하여 전국의 역사교수들에게 보내드리면서 역사 공부는 머리와 입으로만 할 일이 아니라 가슴으로 뜨겁게 느끼는 살아있는 역사를 공부하시라고 강조한 일이 있다.

우리 부모님께서는 9남매를 낳으셨는데 위로 큰형님과 밑으로 여동생 그리고 남동생이 일찍 사망하시어 6남매가 열심히 살았는데 형님은 전남대 의예과를 다니시다가 학비로 모두가 굶어 죽겠다고 중퇴하시고 학교 선생으로 생활을 책임지시다가 고등학교 교장으로 정년하셨는데 몇 년 전에 갑자기 세상을 떠나셨다. 여동생이 셋인데 둘은 초등학교를 2년, 3년으로 월반 졸업했으며 막내 동생은 여상고를 졸업하여 취직하고 열심히 자녀를 기르고 살고 있다. 아버님은 한자를 조금 아시는 정도고 어머님은 한글을 모르시지만 머리가 좋으셔서 칭찬을 많이 받으셨고 가난한 살림이시지만 육 남매를 열심히 뒷바라지를 하시다가 회갑을 겨우 넘기고 일찍 돌아가셨다.

남동생은 대학을 나와 7급 공무원시험에 합격해 특허청에서 이사관으로 정년했으며 변리사로 변리사협회 사무총장과 감사를 역임하면서 열심히 살고 있다. 나는 학비가 거의 없는 서울대 사범대 역사과를 다닐 때 1960년 4·19 혁명에 참여하여 나의 인생에 큰 변화를 가져오기도 했다.

나는 9살 때 일제강점기에 초등학교에 입학하였는데 학교까지 7km가 넘어 날마다 학교 가기가 싫어 울면서 다니다가 6학년 때 6·25를 당해 학교는 불타버려서 서당을 4철이나 다녔다. 이때 서당에서 중국 역사서인 통감과 사략을 다 마쳤는데 서당에서는 하루 배운 것을 강(외우는 것) 해야 다음 진도를 나갈 수 있었으니 사략과 통감을 모두 외워서 끝냈다는 것인데 이것은 내가 역사를 전공하고 내 학문생활의 밑바탕이 되었다. 나는 14살에 6·25 한국전쟁을 겪으면서 엄청난 살상을 자행한 비극의 상황을 목격하였고 다시는 대립과 살상이 없어야 한다고 절규했다.

나는 역사에 관심을 가져 가난한 농부의 아들로 돈이 안드는 서울대 사범대 역사과에 입학하여 채희순 교수(동양사)에게 내 뒤를 이어달라고 부탁을 받을 정도로 총애를 받고 후임으로 촉망을 받았다. 그런데 나의 일생에서 큰 변화를 준 4·19 혁명이 일어났다. 우리 서울대 시위대는 중앙청 앞에서 연좌데모를 하고 있는 사이에 동성고, 성균관대생들이 맨 앞에서 경무대(현 청와대)로 돌격하였고 많은 시위 고등학생들과 대학생들이 청와대로 진격한 후 우리도 따라서 진격하다가 중앙청 옆 진명여고 삼일당 사이의 길에 도착했을 때 총격이 시작되어 많은 시체와 부상자들이 후송되었지만 시위대는 계속 돌진했다. 나는 그때 나도 모르게 도망쳤다가 다시 돌아와서 밤늦게 집에 돌아가서 밤새도록 생각을 했다.

그 후 나는 인생의 행로를 심각하게 고민하였고 곧바로 역사학과 학생들을 이끌고 구례군의 선거 계몽을 다녀오면서 뜻을 굳혀갔다. 그래서 채희순 교수님께 이제까지 지도와 사랑에 감사를 드리고 사회와 나라를 위해서 사는 길을 찾아가겠다고 결심했다고 말씀드렸다. 그것이 바로 내 인생을 사는 길이라 생각하고 살게 되었는데 지역사회 학교의 운영이나 농촌 계몽운동 같은 길에 투신하려 했고 전남대에서 불행을 예감하면서 교수 시국선언문을 쓰게 했다.

나는 대학 3학년 시절의 4·19 혁명이 나의 오늘은 걷게 한 결정적인 계기가 되어 왔는데 지금도 그 마음을 그대로 간직하여 어려울 때에 부딪히면 4·19 혁명 때의 초심으로 돌아가자고 다짐하고 있다. 우리가 어떤 삶을 계획하고 그대로 살기란 그렇게 쉽지 않은 일이지만 나는 4·19의 그 붉은 피가 눈에 선하여 그렇게 사는 것이 자연스럽고 편하다는 마음으로 꾸준하게 살고 싶다. 나는 지옥 생활과 다름없는 군대 생활이 너무나 견디기 어려워 기회가 생겨 카투사 시험에 합격해 2년 가까이 미군부대에서 편하게 지냈는데 거기에서도 오만하고 무식한 미국 군인에게 모멸감이 들어 싸우다가 예하인 여단 본부 장교식당에서 3등 요리사(감자전담 요리사)로 근무하다가 원대 복귀하여 사단본부에서 군 생활을 마쳤다.

제대 후 전남여고 전임강사로 있을 때 한일협정사태를 만나 학생들에게 제2의 이완용이 나라를 팔아먹어도 침묵을 지킬 것이냐고 호소하여 학생들이 시위를 하려다가 이를 눈치챈 학교에서 노상휴교를 내려 예방하는 일도 있었다. 당시 전남여고는 유명한 일류학교로 일제하 학생독립운동 시의 여학생시위 학교였다.

나는 1년여 만에 중앙여고에서 대학설치 계획이 있다기에 전임하여 10년 가까이 있었는데 재임 중 겨울공화국이란 시를 써서 반체제 운동에 충적을 준 양성우 선생을 조종하여 전국에서 처음으로 박정희의 유신선언에 반대하는 대규모의 시위가 있었는데 그 시위를 총지휘한 주모자로 지목되어 전문대가 병설된 동신여고로 가서 1년 동안 전문대 경력을 인정받아 전남대에 취직하게 되었다.

전남대에 1년여 있을 때 전남대 교수 교육지표항쟁이 일어났는데 이

때 송기숙, 명노근 교수를 비롯해 12명의 교수가 박정희의 교육정책을 비판하는 일에 사학과 교수로 이홍길, 이석연 그리고 국사교육과의 김두진, 홍승기 교수가 참여했는데 나는 이홍길 선생의 권유를 받았으나 내가 대학에 온 지 1년밖에 안 되어 교수 소리 듣는 것조차도 어색하여 다음에 참여하겠다고 거절하였다.

1979년이 되자 박정희 독재자가 죽음이 임박했는지 최후의 발악으로 유신독재의 마지막 발악을 하고 있었다. 나는 지난해 사학과 학생들의 특별 강의 때에 학생들이 나에게 질문을 쏟아냈다. 교수님께서는 역사를 전공하시면서 박정희가 언제 죽을 것인지도 모르느냐고 하기에 나는 죽음이 임박했는데 가장 피해가 적게 하려면 측근에서 처단하는 길이라고 대답했다.

새 학기가 시작되었는데 탈춤반 학생들이 나를 찾아와 지도교수를 맡아달라고 간청했는데 당시에 학교 규칙에 지도교수 두 사람이 있어야 합법적인 서클 활동을 할 수 있었는데 탈춤반은 전남대에서 가장 과격한 운동권 서클이므로 아무도 맡으려 하지 않기 때문에 등록을 못하고 있었다. 나는 내가 할 일이 바로 이 일이라 생각하여 독문과의 송 교수를 설득해 같이 맡기로 했다. 송윤엽 교수는 독일에서 유학 시절에 연극 영화에 관심이 깊었기 때문에 나의 간청에 동의하면서 행정적인 어려움은 내가 책임지겠다고 안심시켰다. 그런데 탈춤반은 전남대에서 살아남은 의식 서클로 서광주서 정보형사들이 눈독을 들여 일거수일투족을 밀착 감시하고 있었다. 나는 탈출반에 정성을 다해 보호하고 뒷바라지를 했는데 특히 양주에서 하계 수련회를 할 때에 경비가 부족하면 의정부에서 국민병원을 운영하는 친구 조경종에게 융통해서 쓰라고 하여 많은 지원을 받게 했다. 그런데 9월이 되자 전용호 등이 찾아와서 이제는 더 이상 숨길 수 없이 생명을 걸고 투쟁하겠다고 하면서 이제까지 고생 많이 하셨다고 눈물까지 흘렸다. 나는 우리 몸은 하나밖에 없는 것이니 부디 조심하라고 당부했다.

그런데 10월이 되면서 학생들에게 원망의 중심이 되었던 학생지도관실에 화재사건이 발생했다. 바로 탈춤반 학생들이 주도한 사건으로 모든 회원이 검거되어 혹심한 고문을 받았고 나는 지도교수로 학생의 뒷바라지를 했으며 양주의 연수 때 김선출, 김윤기 등 긴급조치 위반 학생들과 접촉한 일을 내가 알고 있으면서 고발하지 않았으니 긴급조치 위반으로 나를 위법처리하겠다고 학장을 통해 통보했다. 나는 운명을 기다리고 있을 때 10·26이 발생하여 구속 위기를 넘겼다.

나는 1980년을 맞아 교수협의회 간사로 있으면서 전남대 교수들을 동원해 교수협의회를 통해 시국선언문을 쓰고 민주화운동에 적극 참여하여 구속되고 1년 징역을 선고받아 광주 교도소에 수감되었는데 이곳은 상무대 영창에 비하면 여관 정도로 좋았고 한상석 등이 주도한 교도소 시위를 수습했으나 이튿날 석방되었다. 그러나 비밀유지각서를 써야 한다는데 나는 조비오 신부에게 쓰라고 했더니 글은 교수가 써야 한다고 하여 내가 기술적으로 표현하고 석방되었다.

4년 가까운 해직 생활을, 박사학위의 3년 과정을 밟고 해직 교수 등산모임을 만들어 극복하다가 목포대 교수로 4개월 농안 있다가 선남대학에 돌아왔으나 따돌림을 받았고, 1999년에 인문대 학장을 역임했다. 전남대 50년사 편찬위원장으로 보람 있는 「전남대 50년사」를 편찬하게 되었고 2001년 5월에 「역사교수가 겪은 80년 5월 역사의 증언」을 발간해 4판까지 출판했다.

2003년 2월에 정년퇴임 후 학문 활동과 한국학호남진흥원 설립에 심혈을 쏟았고 동학농민혁명의 명예회복 운동에 앞장서서 많은 보람을 느꼈다. 그리고 문체부가 주관한 동학농민혁명 기념일 제정에 자문위원회 위원장으로 기념일 제정에 노력했고 문중 일에 참여하고 있으며 우리 마을에 있는 가산서원 보존회의 책임을 맡아 지금도 활동하고 있다.

내가 86세가 되면서 이 책을 발간하여 역사의 올바른 길을 갈 수 있도록 노력할 것이며, 역사 발전과 민주발전에 노력하면서 최선을 다하고 싶다.

시골에서 소작농의 아들로 태어나 구석기시대의 농촌이 기계화와 세계화된 살기 좋은 고장으로 발전했으며, 정치적으로 선진국이 되었으니 우리 민족의 우수한 자질과 능력 때문이라 생각되어 그러한 모습들을 소상하게 기록하는 「**내가 산 100년의 역사**」의 출판기념회를 갖고 싶다.